Volker H. Peemöller

Bilanzanalyse und Bilanzpolitik

Einführung in die Grundlagen

2., vollständig überarbeitete und erweiterte Auflage

GABLER

Die Deutsche Bibliothek – CIP-Einheitsaufnahme
Ein Titeldatensatz für diese Publikation ist bei
Der Deutschen Bibliothek erhältlich

Professor Dr. Volker H. Peemöller ist Inhaber des Lehrstuhls für Prüfungswesen
an der Friedrich-Alexander-Universität Erlangen-Nürnberg.

1. Auflage Dezember 2001

Alle Rechte vorbehalten
© Betriebswirtschaftlicher Verlag Dr. Th. Gabler GmbH, Wiesbaden 2001

Lektorat: Jutta Hauser-Fahr / Renate Schilling

Der Gabler Verlag ist ein Unternehmen der Fachverlagsgruppe BertelsmannSpringer.
www.gabler.de

Umschlaggestaltung: Ulrike Weigel, www.CorporateDesignGroup.de
Druck und buchbinderische Verarbeitung: Lengericher Handelsdruckerei, Lengerich
Gedruckt auf säurefreiem und chlorfrei gebleichtem Papier
Printed in Germany

ISBN 3-409-23534-5

Vorwort

Bilanzanalyse und Bilanzpolitik stehen heute vor besonderen Herausforderungen. Die Internationalisierung der Rechnungslegung hat bereits weite Kreise der Unternehmen erfasst. So muss sich ein Bilanzanalyst auf HGB-, IAS- und US-GAAP-Abschlüsse einstellen. Zurzeit kann in Deutschland der Einzelabschluss nur als HGB-Abschluss erstellt werden. Insofern liegen den Ausführungen die Vorschriften des Handelsgesetzbuches zu Grunde. In einem gesonderten Teil werden aber die Regelungen von IAS und US-GAAP erläutert und die Auswirkungen auf die Bilanzanalyse vorgestellt.

Eine weitere Neuerung - aus dem Shareholder-Ansatz geboren - besteht in der Steuerung durch wertorientierte Kennzahlen, die mit sehr unterschiedlichen Konzepten eine weite Verbreitung gefunden haben. Der Beschreibung dieser Kennzahlen wird im Geschäftsbericht der Unternehmen breiter Raum gewidmet. Der Aufbau dieser Kennzahlen wird in einem gesonderten Abschnitt diskutiert.

In den letzten Jahren hat auch das bilanzanalytische Instrumentarium eine Verfeinerung erfahren. In den einschlägigen Wirtschaftszeitschriften werden die großen deutschen Unternehmen mit Verfahren der Diskriminanzanalyse, neuronalen Netzen und Scoring Modellen untersucht. Diese Modelle mögen die „richtige" Beurteilung der Unternehmen im konkreten Fall erlauben; an der Bildung der Kennzahlen hat sich aber nicht viel verändert. Insofern werden diese Verfahren mit ihren Bestandteilen erläutert.

Das vorliegende Buch erfüllt einen doppelten Zweck: die Ausführungen zu Inhalt, Aussagekraft und Beeinflussungsmöglichkeiten des Jahresabschlusses dienen einer realistischen Einschätzung der bilanzanalytisch erlangbaren Informationen. Die Darstellung der Bilanzanalyse - ihrer Möglichkeiten, Grenzen und Entwicklungstendenzen - beschreibt den „Werkzeugkasten", der dem Analytiker zur Verfügung steht.

Darüber hinaus werden zwei Anliegen verfolgt: Einmal soll ein Einblick vermittelt werden, inwieweit die realwirtschaftlichen Sachverhalte von Branche, Rechtsform und Größe den Geschäftsabschluss beeinflussen, und zum anderen soll eine Vorstellung von der Größenordnung der Kennzahlen bei den einzelnen Branchen vermittelt werden.

Den Mitarbeiterinnen und Mitarbeitern meines betriebswirtschaftlichen Lehrstuhls an der Universität Erlangen-Nürnberg, die an diesem Buch mitgewirkt haben, gilt mein besonderer Dank: Frau Dipl.-Kfm. Katja Faul hat maßgeblich an der Erstellung und redaktionellen Gestaltung mitgewirkt, an der auch Herr Dr. Thomas Geiger beteiligt war. Zu danken ist auch den studentischen Hilfskräften, insbesondere Frau Sylvia Jäger, Herrn Frank Küffner, Herrn Stefan Marx und Herrn Joachim Schroff für die z.T. aufwändigen Arbeiten zur Gestaltung der Tabellen und Abbildungen. Nicht zu vergessen ist der Beitrag, den Herr Tobias Hüttche bei der ersten Auflage geleistet hatte.

Nürnberg, im Oktober 2001

VOLKER H. PEEMÖLLER

Inhaltsverzeichnis

Abbildungsverzeichnis

Tabellenverzeichnis

Abkürzungsverzeichnis

BMJ ....Bundesministerium der Justiz

BörsG ....Börsengesetz

BörsZulV .... Börsenzulassungsverordnung

Bsp. ....Beispiel

BStBl. .... Bundessteuerblatt

BWM ....Bundesminister für Wirtschaft

bzw. .... beziehungsweise

ca. .... circa

CAP .... Committee on Accounting Procedures

CFROI ....Cash Flow Return on Investment

CPA .... Certified Public Accountant

CVA ....Cash Value Added

DB .... Der Betrieb (Zeitschrift)

DBW .... Die Betriebswirtschaft (Zeitschrift)

dergl. .... dergleichen

DGfB .... Deutsche Gesellschaft für Betriebswirtschaft

d.h. ....das heißt

Diss. ....Dissertation

DM ....Deutsche Mark

DMEB .... D-Markeröffnungsbilanz

DRS .... Deutscher Rechnungslegungs Standard

DRSC ....Deutsches Rechnungslegungs Standards Committee

DSR .... Deutscher Standardisierungsrat

DStR ....Deutsches Steuerrecht (Zeitschrift)

DSWR .... Datenverarbeitung, Steuer, Wirtschaft, Recht (Zeitschrift)

DVFA ....Deutsche Vereinigung für Finanzanalyse und Anlageberatung e.V.

dto. ....dito

EDV ....Elektronische Datenverarbeitung

EG .... Europäische Gemeinschaft

EGHGB .... Einführungsgesetz zum Handelsgesetzbuch

EITF ....Emerging Issues Task Force

EK ....Eigenkapital

EStG .... Einkommensteuergesetz

EStR .... Einkommensteuer-Richtlinien

etc. .... et cetera

IFAC ....International Federation of Accountants
IFRS ....International Financial Reporting Standards
incl. .... inklusive
INF ....Die Information über Steuer und Wirtschaft (Zeitschrift)
IOSCO ....International Organization of Securities Commissions
i.V.m. ....in Verbindung mit
JoAR .... Journal of Accounting Research
JoF .... Journal of Finance
k.A. .... keine Angabe
KapCoRiLiG ....Kapitalgesellschaften- und Co-Richtlinien Gesetz
KapGes ....Kapitalgesellschaft
KGaA ....Kommanditgesellschaft auf Aktien
KMU ....Kleine und mittlere Unternehmen
KNN ....Künstliches Neuronales Netz
KonTraG ....Gesetz zur Kontrolle und Transparenz im Unternehmensbereich
KoRe .... Kostenrechnung
KWG ....Gesetz über das Kreditwesen
MDA .... Multivariate Diskriminanzanalyse
MGK ....Materialgemeinkosten
Mio. ....Million(en)
Mrd. .... Milliarde(n)
NACE .... Nomenclature générale des activités économiques dans les
                                                           Communautés européennes
n.F. ....neue Fassung
No. ....number
Nr. ....Nummer
o.Ä. ....oder Ähnliches
OHG .... Offene Handelsgesellschaft
o.J. .... ohne Jahresangabe
o.V. .... ohne Verfasser
PE .... Processing Elements
Pos. ....Position
PublG ....Gesetz über die Rechnungslegung von bestimmten
                                                       Unternehmen und Konzernen
PWB ....Pauschalwertberichtigung

Vgl. .... vergleiche

v.H. .... von Hundert

VUBR .... Bilanzierungsrichtlinien für Versicherungsunternehmen

VuRev .... Verordnung über die Rechnungslegung von Versicherungsunternehmen

VV .... Vorratsvermögen

VVaG .... Versicherungsverein auf Gegenseitigkeit

WiSt .... Wirtschaftswissenschaftliches Studium (Zeitschrift)

WISU .... Das Wirtschaftsstudium (Zeitschrift)

WP .... Wirtschaftsprüfer

WPg .... Die Wirtschaftsprüfung (Zeitschrift)

WpHG .... Wertpapierhandelsgesetz

WPK .... Wirtschaftsprüferkammer

WPK-Mitt. .... Wirtschaftsprüferkammer-Mitteilungen (Zeitschrift)

XPS .... Expertensystem

z.B. .... zum Beispiel

ZfB .... Zeitschrift für Betriebswirtschaft

ZfbF .... Zeitschrift für betriebswirtschaftliche Forschung

z.T. .... zum Teil

ZVEI .... Zentralverband der Elektrotechnik und Elektroindustrie e.V.

1. Einleitung

■ **Bilanzanalyse - Definition, Ziele, Instrumente**

Unter Bilanzanalyse versteht man die Summe aller Tätigkeiten, die darauf gerichtet sind, aus Informationen unterschiedlicher Herkunft - im Mittelpunkt stehen dabei Jahresabschluss und Lagebericht - Aufschluss über die wirtschaftliche Lage des Unternehmens zu geben.

Abgesehen davon, dass zunächst der Jahresabschluss und der Lagebericht für eine Analyse zur Verfügung stehen müssen, sind die Zahlen der Bilanz und der Gewinn- und Verlustrechnung in ihrer ursprünglichen Form wenig aussagefähig. Einzelne Positionen müssen bereinigt und umgegliedert werden. Erst danach können sie als Bestandteile von Kennzahlen und anderen bilanzanalytischen Instrumenten verwendet werden. Die Beurteilung der errechneten Werte ist erst anhand von Vergleichstatbeständen möglich. Die relative Stellung des Unternehmens zum Vorjahr, zu vergleichbaren Unternehmen oder zu projektierten Werten ist ausschlaggebend für dessen Bewertung.

Um die latenten Informationen des Jahresabschlusses zu gewinnen, müssen unterschiedliche Instrumente eingesetzt werden. **Aufbereitungsinstrumente** bereiten die Datenbasis analysegerecht vor, **Auswertungsinstrumente** nehmen die neu formulierten Sachverhalte auf, und **Vergleichsinstrumente** dienen dazu, die errechneten Werte zu beurteilen. Auch wenn die Bilanzanalyse stets diesem Grundschema - Schaffung und Aufbereitung der Datenbasis, Auswertung und Vergleich der Ergebnisse - folgt, sind doch unterschiedliche Verfahren einsetzbar. Die EDV übernimmt nicht nur reine Rechenvorgänge, auch die Beurteilung soll computergestützt erfolgen.

■ **Bilanzpolitik - Ziele, Grundsätze, Maßnahmen**

Die Unternehmensführung ist daran interessiert, das Unternehmen in der Öffentlichkeit so zu präsentieren, dass die Ziele erfüllt werden, das Überleben gesichert ist und insgesamt eine positive Einstellung zum Unternehmen erreicht wird. Dazu soll auch die Bilanzpolitik als **Bestandteil der Unternehmenspolitik** beitragen.

Bilanzpolitik umfasst Ziele, Grundsätze und Maßnahmen. Mit der Bilanzpolitik werden zunächst die **Ziele** des Unternehmens insgesamt verfolgt. Die Unternehmensziele sollen dadurch erreicht werden, dass bei den Bilanzadressaten ein positiver Eindruck erzeugt wird. Neben den abgeleiteten sind die eigenständigen bilanzpolitischen Ziele zu nennen. Sie sind auf die Gewinnermittlung und die Information gerichtet. Möglichst hohe oder niedrige Gewinne - in Abhängigkeit von der wirtschaftlichen Situation - sollen durch bilanzpolitische Maßnahmen erreicht werden. Von der Unternehmensführung kann eine zurückhaltende oder aktive Informationspolitik verfolgt werden.

Grundsätze einer Bilanzpolitik können in der soliden und konservativen Berichterstattung, in der schnellen und präzisen Information oder in der Erfüllung weltweiter Bilanzierungsanforderungen bestehen.

Den Zielen und Grundsätzen müssen die **Maßnahmen** entsprechen. Sie werden danach unterschieden, ob sie bei der Erstellung des Jahresabschlusses oder bereits während des Geschäftsjahres ergriffen werden.

Die Maßnahmen, die bei der Erstellung des Jahresabschlusses getroffen werden, um die Höhe des Jahresergebnisses zu beeinflussen, werden der **materiellen Bilanzpolitik** zugeordnet. Die **formelle Bilanzpolitik** umfasst die Maßnahmen zur Gestaltung der Gliederung und der Erläuterungen des Jahresabschlusses.

Zu den bilanzpolitischen Aktivitäten, die während des Geschäftsjahres als **Sachverhaltsgestaltung** durchgeführt werden, gehören alle Maßnahmen, die auf eine zeitliche Steuerung der Aufwendungen und Erträge gerichtet sind.

Aus diesen Erläuterungen kann eine **Definition der Bilanzpolitik** abgeleitet werden:

Unter Bilanzpolitik werden alle Maßnahmen verstanden, die während des Geschäftsjahres und bei der Aufstellung des Jahresabschlusses zur bewussten Gestaltung des Jahresabschlusses getroffen werden, um die Bilanzadressaten im Sinne des Unternehmens zu beeinflussen. Die Maßnahmen sind rechtlich zulässig.

Die **Instrumente der Bilanzpolitik** ergeben sich aus dem Jahresabschluss selbst. Hier kann Politik bei den Ansatz- und Bewertungswahlrechten der Bilanz betrieben werden. Durch die Gliederungs- und Darstellungspolitik wird versucht, den Bilanzlesern die Informationen klar und übersichtlich oder versteckt und aufgeteilt zu geben. Es besteht z.B. die Möglichkeit, Angaben aus der Bilanz in den Anhang zu verlagern, für den keine Gliederungsvorschriften bestehen.

Die Sachverhaltsgestaltung als Instrument der Bilanzpolitik umfasst alle Maßnahmen der Erfolgsregulierung, die sich auf die zeitliche Gestaltung der Aufwendungen und Erträge beziehen. Die Publizitätspolitik kann zum Ziel haben, Größenmerkmale des HGB nicht zu überschreiten, um Erleichterungen ausschöpfen zu können. Die Stichtagspolitik ist darauf gerichtet, für die Erstellung, Vorlage und Veröffentlichung der Bilanz Termine zu finden, welche die jeweilige Zielerreichung bezüglich der wirtschaftlichen Lage und der Aktienkurse unterstützen. Die Ausschüttungspolitik versucht, eine optimale Aufteilung des Gewinns auf die Alternativen Ausschüttung und Thesaurierung zu finden.

Ein ähnlich weites Spektrum der Bilanzpolitik besteht auch für den Konzern. Ansatz- und Bewertungswahlrechte dürfen neu ausgeübt werden, die Bilanzstichtage können abweichend vom Mutterunternehmen gewählt werden usw. Für den Bilanzleser ist es überaus schwierig, die Zielrichtung der Konzernbilanzpolitik zu erkennen, weil die Möglichkeit der Gewinnverschiebung durch die Beeinflussung des Leistungsverkehrs zwischen z.T. ausländischen Gesellschaften noch hinzukommen kann.

Die Bilanzpolitik erfolgt im Bereich der Sachverhaltsgestaltung verdeckt, im Bereich der Jahresabschlussgestaltung offen. Die Grenze der Bilanzpolitik ist dort erreicht, wo nicht mehr legitime Interessen der Gesellschaft verfolgt werden, sondern gegen eine getreue Rechenschaftslegung für die Bilanzadressaten durch Missachtung gesetzlicher oder satzungsmäßiger Regelungen oder der Grundsätze ordnungsmäßiger Buchführung verstoßen wird.

■ Jahresabschluss als Objekt der Bilanzanalyse und Bilanzpolitik

Die Unternehmen haben die Möglichkeit, die Informationspolitik gegenüber der Öffentlichkeit nach ihren eigenen Vorstellungen zu gestalten. Die Interessenten an einem Unternehmen können den Wahrheitsgehalt dieser Informationen nicht beurteilen. Der Jahresabschluss ist dagegen nach gesetzlich normierten Regeln aufzustellen und wird bei den mittelgroßen und großen Kapitalgesellschaften von Abschlussprüfern geprüft, wodurch den Werten des Jahresabschlusses Glaubwürdigkeit verliehen wird. Will ein externer Interessent Kenntnisse über die wirtschaftliche Lage eines Unternehmens gewinnen, so ist dafür der Jahresabschluss das geeignete Instrument.

Nur Kapitalgesellschaften müssen ihren Jahresabschluss veröffentlichen. Die Bilanzen von Einzelunternehmen, offenen Handelsgesellschaften und Kommanditgesellschaften stehen damit der Öffentlichkeit nicht zur Verfügung, es sei denn, sie erreichen die Größenmerkmale des PublG oder fallen unter die Regelung des § 264 a HGB. Danach sind Personenhandelsgesellschaften, bei denen keine natürliche Person persönlich haftender Gesellschafter ist, dazu verpflichtet, ihren Jahresabschluss wie eine Kapitalgesellschaft aufzustellen, prüfen zu lassen und offen zu legen.

Das HGB bestimmt, dass der Jahresabschluss von Kapitalgesellschaften ein den tatsächlichen Verhältnissen entsprechendes Bild der Vermögens-, Finanz- und Ertragslage zu vermitteln hat. Er besteht aus Bilanz, Gewinn- und Verlustrechnung und Anhang, die eine Einheit bilden. Dazu ist ein Lagebericht zu erstellen. Die Formulierung „ein den tatsächlichen Verhältnissen entsprechendes Bild" könnte den Eindruck erwecken, dass der Bilanzleser aus einer Bilanz unmittelbar auf die **wirtschaftliche Lage** schließen könnte. Dies ist aus den folgenden Gründen nicht der Fall:

1. Der Jahresabschluss als Objekt der Bilanzanalyse enthält nicht alle Sachverhalte, welche die wirtschaftliche Lage bestimmen. Er ist vergangenheitsorientiert und stichtagsbezogen. Daraus ergeben sich wesentliche Einschränkungen hinsichtlich der Aussagekraft.

2. Die Bilanzleser verfolgen unterschiedliche Interessen und sind unterschiedlich im Instrumentarium der Analyse bewandert. Die absoluten Zahlen und einzelne Kennzahlen gestatten noch keine Aussage über die wirtschaftliche Situation. Zeit- und Branchenvergleiche, Erläuterungen im Anhang usw. sind erforderlich, um sich ein Bild vom Unternehmen zu verschaffen.

3. Der Gesetzgeber hat eine Reihe von Wahlrechten zur Bilanzierung und Bewertung vorgesehen. Diese Wahlrechte sollen den Unternehmen die Möglichkeit geben, in unterschiedlichen Situationen das Überleben zu sichern und für die Zukunft vorzusorgen. Sie können von den Unternehmen genutzt werden, um Bilanzpolitik zu betreiben. Der Bilanzanalytiker muss versuchen, die Richtung der Bilanzpolitik zu erkennen. Dies ist zumindest zum Teil möglich, da Bilanz bzw. Anhang und Lagebericht die entsprechenden Informationen enthalten. Daneben besteht für das Unternehmen aber noch die Möglichkeit der verdeckten Bilanzpolitik. Sie wird durch

Sachverhaltsgestaltung betrieben. Diese Maßnahmen sind für den externen Bilanzleser nicht ersichtlich.

Der Jahresabschluss ist deshalb als **Instrument der Informationsvermittlung** unter zwei Aspekten zu sehen:

Erstens haben die Unternehmen die Möglichkeit, den Jahresabschluss als Objekt ihrer Bilanzpolitik einzusetzen, um ihre Ziele zu verfolgen.

Zweitens haben die Bilanzadressaten einen Anspruch auf eine getreue Rechenschaftslegung nach den Vorschriften von Gesetz, Satzung und GoB.

2. Rechnungslegung als Einflussfaktor

2.1 Grundzüge des HGB

2.1.1 Ziele, Aufgaben und Systematik von Jahresabschlüssen

Betrachtet man die geschichtliche Entwicklung der Buchführung, so zeigt sich, dass sich an der zentralen Aufgabe des Rechnungswesens, die maßgeblichen kaufmännischen Zahlen zu sammeln und zu ordnen, nichts geändert hat. Die Buchhaltung mündet in den Jahresabschluss, wie es Abbildung 1 zeigt.

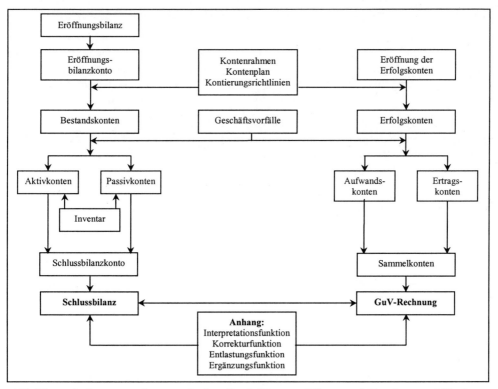

Abbildung 1: Zusammenhang zwischen Buchführung, Bilanz und Gewinn- und Verlustrechnung

Die aktuellen und potenziellen Koalitionsteilnehmer benötigen zur Überprüfung der Realisierung ihrer Zielvorstellungen Informationen, mit deren Hilfe sie Entscheidungen über Fortbestand, Ein- oder Austritt, Beginn oder Ende der Beteiligung treffen können. Der Jahresabschluss ist deshalb als **Rechenschaftsbericht** über den finanziellen Bereich der Unternehmung durch die Unternehmensführung für die unterschiedlichen Interessengruppen abzufassen. Der Gesetzgeber hat diese Pflicht zur Rechenschaftslegung in § 242 HGB geregelt. Danach ist für den Schluss jedes Geschäftsjahres ein Jahresabschluss zu erstellen, der aus Bilanz und Gewinn- und Verlustrechnung besteht.

Nach § 240 II HGB hat jeder Kaufmann für den Schluss eines jeden Geschäftsjahres ein **Inventar** aufzustellen. Die Aufstellung des Inventars ist innerhalb der einem ordnungsmäßigen Geschäftsgang entsprechenden Zeit zu bewirken.

Im Rahmen der **Inventur** sind alle Vermögensgegenstände und Schulden aufzunehmen, d.h., alle Vorräte, sämtliche für die Produktion erforderlichen Maschinen und Anlagen, die im Ausgangslager vorrätigen Halb- und Fertigfabrikate, die für den Vertrieb erforderlichen Anlagen und Fahrzeuge und die in der Verwaltung benötigten Gegenstände.

Die Vermögensgegenstände und Schulden sind durch Messen, Zählen und Wiegen nach Art und Menge zu erfassen. Körperlich nicht erfassbare Vermögensgegenstände, wie Forderungen und Schulden, sind anhand von Belegen und Büchern zu erfassen und wertmäßig festzuhalten. Diese **körperliche Erfassung** aller Vermögensgegenstände und Schulden dient der Feststellung der Vermögenslage eines Unternehmens.

Nach § 240 I HGB sind jedoch nicht nur Angaben über Art und Menge der Vermögensgegenstände und Schulden zu machen, sondern es ist auch ihr Wert anzugeben. Das Inventar muss deshalb auch Wertangaben für diese Vermögensgegenstände und Schulden enthalten.

Unter Berücksichtigung der gesetzlichen Vorschriften sind verschiedene **Vorgehensweisen der Bestandsaufnahme** möglich (Abbildung 2).

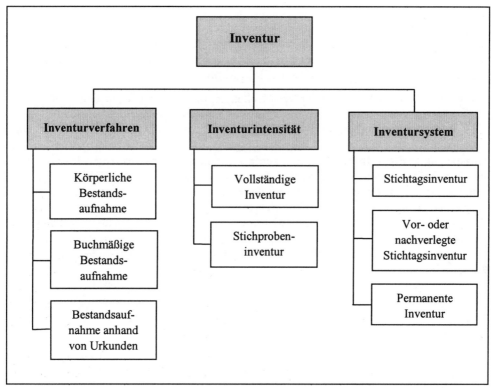

Abbildung 2: Möglichkeiten der Bestandsaufnahme[1]

Hinsichtlich des **Inventurverfahrens** ist zwischen der körperlichen Bestandsaufnahme, der buchmäßigen Bestandsaufnahme sowie der Bestandsaufnahme anhand von Urkunden zu unterscheiden. Die **körperliche Bestandsaufnahme** ist der Regelfall. Das Vorhandensein der (materiellen) Vermögensgegenstände wird durch Inaugenscheinnahme festgestellt. Die Bestandsaufnahme von immateriellen Vermögensgegenständen, Forderungen und Schulden ist Hauptanwendungsfall für die **Buchinventur**. Anhand der für die einzelnen Kunden und Lieferanten geführten Kontokorrentkonten werden für die buchmäßige Inventur von Forderungen und Schulden sog. Saldenlisten erstellt. Eine **Inventur anhand von Urkunden** erfolgt insbesondere bei immateriellen Vermögensgegenständen und bei sich im Besitz von Dritten befindlichen bzw. nicht zugänglichen Vermögensgegenständen. Der Nachweis dieser Bestände erfolgt über Patenturkunden, Versandpapiere o.Ä.

Die Bestände können ganz oder teilweise zu unterschiedlichen Zeiten aufgenommen werden. Nach der **Inventurintensität** lassen sich die **vollständige Inventur** sowie die

---

[1] Vgl. Zdrowomyslaw, 2001, S. 276.

Stichprobeninventur unterscheiden. Gemäß § 241 I HGB sind verschiedene Voraussetzungen zu erfüllen, damit ein Stichprobenverfahren zulässig ist. So muss es sich dabei um ein anerkanntes mathematisch-statistisches Verfahren handeln, das den Grundsätzen ordnungsmäßiger Buchführung entspricht. Darüber hinaus muss das gewählte Verfahren im Aussagewert dem einer Vollinventur gleichwertig sein.

Die gesetzlich möglichen Inventurvereinfachungen betreffen nicht nur den Umfang der Bestandsaufnahme, sondern auch die Wahl des **Zeitpunktes der Aufnahme**. Zulässig sind die Stichtagsinventur zum Bilanzstichtag, die permanente Inventur sowie die vor- oder nachverlegte Inventur. Um eine **Stichtagsinventur** handelt es sich, wenn der Bilanzstichtag und der Inventurstichtag zusammenfallen. Der permanenten Inventur und der vor- bzw. nachverlegten Inventur sind gemein, dass sie es ermöglichen, die Bestandsaufnahme in beschäftigungsschwache Zeiten oder in Zeiten mit geringerem Lagerbestand zu legen. Bei der **permanenten Inventur** wird die körperliche Aufnahme auf das Geschäftsjahr verteilt und zum Bilanzstichtag wird eine buchmäßige Bestandsaufnahme vorgenommen. Daher gehört es gem. § 241 II HGB zu den Anwendungsvoraussetzungen der permanenten Inventur, dass der Bestand zum Bilanzstichtag auch ohne körperliche Aufnahme festgestellt werden kann. Im Falle der **vor- oder nachverlegten Stichtagsinventur** erfolgt die Bestandsaufnahme innerhalb der letzten drei Monate vor bzw. der ersten beiden Monate nach dem Bilanzstichtag. Der an diesem Tag ermittelte Bestand muss dann nur noch wertmäßig, d.h., nicht mehr nach Art und Menge, auf den Bilanzstichtag fortgeschrieben bzw. zurückgerechnet werden.[2]

Das Inventar ist die **Ausgangsbasis für die Bilanz**. Durch die Zusammenfassung gleichartiger Vermögensgegenstände zu einer Gruppe und der Vernachlässigung der Mengenangaben entsteht die Bilanz.

Versucht man die Ziele des Jahresabschlusses herauszuarbeiten, muss man von den Zielvorstellungen der Betroffenen ausgehen. Orientiert man sich an den Bilanzierenden, wird die Bilanz zum Instrument der Bilanzpolitik, mit der die Bilanzadressaten im Rahmen der gesetzlichen Möglichkeiten beeinflusst werden sollen.

Wird zur Ermittlung der Bilanzziele von den **Bilanzadressaten** ausgegangen, kommen als Zielträger die Unternehmensführung, die Eigentümer, die Gläubiger, Arbeitnehmer, Kunden und Lieferanten, der Fiskus und die weitere Öffentlichkeit in Betracht. Je nach Interessenlage wird es zu Konflikten zwischen ihren Zielvorstellungen kommen. Tabelle 1 zeigt die **Zielvorstellungen** der einzelnen Adressaten.

Die Ziele der Bilanzadressaten kann der traditionelle **Jahresabschluss** nur bedingt erfüllen, da er

- vergangenheitsorientiert ist,

- Bewertungs- und Bilanzierungswahlrechte zulässt und

- bestimmte Sachverhalte nicht erfasst.

---

[2] Vgl. Zdrowomyslaw, 2001, S. 274 - 280; Buchner, 1996, S. 75 - 81.

Bilanzadressaten	Zielvorstellungen
Unternehmensführung	– Sicherung der eigenen Position – Sicherung des Einkommens
Eigentümer	– Risikoadäquate Rendite – Gewinnausschüttung – Vermögensmehrung
Arbeitnehmer	– Sicherung der Arbeitsplätze – Adäquate Arbeitsbedingungen – Angemessenes Einkommen – Aufstiegschancen – Erhaltung der Pensionszusagen
Gläubiger	– Einblick in die Vermögens-, Finanz- und Ertragslage – Ausschüttungssperre – Planmäßige Zinszahlung und Tilgung
Lieferanten	– Angemessene Preise – Beurteilung der Zahlungsfähigkeit – Kalkulierbare Geschäftsbeziehungen
Kunden	– Wertadäquate Produkte und Leistungen – Sicherung der Versorgung, der Wartung und der Garantien – Stabilität und Fortbestand
Fiskus	– Ermittlung der Steuerbeträge
Öffentlichkeit	– Entwicklungstendenzen als Arbeitgeber – Steuerzahler – Einhaltung gesetzlicher Vorschriften – Keine Zerstörung der ökologischen Umwelt

Tabelle 1: Zielvorstellungen der Bilanzadressaten[3]

In der Diskussion über die Aussagekraft des Jahresabschlusses sind deshalb umfangreiche Änderungsvorschläge gemacht worden. Sie beziehen sich zum einen auf die Verbesserung des bestehenden Instrumentariums und verlangen schärfere Bilanzierungs- und

---

[3] Vgl. Löhnert, 1995, S. 95.

Bewertungsvorschriften sowie eine Gewinn- und Verlustrechnung, welche die Erfolgskomponenten detailliert ausweist.

Zum anderen werden **zusätzliche Informationsträger** verlangt, wie

– Kapitalflussrechnung,

– Segmentberichterstattung

– zukunftsbezogene Berichterstattung,

– Zwischenberichte.

Zur Zeit wird diskutiert, ob nicht eine internationale Rechnungslegung nach IAS bzw.
US-GAAP an die Stelle der HGB-Bilanzierung treten sollte.

Aus den Zielvorstellungen der Bilanzadressaten können die **Funktionen** abgeleitet werden, die von der Bilanz und der Gewinn- und Verlustrechnung gemäß deutschem Handelsrecht übernommen werden (Tabelle 2).

Funktionen	Inhalt
Informationsfunktion	– Intern: Grundlage für Planung und Kontrolle – Extern: Grundlage für Betriebsvergleiche und Be-triebsanalysen
Rechenschaftsfunktion	– Intern: Gegenüber der Belegschaft – Extern: Gegenüber den Eigentümern, den Gläubi-gern und öffentlich-rechtlichen Institutionen
Dokumentationsfunktion	– Nachweis der Wertbewegungen – Nachweis der Geschäftsvorfälle
Ermittlungsfunktion	– Erfolgsermittlung als Grundlage der Erfolgszurech-nung, -verwendung und Besteuerung – Vermögens- und Kapitalermittlung als Grundlage von Fusion oder Sanierung
Sicherungsfunktion	– Erhaltung der Liquidität – Verhinderung von substanzmindernden Ausschüt-tungen

Tabelle 2: Funktionen des Jahresabschlusses

Der Gesetzgeber regelt im **dritten Buch** des HGB die Rechnungslegung. Im **ersten Ab-
schnitt** werden die Vorschriften behandelt, die von allen Kaufleuten zu beachten sind.
Im **zweiten Abschnitt** regelt er die ergänzenden Vorschriften für Kapitalgesellschaften.
Im **dritten und vierten Abschnitt** finden sich die Regelungen für bestimmte Rechts-

formen und Geschäftszweige, und zwar für Genossenschaften, Kreditinstitute, Finanzdienstleistungsinstitute und Versicherungsunternehmen.

Die Ziele des Jahresabschlusses für Kapitalgesellschaften werden in einer **Generalnorm** definiert (§ 264 II S. 1 HGB): „Der Jahresabschluß der Kapitalgesellschaft hat unter Beachtung der Grundsätze ordnungsmäßiger Buchführung ein den tatsächlichen Verhältnissen entsprechendes Bild der Vermögens-, Finanz- und Ertragslage der Kapitalgesellschaft zu vermitteln." Im Allgemeinen genügt es, dafür die gesetzlichen Vorschriften zu beachten. Zusätzliche Angaben sind im Anhang nur dann erforderlich, wenn wegen besonderer Umstände trotz Anwendung der Grundsätze ordnungsmäßiger Buchführung das geforderte Bild nicht vermittelt werden kann (§ 264 II S. 2 HGB).

Bilanzen sind für sehr unterschiedliche Zwecke und zu unterschiedlichen Anlässen zu erstellen. Die wesentlichen Kriterien für eine **Systematisierung der Bilanzen** zeigt Tabelle 3.

Kriterien	Formen	
Bilanzierungsanlass	Jahresbilanz	Sonderbilanz
Aussagezweck	Erfolgsbilanz	Vermögensbilanz
Rechtsnormen	Handelsbilanz	Steuerbilanz
Zeitbezug	Zustandsbilanz	Bewegungsbilanz / Kapitalflussrechnung
Unternehmensanzahl	Einzelbilanz	Konzernbilanz
Rechnungslegungsvorschriften	HGB	IAS / US-GAAP

Tabelle 3: Systematik der Bilanzen

■ **Bilanzierungsanlass**

Nach § 242 HGB hat jeder Kaufmann am Ende des Geschäftsjahres eine Bilanz - die sogenannte Regelbilanz - aufzustellen. Besondere Anlässe für Bilanzaufstellungen sind Gründung, Umwandlung, Auseinandersetzung, Fusion, Sanierung, Vergleich, Konkurs und Liquidation. Jeder Bilanzierungsanlass bedingt eine spezielle Bilanzpolitik. Die folgenden Ausführungen werden sich auf die so genannte **Regelbilanz** beziehen.

Nach § 44 b Börsengesetz sind börsennotierte Unternehmen, deren Aktien im amtlichen Handel notiert werden, verpflichtet, regelmäßig mindestens einen Zwischenbericht zu veröffentlichen. § 53 S. 1 BörsZulV konkretisiert diese Angabe insofern, als ein Halbjahresbericht zwingend zu erstellen ist. Darauf wird im Rahmen dieses Buches in Gliederungspunkt 2.3.5 speziell eingegangen. Hinzuweisen ist auch auf die Ad Hoc-Mitteilungen nach WpHG, die in Abschnitt 2.3.6 behandelt werden.

■ **Aussagezweck**

Erfolgsbilanzen werden aus dem systematischen Abschluss des Kontensystems gewonnen, um Gewinn oder Verlust aufzuzeigen. Vermögensbilanzen oder Statusbilanzen dagegen ergeben sich aus der körperlichen Bestandsaufnahme der Vermögensgegenstände und Schulden zu einem bestimmten Stichtag. Ansatz und Bewertung der einzelnen Bilanzpositionen werden damit nicht aus dem Kontensystem entwickelt, sondern müssen nach dem jeweiligen Bilanzierungsanlass festgelegt werden. Im Folgenden wird nur von der **Erfolgsbilanz** ausgegangen.

■ **Rechtsnormen**

Handelsbilanzen werden nach den folgenden gesetzlichen Regelungen (Tabelle 4) und den Grundsätzen ordnungsmäßiger Buchführung erstellt.

Gesetz	Relevante Paragraphen
HGB	Einzelabschluss: §§ 238 - 289 HGB Konzernabschluss: §§ 290 - 315 HGB
PublG	Einzelabschluss: §§ 1 - 10 PublG Konzernabschluss: §§ 11 - 15 PublG
AktG	§§ 148 - 176 AktG
GmbHG	§§ 41 - 42 a GmbHG
GenG	§ 33 GenG
VAG	§§ 55 - 79 a VAG
KWG	§ 26 KWG

Tabelle 4: Rechtsnormen zur Rechnungslegung

Steuerbilanzen unterliegen dagegen den gesetzlichen Regelungen des Steuerrechts. Die Ertragsteuerbilanz ist nach den Vorschriften des Einkommensteuergesetzes und die Vermögensteuerbilanz nach dem Bewertungsgesetz aufzustellen. Wegen ihrer teilweisen Verfassungswidrigkeit kann die Vermögensteuer jedoch ab 1997 nicht mehr erhoben werden.

Jedes Unternehmen hat eine Bilanz nach § 242 HGB zu erstellen. Dabei wird man grundsätzlich bestrebt sein, eine so genannte **Einheitsbilanz** zu erstellen, d.h., einen Abschluss, der sowohl handels- als auch steuerrechtlichen Vorschriften entspricht. In diesem Kontext ist zu betonen, dass der Grundsatz der **Maßgeblichkeit der Handelsbilanz für die Steuerbilanz** auch heute noch Gültigkeit besitzt.

Aufgrund der Entwicklungen im Bereich des Steuerrechts kommt es jedoch zunehmend zu Einschränkungen bzw. Durchbrechungen des Maßgeblichkeitsprinzips. Infolgedessen gestaltet es sich für ein Unternehmen auch zunehmend schwierig, eine **Einheitsbilanz** zu erstellen.

Wird eine Bilanz nur nach handelsrechtlichen Vorschriften erstellt, wie z.B. bei den Aktiengesellschaften, so kann die dann noch aufzustellende Steuerbilanz aus der Handelsbilanz durch Zusätze und Anmerkungen entwickelt oder aber auch gänzlich eigenständig aufgestellt werden.

In Abschnitt 2.5 werden die Unterschiede zwischen Steuerbilanz und Handelsbilanz aufgezeigt. Die folgenden Ausführungen beziehen sich auf die **Handelsbilanz**.

■ **Zeitbezug**

Zustandsbilanzen zeigen die Zusammensetzung von Kapital und Vermögen bezogen auf den Bilanzstichtag. In den Bewegungsbilanzen werden dagegen die Wertbewegungen - bezogen auf einen Abrechnungszeitraum - wiedergegeben. Im Rahmen der Bilanzanalyse wird der Analytiker versuchen, solche Bewegungsbilanzen zu erstellen, wenn ihm die dafür erforderlichen Informationen zur Verfügung stehen. Nach internationaler Rechnungslegung und für börsennotierte Mutterunternehmen (§ 297 I S. 2 HGB) ist eine Kapitalflussrechnung verpflichtend vorgesehen.

■ **Unternehmensanzahl**

Nach § 242 HGB ist jeder Kaufmann verpflichtet, eine Bilanz zu erstellen. Daneben gibt es aber auch die Verpflichtung, für größere wirtschaftliche Einheiten eine konsolidierte Bilanz - die Konzernbilanz - aufzustellen. Dies ist in den §§ 290 ff. HGB geregelt. In diesem Buch wird im Wesentlichen auf die **Einzelbilanz** eingegangen. In Abschnitt 5.3.1 werden gesondert Konzernbilanzen und die Konzernbilanzanalyse behandelt.

■ **Rechnungslegungsvorschriften**

Die wachsende Internationalisierung der Geschäftätigkeit sowie die zunehmende Verflechtung der Märkte haben einen internationalen Harmonisierungsprozess der Rechnungslegung ausgelöst. Eine wachsende Zahl deutscher Unternehmen hat sich deshalb für eine Rechnungslegung nach internationalen Standards entschieden. Unter den Voraussetzungen des § 292 a HGB können Mutterunternehmen, die einen organisierten Markt i.S.d. § 2 V WpHG in Anspruch nehmen, von der Verpflichtung zur Konzernrechnungslegung nach HGB befreit werden und ihren Konzernabschluss nach IAS oder US-GAAP erstellen.

Die **Mitgliedstaaten der EU** hatten sich zu einer Annäherung der einzelstaatlichen Rechnungslegungsvorschriften verpflichtet, um die Einrichtung eines gemeinsamen Marktes zu ermöglichen. Dies zeigt Abbildung 3.

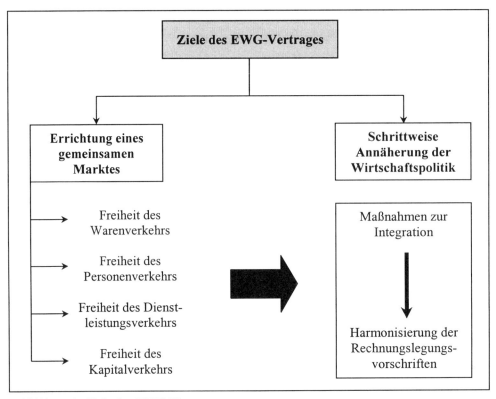

Abbildung 3: Ziele des EWG-Vertrages

Die beschlossenen EG-Richtlinien zur Rechnungslegung beziehen sich nur auf Kapital-gesellschaften. Dazu gehören die **4. EG-Richtlinie**: Jahresabschluss von Gesellschaften bestimmter Rechtsform (**Bilanzrichtlinie**) und die **7. EG-Richtlinie**: Vorschriften über die Konzernrechnungslegung (**Konzernbilanzrichtlinie**).

Die Einigung im Rat der Europäischen Gemeinschaft wurde oft nur durch Wahlrechte erkämpft, welche die Tradition der einzelnen Länder fortführen. So enthält die 4. EG-Richtlinie eine Vielzahl an Nationalstaaten-Wahlrechten und an Unternehmenswahl-rechten. Von einer echten Harmonisierung kann insofern nicht gesprochen werden. Eine internationale Vergleichbarkeit ist zur Zeit nur durch die internationalen Rechnungsle-gungsnormen gewährleistet.

Den Mitgliedstaaten der EG war die Regelung der Rechnungslegung für Einzelkaufleute und Personengesellschaften freigestellt. Der deutsche Gesetzgeber wollte die Anforde-rungen, die nun für Kapitalgesellschaften zu gelten haben, nicht auch auf die anderen Rechtsformen angewandt wissen, um den Aufwand und die Kompliziertheit in diesen „kleinen Betrieben" nicht zu erhöhen. Auf der anderen Seite sollte vermieden werden, dass sich die Rechnungslegung der unterschiedlichen Rechtsformen voneinander löst und nicht mehr vergleichbar ist. Diese Problematik wurde in der Form gelöst, dass die §§ 238 - 263 HGB für alle Kaufleute gelten, während die §§ 264 - 289 HGB nur auf Kapitalgesellschaften anzuwenden sind. Die nachfolgenden §§ 290 - 315 HGB beziehen sich ausschließlich auf Konzerne.

Durch diese Regelung besteht eine gemeinsame Basis, und die strengeren Anforderungen gelten nur für Kapitalgesellschaften. Diese haben aber auch die Vorschriften der §§ 238 - 263 HGB zu beachten.

Für **Bilanzpolitik und Bilanzanalyse** ergeben sich daraus Konsequenzen. So ist nur für Kapitalgesellschaften eine Bilanzgliederung zwingend vorgeschrieben; Einzelkaufleute und Personengesellschaften können nach § 253 IV HGB Abschreibungen im Rahmen vernünftiger kaufmännischer Beurteilung vornehmen, wozu Kapitalgesellschaften nicht berechtigt sind (§ 279 I S. 1 HGB).

2.1.2 Vorschriften für alle Kaufleute

Der erste Abschnitt des dritten Buches des HGB (§§ 238 - 263) bezieht sich auf alle Kaufleute. „Kaufmann im Sinne dieses Gesetzbuchs ist, wer ein Handelsgewerbe betreibt" (§ 1 I HGB). „Handelsgewerbe ist jeder Gewerbebetrieb, es sei denn, dass das Unternehmen nach Art oder Umfang einen in kaufmännischer Weise eingerichteten Geschäftsbetrieb nicht erfordert" (§ 1 II HGB). Zu den Handelsgesellschaften nach § 6 I HGB gehören die Personengesellschaften und die Kapitalgesellschaften. Keine Handelsgesellschaft sind die stille Gesellschaft, die eingetragene Genossenschaft (eG), der Versicherungsverein auf Gegenseitigkeit (VVaG) und andere Rechtspersonen. Eingetragene Genossenschaften gelten nach § 17 II GenG als Kaufmann. Während Versicherungsunternehmen regelmäßig die Kaufmannseigenschaft erfüllen, ist der Versicherungsverein auf Gegenseitigkeit kein Gewerbebetrieb, weil es ihm an der Gewinnerzielungsabsicht fehlt.

Originäre steuerliche Buchführungspflichten nach § 141 AO entstehen ab einer Umsatzhöhe von mehr als 260.000 € oder einem Gewinn von mehr als 25.000 € (§ 141 I S. 1 Nr. 1 bzw. 4 AO).

Der **Jahresabschluss für alle Kaufleute** wird im zweiten Unterabschnitt des ersten Abschnittes des dritten Buches behandelt (§§ 242 - 256 HGB). Folgende Hauptmerkmale werden genannt:

1. Der Jahresabschluss besteht aus der **Bilanz** und der **Gewinn- und Verlustrechnung** (§ 242 III HGB).
2. Der Jahresabschluss ist nach den **Grundsätzen ordnungsmäßiger Buchführung** aufzustellen (§ 243 I HGB).
3. Der Jahresabschluss muss **klar** und **übersichtlich** sein (§ 243 II HGB).
4. Der Jahresabschluss muss berücksichtigen:

–   Formvorschriften (§§ 244, 245 HGB),

–   Ansatzvorschriften (§§ 246 - 251 HGB),

–   Bewertungsvorschriften (§§ 252 - 256 HGB).

Zusätzliche Anforderungen, wie sie für Kapitalgesellschaften vorgesehen sind, können berücksichtigt werden. Es müssen dann aber die für den Jahresabschluss von Kapitalgesellschaften vorgeschriebenen Regelungen in vollem Umfang beachtet werden, d.h. in diesen Fällen ist der Jahresabschluss um einen Anhang zu erweitern. Die Möglichkeit, nach § 253 IV HGB Abschreibungen im Rahmen vernünftiger kaufmännischer Beurteilung zu bilden, ist nicht mehr gegeben. Wurden steuerrechtliche Abschreibungen nach § 254 gebildet, müssen sie nun in der Bilanz oder im Anhang angegeben werden.

Die Vorschriften der §§ 243 und 244 HGB verlangen lediglich:

–   Der Jahresabschluss ist nach den GoB,

–   klar und übersichtlich,

–   innerhalb der einem ordnungsmäßigen Geschäftsgang entsprechenden Zeit,

–   in deutscher Sprache und

–   in Euro

aufzustellen.

Die Aufstellungsfrist beträgt maximal sechs bis neun Monate.

Die Bilanzansatz- und Bewertungsvorschriften gelten weitgehend auch für Kapitalgesellschaften. Sie werden geschlossen im Abschnitt 2.4 behandelt, wobei auf die Unterschiede gegebenenfalls hingewiesen wird.

2.1.3 Ergänzende Vorschriften für Kapitalgesellschaften

Die Regelungen für Kapitalgesellschaften finden sich in den §§ 264 - 289 HGB. Sie sind anzuwenden auf:

–   Kapitalgesellschaften (AG, KGaA, GmbH),

–   bestimmte Handelsgesellschaften und Kommanditgesellschaften (§ 264 a HGB)

–   Unternehmen des Publizitätsgesetzes (§ 5 PublG) entsprechend;

teilweise entsprechend auf:

–   Genossenschaften (§§ 336 - 339 HGB),

–   Kreditinstitute und Finanzdienstleistungsinstitute (§§ 340 - 340 o HGB),

–   Versicherungsunternehmen (§§ 341 - 341 o HGB)

Wesentliche Merkmale der **Vorschriften für Kapitalgesellschaften** sind:

1. Der Jahresabschluss besteht aus **Bilanz, GuV und Anhang**, die eine Einheit bilden (§ 264 I HGB).
2. Der Jahresabschluss ist nach den **Grundsätzen ordnungsmäßiger Buchführung** klar und übersichtlich aufzustellen (§ 243 HGB).
3. Der Jahresabschluss hat unter Beachtung der GoB ein den tatsächlichen Verhältnissen entsprechendes Bild der Vermögens-, Finanz- und Ertragslage des Unternehmens zu vermitteln (**§ 264 II HGB = Generalnorm**).
4. Im Allgemeinen genügt es, die gesetzlichen Vorschriften zu beachten. Zusätzliche Angaben sind im Anhang nur dann erforderlich, wenn wegen besonderer Umstände trotz Anwendung der GoB das geforderte Bild nicht vermittelt werden kann (§ 264 II HGB).
5. Nichtanwendung der Vorschriften kommt nur dann in Frage, wenn nach allgemeinen Rechtsgrundsätzen Sinn und Zweck des Gesetzes sonst nicht erreicht werden kann.

Als weiteres Instrument kommt der **Lagebericht** (§ 289 HGB) hinzu.

Um bei den Anforderungen an die Rechnungslegung der Größe der Betriebe zu entsprechen, wurde die aus Tabelle 5 ersichtliche Abgrenzung gewählt.

	Kleine	Mittelgroße	Große
Bilanzsumme	≤ 3,438 Mio €	≤ 13,75 Mio €	> 13,75 Mio €
Umsatz	≤ 6,875 Mio €	≤ 27,5 Mio €	> 27,5 Mio €
Beschäftigte	≤ 50	≤ 250	> 250

Tabelle 5: Größenmerkmale der Kapitalgesellschaften nach HGB

Mindestens **zwei der drei** Merkmale müssen an **zwei** aufeinander folgenden Abschlussstichtagen erfüllt sein.

Die Größenmerkmale sind alle fünf Jahre durch die europäische Kommission auf ihre Angemessenheit zu prüfen. Mit dem KapCoRiLiG vom 24.02.2000 wurde die letzte Anpassung der Werte vorgenommen.

Aus den Erleichterungen für die mittelgroße und insbesondere die kleine Kapitalgesellschaft (vgl. Tabelle 6) kann sich für die **Bilanzpolitik** das Ziel ergeben, möglichst nicht in die Rubrik „große Kapitalgesellschaft" zu fallen. Die möglichen Maßnahmen dazu werden im 4. Kapitel behandelt.

	Kleine	Mittelgroße	Große
Jahresabschluss-gliederungsschema	Vereinfacht; Buchstaben und römische Zahlen	Nicht vereinfacht	Nicht vereinfacht
Prüfungspflicht	Nein	Ja	Ja
Veröffentlichung im Bundesanzeiger	Nein (aber Hinweisbekanntmachung im Bundesanzeiger)	Nein (aber Hinweisbekanntmachung im Bundesanzeiger)	Ja
Einreichung zum Handelsregister	Gesellschafterliste, Bilanz und Anhang	Gesellschafterliste, Jahresabschluss, Lagebericht, Ergebnisverwendung, Testat	Gesellschafterliste; Veröffentlichung im Bundesanzeiger und Unterlagen hierzu
Aufstellungsfristen	6 Monate	3 Monate	3 Monate
	danach unverzüglich Vorlage an den Aufsichtsrat		
Gesellschafterver-sammlung	11 Monate	8 Monate	8 Monate
Einreichung zum Handelsregister	12 Monate	12 Monate	12 Monate

Tabelle 6: Größenabhängige Rechnungslegungs- und Publizitätspflichten

2.2 Rechtsform- und branchenspezifische Vorschriften

2.2.1 Versicherungen

Aufgabe von Versicherungsunternehmen ist der Betrieb von Versicherungsgeschäften. In wirtschaftlicher Sicht werden **Versicherungsgeschäfte** als die „Deckung eines im einzelnen ungewissen, insgesamt geschätzten Mittelbedarfs auf der Grundlage des Risikoausgleichs im Kollektiv und in der Zeit"[4] definiert. Dafür kommen sowohl privatrechtliche als auch öffentlich-rechtliche Rechtsformen in Frage. Die privaten Versicherungsunternehmen werden als Aktiengesellschaften (AG) oder Versicherungsverein auf Gegenseitigkeit (VVaG) betrieben. Die öffentlich-rechtlichen Versicherungsunternehmen sind entweder Wettbewerbsunternehmen oder Zwangs- und Monopolanstalten.

Der Grundsatz der Spartentrennung besagt, dass sogar abgeschlossene Lebens-, Kranken- sowie Schaden- und Unfallversicherungsgeschäfte nicht in einem Unternehmen betrieben werden dürfen. Es müssen dafür grundsätzlich selbstständige Unternehmen errichtet werden, die allerdings konzernmäßig verflochten sein können. Das wirft auch für die Bilanzanalyse und -politik besondere Fragen auf.

Durch die „Richtlinie des Rates vom 19.12.1991 über den Jahresabschluß und den konsolidierten Abschluß von Versicherungsunternehmen (VersBiRiLi)" haben die **Rechnungslegungsvorschriften** von Versicherungsunternehmen eine umfangreiche **Harmonisierung** erfahren.

Durch das Versicherungsbilanzrichtlinie-Gesetz (VersRiLiG) sowie die Verordnung über die Rechnungslegung von Versicherungsunternehmen (RechVersV) erfolgte die Transformation in nationales Recht.

Den **rechtlichen Rahmen** für die Rechnungslegung von Versicherungsunternehmen bilden in erster Linie das HGB (§§ 238 - 335 HGB und §§ 341 - 341 o HGB) sowie einige Vorschriften des Gesetzes über die Beaufsichtigung der Versicherungsunternehmen (Versicherungsaufsichtsgesetz - VAG) und des AktG.

Die §§ 341 bis 341 o HGB wurden im Rahmen des Versicherungsbilanzrichtlinie-Gesetzes in das Handelsrecht eingefügt.

Bestimmte handelsrechtliche Vorschriften werden durch Regelungen des VAG und Anordnungen seitens der Aufsichtsbehörde ergänzt. So enthalten etwa die §§ 55, 55 a, 56 a VAG ergänzende Bestimmungen bezüglich der Rechnungslegung der Versicherungsunternehmen.

---

[4] Farny, 1995, S. 13.

Einzelheiten zum Jahresabschluss / Lagebericht sowie zum Konzernabschluss / Konzernlagebericht von Versicherungsunternehmen werden durch die Verordnung über die
Rechnungslegung von Versicherungsunternehmen geregelt.[5]

2.2.2 Kreditinstitute, Finanzdienstleistungsinstitute, Finanz-holding-Gesellschaften und Finanzunternehmen

In § 1 KWG werden die Institute und Unternehmen hinsichtlich ihrer Tätigkeiten abge-
grenzt. Bei der Aufzählung der Bank- und Finanzdienstleistungstätigkeiten wird die **Dy-namik** dieser Branchen deutlich.

Die Rechnungslegung von Kreditinstituten und Finanzdienstleistern ist in den §§ 340 -
340 o HGB geregelt. Danach gelten die Vorschriften zum Jahresabschluss, die auf große
Kapitalgesellschaften anzuwenden sind. Sie haben außerdem einen Lagebericht nach
§ 289 HGB aufzustellen.

In § 340 a II HGB werden diejenigen Vorschriften des HGB genannt, die nicht anzuwenden sind bzw. Vorschriften, die an die Stelle dieser Regelungen treten. Für Kreditinstitute gelten durch Rechtsverordnung erlassene **Formblätter**. So wenden Kreditinstitute
anstatt des Gliederungsschemas nach § 266 HGB das Formblatt 1 für die Gliederung der
Bilanz an.

Die Vorschriften der §§ 340 - 340 o HGB sowie der durch das BMJ erlassenen Verord-
nung für die Rechnungslegung der Kreditinstitute (RechKredV) beruhen auf der **Bank-bilanzrichtlinie**. Sie ergänzt die 4. und die 7. EG-Richtlinie. Transformiert wurden die
Vorschriften der Bankbilanzrichtlinie durch das Bankbilanzrichtlinie-Gesetz sowie die
RechKredV. Erstmals anzuwenden waren die Vorschriften auf nach dem 31.12.1992 be-
ginnende Geschäftsjahre.

Das Bundesaufsichtsamt für das Kreditwesen (BAK) hat in verschiedenen Schreiben
(Rundschreiben, Stellungnahmen etc.) zu Einzelfragen der Bilanzierung der Kreditinstitute Stellung genommen. Obwohl diese Schreiben nicht rechtsverbindlich sind, enthalten
sie doch **Grundsätze ordnungsmäßiger Bankbilanzierung** und sind daher zu beachten.[6] Der Bankenfachausschuss des Instituts der Wirtschaftsprüfer in Deutschland e.V.
(BFA) gibt ebenfalls Stellungnahmen zu spezifischen Fragen der Bankbilanzierung ab.

Von wesentlicher Bedeutung hinsichtlich der Bewertung ist der § 340 f HGB, der die
Bildung stiller Reserven für Kreditinstitute vorsieht. Danach können Kreditinstitute in
der Rechtsform der Kapitalgesellschaft stille Reserven bilden, indem sie Forderungen
und Wertpapiere des Umlaufvermögens mit einem niedrigeren Wert ansetzen als nach
§ 253 I S. 1, III HGB. Voraussetzung ist, dass dies nach vernünftiger kaufmännischer

---

[5] Vgl. IDW, 2000, S. 738 ff.
[6] Vgl. IDW, 2000, S. 610.

Beurteilung zur Sicherung gegen die besonderen Risiken des Geschäftszweiges der Kreditinstitute notwendig ist.

▨ Basel II

Kreditinstitute sind nach den gesetzlichen Vorschriften verpflichtet, bei der **Kreditvergabe** eine bestimmte Menge an Eigenkapital als Sicherheit zu hinterlegen. Der Gesetzgeber fordert hierbei eine Mindesteigenkapitalquote von 8 % im Verhältnis zu den risikogewichteten Aktiva.

Bisher sehen die Regelungen zur Eigenkapitalhinterlegung dabei vor, dass jeder Unternehmenskredit das gleiche Sicherheitsrisiko trägt. Das bedeutet, dass Unternehmen mit einer guten wirtschaftlichen Lage das gleiche Risiko tragen wie Unternehmen in wirtschaftlicher Schieflage.[7] Genau dies soll sich nunmehr durch die zweite Baseler Eigenkapitalvereinbarung („Basel II") ändern, deren In-Kraft-Treten für das Jahr 2004 geplant ist.

Zukünftig wird von der pauschalen Unterlegung der Kredite mit 8 % Eigenkapital abgesehen. Die Qualität der Kredite soll stärkere Berücksichtigung finden und die Eigenkapitalunterlegung soll von der Bonität der jeweiligen Schuldner abhängen. Rechnerisch erfolgt diese Berücksichtigung über unterschiedliche Bonitäts- bzw. Risikogewichte. Während bei einem Bonitätsgewicht von 100 % ein Risiko zum vollen Wert in die Ermittlung der risikogewichteten Aktiva eingeht, führt eine Risikobeurteilung von bspw. 150 % dazu, dass aufgrund des hohen Risikos nicht 8 %, sondern 12 % Eigenkapital für den entsprechenden Kredit zu unterlegen sind.

Die Art der Bonitätsbeurteilung wird als **Rating** bezeichnet. Hierbei sind externe und interne Ratings zu unterscheiden. Bei **externen** Ratings ergeben sich die risikogewichteten Aktiva aus dem Produkt von ausstehendem Kreditbetrag und dem durch die externen Rating-Agenturen (z.B. Moody's, Standard and Poor's) klassifizierten und adjustierten Risikogewicht (sog. Standardansatz). Bei einem **internen** Rating des Kreditinstituts (sog. *internal rating-based approach* oder IRB-Ansatz) werden die risikogewichteten Aktiva durch eine multiplikative Verknüpfung von Risikogewichten und dem möglichen Ausfallbetrag ermittelt. Die Ausfallwahrscheinlichkeit basiert hierbei auf einer internen Schätzung des Kreditinstituts, die wiederum durch Erfahrungen aus der Kreditvergabe geprägt ist.

Wenngleich (noch) keine einheitlichen Anforderungen und Inhalte an die Ratings existieren, so besteht doch Einigkeit darüber, dass die Einschätzung der wirtschaftlichen Lage des Kreditnehmers wesentlichen Einfluss auf dessen Rating nimmt. In diesem Kontext sind die Ertrags- und die Finanzlage wohl als die dominanten Bestandteile der wirtschaftlichen Lage zu betrachten. Beleg hierfür sind nicht zuletzt die ausgewählten Kennzahlen gängiger Verfahren der multivariaten Diskriminanzanalyse, die häufig den Verschuldungsgrad bzw. die theoretische Tilgungsdauer des Fremdkapitals als wesentliche Determinanten aufweisen.[8] Neben Finanzkennzahlen sollen sich aber auch qualitati-

---

[7] Vgl. Krehl, 2001, S. 264.
[8] Vgl. Finsterer / Gulden, 2001, S. 10.

ve Informationen (Management, Marktfähigkeit der Produkte, Güte der betrieblichen Funktionsbereiche etc.) in dem Rating-Wert niederschlagen.[9]

2.2.3 Genossenschaften

Genossenschaften sind „Gesellschaften von nicht geschlossener Mitgliederzahl, welche die Förderung des Erwerbs oder der Wirtschaft ihrer Mitglieder mittels gemeinschaftlichen Geschäftsbetriebes bezwecken" (§ 1 I Gesetz betreffend die Erwerbs- und Wirtschaftsgenossenschaften - GenG -). In § 1 dieses Gesetzes werden die verschiedenen Formen der Genossenschaften im Einzelnen aufgeführt.

Für den Jahresabschluss der eingetragenen Genossenschaften gelten nach den Vorschriften des § 336 HGB in erster Linie die allgemeinen Vorschriften, die von allen Kaufleuten zu beachten sind (§§ 242 - 256 HGB) sowie zusätzlich die ergänzenden Vorschriften für eingetragene Genossenschaften (§§ 336 - 339 HGB). Von den Genossenschaften sind die meisten der ergänzenden Vorschriften, die für Kapitalgesellschaften gelten, entsprechend anzuwenden. Dies ist in § 336 II S. 1 HGB geregelt. Die Ausnahmen werden im dritten Abschnitt des dritten Buches des HGB genannt, der die genossenschaftsspezifischen Regelungen enthält.

Die Pflicht zur Aufstellung des Jahresabschlusses wird in § 242 HGB geregelt. Nach § 336 I S. 1 HGB ist der Jahresabschluss um einen Anhang zu erweitern, der mit der Bilanz und der GuV eine Einheit bildet. Daneben ist ein Lagebericht aufzustellen. Die Frist zur Aufstellung des Jahresabschlusses und des Lageberichts beträgt fünf Monate (§ 336 I S. 2 HGB).

Die Prüfung der Genossenschaften ist in § 53 GenG geregelt. Danach ist der Jahresabschluss unter Einbeziehung der Buchführung und des Lageberichts Gegenstand der Genossenschaftsprüfung. Auf die Besonderheiten dieser Prüfung soll hier nicht eingegangen werden, da neben dem Jahresabschluss auch die Geschäftsführung zu prüfen ist und die Prüfung von Prüfungsverbänden, dem die Genossenschaft angehören muss, durchgeführt wird.

Insgesamt ist festzuhalten, dass der Jahresabschluss einer eingetragenen Genossenschaft dem Jahresabschluss einer Kapitalgesellschaft weitgehend entspricht. Hinsichtlich der Bewertung gelten für die Genossenschaften die Vorschriften, die für alle Kaufleute gelten. Die einschränkenden Bestimmungen des § 279 HGB finden damit keine Anwendung, d.h., es können nach § 253 IV HGB Abschreibungen im Rahmen vernünftiger kaufmännischer Beurteilung vorgenommen werden. Die Legung stiller Reserven wird in erheblichem Umfang erleichtert und die Berichterstattung über rein steuerliche Mehrabschreibungen nicht verlangt. Der bilanzpolitische Spielraum ist insofern größer und die Einblicksmöglichkeiten Externer sind geringer.

---

[9] Vgl. Krehl, 2001, S. 264.

2.3 Handelsrechtlicher Jahresabschluss und Berichterstattung

2.3.1 Bilanz

Die folgenden Ausführungen beziehen sich auf große Kapitalgesellschaften bzw. auf bestimmte offene Handelsgesellschaften und Kommanditgesellschaften (§ 264 a HGB). Diese Gesellschaften haben den Jahresabschluss, bestehend aus Bilanz, GuV und Anhang, die eine **Einheit** bilden, aufzustellen und daneben einen Lagebericht abzufassen. Die Formulierung „die eine Einheit bilden" wurde deshalb gewählt, weil eine Reihe von Informationen wahlweise in der Bilanz, der GuV oder im Anhang gegeben werden können. Dies ist jeweils im HGB vermerkt. Wird von diesem Recht Gebrauch gemacht, muss eine Angabe im Anhang qualitativ genauso aussagekräftig wie in der Bilanz sein, d.h., verbale Ausführungen reichen in diesem Fall nicht.

Die Bilanz soll der übersichtlichen Darstellung der Vermögensgegenstände und Schulden dienen. Für eine solche systematische Darstellung kommen im Wesentlichen drei Kriterien in Frage:

1. Nach dem **Liquiditätsgliederungsprinzip** werden die einzelnen Positionen nach dem Grad ihrer Liquidierbarkeit bzw. nach ihrer Fälligkeit aufgeführt.

2. Die **Gliederung nach den Rechtsverhältnissen** führt zu einer Abgrenzung nach Mobilien und Immobilien, nach Sachen und Rechten, nach dem juristischen Eigentum oder nach der Eignung für die Sicherung von Verbindlichkeiten.

3. Das **Ablaufgliederungsprinzip** führt zu einer Trennung nach dem innerbetrieblichen Wertefluss in das Anlage- und das Umlaufvermögen.

Für Kapitalgesellschaften ist in § 266 HGB eine **Mindestgliederung** vorgeschrieben, in der alle drei angesprochenen Prinzipien zum Tragen kommen. Es handelt sich dabei um eine Gliederung, die in erster Linie für Industriebetriebe geeignet ist. Für Einzelkaufleute und Personengesellschaften enthält das HGB keine gesonderten Gliederungsvorschriften. Die Bilanz muss bei diesen Gesellschaften nur den GoB entsprechen. Das trifft stets für das handelsrechtliche Gliederungsschema zu; aber auch andere Gliederungen könnten diesen Anforderungen genügen. Wird eine durch den Geschäftszweig bedingte andere Gliederung gewählt, sind die Abweichungen im Anhang zu erläutern. Die Gliederung der Jahresbilanz nach § 266 HGB, die für große Kapitalgesellschaften gilt, zeigen die Abbildungen 4 und 5.

Eine über das handelsrechtliche Gliederungsschema hinausgehende Aufspaltung der Positionen ist möglich. Im HGB ist der Ausweis folgender **zusätzlicher Positionen** vorgesehen:

– Sonderposten mit Rücklageanteil (§ 273 HGB),

– Aufwendungen für die Ingangsetzung und Erweiterung des Geschäftsbetriebs als Bilanzierungshilfe (§ 269 HGB).

Weitere **Untergliederungen** der Posten sind zulässig und durch arabische Zahlen einzurücken. Neue Posten dürfen allerdings nur hinzugefügt werden, wenn ihr Inhalt nicht von einem vorgeschriebenen Posten gedeckt wird (§ 265 V HGB). Ebenfalls können die Gliederung und die Bezeichnung der mit arabischen Zahlen versehenen Posten der Bilanz geändert werden, wenn dies wegen Besonderheiten der Kapitalgesellschaft zur Aufstellung eines klaren und übersichtlichen Jahresabschlusses erforderlich ist (§ 265 VI HGB).

Es können auch Bilanzpositionen **zusammengefasst** werden, wenn sie in ihrer Betragshöhe unerheblich sind oder wenn dadurch die Klarheit der Darstellung vergrößert wird; in diesem Fall müssen die zusammengefassten Posten jedoch im Anhang gesondert ausgewiesen werden (§ 265 VII HGB). Die großen Publikumsgesellschaften haben z.T. im Jahresabschluss die Großbuchstaben, die römischen und die arabischen Ziffern weggelassen und nur die jeweilige Hauptposition aufgeführt. Im Anhang heißt es dann dazu: „Einzelne Posten der Bilanz und der Gewinn- und Verlustrechnung haben wir zusammengefasst, um die Klarheit der Darstellung zu verbessern. Diese Posten sind im Anhang gesondert ausgewiesen."

Bilanzpositionen, bei denen im laufenden Jahr und im Vorjahr keine Beträge aufzuführen sind, können ganz weggelassen werden (§ 265 VIII HGB).

Aktiva

Ausstehende Einlagen auf das gezeichnete Kapital #

Aufwendungen für die Ingangsetzung und Erweiterung des Geschäftsbetriebs #

A. Anlagevermögen:

I. Immaterielle Vermögensgegenstände:

1. Konzessionen, gewerbliche Schutzrechte und ähnliche Rechte und Werte sowie Lizenzen an solchen Rechten und Werten;

2. Geschäfts- oder Firmenwert;

3. geleistete Anzahlungen;

II. Sachanlagen:

1. Grundstücke, grundstücksgleiche Rechte und Bauten einschließlich der Bauten auf fremden Grundstücken;

2. technische Anlagen und Maschinen;

3. andere Anlagen, Betriebs- und Geschäftsausstattung;

4. geleistete Anzahlungen und Anlagen im Bau;

III. Finanzanlagen:

1. Anteile an verbundenen Unternehmen;

2. Ausleihungen an verbundene Unternehmen;*

3. Beteiligungen;

4. Ausleihungen an Unternehmen, mit denen ein Beteiligungsverhältnis besteht;*

5. Wertpapiere des Anlagevermögens;

6. sonstige Ausleihungen;*

B. Umlaufvermögen:

I. Vorräte:

1. Roh-, Hilfs- und Betriebsstoffe;

2. unfertige Erzeugnisse, unfertige Leistungen;

3. fertige Erzeugnisse und Waren;

4. geleistete Anzahlungen;

II. Forderungen und sonstige Vermögensgegenstände:

1. Forderungen aus Lieferungen und Leistungen;*

2. Forderungen gegen verbundene Unternehmen;*

3. Forderungen gegen Unternehmen, mit denen ein Beteiligungsverhältnis besteht;*

4. sonstige Vermögensgegenstände;*

III. Wertpapiere:

1. Anteile an verbundenen Unternehmen;

2. eigene Anteile;

3. sonstige Wertpapiere;

IV. Kassenbestand, Bundesbankguthaben, Guthaben bei Kreditinstituten und Schecks

C. Rechnungsabgrenzungsposten.

Disagio #

Abgrenzungsposten für latente Steuern #

Nicht durch Eigenkapital gedeckter Fehlbetrag #

* Gesonderter Ausweis der Positionen mit einer Restlaufzeit von mehr als einem Jahr; Ausweis nur in der Bilanz zulässig.

Zusätzliche, im Mindestgliederungsschema nicht enthaltene Positionen.

Abbildung 4: Gliederung der Aktivseite der Bilanz nach § 266 HGB

Passiva

A. Eigenkapital:

I. Gezeichnetes Kapital;

II. Kapitalrücklage;

III. Gewinnrücklagen:

1. gesetzliche Rücklage;

2. Rücklage für eigene Anteile;

3. satzungsmäßige Rücklagen;

4. andere Gewinnrücklagen;

IV. Gewinnvortrag / Verlustvortrag;

V. Jahresüberschuss / Jahresfehlbetrag

Sonderposten mit Rücklageanteil #

B. Rückstellungen:

1. Rückstellungen für Pensionen und ähnliche Verpflichtungen;

2. Steuerrückstellungen;

3. sonstige Rückstellungen;

Rückstellungen für latente Steuern #

C. Verbindlichkeiten:

1. Anleihen, davon konvertibel

2. Verbindlichkeiten gegenüber Kreditinstituten;[*]

3. erhaltene Anzahlungen auf Bestellungen;[*]

4. Verbindlichkeiten aus Lieferungen und Leistungen;[*]

5. Verbindlichkeiten aus der Annahme gezogener Wechsel und der Ausstellung eigener Wechsel[*]

6. Verbindlichkeiten gegenüber verbundenen Unternehmen;[*]

7. Verbindlichkeiten gegenüber Unternehmen, mit denen ein Beteiligungsverhältnis besteht;[*]

8. sonstige Verbindlichkeiten;[*]
   davon aus Steuern,
   davon im Rahmen der sozialen Sicherheit.

D. Rechnungsabgrenzungsposten.

[*] Gesonderter Ausweis von Verbindlichkeiten mit Fälligkeit unter einem Jahr; Ausweis nur in Bilanz zulässig.
Gesonderter Ausweis von Verbindlichkeiten mit Restlaufzeit von mehr als fünf Jahren und Angabe der durch Rechte gesicherten Positionen; Pflichtangabe im Anhang.

[#] Zusätzliche, im Mindestgliederungsschema nicht enthaltene Positionen.

Abbildung 5: Gliederung der Passivseite der Bilanz nach § 266 HGB

Nach den handelsrechtlichen Vorschriften für Kapitalgesellschaften sind Vorspalten und Vermerke unter der Bilanz vorgesehen. Für die Vorspalten - den **Anlagespiegel** oder das Anlagegitter - gilt die Vorschrift des § 268 II HGB: „In der Bilanz oder im Anhang ist die Entwicklung der einzelnen Posten des Anlagevermögens und des Postens „Aufwendungen für die Ingangsetzung und Erweiterung des Geschäftsbetriebs" darzustellen. Dabei sind, ausgehend von den gesamten Anschaffungs- und Herstellungskosten, die Zugänge, Abgänge, Umbuchungen und Zuschreibungen des Geschäftsjahrs sowie die Abschreibungen in ihrer gesamten Höhe gesondert aufzuführen. Die Abschreibungen des Geschäftsjahrs sind entweder in der Bilanz bei dem betreffenden Posten zu vermerken oder im Anhang in einer der Gliederung des Anlagevermögens entsprechenden Aufgliederung anzugeben." Über die Reihenfolge der einzelnen Spalten enthält das Gesetz keine ausdrückliche Vorschrift, so dass bspw. der in Tabelle 7 wiedergegebene Anlagespiegel in Betracht kommt.

In Form von Vermerken sind unter der Bilanz auf der Passivseite alle **Eventualverbindlichkeiten** zu vermerken, die in einem Betrag angegeben werden können. Dazu gehören nach § 251 HGB:

- Wechselverbindlichkeiten,

- Bürgschaftsverbindlichkeiten,

- Verbindlichkeiten aus Wechsel- und Scheckbürgschaften,

– Verbindlichkeiten aus Gewährleistungsverträgen,

– Haftungsverhältnisse aus der Bestellung von Sicherheiten für fremde Verbindlichkeiten,

soweit sie nicht schon in der Bilanz vermerkt wurden.

Ein weiterer Posten, der im Gliederungsschema des § 266 HGB nicht genannt wird, sind die **latenten Steuern**, die in § 274 HGB behandelt werden. Latente Steuern entstehen, weil die tatsächlich zu entrichtende Steuer nach Steuerbilanz höher oder niedriger ist als eine Steuer, die sich aus dem Ergebnis der Handelsbilanz errechnen würde. Diese Differenz kann sich deshalb ergeben, weil nach HGB beispielsweise vom Aktivierungswahlrecht für einen käuflich erworbenen Firmenwert nicht Gebrauch gemacht wurde, dieser Wert in der Steuerbilanz aber anzusetzen ist. Die Unterschiede zwischen Handels- und Steuerbilanz werden in Abschnitt 2.5 behandelt.

Eine Voraussetzung für den Ansatz der latenten Steuern besteht weiterhin darin, dass die Differenz zwischen Handelsbilanz und Steuerbilanz **zeitlich befristet** ist, d.h., der Zeitraum, in dem sich diese Differenz wieder auflöst, muss überschaubar sein. Ist der in der Handelsbilanz ausgewiesene Steueraufwand zu niedrig, handelt es sich nach § 274 HGB in Verbindung mit § 249 I S. 1 HGB um eine **Passivierungspflicht**. In diesem Fall ist eine **Rückstellung** für ungewisse Verbindlichkeiten zu bilden, wobei die Angabe in der Bilanz oder im Anhang erfolgen kann. Diese Rückstellung ist aufzulösen bei Eintritt bzw. wenn der Grund für die Bildung entfallen ist.

Ist der in der Handelsbilanz ausgewiesene Steueraufwand zu hoch, so besteht nach § 274 HGB ein **Aktivierungswahlrecht**. In diesem Falle können die latenten Steuern als **Bilanzierungshilfe** unter den aktiven Rechnungsabgrenzungsposten oder als eigener Posten nach dem Umlaufvermögen gesondert ausgewiesen werden. Im Anhang hat ferner eine Erläuterung zu erfolgen. Durch den Ansatz von Bilanzierungshilfen auf der Aktivseite der Bilanz, die keine echten Vermögenswerte darstellen, besteht die Gefahr der Ausschüttung von nicht vorhandenen Gewinnen. Insofern sieht der § 274 II S. 3 HGB eine Gewinnausschüttungsbegrenzung vor. Gewinne dürfen nur dann ausgeschüttet werden, wenn die nach der Ausschüttung verbleibenden, jederzeit auflösbaren Gewinnrücklagen zuzüglich eines Gewinnvortrages und abzüglich eines Verlustvortrages dem angesetzten Betrag mindestens entsprechen.

Mio. €	30.9.99	Währungs-änderung	Zu-gänge	Umbu-chungen	Ab-gänge	30.9.00	Kumulierte Ab-schreibungen	Netto-wert 30.9.00	Netto-wert 30.9.99	Abschreibungen des Geschäftsjahrs
Immaterielle Vermögensgegenstände										
Patente, Lizenzen und ähnliche Rechte	1.116	135	651		84	1.818	666	1.152	672	242
Geschäfts- und Firmenwerte	3.287	515	2.711		554	5.959	744	5.215	2.836	555
	4.403	650	3.362		638	7.777	1.410	6.367	3.508	797
Sachanlagen										
Grundstücke, grundstücksgleiche Rechte und Bauten einschließlich der Bauten auf fremden Grundstücken	9.118	468	666	59	1.540	8.771	3.718	5.053	4.938	292
Technische Anlagen und Maschinen	11.702	905	1.234	481	2.387	11.935	7.521	4.414	4.263	1.322
Andere Anlagen, Betriebs- und Geschäftsausstattung	10.585	561	1.989	157	2.142	11.150	8.066	3.084	2.652	1.554
Vermietete Erzeugnisse	2.164	173	479	3	645	2.174	1.101	1.073	1.029	316
Geleistete Anzahlungen und Anlagen im Bau	829	95	1.599	– 700	193	1.630	4	1.626	820	
	34.398	2.202	5.967		6.907	35.660	20.410	15.250	13.702	3.484
	38.801	**2.852**	**9.329**		**7.545**	**43.437**	**21.820**	**21.617**	**17.210**	**4.281**

Tabelle 7: Anlagespiegel (Immaterielle Vermögensgegenstände und Sachanlagen) (Siemens AG)[10]

---

[10] Vgl. Siemens, 2000, S. 75.

Als Beispiel für eine Bilanz dient die Konzernbilanz der Siemens AG (Tabelle 8).

Bilanz (in Mio €)	30.09.2000	30.09.1999
Aktiva		
Immaterielle Vermögensgegenstände	6.367	3.508
Sachanlagen	15.250	13.702
Finanzanlagen	11.796	11.488
Anlagevermögen	**33.413**	**28.698**
Vorräte	20.785	17.519
Erhaltene Anzahlungen	− 14.113	- 11.246
	6.672	6.273
Forderungen und Sonstige Vermögensgegenstände	31.002	23.907
Liquidität	7.872	2.451
Umlaufvermögen	**45.546**	**32.631**
Rechnungsabgrenzungsposten	**296**	**166**
Summe Aktiva	**79.255**	**61.495**
Passiva		
Eigenkapital	**25.640**	**17.200**
Pensionen und ähnliche Verpflichtungen	12.449	11.109
Übrige Rückstellungen	14.019	11.929
Rückstellungen	**26.468**	**23.038**
Finanzschulden	**9.134**	**7.262**
Andere Verbindlichkeiten	**17.159**	**13.322**
Rechnungsabgrenzungsposten	**854**	**673**
Summe Passiva	**79.255**	**61.495**

Tabelle 8: Konzernbilanz der Siemens AG 2000 (Kurzfassung)[11]

---

[11] Vgl. Siemens, 2000, S. 58.

2.3.2 Gewinn- und Verlustrechnung

Die Gewinn- und Verlustrechnung ist eine **Zeitraumrechnung**, in der die Aufwendungen und Erträge eines Geschäftsjahres ausgewiesen werden. Der Erfolg wird als Saldo der Erfolgskomponenten Aufwand und Ertrag aufgezeigt; damit werden auch die Quellen des Gewinns bzw. des Verlustes zumindest teilweise aufgedeckt. Die möglichen Formen der Gewinn- und Verlustrechnung zeigt Tabelle 9.

Kriterien	Ausprägungen	
Aufstellung	Kontoform	Staffelform (§ 275 I HGB)
Ausweis (Saldierung)	Bruttorechnung (§ 246 II HGB)	Nettorechnung
Zurechnung (Aufwendungen zu den Erträgen)	Gesamtkostenverfahren (§ 275 II HGB)	Umsatzkostenverfahren (§ 275 III HGB)

Tabelle 9: Formen der Gewinn- und Verlustrechnung

Nach § 275 HGB ist die Gewinn- und Verlustrechnung nur noch in **Staffelform** zulässig. Bei der Kontoform, die nach HGB nicht gewählt werden kann, wurden Aufwand und Ertrag wie in einer Bilanz gegenübergestellt. Bei der Staffelform bleibt der Inhalt unverändert, nur die Darstellungsform wird angepasst, indem von den Umsatzerlösen ausgehend die einzelnen Aufwandsarten abgezogen und die Ertragsarten hinzuaddiert werden, so dass über verschiedene Stufen letztendlich das Jahresergebnis aufgezeigt wird.

Eine weitere Unterscheidung kann nach Bruttorechnung und Nettorechnung vorgenommen werden. Die Bruttorechnung verlangt den unsaldierten Ausweis der Aufwendungen und Erträge. Dadurch werden die einzelnen Erfolgskomponenten in voller Höhe ausgewiesen und Informationsverluste vermieden. Diese **Bruttorechnung** wird auch vom HGB verlangt.

Bei einer Nettorechnung wären Saldierungen zwischen bestimmten Aufwands- und Ertragspositionen möglich. Danach könnte z.B. Zinsaufwand mit Zinsertrag zusammengefasst werden. Die Aussagekraft einer derartigen saldierten GuV wäre deutlich niedriger einzuschätzen als die der Bruttoform.

Ausnahmen vom Saldierungsverbot bestehen für die GuV aufgrund von gesetzlichen Vorschriften für den Abzug von Erlösschmälerungen und der Umsatzsteuer von den Umsatzerlösen nach § 277 I HGB. Daneben sind für kleine und mittelgroße Kapitalgesellschaften Erleichterungen vorgesehen, die ebenfalls zu einer Saldierung führen. Es handelt sich dabei um die Zusammenfassung der Posten 1 bis 5 des Gesamtkostenverfahrens bzw. 1 bis 3 und 6 des Umsatzkostenverfahrens zum „**Rohergebnis**" (§ 276 HGB).

Zum Zweck des Postenausweises erfolgt eine Saldierung durch die Zusammenfassung der Steueraufwendungen mit den Steuererstattungen in den Positionen „Steuern vom Einkommen und vom Ertrag" bzw. „sonstige Steuern".

Nach § 275 HGB hat der Gesetzgeber ein Wahlrecht für die Darstellung der Gewinn- und Verlustrechnung nach dem Gesamtkosten- oder dem Umsatzkostenverfahren vorgesehen.

Die Gewinn- und Verlustrechnung nach dem **Gesamtkostenverfahren** erfasst alle Aufwendungen der Periode nach Aufwandsarten, während das **Umsatzkostenverfahren** die Aufwendungen nach Hauptkostenstellen bzw. Funktionsbereichen gliedert. Beim Gesamtkostenverfahren wird der Aufwand der Herstellmenge den tatsächlich erzielten Umsatzerlösen gegenübergestellt. Da die tatsächlich erzielte Umsatzmenge nicht mit der Herstellmenge eines Geschäftsjahres übereinstimmen muss, also ein Lageraufbau oder ein Lagerabbau stattgefunden haben kann, muss beim Gesamtkostenverfahren ein Ausgleich durch Bestandsänderung und aktivierte Eigenleistung erfolgen. Beim Umsatzkostenverfahren werden den Umsatzerlösen die betrieblichen Periodenaufwendungen nach Funktionsbereichen gegenübergestellt. Ausnahmen bilden die Herstellungskosten nach Position Nr. 2, die nicht perioden- sondern umsatzbezogen ermittelt und ausgewiesen werden. Das Umsatzkostenverfahren setzt eine funktionsfähige Kostenrechnung voraus. Abbildung 6 zeigt die Gegenüberstellung der Gewinn- und Verlustrechnung nach dem Gesamtkostenverfahren und dem Umsatzkostenverfahren.

Bei Klein- und Mittelbetrieben überwiegt immer noch das Gesamtkostenverfahren. Dagegen dominiert bei den großen Gesellschaften und einzelnen Branchen das Umsatzkostenverfahren.

§ 265 HGB bezieht sich nicht nur auf die Bilanz, sondern auch auf die Gewinn- und Verlustrechnung. Danach ist die Form der Darstellung, insbesondere die Gliederung der aufeinander folgenden Gewinn- und Verlustrechnungen, beizubehalten, soweit nicht in Ausnahmefällen wegen besonderer Umstände Abweichungen erforderlich sind (§ 265 I HGB).

In der Gewinn- und Verlustrechnung ist zu jedem Posten der entsprechende Betrag des vorhergehenden Geschäftsjahres anzugeben. Sind die Beträge nicht vergleichbar, so ist dies im Anhang anzugeben und zu erläutern (§ 265 II HGB).

Eine weitere Untergliederung der Posten ist zulässig, dabei ist jedoch die vorgeschriebene Gliederung zu beachten. Neue Posten dürfen hinzugefügt werden, wenn ihr Inhalt nicht von einem vorgeschriebenen Posten gedeckt wird (§ 265 V HGB). Zum Beispiel werden Forschungs- und Entwicklungskosten in Jahresabschlüssen von Chemieunternehmen häufig separat aufgeführt.

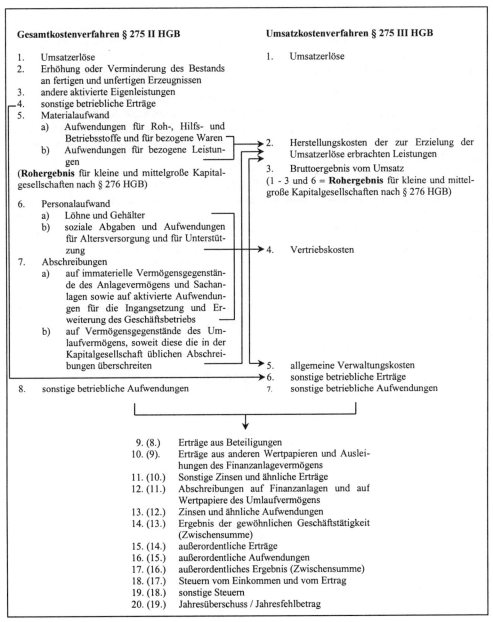

Gesamtkostenverfahren § 275 II HGB

1. Umsatzerlöse
2. Erhöhung oder Verminderung des Bestands an fertigen und unfertigen Erzeugnissen
3. andere aktivierte Eigenleistungen
4. sonstige betriebliche Erträge
5. Materialaufwand
   a) Aufwendungen für Roh-, Hilfs- und Betriebsstoffe und für bezogene Waren
   b) Aufwendungen für bezogene Leistungen

(**Rohergebnis** für kleine und mittelgroße Kapitalgesellschaften nach § 276 HGB)

6. Personalaufwand
   a) Löhne und Gehälter
   b) soziale Abgaben und Aufwendungen für Altersversorgung und für Unterstützung
7. Abschreibungen
   a) auf immaterielle Vermögensgegenstände des Anlagevermögens und Sachanlagen sowie auf aktivierte Aufwendungen für die Ingangsetzung und Erweiterung des Geschäftsbetriebs
   b) auf Vermögensgegenstände des Umlaufvermögens, soweit diese die in der Kapitalgesellschaft üblichen Abschreibungen überschreiten
8. sonstige betriebliche Aufwendungen

Umsatzkostenverfahren § 275 III HGB

1. Umsatzerlöse

2. Herstellungskosten der zur Erzielung der Umsatzerlöse erbrachten Leistungen
3. Bruttoergebnis vom Umsatz
   (1 - 3 und 6 = **Rohergebnis** für kleine und mittelgroße Kapitalgesellschaften nach § 276 HGB)

4. Vertriebskosten

5. allgemeine Verwaltungskosten
6. sonstige betriebliche Erträge
7. sonstige betriebliche Aufwendungen

9. (8.)   Erträge aus Beteiligungen
10. (9.)   Erträge aus anderen Wertpapieren und Ausleihungen des Finanzanlagevermögens
11. (10.) Sonstige Zinsen und ähnliche Erträge
12. (11.) Abschreibungen auf Finanzanlagen und auf Wertpapiere des Umlaufvermögens
13. (12.) Zinsen und ähnliche Aufwendungen
14. (13.) Ergebnis der gewöhnlichen Geschäftstätigkeit (Zwischensumme)
15. (14.) außerordentliche Erträge
16. (15.) außerordentliche Aufwendungen
17. (16.) außerordentliches Ergebnis (Zwischensumme)
18. (17.) Steuern vom Einkommen und vom Ertrag
19. (18.) sonstige Steuern
20. (19.) Jahresüberschuss / Jahresfehlbetrag

Abbildung 6: Gegenüberstellung des Gesamt- und des Umsatzkostenverfahrens der Gewinn- und Verlustrechnung

Weiterhin dürfen neue Posten in Form von Zwischensummen, wie z.B. Gesamtleistung, Betriebsergebnis und Finanzergebnis eingefügt werden. Auch wesentliche Beträge, die ansonsten in den Sammelposten „sonstige betriebliche Aufwendungen" bzw. „sonstige betriebliche Erträge" untergehen würden, können als weitere Posten aufgeführt werden.

Die Gliederung und Bezeichnung der mit arabischen Zahlen versehenen Posten der Gewinn- und Verlustrechnung sind zu ändern, wenn dies wegen Besonderheiten der Kapitalgesellschaft zur Aufstellung eines klaren und übersichtlichen Jahresabschlusses erforderlich ist (§ 265 VI HGB). Sie können zusammengefasst werden, wenn nicht besondere Formblätter vorgeschrieben sind (§ 265 VII HGB).

Bei Anwendung des Umsatzkostenverfahrens müssen der Materialaufwand und der Personalaufwand im **Anhang** angegeben werden (§ 285 Nr. 8 HGB). Damit erhält der Bilanzleser die gleichen Informationen wie beim Gesamtkostenverfahren. Das Umsatzkostenverfahren nach HGB enthält keine Zusatzinformationen in Bezug auf die Erfolgsspaltung nach Produkten: Ein Informationsvorteil kann höchstens darin gesehen werden, dass eine Zusammenfassung nach Herstellungs-, Verwaltungs- und Vertriebskosten erfolgt. Das ausgewiesene Ergebnis ist immer identisch.

Das handelsrechtliche Gliederungsschema der GuV kennt neben dem Jahresüberschuss / Jahresfehlbetrag als Gesamtergebnis nur noch das Ergebnis der gewöhnlichen Geschäftstätigkeit. Es unterscheidet sich vom Gesamtergebnis lediglich durch die außerordentlichen Aufwendungen und Erträge sowie die Steuern.

Die Konzern-Gewinn- und Verlustrechnung der Siemens AG soll als Beispiel gelten (vgl. Tabelle 10).

GuV (in Mio €)	2000	1999
Umsatz	**78.396**	**68.582**
Umsatzkosten	− 54.972	− 49.091
Bruttoergebnis vom Umsatz	**23.424**	**19.491**
Forschungs- und Entwicklungskosten	− 5.593	− 5.236
Vertriebskosten	− 10.402	− 9.776
Allgemeine Verwaltungskosten	− 3.359	− 2.651
Sonstige betriebliche Erträge	942	827
Sonstige betriebliche Aufwendungen	− 597	− 1.314
Beteiligungsergebnis	479	278
Ergebnis aus Finanzanlagen und Wert-papieren	− 137	924
Zinsergebnis aus Operativem Geschäft/ Pensionsfonds Inland	398	347
EBIT für Operatives Geschäft		
Übriges Zinsergebnis	134	− 20
Ergebnis der gewöhnlichen Ge-schäftstätigkeit	**5.289**	**2.870**
Ertragsteuern auf das Ergebnis der ge-wöhnlichen Geschäftstätigkeit	− 1.908	− 1.005
Jahresüberschuss vor außerordentli-chem Ergebnis	**3.381**	**1.865**
Außerordentliches Ergebnis (nach Er-tragsteuern)	4.520	
Jahresüberschuss	**7.901**	**1.865**

Tabelle 10: Konzern-Gewinn- und Verlustrechnung der Siemens AG 2000 (Kurzfassung)[12]

2.3.3 Anhang

Nach § 264 I HGB haben die gesetzlichen Vertreter einer Kapitalgesellschaft „den Jahresabschluß (§ 242) um einen Anhang zu erweitern, der mit der Bilanz und der Gewinn- und Verlustrechnung eine Einheit bildet". Bilanz und Gewinn- und Verlustrechnung sollen gemeinsam mit dem Anhang ein den tatsächlichen Verhältnissen entsprechendes Bild vermitteln. Dem Anhang kommt dabei eine besondere Bedeutung im Rahmen der **Informationsfunktion** des Jahresabschlusses zu. Die Zahlen der Bilanz und der Gewinn- und Verlustrechnung werden im Anhang **verbal** erläutert.

---

[12] Vgl. Siemens, 2000, S. 56.

Dem Anhang sind im Einzelnen folgende **Funktionen** zuzuordnen:

■ **Interpretationsfunktion**

Die Erläuterung der angewandten Bilanzierungs- und Bewertungsmethoden - auch der Abweichungen - sowie des Inhalts der Jahresabschlusspositionen soll dem **Verständnis** von Bilanz und Gewinn- und Verlustrechnung dienen.

■ **Korrekturfunktion**

Abweichungen gegenüber dem Vorjahr oder bei den Bewertungsmethoden sind im Anhang quantitativ anzugeben. Dazu gehören z.B. der Ausweis des Unterschiedsbetrages aus Bewertungsänderungen und die weitgehende Eliminierung von steuerlichen Bewertungseinflüssen. Durch die Korrekturfunktion soll die **Vergleichbarkeit** in zeitlicher und zwischenbetrieblicher Hinsicht hergestellt werden.

■ **Entlastungsfunktion**

Angaben, die sonst in der Bilanz oder Gewinn- und Verlustrechnung zu machen sind, können in den Anhang übernommen werden. Dieser „Verschiebebahnhof für Informationen" hat zwei Folgen: Die Vergleichbarkeit der Jahresabschlussangaben mit anderen Betrieben wird in formeller Hinsicht gestört. Zum anderen können die Gesellschaften ihre Angaben im Jahresabschluss so aufbereiten, dass ihren individuellen Verhältnissen im Hinblick auf Klarheit und Übersichtlichkeit Rechnung getragen wird.

■ **Ergänzungsfunktion**

Der Anhang enthält Angaben zu nicht bilanzierungsfähigen Tatbeständen, z.B. zu zukünftigen finanziellen Verpflichtungen und zur Zusammensetzung der Arbeitnehmerschaft. Es handelt sich dabei zum Großteil um Sachverhalte, die nur verbal und nicht bilanziell dargestellt werden können.

Für den Anhang sind **keine Formvorschriften** vorgesehen. Da die Angabepflichten eines Unternehmens von seinen Gegebenheiten abhängen, wird eine starre Gliederung den Anforderungen nicht gerecht. Als **Grundsätze** für die Erstellung des Anhangs gelten Vollständigkeit, Richtigkeit, Wesentlichkeit, Klarheit und Übersichtlichkeit sowie Stetigkeit.

Der Inhalt des Anhangs ergibt sich aus den Vorschriften der §§ 284 und 285 HGB. Hier werden die einzelnen Positionen genannt, die in den Anhang aufzunehmen sind. Abbildung 7 enthält diese Positionen.

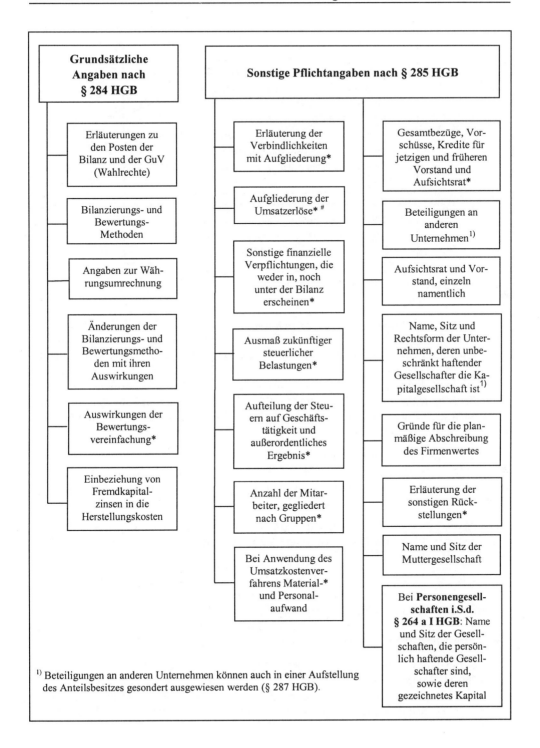

Grundsätzliche Angaben nach § 284 HGB

- Erläuterungen zu den Posten der Bilanz und der GuV (Wahlrechte)
- Bilanzierungs- und Bewertungs-Methoden
- Angaben zur Währungsumrechnung
- Änderungen der Bilanzierungs- und Bewertungsmethoden mit ihren Auswirkungen
- Auswirkungen der Bewertungsvereinfachung*
- Einbeziehung von Fremdkapitalzinsen in die Herstellungskosten

Sonstige Pflichtangaben nach § 285 HGB

- Erläuterung der Verbindlichkeiten mit Aufgliederung*
- Aufgliederung der Umsatzerlöse* #
- Sonstige finanzielle Verpflichtungen, die weder in, noch unter der Bilanz erscheinen*
- Ausmaß zukünftiger steuerlicher Belastungen*
- Aufteilung der Steuern auf Geschäftstätigkeit und außerordentliches Ergebnis*
- Anzahl der Mitarbeiter, gegliedert nach Gruppen*
- Bei Anwendung des Umsatzkostenverfahrens Material-* und Personalaufwand

- Gesamtbezüge, Vorschüsse, Kredite für jetzigen und früheren Vorstand und Aufsichtsrat*
- Beteiligungen an anderen Unternehmen[1]
- Aufsichtsrat und Vorstand, einzeln namentlich
- Name, Sitz und Rechtsform der Unternehmen, deren unbeschränkt haftender Gesellschafter die Kapitalgesellschaft ist[1]
- Gründe für die planmäßige Abschreibung des Firmenwertes
- Erläuterung der sonstigen Rückstellungen*
- Name und Sitz der Muttergesellschaft
- Bei **Personengesellschaften i.S.d. § 264 a I HGB**: Name und Sitz der Gesellschaften, die persönlich haftende Gesellschafter sind, sowie deren gezeichnetes Kapital

[1] Beteiligungen an anderen Unternehmen können auch in einer Aufstellung des Anteilsbesitzes gesondert ausgewiesen werden (§ 287 HGB).

Unterlassen von Angaben nach § 286

- Berichterstattung hat zu unterbleiben, wenn Schaden für die Bundesrepublik oder ein Bundesland entsteht.
- Aufgliederung der Umsatzerlöse kann unterbleiben, wenn Schaden für die Gesellschaft entsteht.
- Angabe der Beteiligungen an anderen Unternehmen kann unterbleiben, wenn sie von geringer Bedeutung sind oder die Veröffentlichung dem Unternehmen einen Schaden zufügt.

Größenabhängige Erleichterungen § 288 HGB

- Bei kleinen Kapitalgesellschaften entfallen *.
- Bei mittelgroßen Kapitalgesellschaften entfallen #.

Abbildung 7: Anhang nach §§ 284 - 288 HGB

Weitere gesetzlich vorgeschriebene Angaben können sich aus § 264 II S. 2 HGB ergeben. „Führen besondere Umstände dazu, dass der Jahresabschluß ein den tatsächlichen Verhältnissen entsprechendes Bild im Sinne des Satzes 1 nicht vermittelt, so sind im Anhang zusätzliche Angaben zu machen." Hier wird üblicherweise davon ausgegangen, dass praktische Fälle für eine Angabepflicht selten sein dürften. Die Formulierung bietet aber die Möglichkeit der **Informationspolitik** der Unternehmung, die nur dort ihre Grenzen findet, wo nicht mehr versucht wird, ein den tatsächlichen Verhältnissen entsprechendes Bild zu zeichnen.

Die **Pflichtangaben** sind jedes Jahr neu zu machen. Verweise, wie z.B. auf die der Bilanzierungs- und Bewertungsmethoden in den Vorjahren, sind nicht zulässig. Weitere freiwillige Angaben sind möglich, sie sollten sich wegen der Gefahr der Überladung jedoch auf das Wesentliche beschränken.

Die Angaben im Anhang unterscheiden sich in ihrer Richtigkeit und Genauigkeit nicht von denen der Bilanz und der Gewinn- und Verlustrechnung. Sie sind i.d.R. nachprüfbar, objektiv, ohne starke subjektive Wertung des Bilanzerstellers.

Das HGB hat in § 286 das Unterlassen von Angaben geregelt. Dabei wird der Bilanzleser erkennen, wenn eine Untergliederung der Umsatzerlöse oder die Angaben zu den Beteiligungen fehlen, und daraus seine Schlüsse ziehen können. Wird auf eine Berichterstattung verzichtet, weil es für das Wohl der Bundesrepublik Deutschland oder eines ihrer Länder erforderlich ist, kann dies vom Bilanzleser nicht festgestellt werden.

Nach § 288 HGB gelten größenspezifische Erleichterungen für kleine und mittelgroße Kapitalgesellschaften. Sie beziehen sich im Wesentlichen auf weitergehende Aufgliederungen und Aufteilungen sowie Einzelangaben zu den Gesamtbezügen des Vorstandes und des Aufsichtsrates. Für kleine und mittelgroße Aktiengesellschaften gilt allerdings der § 131 AktG. Er bestimmt in I S. 3, dass jeder Aktionär in der Hauptversammlung die Vorlage eines unverkürzten Jahresabschlusses nach den für große Kapitalgesellschaften geltenden Vorschriften verlangen kann. Die inhaltliche Verkürzung des Anhangs wird durch diese Vorlagepflicht revidiert.

Der Anhang ist umfangreicher als die Bilanz und die Gewinn- und Verlustrechnung, er unterliegt keiner formalen Gliederungsvorschrift. Damit besteht die Gefahr einer unübersichtlichen Darstellung, die dann noch verstärkt wird, wenn die Angaben der Bilanz und GuV, die auch wahlweise im Anhang angegeben werden können, dort aufgeführt werden. Dies entspricht der deutschen Bilanzierungspraxis. Alle „Davon-Vermerke" usw. werden in den Anhang integriert.

Der Anhang enthält einen **allgemeinen Teil** mit den Bilanzierungs- und Bewertungsangaben und einen **speziellen Teil**, in dem die Posten der Bilanz und der GuV erläutert werden.

Als Beispiel für den allgemeinen Teil dient der Konzernanhang der Jenoptik AG (vgl. Abbildung 8).

JENOPTIK AG, Jena:
Konzernanhang für das Geschäftsjahr 2000.

Darstellung der Konzernverhältnisse.
Das Mutterunternehmen. Mutterunternehmen ist die JENOPTIK AG, Jena, eingetragen im Handelsregister Gera in der Abteilung B unter der Nummer 146.

Konsolidierungskreis. In den Konzernabschluss sind neben dem Mutterunternehmen JENOPTIK AG weitere 22 inländische und 27 ausländische Unternehmen einbezogen, an denen die JENOPTIK AG mittelbar oder unmittelbar die Mehrheit der Stimmrechte hält. Ein ausländisches Gemeinschaftsunternehmen wurde entsprechend den Anteilen am Kapital, die der JENOPTIK AG gehören, einbezogen. Vier inländische assoziierte Unternehmen sind ebenfalls mit ihrem anteiligen Eigenkapital erfasst.

Der Konsolidierungskreis erweiterte sich gegenüber dem Geschäftsjahr 1999 um zehn vollkonsolidierte Gesellschaften. Dazu zählen insbesondere die Hommelwerke GmbH, Villingen-Schwenningen, die ReHaTec GmbH, Endingen, sowie internationale Vertriebsgesellschaften des Unternehmensbereiches Clean Systems. Die Kapitalkonsolidierung erfolgte grundsätzlich zum Zeitpunkt des Erwerbs bzw. zum Zeitpunkt der erstmaligen Einbeziehung des Tochterunternehmens in den Konzernabschluss.

Eine inländische Gesellschaft wurde infolge der mehrheitlichen Veräußerung zum 30. 09. 2000 entkonsolidiert. Bei weiteren zwei Gesellschaften erfolgte die Entkonsolidierung zum 31. 12. 2000 aufgrund untergeordneter Bedeutung. Zwei assoziierte Unternehmen wurden nicht mehr mit ihrem anteiligen Eigenkapital erfasst, da Anteile im Rahmen von Börsengängen veräußert wurden.

Durch Verschmelzungen verringerte sich die Anzahl der zum Konsolidierungskreis gehörenden Gesellschaften um drei inländische Gesellschaften.

Wesentliche Auswirkungen der Änderungen des Konsolidierungskreises auf die Konzernbilanz des Vorjahres:

	TEUR
Anlagevermögen	2.716
Umlaufvermögen	16.432
Rückstellungen	4.726
Verbindlichkeiten	11.356

91

Wesentliche Auswirkungen der Änderungen des Konsolidierungskreises und
der Ausweisänderung im Unternehmensbereich Asset Management auf die
Konzerngewinn- und -verlustrechnung des Vorjahres:

	Änderung Konsolidie-rungskreis TEUR	Ausweis-änderung im Asset Management TEUR	Gesamt TEUR
Umsatzerlöse	-114.421	39.340	-75.081
Herstellungskosten der zur Erzielung der Umsatzerlöse erbrachten Leistungen	-70.701	11.349	-59.352
Forschungs- und Entwicklungskosten	-6.427	0	-6.427
Vertriebskosten	-26.659	0	-26.659
Allgemeine Verwaltungskosten	-14.674	0	-14.674
Sonstige betriebliche Erträge	-6.525	-29.420	-35.945
Sonstige betriebliche Aufwendungen	-5.688	-2.795	-8.483
Finanzergebnis	3.810	-1.366	-2.444

Die Ausweisänderung im Asset Management betrifft im Wesentlichen den im Geschäftsjahr 2000 gegenüber dem Vorjahr veränderten Ausweis der Erlöse aus den
Verkäufen von Venture Capital-Beteiligungen in den Umsatzerlösen und entsprechend den Ausweis der dazugehörigen abgehenden Buchwerte der Beteiligungen
in den Herstellungskosten.

Fünfzehn verbundene sowie zwei assoziierte Unternehmen von insgesamt
untergeordneter Bedeutung sind nicht in den Konzernabschluss einbezogen.

Eine vollständige Aufstellung des Anteilsbesitzes wird beim Handelsregister Gera hinterlegt.

**Allgemeine Bilanzierungs-, Bewertungs- und
Konsolidierungsgrundsätze.**
Allgemeine Bilanzierungs- und Bewertungsgrundsätze. Der Konzernab-
schluss zum 31. Dezember 2000 wurde wie im Vorjahr in Tausend Euro aufgestellt.
Der zugrunde liegende Umrechnungskurs beträgt DM 1,95583 für 1 Euro.

Der Jahresabschluss der JENOPTIK AG und die Jahresabschlüsse der in den
Konzernabschluss einbezogenen inländischen Tochtergesellschaften für das
Geschäftsjahr 2000 wurden nach den Vorschriften des Handelsgesetzbuches und
des Aktiengesetzes aufgestellt.

Die Jahresabschlüsse der ausländischen Tochtergesellschaften wurden
an die einheitlichen Bilanzierungs- und Bewertungsmethoden der JENOPTIK AG
angepasst.

Für die bessere Klarheit der Darstellung wurden gesetzlich vorgeschriebene Posten der Konzernbilanz und der Konzerngewinn- und -verlustrechnung zusammengefasst. Die erforderlichen Einzelangaben und Erläuterungen befinden
sich im Konzernanhang.

Anlagevermögen. Die Gegenstände des Sachanlagevermögens und die immateriellen Anlagenwerte werden zu Anschaffungs- oder Herstellungskosten bewertet und auf der Grundlage der zu erwartenden Nutzungsdauer linear abgeschrieben. Unter den immateriellen Vermögensgegenständen werden vor allem von Dritten erworbene Software, Schutzrechte und Lizenzen ausgewiesen.

Bereits zum 1. Juli 1990 bilanzierte Grundstücke wurden mit den in der DM-Eröffnungsbilanz angesetzten Werten übernommen. Diese Werte gelten seitdem als die Anschaffungs- bzw. Herstellungskosten dieser bebauten Grundstücke.

Grund und Boden sowie Gebäude, die zur Veräußerung vorgesehen sind, werden im Umlaufvermögen ausgewiesen.

Der Abschreibungsberechnung liegen folgende Nutzungsdauern zugrunde:

Immaterielle Vermögensgegenstände	3–5 Jahre
Gebäude (je nach Zustand)	max. 25 Jahre
Technische Anlagen und Maschinen	4–20 Jahre
Andere Anlagen, Betriebs- und Geschäftsausstattung	3–10 Jahre

Soweit den Gegenständen des Sachanlagevermögens am Bilanzstichtag dauernde niedrigere Werte beizulegen waren, wurden in Höhe der Wertminderung außerplanmäßige Abschreibungen vorgenommen.

Geringwertige Anlagegüter im Sinne des § 6 Abs. 2 EStG werden im Zugangsjahr voll abgeschrieben und als Abgang behandelt.

Anteile an verbundenen Unternehmen, Beteiligungen sowie sonstige Finanzanlagen sind entweder mit den sich aus der DM-Eröffnungsbilanz ergebenden Werten oder zu Anschaffungskosten bzw. unter Berücksichtigung des gemilderten Niederstwertprinzips mit dem niedrigeren beizulegenden Wert am Abschlussstichtag bewertet. Niedrig- oder unverzinsliche Ausleihungen sind auf den Barwert abgezinst.

Vorräte. Der Wertansatz der Roh-, Hilfs- und Betriebsstoffe und Waren erfolgt zu Anschaffungskosten bzw. dem niedrigeren beizulegenden Wert am Abschlussstichtag.

Die unfertigen und fertigen Erzeugnisse werden zu Herstellungskosten bewertet. Diese umfassen neben den Einzelkosten auch notwendige Material- und Fertigungsgemeinkosten sowie planmäßige Abschreibungen des Anlagevermögens der Fertigung. Bestandsrisiken, die sich aus der Lagerdauer oder geminderter Verwertbarkeit ergeben, wurden durch Abwertungen berücksichtigt.

93

Grundsätzlich werden bei langfristiger Auftragsfertigung erst mit Abnahme bzw.
Gefahrenübergang Ergebnisse realisiert (Completed-Contract-Methode).

　　Das zur Verwertung bestimmte Immobilienvermögen ist zu fortgeführten
Anschaffungs- und Herstellungskosten, d. h. den historischen Anschaffungs- und
Herstellungskosten bzw. DM-Eröffnungsbilanzwerten abzüglich im Sachanlagevermögen bis zum Zeitpunkt der Umgliederung in das Umlaufvermögen vorge-
nommener Abschreibungen bzw. nach Umbuchung mit dem niedrigeren beizulegenden Wert, am Abschlussstichtag bewertet.

　　Erhaltene Anzahlungen auf Bestellungen werden gem. § 268 Abs. 5 HGB
offen von den Vorräten abgesetzt.

Forderungen und sonstige Vermögensgegenstände. Forderungen sind mit
ihrem Nennwert angesetzt. Für zweifelhafte Forderungen wurden in angemesse-
nem Umfang Wertberichtigungen gebildet. Niedrig- und unverzinsliche Forderungen mit Laufzeiten von über einem Jahr sind auf den Barwert abgezinst.

　　Die sonstigen Vermögensgegenstände sind zum Nominalwert angesetzt.
Erkennbare Risiken sind durch Einzelwertberichtigungen berücksichtigt.

　　Fremdwährungsforderungen werden mit dem Mittelkurs zum Zeitpunkt des
Geschäftsvorfalles bewertet. Buchverluste aus Kursänderungen werden durch
Neubewertung zum Abschlussstichtag berücksichtigt.

Rückstellungen. Den Pensionsrückstellungen liegen versicherungsmathema-
tische Gutachten zugrunde. Als Berechnungsgrundlagen dienten die aktuellen
Richttafeln von Dr. Klaus Heubeck bei Anwendung eines Rechnungszinsfußes
von 6 %.

　　Die sonstigen Rückstellungen berücksichtigen sämtliche ungewissen Verbindlichkeiten und erkennbaren Risiken. Ihre Höhe entspricht dem Betrag, der
nach vernünftiger kaufmännischer Beurteilung erforderlich ist.

Verbindlichkeiten. Verbindlichkeiten sind zum Rückzahlungsbetrag angesetzt.
Fremdwährungsverbindlichkeiten werden mit dem Mittelkurs zum Zeitpunkt
des Geschäftsvorfalles bewertet. Buchverluste aus Kursänderungen werden durch
Neubewertung zum Abschlussstichtag berücksichtigt.

Gewinn- und Verlustrechnung. Die Gewinn- und Verlustrechnung ist nach dem Umsatzkostenverfahren gemäß § 275 Abs. 3 HGB aufgestellt.

Stichtag des Konzernabschlusses und der einbezogenen Jahresabschlüsse. Der Konzernabschluss ist auf den Stichtag des Jahresabschlusses der JENOPTIK AG aufgestellt worden. Mit Ausnahme zweier Gesellschaften, deren Geschäftsjahr am 30. September 2000 endete, sind alle in den Konzernabschluss einbezogenen Jahresabschlüsse der Beteiligungen zum Stichtag des Konzerns aufgestellt. Vorgänge von besonderer Bedeutung für die Vermögens-, Finanz- und Ertragslage zwischen dem Bilanzstichtag des Unternehmens mit abweichendem Wirtschaftsjahr und dem Bilanzstichtag des Konzerns haben nicht stattgefunden.

Kapitalkonsolidierung. Die Kapitalkonsolidierung wurde nach der Buchwertmethode gemäß § 301 Abs. 1 Nr. 1 HGB durch Verrechnung der Wertansätze der Anteile mit dem anteiligen Eigenkapital der Tochterunternehmen durchgeführt.

Die Anteilsverhältnisse an den konsolidierten Unternehmen können der beim Handelsregister hinterlegten Anteilsliste entnommen werden.

Für die Anteile anderer Gesellschafter am Eigenkapital wird in der Konzernbilanz gemäß § 307 HGB ein Ausgleichsposten ausgewiesen. Der bilanzierte Ausgleichsposten beinhaltet sowohl die aus der Anwendung der Buchwertmethode gemäß § 301 Abs. 1 Nr. 1 HGB resultierenden Anteile der anderen Gesellschafter am Eigenkapital als auch die nach dem Posten Jahresüberschuss in der Konzerngewinn- und -verlustrechnung gesondert ausgewiesenen anderen Gesellschaftern zuzurechnenden Gewinne und Verluste.

Im Rahmen der Kapitalkonsolidierung des Geschäftsjahres ergaben sich nach Aufdeckung stiller Reserven und Lasten aktivische Unterschiedsbeträge in Höhe von TEUR 17.369 und passivische Unterschiedsbeträge in Höhe von TEUR 18, die mit der Konzernkapitalrücklage verrechnet wurden.

Im Geschäftsjahr 2000 wurden im Rahmen der Entkonsolidierung die in Vorjahren gegen die Konzernkapitalrücklage verrechneten aktivischen Unterschiedsbeträge in Höhe von TEUR 1.677 nach Berücksichtigung der während der Zugehörigkeit zum Konzern entstandenen rechnerischen Abschreibungsanteile erfolgswirksam berücksichtigt.

Schuldenkonsolidierung. Sämtliche Forderungen und Schulden zwischen den in den Konzernabschluss einbezogenen Unternehmen wurden gegeneinander aufgerechnet. Umrechnungsbedingte Differenzen zwischen Forderungen und Verbindlichkeiten wurden erfolgsneutral mit den Konzerngewinnrücklagen verrechnet.

95

Zwischenergebniseliminierung. Zwischenergebnisse aus konzerninternen Transaktionen wurden eliminiert. Bei Lieferungen und Leistungen im Konzern zu üblichen Marktbedingungen wurde in Übereinstimmung mit § 304 Abs. 2 HGB auf eine Zwischenergebniseliminierung verzichtet, da die Ermittlung der Zwischenergebnisse einen unverhältnismäßig hohen Aufwand verursacht.

Aufwands- und Ertragskonsolidierung. Sämtliche Umsätze sowie andere Erträge und Aufwendungen zwischen den einbezogenen Unternehmen wurden verrechnet.

Währungsumrechnung. Bei den in Fremdwährung aufgestellten Abschlüssen der in die Konsolidierung einbezogenen Unternehmen wurden Vermögensgegenstände und Schulden zum Kurs am Bilanzstichtag, Aufwendungen und Erträge zum Jahresdurchschnittskurs und das Eigenkapital zu historischen Kursen umgerechnet. Diese Vorgehensweise entspricht der modifizierten Stichtagskursmethode.

Umrechnungsdifferenzen wurden ergebnisneutral in die Konzerngewinnrücklagen eingestellt.

Anteilmäßige Konsolidierung. Die erläuterten Konsolidierungsgrundsätze werden auch bei Gesellschaften angewendet, die gem. § 310 Abs. 1 HGB anteilmäßig in den Konzernabschluss einbezogen werden.

Bewertung nach der Equity-Methode. Nach der Equity-Methode bewertete Gesellschaften wurden nach der Buchwertmethode mit ihrem anteiligen Eigenkapital angesetzt. Dabei entstehende Unterschiedsbeträge sind erfolgsneutral mit den Konzernrücklagen verrechnet. Die Ermittlung der Wertansätze und Unterschiedsbeträge erfolgte jeweils zum Zeitpunkt der erstmaligen Einbeziehung in den Konzernabschluss. Eine Anpassung der zugrunde liegenden Jahresabschlüsse an die konzerneinheitliche Bilanzierung erfolgte nicht. Zwischenergebnisse von untergeordneter Bedeutung wurden nicht eliminiert.

Im Geschäftsjahr 2000 wurden im Rahmen des Übergangs der Bewertung zweier assoziierter Unternehmen vom anteiligen Eigenkapital auf Anschaffungskosten die in Vorjahren erfolgsneutral gegen die Konzernkapitalrücklage verrechneten aktivischen Unterschiedsbeträge in Höhe von TEUR 12.855 nach Berücksichtigung der während der Zugehörigkeit zum Konzern entstandenen rechnerischen Abschreibungsanteile erfolgswirksam berücksichtigt.

Abbildung 8: Konzernanhang der Jenoptik AG 2000 (Auszug)[13]

---

[13] Jenoptik AG, 2000, S. 90 - 95.

2.3.4 Lagebericht

Die Pflicht zur Erstellung eines Lageberichts ergibt sich nicht aus § 289 HGB, sondern aus § 264 HGB. Der Lagebericht soll die Rechenschafts- und Informationsfunktion von Jahresabschluss und Anhang ergänzen. Mit der Darstellung von Geschäftsverlauf und Lage der Gesellschaft sowie dem Bericht über Vorgänge von besonderer Bedeutung nach Schluss des Geschäftsjahres hat die Geschäftsleitung ihrer **Rechenschaftspflicht** nachzukommen; mit dem Eingehen auf die Entwicklung der Kapitalgesellschaft sowie auf Forschung und Entwicklung wird die **Informationsfunktion** der Rechnungslegung betont.

Das Gesetz verlangt eine Berichterstattung, die ein den tatsächlichen Verhältnissen entsprechendes Bild vermittelt. Es verzichtet aber darauf, diese Anforderungen näher zu konkretisieren. Auch für den Lagebericht gelten die Grundsätze der **Vollständigkeit**, der **Wahrheit** und der **Klarheit**. Das Postulat der Vollständigkeit muss mit qualitativen Kriterien gemessen werden. Es ist das mitzuteilen, ohne dessen Wissen der Adressat zu einer anderen oder weniger begründeten Entscheidung kommen würde. Diese qualitative Vollständigkeit ist situationsabhängig zu bestimmen. Beachtenswert sind vor allem die Größe und die Branchensituation des Betriebes sowie seine wirtschaftliche Lage. Von den Anforderungen her müssten Unternehmen in Krisensituationen stets vergleichsweise breiter berichten als Unternehmen, die auf ein stabiles Geschäftsjahr zurückblicken können. Die Forderung nach Wahrheit ist primär eine Forderung nach Regelrichtigkeit, d.h. nach Beachtung der gesetzlichen Vorschriften. Das Postulat der Klarheit bezieht sich dann auf die formale Richtigkeit der Angaben. Es verlangt Gliederung und Übersichtlichkeit.

Zum **Inhalt des Lageberichts** gehören zunächst einmal Angaben zum Geschäftsverlauf und zur Lage der Gesellschaft (§ 289 I HGB). Unter Geschäftsverlauf wird ein historischer Abriss des abgelaufenen Geschäftsjahres verstanden, der sich auf die unmittelbaren und mittelbaren wesentlichen Einflüsse auf die Lage im Sinne der Vermögens-, Finanz- und Ertragslage bezieht. Der **Verlaufsbericht** hat dabei als historischer Bericht über das abgelaufene Geschäftsjahr primär dem Entlastungs- und Gewinnverteilungsaspekt zu dienen. Ziel ist es, die wesentlichen Einflussfaktoren herauszustellen, die während des Jahres für das im stichtagsbezogenen Jahresabschluss dokumentierte Bild der Vermögens-, Finanz- und Ertragslage bestimmend waren. Besonderes Gewicht - insbesondere auch für den Bilanzanalytiker - haben solche Informationen, die Strukturbrüche belegen und aus den reinen Jahresabschlussdaten selbst nicht hervorgehen. In der Regel sollte hier berichtet werden über:

– Auftragseingang und Auftragsbestand,

– Absatzmengen und Marktanteile,

– Beschäftigungsgrad,

– Entwicklung von Erlösen und Aufwendungen,

– Entwicklung der Liquidität.

Mittelbare **Einflussfaktoren und Bereiche**, über die in der Regel zu berichten ist:

– Marktstellung der Gesellschaft,

– Einkauf,

– Vorratspolitik und Lagerhaltung,

– Produktions- und Absatzprogramm,

– Investitionen,

– Finanzierung und Kreditpolitik,

– Betriebserweiterungen bzw. -stilllegungen,

– bedeutsame Unglücksfälle,

– langfristige Verträge,

– Personalentwicklung,

– Umweltschutz,

– Änderungen in den rechtlichen Verhältnissen.

Der **Zustandsbericht** zum Geschäftsjahresende kann üblicherweise knapp ausfallen. Eine strenge Trennung zwischen Verlaufs- und Zustandsbericht erscheint nicht möglich. Im Verlaufsbericht ist auch auf die **Risiken der zukünftigen Entwicklung** einzugehen. Die Behandlung im Verlaufsbericht und nicht im Prognosebericht soll verdeutlichen, dass damit Risiken gemeint sind, die sich zukünftig auswirken, aber der heutigen Lage immanent sind. Es genügt eine verbale Erläuterung der Risiken. Unter Risiken werden dabei Verlustgefahren verstanden. Zu berichten ist über alle wesentlichen und bestandsgefährdenden Risiken; eine Kompensation mit Chancen ist nicht möglich.

Der **Nachtragsbericht** nach § 289 II Nr. 1 HGB soll die Bilanzadressaten über die Entwicklung nach dem Schluss des Geschäftsjahres unterrichten. Hier sind positive wie negative Entwicklungsänderungen aufzuzeigen. Dazu können gehören:

– Verschärfung von Exportvorschriften,

– Auf- und Abwertungen in wichtigen Partnerländern,

– stark rückläufige Marktpreise,

– einzelwirtschaftliche Verluste,

– Ausfall von hohen Forderungen,

– Brandschäden,

– Erwerb oder Verkauf von wesentlichen Beteiligungen,

– Eingehen oder Auflösen von wichtigen Verträgen,

– Stilllegung von Betriebsteilen,

– Kurzarbeit,

– Auflagen zum Umweltschutz.

Der Berichtszeitraum für den Nachtragsbericht umfasst den Beginn des neuen Geschäftsjahres bis zum Tag der Feststellung des Jahresabschlusses.

Der **Zukunftsbericht** nach § 289 II Nr. 2 HGB ist nach Inhalt und Umfang nicht präzisiert. Hier wird die Meinung vertreten, dass zumindest auf die zukünftige Marktstellung in den Haupttätigkeitsgebieten einzugehen ist und ergänzend auf die Bereiche Produktion, Personal, Fertigungsanlagen sowie Forschung und Entwicklung. Einzumünden hätte die Prognose in Angaben über die zukünftige Vermögens-, Finanz- und Ertragslage. Es ist nicht erforderlich, Planjahresabschlüsse und Finanzpläne vorzulegen. Der Prognosezeitraum ist nicht abgegrenzt und sollte mindestens die folgenden beiden Geschäftsjahre abdecken. Diese zukunftsbezogenen Daten lassen sich nur schwer hinsichtlich ihrer Richtigkeit beurteilen. Daher sind sie kritisch zu analysieren.

Der **Forschungsbericht** nach § 289 II Nr. 3 HGB soll die gegenwärtige und zukünftige Erfolgslage transparenter machen. Eine Präzisierung enthält das Gesetz nicht. Überdies sind Angaben zu den Aufwendungen für Forschung und Entwicklung zu machen. Nach herrschender Meinung genügen hierzu verbale Ausführungen. Es ist jedoch wünschenswert, diese Aufwendungen betragsmäßig anzugeben und nach verschiedenen Bereichen aufzugliedern. Dies kann präzisiert und ergänzt werden durch die Angabe durchgeführter und geplanter Forschungs- und Entwicklungsinvestitionen, der Zahl der im FuE-Bereich beschäftigten Mitarbeiter, bestehender FuE-Einrichtungen und der Eigen- oder Auftragsforschung. Ein so aufgestellter Lagebericht enthält eine Vielzahl von Informationen, die vom Bilanzanalytiker zur Würdigung und Beurteilung der Zahlen der Bilanz und der GuV herangezogen werden können.

Im **Filialbericht** sind die bestehenden Zweigniederlassungen der Gesellschaft aufzuführen.

Als Beispiel für den Lagebericht wurde der Konzernlagebericht der E.ON AG gewählt (vgl. Abbildung 9).

028

Lagebericht

Geschäftsentwicklung 2000					
in Mio €	2000 Pro forma	1999 Pro forma	+/- % Pro forma	2000 Ist	1999 Ist
Umsatz	93.240	69.745	+34	82.983	50.515
Betriebsergebnis	2.762	2.748	+1	2.396	2.072
Cashflow aus der Geschäftstätigkeit	3.889	4.866	-20	3.473	3.255
Investitionen	14.961	11.045	+35	13.475	7.017
Mitarbeiter (31.12.)	186.788	203.733	-8	186.788	131.602

Fusion von VEBA und VIAG zur E.ON prägt Geschäftsjahr 2000. Die Verschmelzung von VEBA und VIAG zur E.ON war das beherrschende Thema im Jahr 2000. Für beide Partner war die Fusion die konsequente Fortsetzung ihrer bisherigen Strategie. E.ON konzentriert sich auf zwei Kerngeschäfte: Energie und Spezialchemie. Im Bereich Energie haben wir im Jahr 2000 erfolgreich PreussenElektra und Bayernwerk zusammengeführt. Damit entstand einer der weltweit größten privaten Energiedienstleister. In der Chemie haben wir den Zusammenschluss von Degussa-Hüls und SKW Trostberg vorbereitet; Anfang 2001 entstand dadurch die weltweit größte Spezialchemiegruppe. Neben diesen Kerngeschäftsfeldern wird der Bereich Immobilien wertsteigernd weiterentwickelt.

Wesentliche Meilensteine des Fusionsprozesses im Jahr 2000 waren:

- Die Aktionäre der VEBA und der VIAG stimmten der Fusion auf außerordentlichen Hauptversammlungen im Februar 2000 mit überwältigender Mehrheit zu.
- Am 16. Juni 2000 wurde die Fusion zur E.ON in das Handelsregister eingetragen. Die VIAG erlosch als eigenständiger Rechtsträger. Die VIAG-Aktionäre wurden zu diesem Zeitpunkt Aktionäre der E.ON.
- Am 19. Juni 2000 wurde erstmals die E.ON-Aktie an der Börse gehandelt.
- Am 14. Juli 2000 wurde die Verschmelzung von PreussenElektra und Bayernwerk zur E.ON Energie in das Handelsregister eingetragen.

- Auf außerordentlichen Hauptversammlungen der Degussa-Hüls und der SKW Trostberg im Oktober 2000 stimmten die Aktionäre der Fusion zur neuen Degussa mit überwältigender Mehrheit zu. Die Verschmelzung wurde im Februar 2001 in das Handelsregister eingetragen.

Zahlreiche Teams erarbeiteten in Integrationsprojekten die Strukturen der neuen Konzernholding sowie des Energie- und Chemiebereichs. So konnten die neuen Unternehmen unverzüglich in bereits zusammengeführten Strukturen ihre Arbeit aufnehmen.

Portfoliobereinigung zur Konzentration auf die Kerngeschäfte beschleunigt. Um die führenden Marktpositionen in den Kerngeschäften zu sichern und auszubauen, werden die Kräfte gebündelt und die finanziellen Ressourcen konsequent auf diese Geschäfte konzentriert. Integraler Bestandteil des Wertmanagements im Konzern ist deshalb die ständige Optimierung des Portfolios. Im Rahmen des aktiven Portfoliomanagements haben wir im Jahr 2000 bereits die Beteiligungen an E-Plus, Cablecom, Gerresheimer Glas, Orange Communications und die VEBA Electronics-Aktivitäten verkauft sowie die Anteilsmehrheit an Schmalbach-Lubeca abgegeben.

Die Erlöse aus den Veräußerungen bilden eine wichtige Grundlage für forciertes Wachstum in den Kerngeschäftsfeldern. Zur Stärkung unserer Kerngeschäfte haben wir im Jahr 2000 folgende Schritte unternommen:

- Durch den Erwerb des niederländischen Stromversorgers EZH (heute E.ON Benelux Generation) und die weitere Aufstockung unserer Beteiligung an Sydkraft in Schweden haben wir die Marktposition unseres Strombereichs in Europa weiter verbessert.
- In unserem Ölbereich haben wir nach der vollständigen Übernahme von Aral die im Vorjahr beschlossene strategische Neuausrichtung umgesetzt und die vollständige Verantwortung für das operative Geschäft auf drei eigenständige Tochtergesellschaften übertragen.
- Wir haben die Verschmelzung von Degussa-Hüls und SKW Trostberg vorangetrieben und erfolgreich abgeschlossen. Damit wurde die Basis geschaffen, um bedeutende Synergie- und Restrukturierungspotenziale zu heben. Darüber hinaus stellt der Erwerb des britischen Spezialchemieunternehmens Laporte einen wichtigen strategischen Schritt zum Ausbau der weltweit führenden Position im attraktiven Markt der Feinchemie dar.

Konzernrechnungslegung vollständig auf US-GAAP umgestellt. In einem komplexen Überleitungsprozess haben wir die Bilanzierungs- und Bewertungsgrundsätze der früheren VEBA und der früheren VIAG vollständig auf die US-amerikanischen Generally Accepted Accounting Principles (US-GAAP) umgestellt. Vor der Fusion berichtete VIAG nach den International Accounting Standards (IAS). VEBA hatte die geltenden US-GAAP angewendet, soweit dies nach deutschem Bilanzrecht zulässig war.

Gemäß US-GAAP ist für die Einbeziehung der früheren VIAG in den Konzernabschluss das Datum der Eintragung der Fusion zur E.ON in das Handelsregister maßgeblich. Deshalb tragen die Gesellschaften der früheren VEBA zum Geschäftsjahr 2000 mit vollen 12 Monaten, die der früheren VIAG aber nur mit den Monaten Juli bis Dezember zu den Zahlen bei; die Vergleichszahlen des Vorjahres enthalten ausschließlich die Werte für die Gesellschaften der früheren VEBA. Auf Basis dieser Zahlen ist es nicht möglich, die wirtschaftliche Entwicklung in den Geschäftsjahren 1999 und 2000 sachgerecht zu vergleichen.

Daher haben wir zusätzlich Pro-forma-Zahlen für die Jahre 1999 und 2000 auf der Basis von US-GAAP ermittelt. Die Pro-forma-Zahlen stellen den E.ON-Konzern so dar, als ob die Fusion von VEBA und VIAG bereits am 1. Januar 1999 vollzogen worden wäre.

Die konsolidierten Pro-forma-Zahlen liegen der nachfolgenden Kommentierung zugrunde.

Konzernumsatz auf 93 Mrd € gestiegen. Im Jahr 2000 haben wir unseren Konzernumsatz um 34 Prozent auf 93 Mrd € gesteigert. Hierzu haben vor allem die Bereiche Öl und Chemie beigetragen.

Der Umsatz im Strombereich lag trotz des Absatzanstiegs um 15 Prozent wegen der starken Strompreissenkungen – insbesondere seit dem zweiten Halbjahr 1999 – nur um 1 Prozent über dem des Vorjahres.

Im Ölbereich stieg der Umsatz durch die erstmalige Vollkonsolidierung von Aral, den erhöhten Absatz, die nachhaltig gestiegenen internationalen Rohöl- und Produktpreise sowie den starken US-Dollar um 135 Prozent. Auch die weitere Anhebung der Ökosteuer zum 1. Januar 2000 trug zu dem hohen Umsatz bei.

Konzernumsatz					
in Mio €	2000 Pro forma	1999 Pro forma	+/- % Pro forma	2000 Ist	1999 Ist
Strom	13.350	13.180	+1	11.027	7.768
Öl	28.780	12.229	+135	28.780	12.229
Chemie	20.267	16.487	+23	18.198	12.320
Immobilien	1.324	1.167	+13	1.324	1.167
Telekommunikation	383	253	+51	229	111
Sonstige Aktivitäten	25.733	24.974	+3	23.606	17.571
E.ON AG/Konsolidierung 1)	3.403 2)	1.455	+134	–181	–651
Außenumsatz insgesamt	**93.240**	**69.745**	**+34**	**82.983**	**50.515**

1) einschließlich Schmalbach-Lubeca im Ist 2000 und Pro forma 1999 bzw. 2000
2) einschließlich VEBA Electronics 1. Juli bis 30. September 2000

Unser Chemiebereich legte beim Umsatz – getragen von dem günstigen weltwirtschaftlichen Umfeld – kräftig zu. Zusätzlich wirkten sich höhere Produktpreise – vor allem infolge der teilweisen Weitergabe von stark gestiegenen Rohstoffkosten – und deutlich erhöhte Absatzmengen umsatzsteigernd aus. Dabei ist zu berücksichtigen, dass – anders als in der bisherigen Berichterstattung nach HGB – gemäß US-GAAP der Umsatz der früheren Degussa für das vierte Quartal 1998 nicht mehr im Vergleichswert des Vorjahres enthalten ist.

Der Bereich Immobilien setzte seinen Wachstumskurs fort. Der Umsatz nahm um rund 13 Prozent zu. Dies ist im Wesentlichen auf Steigerungen in den Unternehmensbereichen Development Wohnen und Gewerbeimmobilien zurückzuführen.

Im Bereich Telekommunikation trug ausschließlich unsere österreichische Telekommunikationsbeteiligung Connect Austria (ONE) zum Umsatz bei. ONE wurde im Jahr 2000 gemäß US-GAAP voll konsolidiert. Der Umsatz lag mit 51 Prozent über dem vergleichbaren Vorjahreswert. Die bei der VIAG nach IAS im Jahr 1999 quotal in den Konzernabschluss einbezogene VIAG Interkom wurde nach US-GAAP at equity bewertet.

Bei unseren sonstigen Aktivitäten stieg der Umsatz um 3 Prozent. Im Bereich Distribution/Logistik lag der Umsatz mit 21.308 Mio € auf dem Vorjahresniveau. Bei Stinnes ist der Zuwachs im Wesentlichen auf die positive Entwicklung im Bereich Chemie sowie bei den Luft- und Seefrachtaktivitäten zurückzuführen. Wir haben die Elektronik-Aktivitäten im Herbst 2000 an ein europäisch-amerikanisches Erwerberkonsortium veräußert. Der im Segment Distribution/Logistik ausgewiesene

Lagebericht

Umsatz bei VEBA Electronics ging deutlich zurück. Der Umsatz der Monate Juli bis September 2000 ist darin nicht mehr enthalten, weil die Aktivitäten Anfang Juli wirtschaftlich auf die Erwerber übergingen. Die Umsatzsteigerung bei Klöckner war überwiegend preis- und akquisitionsbedingt. Der Bereich Aluminium erzielte durch Verbesserungen in allen Segmenten eine Umsatzsteigerung um 19 Prozent auf 3.480 Mio €. Der Umsatz im Bereich Silizium-Wafer nahm wegen des gesteigerten Absatzes und der leicht erhöhten Waferpreise um 45 Prozent zu.

Knapp 50 Prozent des Konzernumsatzes wurden im Ausland erwirtschaftet. Auf die Länder der Europäischen Währungsunion außerhalb Deutschlands entfielen ca. 14 Prozent.

Betriebsergebnis 2000 auf Rekordniveau des Vorjahres behauptet. Wir haben im Geschäftsjahr 2000 ein Konzern-Betriebsergebnis von 2,8 Mrd € erzielt und somit das vergleichbare Rekordniveau des Vorjahres leicht überschritten. Damit hat sich das Betriebsergebnis deutlich besser entwickelt als auf Basis der ersten neun Monate im Zwischenbericht zum 30. September 2000 erwartet.

Betriebsergebnis					
in Mio €	2000 Pro forma	1999 Pro forma	+/- % Pro forma	2000 Ist	1999 Ist
Strom	1.725	2.466	-30	1.099	1.370
Öl	310	34	+812	310	34
Chemie	672	426	+58	576	275
Immobilien	212	189	+12	212	189
Telekommunikation	- 546	- 789	+31	- 156	- 150
Sonstige Aktivitäten	620	400	+55	412	57
E.ON AG/Konsolidierung[1]	- 231[2]	22	-	-57	297
Insgesamt	**2.762**	**2.748**	**+1**	**2.396**	**2.072**

1) einschließlich Schmalbach-Lubeca im Ist 2000 und Pro forma 1999 bzw. 2000
2) einschließlich VEBA Electronics 1. Juli bis 30. September 2000

Wesentliche Ursachen für diese positive Entwicklung sind geringere Verluste in der Telekommunikation nach den Beteiligungsverkäufen, der hohe Rohölpreis in Verbindung mit einem starken US-Dollar sowie die im Energiebereich erzielten Kostensenkungen.

Die Liberalisierung des deutschen Strommarktes wirkte sich im Jahr 2000 erstmals in vollem Umfang auf ein ganzes Geschäftsjahr aus. Das Betriebsergebnis in unserem Strombereich lag wegen der deutlichen Strompreissenkungen trotz verstärkter Gegensteuerung auf der Kostenseite und der Absatzsteigerung um 15 Prozent mit 1.725 Mio € um 30 Prozent unter dem Vorjahresniveau.

Im Ölbereich stieg das Betriebsergebnis dank der hohen Rohölpreise und Verarbeitungsmargen sowie des starken US-Dollars ganz erheblich um 812 Prozent auf 310 Mio €. Der gravierende Einbruch der Margen im Tankstellengeschäft wirkte sich dagegen dämpfend auf die Ergebnislage aus. Darüber hinaus belasteten die Goodwill-Abschreibungen und Kaufpreiszinsen im Zusammenhang mit der Übernahme der Aral-Anteile zum Jahreswechsel 1999/2000 das Ergebnis. Zusätzlich kompensierten unsere Sicherungsgeschäfte einen Teil des Ergebnisanstiegs.

Das Betriebsergebnis unseres Chemiebereichs stieg kräftig um 58 Prozent auf 672 Mio €. Dies ist auf die weltweit gute Nachfrage im Bereich der chemischen Industrie und positive Wechselkurseffekte zurückzuführen. Zusätzlich wirkten sich die Synergieeffekte aus der Fusion von Degussa und Hüls positiv aus. Die Umsetzung der Synergien ist sehr weit fortgeschritten. Das Betriebsergebnis der früheren Degussa für das vierte Quartal 1998 ist nach US-GAAP nicht mehr im Vergleichswert des Vorjahres enthalten.

Der Bereich Immobilien erhöhte sein Betriebsergebnis um 12 Prozent auf 212 Mio €. Dies ist im Wesentlichen auf die intensive Wohnungsprivatisierung und den Verkauf der Anteile an einer kleineren Wohnungsgesellschaft zurückzuführen.

Die Verbesserung des Betriebsergebnisses im Bereich Telekommunikation resultiert vor allem aus der Veräußerung von Beteiligungen, die hohe Anlaufverluste aufwiesen (Otelo-Festnetz im Jahr 1999; E-Plus im Jahr 2000). Die im Zuge des starken Marktwachstums im Mobilfunk erheblich gestiegenen Kosten für die Kundenakquisition belasteten das Ergebnis.

Das Betriebsergebnis bei unseren sonstigen Aktivitäten stieg deutlich um 55 Prozent auf 620 Mio €. Im Bereich Distribution/Logistik lag das Betriebsergebnis mit 461 Mio € um 34 Prozent über dem Vorjahreswert. Bei Stinnes trugen insbesondere die Bereiche Europäischer Landverkehr sowie Luft- und Seefracht zu der Verbesserung bei. VEBA Electronics konnte das Betriebsergebnis gegenüber dem Vorjahr erheblich

steigern, obwohl die Monate Juli bis September 2000
nicht mehr im Betriebsergebnis enthalten waren, weil
die Aktivitäten Anfang Juli wirtschaftlich auf die Erwerber übergingen. Klöckner erwirtschaftete vor allem
preis- und margenbedingt ein deutlich höheres Betriebsergebnis. Erhebliche Preissteigerungen bei Rohstoffen
und Einsatzmaterialien führten zu einem Rückgang
des Betriebsergebnisses im Bereich Aluminium um
18 Prozent auf 227 Mio €. Im Bereich Silizium-Wafer
konnte der Betriebsverlust auf 68 Mio € weiter verringert werden. Dies ist auf die gestiegene Nachfrage der
Halbleiterindustrie, das geringfügig höhere Preisniveau
bei Wafern und die verbesserte Kostenposition zurückzuführen.

Der Überschuss vor Ertragsteuern stieg um 35 Prozent auf 6.802 Mio €. Dieser Ergebnisschub ist vor
allem auf die hohen Nettobuchgewinne aus der Veräußerung der Beteiligungen an E-Plus (3.518 Mio €) und
an der schweizerischen Kabel-TV-Gesellschaft Cablecom (789 Mio €) zurückzuführen.

Die Aufwendungen für Restrukturierungsmaßnahmen und Kostenmanagement betrafen insbesondere
die Bereiche Chemie, Strom und Öl. Das sonstige nicht
operative Ergebnis wird in erster Linie durch Abschreibungen im Zusammenhang mit der – im Rahmen
der Auflagen der EU-Kommission zur Fusion von VEBA
und VIAG – eingeleiteten Veräußerung von Veag und
Laubag beeinflusst. Darüber hinaus wirkten sich die
Ablösung von Betriebsvereinbarungen bei E.ON Energie
sowie steuerlich bedingter Zinsaufwand belastend aus.

Der Steueraufwand stieg auf 2.618 Mio €. Die Steuer-
quote lag bei 38,5 Prozent nach 38,7 Prozent im Vorjahr. Die Erhöhung der Anteile Konzernfremder ist darauf zurückzuführen, dass nach dem Börsengang von
Stinnes die Fremdanteile erst im zweiten Halbjahr 1999
zum Tragen kamen und der MEMC-Verlust im Jahr 2000
deutlich geringer ist.

Der Konzernüberschuss (nach Steuern und nach
Anteilen Konzernfremder) lag mit 3.678 Mio € um
30 Prozent über dem Vorjahreswert.

Konzernüberschuss					
in Mio €	2000 Pro forma	1999 Pro forma	+/- % Pro forma	2000 Ist	1999 Ist
Konzern-Betriebsergebnis	**2.762**	**2.748**	**+1**	**2.396**	**2.072**
Nettobuchgewinne	4.755	2.428	+96	4.636	2.337
Aufwendungen für Restrukturierung/ Kostenmanagement	-555	-367	-51	-510	-402
Sonstiges nicht operatives Ergebnis	-712	-62	-1.048	-523	92
Ausländische E&P-Steuern	552	301	+83	552	301
Jahresüberschuss vor Ertragsteuern	**6.802**	**5.048**	**+35**	**6.551**	**4.400**
Steuern vom Einkommen und vom Ertrag	-2.618	-1.953	-34	-2.512	-1.277
Überschuss nach Ertragsteuern	**4.184**	**3.095**	**+35**	**4.039**	**3.123**
Anteil Konzernfremder	-506	-256	-98	-469	-132
Konzernüberschuss	**3.678**	**2.839**	**+30**	**3.570**	**2.991**

Dividende auf 1,35 € erhöht. Die Verschmelzung der
VIAG AG auf die VEBA AG ist handelsrechtlich mit wirtschaftlicher Wirkung zum 1. Januar 2000 erfolgt. Die
Eintragung ins Handelsregister Düsseldorf (HRB 22315)
wurde am 16. Juni 2000 vorgenommen, und am gleichen Tag wurde die VEBA AG in E.ON AG umbenannt.
Der Sitz der Gesellschaft ist weiterhin Düsseldorf.

Die E.ON AG hat die in der Schlussbilanz der VIAG
AG angesetzten Werte der durch die Verschmelzung
übergehenden Aktiva und Passiva in ihrer handelsrechtlichen Rechnungslegung fortgeführt (Buchwert-
verknüpfung).

Im Interesse der Vergleichbarkeit haben wir neben
der Spalte „rechtliches Vorjahr" (VEBA AG) eine Spalte
„wirtschaftliches Vorjahr" in die Bilanz und in die
Gewinn- und Verlustrechnung aufgenommen. Hier werden Vorjahreszahlen angegeben, die sich ergeben hätten, wenn die E.ON AG in ihrer gegenwärtigen Form
bereits am 1. Januar 1999 bestanden hätte.

Der Jahresüberschuss der E.ON AG beträgt
1.794 Mio €. Nach Einstellung von 822 Mio € in die anderen Gewinnrücklagen ergibt sich ein Bilanzgewinn von
972 Mio €.

Wir schlagen der Hauptversammlung am 18. Mai
2001 vor, aus dem Bilanzgewinn eine gegenüber dem
Vorjahr auf 1,35 € (1,25 €) erhöhte Dividende je dividendenberechtigte Stückaktie auszuschütten. Zusammen mit der Steuergutschrift von 0,58 € (0,54 €) erhalten die anrechnungsberechtigten Aktionäre damit
1,93 € (1,79 €) je Aktie.

Lagebericht

Jahresabschluss der E.ON AG (Kurzfassung)

Bilanz In Mio €	31. 12. 2000	wirtschaftlich 31. 12. 1999	rechtlich 31. 12. 1999
Sachanlagen	156	147	141
Finanzanlagen	15.406	15.638	11.391
Anlagevermögen	15.562	15.785	11.532
Forderungen gegen verbundene Unternehmen	8.680	3.330	2.247
Übrige Forderungen	1.352	468	322
Liquide Mittel	242	1.120	1.037
Umlaufvermögen	10.275	4.918	3.606
Gesamtvermögen	25.836	20.703	15.138
Eigenkapital	13.333	12.215	7.621
Sonderposten mit Rücklageanteil	636	666	609
Rückstellungen	2.461	2.202	2.017
Verbindlichkeiten gegenüber verbundenen Unternehmen	6.388	5.002	4.847
Übrige Verbindlichkeiten	3.018	618	44
Gesamtkapital	25.836	20.703	15.138

Gewinn- und Verlustrechnung

in Mio €	31. 12. 2000	wirtschaftlich 31. 12. 1999	rechtlich 31. 12. 1999
Beteiligungsergebnis	5.772	2.157	1.735
Zinsergebnis	-32	-49	-60
Übrige Aufwendungen und Erträge	-566	273	336
Ergebnis der gewöhnlichen Geschäftstätigkeit	5.174	2.381	2.011
Außerordentliche Aufwendungen	-1.164	-	-
Steuern	-2.216	-1.241	-1.126
Jahresüberschuss	1.794	1.140	885
Einstellung in die Gewinnrücklagen	-822	-290	-257
Bilanzgewinn	972	850	628

Investitionen E.ON-Konzern

in Mio €	2000 Pro forma	1999 Pro forma	+/- % Pro forma	2000 Ist	1999 Ist
Strom	3.766	2.923	+29	3.356	1.349
Öl	1.723	1.308	+32	1.723	1.308
Chemie	1.868	2.154	-13	1.675	1.298
Immobilien	484	333	+45	484	333
Telekommunikation	5.135	1.202	+327	4.591	171
Sonstige Aktivitäten	1.317	1.019	+29	1.161	801
E.ON AG/Konsolidierung[1]	668	2.106	-68	485	1.757
Insgesamt	14.961	11.045	+35	13.475	7.017
davon Ausland	2.979	3.242	-8	2.673	1.818

1) einschließlich Schmalbach-Lubeca im Ist 2000 und Pro forma 1999 bzw. 2000

Sofern sich bis zur Hauptversammlung die Anzahl der dividendenberechtigten Stückaktien wegen des laufenden Aktienrückkaufprogramms verringert, ist beabsichtigt, den Beschlussvorschlag in der Weise anzupassen, dass bei unveränderter Ausschüttung in Höhe von 1,35 € je dividendenberechtigte Stückaktie der auf die nicht mehr dividendenberechtigten Aktien entfallende Teilbetrag auf neue Rechnung vorgetragen werden soll und der durch die geringere Körperschaftsteuerminderung entstehende Steueraufwand gesondert ausgewiesen wird.

Der vom Abschlussprüfer PwC Deutsche Revision Aktiengesellschaft Wirtschaftsprüfungsgesellschaft, Düsseldorf, mit dem uneingeschränkten Bestätigungsvermerk versehene vollständige Abschluss der E.ON AG wird im Bundesanzeiger veröffentlicht und beim Handelsregister des Amtsgerichts Düsseldorf, HRB 22315, hinterlegt. Er kann als Sonderdruck bei der E.ON AG angefordert werden. Im Internet ist er unter der Adresse www.eon.com abrufbar.

Investitionen deutlich gestiegen. Im E.ON-Konzern investierten wir im Jahr 2000 4.408 Mio € (4.089 Mio €) in Sachanlagen und 10.553 Mio € (6.955 Mio €) in Finanzanlagen; darin sind 1.405 Mio € für Investitionen in at equity bewertete Unternehmen enthalten. Insgesamt lagen die Investitionen mit 14.961 Mio € (11.045 Mio €) um 35 Prozent über dem Vorjahresniveau.

Im Strombereich lagen die Investitionen mit 3.766 Mio € um 29 Prozent über dem Wert des Vorjahres (2.923 Mio €). Die Sachlageinvestitionen einschließlich immaterieller Vermögensgegenstände in Höhe von 989 Mio € dienten vor allem der Optimierung von Stromverteilungsanlagen. In Finanzanlagen wurden 2.777 Mio € investiert. Das größte Einzelprojekt war der Erwerb des niederländischen Stromversorgers EZH (heute E.ON Benelux Generation).

Die Investitionen im Ölbereich sind deutlich auf 1.723 Mio € (1.308 Mio €) gestiegen. Dies ist im Wesentlichen auf den Erwerb der Aral-Anteile von Mobil zurückzuführen.

In unserem Bereich Chemie wurden 1.868 Mio € (2.154 Mio €) investiert. Hierbei stand die Stärkung und der Ausbau unserer führenden Marktpositionen in den Kerngeschäftsfeldern im Vordergrund. Die Investitionen in Sachanlagen stiegen auf 1.232 Mio €. In Finanzanlagen wurden 636 Mio € investiert.

033

Im Bereich Immobilien lagen die Investitionen mit
484 Mio € (333 Mio €) deutlich über dem Vorjahresniveau. Auf Investitionen in Sachanlagen entfielen
399 Mio € und auf Finanzanlagen 85 Mio €. Investitions-
schwerpunkte waren die Bereiche Investment Wohnen
und Gewerbeimmobilien.

Die Investitionen in der Telekommunikation lagen
bei 5.135 Mio €. Davon entfielen 376 Mio € auf Sachanlagen und 4.759 Mio € auf Finanzanlagen; diese
betrafen im Wesentlichen die Gesellschafterdarlehen
an VIAG Interkom im Zusammenhang mit dem Erwerb
der UMTS-Lizenzen.

Bei den sonstigen Aktivitäten investierten wir
1.317 Mio € (1.019 Mio €). Im Bereich Distribution/Logis-
tik lagen die Investitionen mit 736 Mio € 9 Prozent
unter dem Vorjahreswert. Ein wesentlicher Anteil der
Investitionen von Stinnes (573 Mio €) entfiel auf den
Erwerb des niederländischen Unternehmens HCI. VEBA
Electronics und Klöckner investierten 47 Mio € bzw.
116 Mio €. Der Aluminiumbereich investierte 514 Mio €
(153 Mio €). Davon betrafen 194 Mio € Sachanlagen
und 320 Mio € Finanzanlagen. Die mit Abstand größte
Einzelinvestition war der Erwerb der australischen
Kurri-Kurri-Hütte im Oktober 2000. Bei Silizium-Wafern
haben wir das Investitionsvolumen mit 67 Mio €
(60 Mio €) auf dem niedrigen Vorjahresniveau gehalten.

Insgesamt investierten wir im Inland 11.982 Mio €
(7.803 Mio €) und im Ausland 2.979 Mio € (3.242 Mio €).

Cashflow aus der Geschäftstätigkeit deckt knapp
70 Prozent des Finanzierungsbedarfs aus der Investitionstätigkeit. Die Auszahlungen für Konzerninvesti-
tionen betrugen im Jahr 2000 14.961 Mio €. Unter Berücksichtigung der Einzahlungen aus Abgängen von
Gegenständen des Anlagevermögens sowie der Veränderung sonstiger Geldanlagen des Umlaufvermögens betrug der Mittelabfluss aus der Investitionstätigkeit 5.687 Mio € (1999: 4.155 Mio €).

Dieser Finanzierungsbedarf aus der Investitionstä-
tigkeit wurde aus dem Mittelzufluss aus der laufenden
Geschäftstätigkeit in Höhe von 3.889 Mio € sowie durch
Kreditaufnahmen gedeckt.

Die liquiden Mittel (Zahlungsmittel und sonstige
Geldanlagen des Umlaufvermögens) sanken um
1.028 Mio € auf 8.501 Mio €.

Zum Jahresende 2000 standen E.ON kurzfristige
Kreditlinien von Banken (2,7 Mrd €), eine syndizierte
langfristige Kreditlinie (1 Mrd €) und das Commercial
Paper- sowie das Medium Term Note-Programm über
jeweils 2 Mrd € zur Verfügung. Diese Finanzierungsinstrumente waren zum Bilanzstichtag in Höhe von
insgesamt rund 3 Mrd € genutzt.

Kapitalflussrechnung (Kurzfassung)

in Mio €	2000 Pro forma	1999 Pro forma	2000 Ist	1999 Ist
Cashflow aus der Geschäftstätigkeit	3.889	4.866	3.473	3.255
Cashflow aus der Investitionstätigkeit	−5.687	−4.155	−4.348	−1.712
Cashflow aus der Finanzierungstätigkeit	+2.244	−517	+1.943	−1.383
Veränderung der Zahlungsmittel	+446	+194	+1.068	+160
Liquide Mittel zum 31. Dezember	8.501	9.529	8.501	1.844

Management finanzwirtschaftlicher Marktpreisrisiken.
Im Rahmen der operativen Geschäftstätigkeit und der
daraus resultierenden Finanzaktivitäten ist der E.ON-
Konzern finanzwirtschaftlichen Preisrisiken im Wäh-
rungs-, Zins- und Commoditybereich ausgesetzt. Zur
Begrenzung dieser Risiken betreiben wir ein systema-
tisches Finanzmanagement. Dazu setzen wir auch
derivative Finanzinstrumente ein. Diese derivativen
Finanzinstrumente sind marktgängig und werden mit
Finanzinstituten, Brokern und Metallhandelshäusern
kontrahiert, deren Bonität laufend überwacht wird.

Das Nominalvolumen der Devisensicherungsge-
schäfte betrug zum 31. Dezember 2000 7.175 Mio €,
das von Zinssicherungsgeschäften 2.867 Mio €. Die
Marktwerte von Devisensicherungsgeschäften, für die
betriebswirtschaftlich keine Sicherungszusammenhänge zu gebuchten und schwebenden Grundgeschäften bestehen, betrugen 17,9 Mio €. Diese Sicherungsgeschäfte bestehen zur Kurssicherung geplanter Transaktionen. Der Marktwert von Sicherungsgeschäften im
Zinsbereich außerhalb von Sicherungszusammen-
hängen mit gebuchten Grundgeschäften entsprach
−3,2 Mio €.

Zur Begrenzung der Risiken aus der Änderung von
Rohstoff- und Produktpreisen werden vor allem im Öl-,
Edelmetall- und Aluminiumbereich derivative Finanzinstrumente eingesetzt. Im Jahr 2000 wurden zudem im
Energiebereich in geringem Umfang Strom- und Gas-
preissicherungsgeschäfte kontrahiert. Das Nominalvolumen der Sicherungsgeschäfte im Commoditybereich
betrug zum 31. Dezember 2000 3.479 Mio €. Für Sicherungsgeschäfte im Commoditybereich, für die keine
betriebswirtschaftlichen Sicherungszusammenhänge
mit gebuchten und kontrahierten Grundgeschäften bestehen, betrug der Marktwert der Sicherungsgeschäfte
−20,3 Mio €.

034

Lagebericht.

Konzern-Bilanzstruktur	2000 Pro forma		1999 Pro forma		2000 Ist		1999 Ist	
	Mrd €	%	Mrd €	%	Mrd €	%	Mrd €	%
Langfristige Aktiva	65,6	61,8	60,2	63,6	65,6	61,8	37,3	66,4
Kurzfristige Aktiva	40,6	38,2	34,4	36,4	40,6	38,2	18,9	33,6
Aktiva	**106,2**	**100,0**	**94,6**	**100,0**	**106,2**	**100,0**	**56,2**	**100,0**
Eigenkapital	28,0	26,4	26,3	27,8	28,0	26,4	15,8	28,1
Anteile Konzernfremder	5,1	4,8	4,9	5,2	5,1	4,8	3,9	6,9
Langfristiges Fremdkapital	40,8	38,4	41,5	43,8	40,8	38,4	22,3	39,7
Kurzfristiges Fremdkapital	32,3	30,4	21,9	23,2	32,3	30,4	14,2	25,3
Passiva	**106,2**	**100,0**	**94,6**	**100,0**	**106,2**	**100,0**	**56,2**	**100,0**

Vermögens- und Kapitalstruktur. Die Investitionen führten im Jahr 2000 zu einem Anstieg des langfristig gebundenen Vermögens um 5,4 Mrd € sowie des kurzfristig gebundenen Vermögens um 6,2 Mrd €. Infolgedessen stieg die Bilanzsumme um 11,6 Mrd € auf 106,2 Mrd €. Die Eigenkapitalquote ging wegen des im Vergleich zur Bilanzsumme in geringerem Umfang gestiegenen Eigenkapitals gegenüber dem Vorjahr (27,8 Prozent) leicht auf 26,4 Prozent zurück.

Das langfristige Fremdkapital nahm um 0,7 Mrd € auf 40,8 Mrd € ab.

Die nachfolgenden Finanzkennziffern zeigen, dass der E.ON-Konzern Ende 2000 eine gute Vermögens- und Kapitalstruktur aufwies.
- Die Deckung des langfristig gebundenen Vermögens durch Eigenkapital lag mit 42,7 Prozent leicht unter dem Vorjahreswert (43,7 Prozent).
- Das langfristig gebundene Vermögen war zu 112,7 Prozent (120,8 Prozent) durch langfristiges Kapital finanziert.

E.ON lässt ihre Bonität seit Anfang 1995 regelmäßig von den führenden Rating-Agenturen Standard & Poor's und Moody's überprüfen. Die Ratings für langfristige E.ON-Schuldverschreibungen stellten sich zum 31. Dezember 2000 wie folgt dar: Moody's Aa2, Standard & Poor's AA. Für kurzfristige Schuldverschreibungen betrugen die Ratings P-1 bzw. A-1+. Diese sehr guten Ratings unterstreichen die hohe Finanzkraft des E.ON-Konzerns.

Belegschaftsentwicklung durch Umsetzung der Konzernstrategie geprägt. Im E.ON-Konzern waren Ende 2000 weltweit rund 186.788 Mitarbeiter beschäftigt. Damit hat sich die Gesamtzahl der Beschäftigten im Vergleich zum Vorjahresende um rund 17.000 Mitarbeiter bzw. 8 Prozent verringert. Dies ist im Wesentlichen auf die Abgabe von nicht zum Kerngeschäft des E.ON-Konzerns gehörenden Aktivitäten – wie von VEBA Electronics (-6.200 Mitarbeiter) sowie die Abgabe der Anteilsmehrheit an Schmalbach-Lubeca (-8.700 Mitarbeiter) – zurückzuführen.

Zusätzlich ging die Anzahl der Beschäftigten durch die weiter fortschreitende Restrukturierung im Energiebereich (-1.500 Mitarbeiter) und den Verkauf von Raab Karcher Baustoffe bei Stinnes (-6.000 Mitarbeiter) zurück. Ein Beschäftigungszuwachs resultierte dagegen aus der erstmaligen Vollkonsolidierung von Aral bei VEBA Oel (+2.900 Mitarbeiter) und dem Erwerb des niederländischen Energieversorgers EZH (heute E.ON Benelux Generation) im Energiebereich (+800 Mitarbeiter).

Der Trend zur Internationalisierung im E.ON-Konzern hält an: Mit 83.338 Beschäftigten stieg der Anteil der im Ausland tätigen Mitarbeiter an der Belegschaft von 37,5 Prozent auf 44,6 Prozent.

Forschung und Entwicklung – Schwerpunkt Chemie. Der Forschungs- und Entwicklungsaufwand im E.ON-Konzern lag im Jahr 2000 bei 661 Mio € (728 Mio €). Den größten Anteil hatte unser Chemiebereich mit 82 Prozent, gefolgt vom Bereich Silizium-Wafer mit 12 Prozent.

Der Forschungs- und Entwicklungsaufwand im Chemiebereich betrug 3,2 Prozent des Umsatzes ohne Edelmetallhandel. Im Jahr 2000 wurden in allen Geschäftsbereichen zahlreiche neue Forschungsprojekte angestoßen.

035

Im Geschäftsbereich Aromen und Fruchtsysteme gelang es durch eine Prozessinnovation, eine neue Klasse von Aromen zugänglich zu machen. Der Bereich Bauchemie hat die völlig neue Generation von Beton-Superverflüssigern deutlich erweitert. Im Bereich Feinchemikalien wurden für die Herstellung von Pharma-Aminosäuren neue biokatalytische Verfahren mit höherer Effizienz und Umweltverträglichkeit entwickelt. Im Geschäftsbereich Oligomere/Silicone konnten sehr schnell härtende UV-Silicontrennbeschichtungen für Etiketten und Klebebänder entwickelt werden. Völlig neue Formulierungsmöglichkeiten für unsere Kunden in der kosmetischen Industrie eröffnen hoch leistungsfähige Emulgatoren des Geschäftsbereichs Pflegespezialitäten. Im Geschäftsbereich Aerosile und Silane entwickeln wir Metalloxid-Dispersionen, insbesondere für das chemisch-mechanische Polieren künftiger Computerchip-Generationen. Der Geschäftsbereich Hochleistungskunststoffe entwickelte hoch verzweigte Polyamide, die die Herstellung leistungsfähiger Haftvermittler für mehrschichtige Kraftstoffleitungssysteme ermöglichen.

Im Bereich Silizium-Wafer führte MEMC die Entwicklung der 300-mm-Wafer-Generation fort. Der F&E-Aufwand lag mit 78 Mio € um knapp 3 Prozent unter dem Vorjahreswert.

Wichtige Ereignisse nach Schluss des Geschäftsjahres.
*   Degussa-Hüls und SKW Trostberg unterbreiten den Aktionären des britischen Spezialchemieunternehmens Laporte am 15. Januar 2001 ein Barangebot von 6,97 £ je Laporte-Aktie. Anfang März 2001 hat sich Degussa bereits 94 Prozent des Stammkapitals gesichert.
*   Am 16. Januar 2001 übt E.ON die im August 2000 mit British Telecom vereinbarte Putoption zur Abgabe ihrer 45-prozentigen Beteiligung an VIAG Interkom aus. Durch die Abgabe fließen E.ON 11,4 Mrd € zu. Darin sind der Ausübungspreis von 7,25 Mrd € und Gesellschafterdarlehen enthalten.

*   E.ON Energie erwirbt am 1. Februar 2001 von vier schwedischen Kommunen weitere Anteile des Energieversorgungsunternehmens Sydkraft in Malmö. Damit baut E.ON Energie ihre Beteiligung an Sydkraft auf insgesamt 29,4 Prozent des Kapitals und 42,8 Prozent der Stimmrechte aus. Am 21. Februar 2001 macht E.ON Energie den außen stehenden Sydkraft-Aktionären ein Übernahmeangebot. Das Angebot beträgt 240 schwedische Kronen (SEK) für Aktien der Serie A und 200 schwedische Kronen für Aktien der Serie C. Die Transaktion steht unter dem Vorbehalt der Zustimmung durch die EU-Kommission.
*   Die Fusion von Degussa-Hüls und SKW Trostberg zur neuen Degussa wird mit Eintragung in das Handelsregister am 9. Februar 2001 vollzogen.

Risikomanagementsystem und bestehende Risiken.
Das am 1. Mai 1998 in Kraft getretene Gesetz zur Kontrolle und Transparenz im Unternehmensbereich (KonTraG) verpflichtet Vorstände von Aktiengesellschaften unter anderem zur Einrichtung eines Risikomanagementsystems.

Auch vor In-Kraft-Treten des KonTraG haben VEBA und VIAG konzernweit ein effizientes Risikomanagement betrieben. 1999 haben beide Gesellschaften gemäß KonTraG ihre Risikomanagementsysteme analysiert und dokumentiert und über die identifizierten Risiken im Lagebericht ihrer Geschäftsberichte informiert. Die Abschlussprüfer beider Gesellschaften haben die bestehenden Risikofrüherkennungssysteme geprüft. Diese Prüfung ergab, dass die Systeme ihre Aufgaben erfüllen.

Nach der Fusion von VEBA und VIAG zur E.ON haben wir die vorhandenen Risikomanagementsysteme harmonisiert und weiterentwickelt. Wesentliche Bestandteile unseres in die Aufbau- und Ablauforganisation integrierten Risikomanagementsystems sind der Controlling- und Planungsprozess, konzernweite Richtlinien und Datenverarbeitungssysteme sowie Berichterstattungen an Vorstand und Aufsichtsrat. Die Effizienz und Funktionsfähigkeit unseres Risikomanagementsystems werden regelmäßig durch die Revisionsbereiche unserer Teilkonzerne und der E.ON AG sowie durch unsere Abschlussprüfer überprüft.

036

Lagebericht.

Im August 2000 wurde für alle Konzernunternehmen eine einheitliche Richtlinie zur Risikoberichterstattung verabschiedet. Danach erfolgt eine Aktualisierung regelmäßig in folgenden Schritten:

1. Systematische Identifikation und Dokumentation der Risiken und Sicherungssysteme.
2. Bewertung der Risiken nach potenzieller Schadenshöhe und Eintrittswahrscheinlichkeit sowie Beurteilung der Wirksamkeit der vorhandenen Sicherungssysteme.
3. Analyse der Ergebnisse und strukturierte Darstellung in einer Risikoübersicht.

Wesentliche Risiken für den E.ON-Konzern und somit auch für die E.ON AG betreffen folgende Sachverhalte.

* Operative Risiken: Insbesondere in unserem Energie- und Chemiebereich werden technisch komplexe Produktionsanlagen eingesetzt. Betriebsstörungen oder längere Produktionsausfälle von Anlagen oder Komponenten könnten unsere Ertragslage beeinträchtigen. Wir ergreifen unter anderem folgende wesentliche Maßnahmen, um diesen Risiken zu begegnen:
  · Detaillierte Arbeits- und Verfahrensanweisungen
  · Weiterentwicklung unserer Produktionsverfahren und -technologien
  · Regelmäßige Wartung unserer Anlagen
  · Schulungs- und Weiterbildungsprogramme für unsere Mitarbeiter
  · Abschluss von geeigneten Versicherungen
* Finanzwirtschaftliche Risiken: Aus dem operativen Geschäft ergeben sich für E.ON Zins-, Währungs- und Commoditypreisrisiken. Die Instrumente zur Sicherung dieser finanzwirtschaftlichen Risiken sind im Konzernanhang ausführlich beschrieben. Darüber hinaus ergeben sich potenzielle Kursänderungsrisiken aus Wertpapieren des Umlaufvermögens, die jedoch durch ein geeignetes Fondsmanagement gesteuert werden.

* Externe Risiken: Das Marktumfeld, in dem sich die E.ON-Teilkonzerne bewegen, ist durch fortschreitende Globalisierung und zunehmende Wettbewerbsintensität gekennzeichnet. Vor allem unser Energiebereich ist – angesichts der Liberalisierung auf dem europäischen Strommarkt – Preis- und Absatzrisiken ausgesetzt. Die Synergieeffekte aus dem Zusammenschluss von VEBA und VIAG sowie unsere fortlaufenden Kostenmanagementmaßnahmen stärken unsere Ertragskraft und festigen unsere Wettbewerbsposition. Darüber hinaus steuern wir Marktpreisschwankungen im Stromhandel auch mit dem Einsatz derivativer Finanzinstrumente gegen, die den strengen Anforderungen unserer internen Handelsrichtlinie unterliegen.

Weitere Risiken ergeben sich aus dem politischen, rechtlichen und gesellschaftlichen Umfeld, in das der E.ON-Konzern eingebettet ist. Herausragendes Thema im Jahr 2000 waren für uns die Gespräche mit der Bundesregierung zum Ausstieg aus der Kernenergie. Die Vereinbarung mit der Bundesregierung stellt einen Kompromiss dar, der einen politisch gesicherten Weiterbetrieb der bestehenden Anlagen ermöglicht. Über die dazu notwendige Atomgesetznovelle besteht noch kein Einvernehmen mit der Bundesregierung. Vor dieser Verständigung kann die Vereinbarung dem E.ON-Aufsichtsrat nicht zur Zustimmung vorgelegt werden. Die bisher nur paraphierte Vereinbarung kann deshalb erst dann von den Beteiligten unterzeichnet werden. Weitere wichtige Sachverhalte sind für uns die ökologische Steuerreform, das Erneuerbare-Energien-Gesetz (EEG) sowie die neuen Regelungen zur Förderung von Kraft-Wärme-Kopplungsanlagen. E.ON beteiligt sich intensiv am Meinungsaustausch mit allen relevanten gesellschaftlichen Gruppen. Wir wollen durch unsere Kompetenz die Diskussion um politisch strittige Themen versachlichen und auf die Umfeldbedingungen für unsere Aktivitäten aktiv einwirken.

Ausblick. Die Fusion von VEBA und VIAG zur E.ON bedeutet einen Meilenstein auf dem Weg von Fokussierung und Wachstum. Durch die konsequente Ausrichtung auf die beiden Kerngeschäfte Energie und Spezialchemie und die Zusammenschlüsse von

037

PreussenElektra und Bayernwerk zu E.ON Energie und Degussa-Hüls und SKW Trostberg zur neuen Degussa haben wir eine hervorragende Ausgangsbasis für die notwendigen weiteren Wachstumsschritte geschaffen. Die hierfür erforderlichen finanziellen Mittel werden unter anderem durch den wertoptimierten Verkauf unserer sonstigen Aktivitäten freigesetzt.

Erste Vorhaben zur Umsetzung unserer Wachstumsstrategie im Jahr 2001 sind die Übernahme des zweitgrößten schwedischen Energieversorgers Sydkraft sowie der Kauf des britischen Spezialchemieunternehmens Laporte. Durch diese eingeleiteten Übernahmen werden wir im Strombereich unsere Führungsposition im europäischen Energiemarkt deutlich verstärken und in der Spezialchemie die weltweit führende Position im hoch attraktiven Markt der Feinchemie einnehmen.

E.ON hat für das Geschäftsjahr 2001 Investitionen in Höhe von 6,8 Mrd € vorgesehen. Über 65 Prozent der geplanten Investitionen entfallen auf die Kerngeschäfte Energie und Chemie. Nicht enthalten sind darin die im Rahmen unserer Strategie in diesen Bereichen beabsichtigten mittleren bis größeren Wachstumsschritte durch Akquisitionen wie zum Beispiel der Erwerb von Laporte.

Im Strombereich rechnen wir im Jahr 2001 mit einer weiteren Konsolidierung des Marktes und einer Stabilisierung bzw. Erholung der Preise. Die Synergieeffekte aus der Fusion von PreussenElektra und Bayernwerk, die Kapazitätsanpassungen in unserem Kraftwerkspark und unsere Kostenmanagementmaßnahmen werden unsere Wettbewerbsfähigkeit weiter stärken. Insgesamt erwarten wir, dass das Betriebsergebnis leicht über dem Niveau des Jahres 2000 liegen wird.

Durch die Neustrukturierung und das deutlich gesenkte Kostenniveau ist unser Ölbereich für die Herausforderungen der kommenden Jahre gut gerüstet. Für

das Jahr 2001 gehen wir von einer Normalisierung der Umfeldbedingungen aus. Unserer Einschätzung nach werden Rohölpreis, US-Dollar-Kurs und Verarbeitungsmargen (Mineralöl und Petrochemie) wieder unter das Vorjahresniveau sinken. Allerdings erwarten wir deutlich höhere Tankstellenmargen. Insgesamt planen wir ein Betriebsergebnis auf dem guten Niveau des Vorjahres.

Für das Jahr 2001 gehen wir von einer Fortsetzung der positiven Entwicklung in unserem Chemiebereich aus. Allerdings besteht das Risiko einer Verschlechterung des wirtschaftlichen Umfelds. Positive Impulse erwarten wir zusätzlich von der geplanten Übernahme des britischen Feinchemieherstellers Laporte. Da unsere Kerngeschäfte eine überdurchschnittliche Rendite aufweisen, rechnen wir ausgehend von unserem derzeitigen Portfolio mit einem erneut höheren Betriebsergebnis.

Im Immobilienbereich gehen wir davon aus, dass sich die positive Entwicklung des Vorjahres fortsetzt und das Betriebsergebnis weiter steigen wird.

Im Bereich Telekommunikation rechnen wir für das Jahr 2001 nochmals mit Anlaufverlusten, die jedoch signifikant unter dem Vorjahresniveau liegen werden.

Bei den sonstigen Aktivitäten erwarten wir eine weitere Verbesserung bei Stinnes und ein deutlich höheres Betriebsergebnis bei VAW aluminium. Bei Klöckner & Co rechnen wir mit einem leicht rückläufigen Betriebsergebnis. Für MEMC zeichnet sich – wegen der sich verschlechternden Bedingungen auf dem Markt für Silizium-Wafer – aus derzeitiger Sicht ein Betriebsergebnis in der Größenordnung des Vorjahres ab.

Insgesamt planen wir, im Jahr 2001 das Betriebsergebnis von 2000 erheblich zu übertreffen. Allerdings erwarten wir, dass der Jahresüberschuss vor Ertragsteuern deutlich unter dem Rekordniveau des Jahres 2000 liegen wird. Dies ist darauf zurückzuführen, dass wir im Jahr 2001 – auch im Hinblick auf die ab 2002 geltende Steuererleichterung für Veräußerungsgewinne – keine wesentlichen Gewinne aus Desinvestitionen erwarten.

Abbildung 9: Konzernlagebericht der E.ON AG 2000 (Auszug)[14]

---

[14] E.ON AG, 2000, S. 28 - 37.

2.3.5 Zwischenberichterstattung

Börsennotierte Unternehmen, deren Aktien amtlich gehandelt werden, sind nach § 44 b Börsengesetz (BörsG) verpflichtet, einen Zwischenbericht zu veröffentlichen.

Der Zwischenbericht soll den Interessenten eine **zeitnahe Beurteilung** des Unternehmens ermöglichen. Nach § 53 BörsZulV muss ein Bericht erstellt werden, der die ersten sechs Monate des Geschäftsjahres umfasst. Die Frist zur Erstellung beträgt grundsätzlich zwei Monate. Eine Pflichtprüfung für den Zwischenbericht ist nicht vorgesehen. Die für den Jahresabschluss geltenden Rechtsfolgen sind ohne Bedeutung für den Zwischenbericht. Für den Bilanzanalytiker ist er ein weiteres Instrument zur Beurteilung der wirtschaftlichen Lage, z.B. zum Erkennen von Entwicklungstrends und zum Einschätzen von Kursentwicklungen.

Die verlangten Pflichtangaben ermöglichen allerdings keinen umfassenden Einblick in die Geschäftslage. Nach § 44 b BörsG wird ein den tatsächlichen Verhältnissen entsprechendes Bild der Lage und der Entwicklung der Gesellschaft gefordert. Nach § 54 I BörsZulV sind Angaben zum Umsatz und zum Ergebnis vor oder nach Steuern obligatorisch. Aus den Vorschriften des § 55 BörsZulV sind weiterhin die Aufgliederung der Umsatzerlöse, Auftragslage, Entwicklung der Kosten und Preise, die Zahl der Arbeitnehmer, Investitionen, Vorgänge von besonderer Bedeutung mit Wirkung auf die Geschäftstätigkeit, besondere Umstände, die das Ergebnis der Geschäftstätigkeit beeinflusst haben, und Aussichten des Emittenten für das laufende Geschäftsjahr anzugeben. Die relativ wenigen Vorgaben eröffnen einen größeren **bilanzpolitischen Spielraum** als er für den Jahresabschluss besteht.

Die Erläuterungspflicht dieses Kurzberichts bezieht sich auf die Größen Umsatz und Ergebnis und auf die Vergleichbarkeit der Informationen. Für den Ausweis des Ergebnisses im Zwischenbericht besteht das Problem der Abgrenzung, da dafür Schätzungen und Prognosen abgegeben werden müssen, zum anderen aber auch unterjährige Schwankungen auftreten bzw. Ereignisse eingetreten sind, die für das Gesamtjahr nicht die Bedeutung wie für das Halbjahr besitzen. Zur Lösung dieses Problems werden **drei Ansätze** diskutiert (Abbildung 10).[15]

---

[15] Bridts, 1990, S. 108 ff.

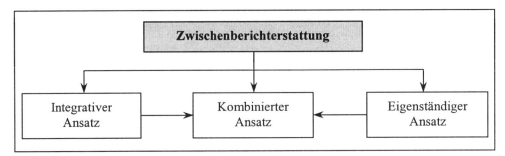

Abbildung 10: Ansätze zur Zwischenberichterstattung

■ **Integrativer Ansatz**

Die Zwischenperiode wird als integrativer Bestandteil der Jahresperiode verstanden. Ziel ist damit eine Verbesserung der Prognose des Jahresergebnisses und der Dividende. Daher haben sich die unterjährig offengelegten Zahlen an den erwarteten jährlichen Zahlen zu orientieren.

■ **Eigenständiger Ansatz**

Die Zwischenperiode ist eine vom Jahresabschluss unabhängige Berichtsperiode. Damit besteht das Ziel in einer Darstellung der Ergebnisse dieser Zwischenperiode. Erheblich schwankende unterjährige Ergebnisse werden in Kauf genommen, um die Entwicklung verlässlich und objektiv darzustellen und sie nicht durch Abgrenzungen willkürlicher Art zu verwässern.

■ **Kombinierter Ansatz**

Es wurde nach einer Lösung gesucht, bei der die Vorteile beider Verfahren übernommen werden können, bei gleichzeitiger Minimierung der Nachteile. Für die Ergebnisermittlung wird deshalb eine Aufteilung in die beschäftigungsabhängigen und die beschäftigungsunabhängigen Aufwendungen vorgeschlagen, wobei nur die variablen Aufwendungen integrativ behandelt werden sollen. Eine tatsächliche Verbesserung bringt dieser Ansatz allerdings nicht.

Der Zwischenbericht nach § 44 b BörsG hat mehr einen **eigenständigen Charakter**, wenn das tatsächliche Ergebnis und die Aktivitäten der Zwischenperiode anzugeben sind. Auf der anderen Seite bleiben immer Abgrenzungsprobleme bestehen, die im Hinblick auf den integrativen Ansatz zu lösen sind.

Gemäß § 56 S. 1 BörsZulV besteht für Emittenten, die einen **Konzernabschluss** veröffentlichen, das Wahlrecht, den Zwischenbericht für das Einzelunternehmen oder für den Konzern zu erstellen. Eine Relativierung erfährt dieses Wahlrecht durch § 56 S. 2 BörsZulV, wonach die Zulassungsstelle wichtige zusätzliche Angaben verlangen kann, wenn diese in der gewählten Form nicht enthalten sind.

Eine generelle vollständige, zweigleisige Publizität für die Einzelgesellschaft und für den Konzern ähnlich wie bei Einzel- und Konzernabschluss ist gesetzlich nicht vorgesehen und scheint auch im Hinblick auf den inhaltlich beschränkten Umfang des Zwischenberichtes nicht immer erforderlich. Auch eine generelle Entscheidung entweder für einen konsolidierten Zwischenbericht oder für einen Zwischenbericht der Einzelgesellschaft erscheint nicht sinnvoll. Vielmehr sollten im Einzelfall die Beteiligungsstruktur des Konzerns und das relative Gewicht der Obergesellschaft im Konzern, die Homogenität bzw. Heterogenität des Konzerns und der zeitliche Entscheidungshorizont des Aktionärs berücksichtigt werden.

In der Mehrzahl der Fälle wird wohl ein konsolidierter Zwischenbericht mit ergänzenden segmentierten Zahlenangaben und Erläuterungen zu wichtigen Entwicklungen des Emittenten die größte Aussagekraft haben. Die konsolidierte Zwischenberichterstattung wird wohl auch häufig aufgrund der Tendenz zur Konzernrechnungslegung gewählt werden.

Welche Informationen ein Zwischenbericht tatsächlich vermitteln kann, soll der Zwischenbericht des DaimlerChrysler-Konzerns Q 2 aus dem Jahre 2001 verdeutlichen (vgl. Abbildung 11).

Inhalt

DaimlerChrysler Werte in Millionen	Q2 01 US $[1]	Q2 01 €	Q2 00 €	Veränd. in %
Umsatz	35.128	41.454	43.738	-5[2]
Europäische Union	9.520	11.235	13.738	-18
Deutschland	5.061	5.972	6.663	-10
USA	19.599	23.128	22.586	+2
Übrige Märkte	6.009	7.091	7.414	-4
Beschäftigte (30.06.)		382.558	474.849	-19
Sachinvestitionen	2.135	2.520	2.866	-12
Cash Flow aus der Geschäftstätigkeit	6.224	7.345	4.787	+53
Operating Profit	791	934	2.626	-64
Operating Profit – bereinigt[2])	614	725	2.626	-72
Konzernergebnis	619	731	1.748	-58
Je Aktie (in US $/€)	0,62	0,73	1,74	-58
Konzernergebnis – bereinigt[3])	453	535	1.748	-69
Je Aktie – bereinigt[3]) (in US $/€)	0,45	0,53	1,74	-70

[1]) Umrechnung: 1 € ≈ US $ 0,8474 (unter Berücksichtigung der Noon Buying Rate vom 29.06.2001).
[2]) Bereinigt um Veränderungen im Konsolidierungskreis Anstieg um 3%.
[3]) Bereinigt um Einmaleffekte.

Umsatz[1]) in Milliarden € **Operating Profit[2])** in Milliarden € **Konzernergebnis[2])** in Milliarden € **Ergebnis je Aktie[2])** in €

☐ 2000
☐ 2001

[1]) Bereinigt um Konsolidierungskreisveränderungen
[2]) Bereinigt um Einmaleffekte

DaimlerChrysler Werte in Millionen	Q1-2 01 US $[1]	Q1-2 01 €	Q1-2 00 €	Veränd. in %
Umsatz	65.232	76.979	84.701	-9[2]
Europäische Union	19.201	22.659	25.814	-12
Deutschland	9.528	11.244	12.318	-9
USA	34.657	40.898	44.985	-9
Übrige Märkte	11.374	13.422	13.902	-3
Beschäftigte (30.06.)		382.558	474.849	-19
Sachinvestitionen	4.262	5.030	5.173	-3
Cash Flow aus der Geschäftstätigkeit	9.230	10.892	11.042	-1
Operating Profit	(2.386)	(2.816)	5.078	.
Operating Profit – bereinigt[2])	97	115	5.078	-98
Konzernergebnis	(1.378)	(1.626)	3.453	.
Je Aktie (in US $/€)	(1,37)	(1,62)	3,44	.
Konzernergebnis – bereinigt[3])	137	162	3.441	-95
Je Aktie – bereinigt[3]) (in US $/€)	0,14	0,16	3,43	-95

[1]) Umrechnung: 1 € ≈ US $ 0,8474 (unter Berücksichtigung der Noon Buying Rate vom 29.06.2001).
[2]) Bereinigt um Veränderungen im Konsolidierungskreis Rückgang um 3%.
[3]) Bereinigt um Einmaleffekte.

Überblick

Ergebnisverbesserung im Plan

- Ergebnisentwicklung im zweiten Quartal bestätigt die für das Jahr 2001 im Februar auf der Bilanzpressekonferenz angekündigten Größenordnungen
- Umsatz von € 41,5 Mrd. (-5%), vergleichbar gerechnet +3%; Umsatzwachstum bei Mercedes-Benz Personenwagen & smart, Rückgang bei Nutzfahrzeugen und Dienstleistungen
- Operatives Ergebnis mit € 0,9 (i. V. € 2,6) Mrd. nach Verlust von € 3,8 Mrd. im ersten Quartal; Einmalertrag von € 0,2 Mrd. durch Veräußerung der TEMIC-Anteile
- Operating Profit bereinigt um Einmaleffekte von € 0,7 (i. V. € 2,6) Mrd.; nach Verlust im ersten Quartal auch im Halbjahr positives Ergebnis
- Konzernergebnis bereinigt um Einmaleffekte bei € 0,5 (i. V. € 1,7) Mrd.; je Aktie € 0,53 (i. V. € 1,74)
- Anhaltend positive Geschäftsentwicklung bei Mercedes-Benz Personenwagen & smart
- Operativer Verlust (ohne Einmaleffekte) von € 0,1 Mrd. bei der Chrysler Group durch Turnaround-Plan gegenüber erstem Quartal (€ 1,4 Mrd.) deutlich verringert; Maßnahmen planmäßig umgesetzt
- Entwicklung bei den Nutzfahrzeugen durch den Markteinbruch in Nordamerika erheblich belastet

POSITIVES ERGEBNIS IM ZWEITEN QUARTAL

- Nach einem Verlust im ersten Quartal von € 3,8 Mrd. war das operative Ergebnis von DaimlerChrysler im zweiten Quartal 2001 mit € 0,9 (i. V. € 2,6) Mrd. wieder positiv. Dies ist vor allem darauf zurückzuführen, dass die Chrysler Group aufgrund der mit dem Turnaround-Plan eingeleiteten Kostensenkungen den Verlust erheblich reduziert hat.

- Bereinigt um Einmaleffekte aus dem Verkauf der TEMIC-Anteile von € 0,2 Mrd. erreichte der Operating Profit € 0,7 (i. V. € 2,6) Mrd.; nach dem Verlust im ersten Quartal konnte damit auch im Halbjahr insgesamt ein positives Ergebnis erzielt werden.

- Das Geschäftsfeld Mercedes-Benz Personenwagen & smart setzte seine erfolgreiche Entwicklung fort und steigerte den um Einmaleffekte bereinigten Operating Profit im Vergleich zum Vorjahr um 10% auf € 0,8 Mrd.

- Als Folge der Kostensenkungen durch den Turnaround-Plan und des im Vergleich zum ersten Quartal wieder gestiegenen Absatzes hat sich das um Einmaleffekte bereinigte operative Ergebnis der Chrysler Group mit einem Verlust von € 0,1 Mrd. gegenüber dem ersten Quartal 2001 deutlich verbessert.

- Das Geschäftsfeld Nutzfahrzeuge erzielte im zweiten Quartal einen um Einmaleffekte bereinigten Operating Profit von € 0,1 Mrd.; das Ergebnis lag jedoch deutlich unter dem Vorjahresniveau (€ 0,4 Mrd.). Der Markteinbruch im Schwer-Lkw-Geschäft in Nordamerika hat die Ergebnisentwicklung bei den Nutzfahrzeugen erheblich belastet.

- Aufgrund der sinkenden Gebrauchtwagenpreise im NAFTA-Raum bei Pkw und Nutzfahrzeugen erreichte der Operating Profit des Geschäftsfelds Dienstleistungen mit € 0,1 (i. V. € 0,2) Mrd. nicht das Vorjahresniveau.

- Der Geschäftsbereich MTU Aero Engines sowie unsere Beteiligungen EADS und TEMIC, die wir at equity einbeziehen, leisteten jeweils einen positiven Beitrag zum Operating Profit von DaimlerChrysler, während der Beitrag von Mitsubishi Motors im zweiten Quartal erwartungsgemäß negativ war.

UMSATZ- UND ABSATZRÜCKGANG VOR ALLEM IN NORDAMERIKA

- DaimlerChrysler hat im zweiten Quartal weltweit 1,3 (i. V. 1,3) Mio. Fahrzeuge abgesetzt. Einem Absatzanstieg von 6% bei Mercedes-Benz Personenwagen & smart stand aufgrund des schwächeren US-Marktes ein Rückgang der Fahrzeugauslieferungen bei der Chrysler Group an die Händler um 4% gegenüber. Auch bei den Nutzfahrzeugen ging der Absatz um 12% zurück. Maßgeblich dafür war vor allem der dramatische Marktrückgang bei den schweren Lkw in den USA.

Der Konzernumsatz verringerte sich erwartungsgemäß um 5% auf € 41,5 Mrd. Neben dem gesunkenen Fahrzeugabsatz ist dies auch darauf zurückzuführen, dass in den Vorjahreszahlen noch Dasa, debis Systemhaus und TEMIC (Automobil-Elektronik) enthalten waren. Auch Adtranz wurde ab Mai 2001 nicht mehr im Umsatz des Konzerns berücksichtigt. Bereinigt um die Veränderungen im Konsolidierungskreis lag der Umsatz 3% über dem Vorjahresniveau.

Das Konzernergebnis erreichte € 0,7 Mrd. Auch bereinigt um Einmaleffekte wurde nach dem Verlust im ersten Quartal (€ 0,4 Mrd.) mit € 0,5 Mrd. wieder ein positives Konzernergebnis erzielt. Gegenüber dem Vorjahresquartal waren jedoch jeweils deutliche Rückgänge zu verzeichnen. Das Ergebnis je Aktie liegt mit € 0,73 bzw. € 0,53 bereinigt um Einmaleffekte jeweils unter den Vergleichswerten aus dem Vorjahr.

Für das erste Halbjahr ergab sich somit ein Konzernergebnis von - € 1,6 (i. V. € 3,5) Mrd. bzw. - € 1,62 (i. V. € 3,44) je Aktie; bereinigt um Einmaleffekte betrug das Konzernergebnis € 0,2 (i. V. € 3,4) Mrd. bzw. € 0,16 (i. V. € 3,43) je Aktie.

KONZENTRATION AUF DAS AUTOMOBILGESCHÄFT

Am 2. April haben wir zunächst den Verkauf von vorerst 60% der TEMIC an Continental vereinbart. Die Zustimmung der Kartellbehörden erfolgte am 11. Juni. Continental hat entsprechend die unternehmerische Führung bei TEMIC übernommen. Die verbleibenden 40% können wir ab dem Jahr 2002 bis zum Jahr 2005 zum vereinbarten Preis an Continental verkaufen. Die TEMIC ist daher zum 1. April aus dem Konsolidierungskreis ausgeschieden und wird nun, entsprechend unserem Anteil von 40%, at equity einbezogen. Mit dem Verkauf haben wir die TEMIC in eine starke Automobil-Zuliefergruppe mit einem breiten Produktportfolio eingebunden und ihr dadurch neue Wachstumsspielräume eröffnet.

Am 3. April haben die europäischen Kartellbehörden den Verkauf des Geschäftsbereichs Bahnsysteme, der Adtranz, an den Luft- und Bahntechnik-Konzern Bombardier genehmigt. Die Adtranz ist daher zum 1. Mai 2001 aus dem DaimlerChrysler-Konzern ausgeschieden.

STRATEGISCHE WEICHENSTELLUNGEN IN ASIEN

Am 11. April haben wir mit AB Volvo vereinbart, deren 3,3%-Anteil an Mitsubishi Motors einschließlich aller Rechte aus der bisherigen Zusammenarbeit von Mitsubishi Motors und Volvo im Nutzfahrzeugbereich zu erwerben. Mit dieser Vereinbarung schaffen wir die Voraussetzungen für den Aufbau einer starken Wettbewerbsposition im Nutzfahrzeuggeschäft in Asien. Die Transaktion wurde im Juni 2001 abgeschlossen.

Unsere Zusammenarbeit mit Mitsubishi Fuso, dem Nutzfahrzeug-Bereich von Mitsubishi Motors, haben wir bereits aufgenommen und erste konkrete Projekte definiert. So wird DaimlerChrysler ab Dezember 2001 den Vertrieb des leichten Fuso-Lkw Canter in einzelnen europäischen Märkten übernehmen.

Mit der Hyundai Motor Company (HMC) in Südkorea haben wir im Juni die Gründung eines Joint Ventures zur Produktion von mittelschweren Nutzfahrzeugmotoren vereinbart. Das Gemeinschaftsunternehmen wurde bereits im Juli gegründet. Das Unternehmen soll Mercedes-Benz-Dieselmotoren der Baureihe 900 produzieren.

382.558 BESCHÄFTIGTE WELTWEIT

Zum Ende des zweiten Quartals waren bei DaimlerChrysler weltweit 382.558 (i. V. 474.849) Mitarbeiterinnen und Mitarbeiter beschäftigt. Der Rückgang resultiert vor allem daraus, dass Dasa (ohne MTU Aero Engines), debis Systemhaus, TEMIC und Adtranz in Allianzen eingebracht oder veräußert wurden und daher in den Personalzahlen des DaimlerChrysler-Konzerns nicht mehr enthalten sind. In den operativen Bereichen haben wir im Rahmen der Maßnahmen zur Ergebnisverbesserung vor allem bei der Chrysler Group und bei Freightliner die Beschäftigtenzahl verringert. Durch die Einbeziehung von Detroit Diesel und Western Star in den Konzernabschluss erhöhte sich die Beschäftigtenzahl um rund 9.000.

Bereinigt um Konsolidierungskreisveränderungen hat sich die Zahl der Mitarbeiterinnen und Mitarbeiter um 3% verringert.

AUSBLICK

Wie bereits auf der Bilanzpressekonferenz am 26. Februar angekündigt, wird das operative Ergebnis des dritten Quartals 2001 aufgrund der im Automobilgeschäft typischen saisonalen Schwankungen voraussichtlich unter dem Ergebnis des zweiten Quartals liegen. Für das Gesamtjahr 2001 gehen wir unverändert davon aus, unsere veröffentlichten Ergebnisziele zu erreichen.

※ DaimlerChrysler erwartet aus heutiger Sicht für das Gesamtjahr 2001 einen Umsatz von mehr als € 145 Mrd. Vor allem aufgrund der Veränderungen im Konsolidierungskreis (Dasa, debis Systemhaus, TEMIC, Adtranz) liegt der erwartete Umsatz unter dem Wert des Vorjahres.

※ Das Geschäftsfeld Mercedes-Benz Personenwagen & smart erwartet aufgrund seines außerordentlich attraktiven Produktprogramms, das im Herbst mit dem neuen SL und der modellgepflegten M-Klasse weiter aufgewertet wird, die hohen Vorjahreswerte bei Absatz, Umsatz und Ergebnis nochmals übertreffen zu können.

※ Bei der Chrysler Group wird die schwächere Automobilnachfrage in den USA zu einem Rückgang beim Absatz führen. Bis Ende Juni 2001 hat die Chrysler Group die Meilensteine des Turnaround-Plans erreicht und ist zuversichtlich, auch die Ziele für das Gesamtjahr zu erfüllen.

※ Das Geschäftsfeld Nutzfahrzeuge wird aufgrund des Markteinbruchs für schwere Lkw in Nordamerika beim Absatz und beim Umsatz das Niveau des Vorjahres nicht erreichen können. Der Operating Profit wird sich deshalb spürbar verringern. Zudem ergeben sich Belastungen aus dem Marktrückgang in Argentinien und der Türkei sowie aus dem sich abzeichnenden Nachfragerückgang in Westeuropa.

Bei Freightliner werden die laufenden Maßnahmen zur Ergebnisverbesserung weiter forciert. Die Details eines weiter reichenden Restrukturierungsprogramms werden wir im Herbst 2001 präsentieren.

※ Bereinigt um Konsolidierungskreisveränderungen erwarten wir bei den Dienstleistungen einen Umsatz auf dem Niveau des Vorjahres. In einem schwierigen Marktumfeld werden die Margen aber weiterhin unter Druck bleiben. Der um Einmaleffekte bereinigte Operating Profit wird daher aus heutiger Sicht unter dem Wert des Vorjahres liegen.

※ Mitsubishi Motors erwartet infolge der eingeleiteten Restrukturierungsmaßnahmen den Breakeven bereits für das laufende Geschäftsjahr, das am 31. März 2002 endet. Die EADS geht von einer weiterhin günstigen Geschäftsentwicklung aus. Umsatz, Auftragseingang und Ergebnis sollten daher weiter ansteigen.

※ Auf Basis der erwarteten Entwicklung auf den internationalen Automobilmärkten sowie der derzeitigen Wechselkurse gehen wir davon aus, dass sich der um Einmaleffekte bereinigte Operating Profit von DaimlerChrysler im Jahr 2001 in der angekündigten Bandbreite von € 1,2 bis € 1,7 Mrd. bewegen wird. Ein im Vergleich zu unserer ursprünglichen Planung schwächerer Kurs des Euro gegenüber dem US-Dollar und ein niedrigeres Ergebnis bei den Nutzfahrzeugen kann aus heutiger Sicht durch einen geringeren Verlust als zunächst erwartet bei der Chrysler Group und ein besseres operatives Ergebnis bei den Dienstleistungen ausgeglichen werden.

Börsenkursentwicklung (indiziert)

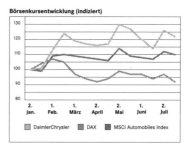

| | 2. Jan. | 1. Feb. | 1. März | 2. April | 2. Mai | 1. Juni | 2. Juli |

■ DaimlerChrysler   ■ DAX   ■ MSCI Automobiles Index

Analyse der finanzwirtschaftlichen Situation

- Um Einmaleffekte bereinigter Operating Profit im ersten Halbjahr leicht positiv
- Operating Profit-Entwicklung im zweiten Quartal weiterhin durch harten Wettbewerb und Absatzrückgang im Nordamerikageschäft geprägt

Operating Profit (Loss) nach Segmenten in Millionen	Q2 01 US $	Q2 01 €	Q2 00 €	Q1-2 01 US $	Q1-2 01 €	Q1-2 00 €
Mercedes-Benz Personenwagen & smart	695	820	753	1.263	1.490	1.344
Chrysler Group	(154)	(182)	1.163	(3.930)	(4.638)	2.516
Nutzfahrzeuge	81	96	406	(36)	(42)	664
Dienstleistungen	86	101	220	459	542	415
Übrige	191	227	156	(77)	(91)	188
Eliminierungen	(108)	(128)	(72)	(65)	(77)	(49)
DaimlerChrysler-Konzern	791	934	2.626	(2.386)	(2.816)	5.078
Bereinigt um Einmaleffekte	614	725	2.626	97	115	5.078

OPERATIVES ERGEBNIS IM ZWEITEN QUARTAL WIEDER POSITIV, ERGEBNISENTWICKLUNG WEITERHIN DURCH WETTBEWERB IN NORDAMERIKA BEEINTRÄCHTIGT

- Im zweiten Quartal 2001 erzielte DaimlerChrysler einen Operating Profit von € 0,9 Mrd. Hierin enthalten ist ein einmaliger Ertrag aus der Veräußerung von 60% der Anteile an TEMIC in Höhe von € 0,2 Mrd.

- Bereinigt um diesen Sondereffekt ging der Operating Profit im Vergleich zum Vorjahr um € 1,9 Mrd. zurück. Dieser Rückgang war insbesondere auf das angespannte Wettbewerbsumfeld in Nordamerika zurückzuführen. Hiervon waren überwiegend die Geschäftsfelder Chrysler Group, Nutzfahrzeuge und Dienstleistungen betroffen.

- Für das erste Halbjahr 2001 verzeichnete DaimlerChrysler einen Operating Loss von € 2,8 Mrd., der in hohem Maße von Einmaleffekten geprägt war. Bereinigt um die einmaligen Aufwendungen bei Chrysler Group und Mitsubishi Motors sowie die Einmalerträge aus den Veräußerungen der debitel- und TEMIC-Anteile, ist das Ergebnis des ersten Halbjahres leicht positiv.

ERNEUTER ZUWACHS IM OPERATING PROFIT VON MERCEDES-BENZ PERSONENWAGEN & SMART

- Der erneute Ergebniszuwachs im Geschäftsfeld Mercedes-Benz Personenwagen & smart war im Wesentlichen getragen von der positiven Absatz- und Umsatzentwicklung der C-Klasse mit ihren neu im Markt eingeführten Modellen Limousine, T-Modell und Sport-Coupé.

- Bei smart resultierte die Ergebnisverbesserung insbesondere aus der weiterhin erfreulichen Marktentwicklung sowie der erweiterten Produktpalette.

GESCHÄFTSVERLAUF DER CHRYSLER GROUP WEITERHIN DURCH HARTEN WETTBEWERB GEPRÄGT

- Im zweiten Quartal 2001 verzeichnete die Chrysler Group einen Operating Loss in Höhe von € 0,2 Mrd. (i. V. Operating Profit € 1,2 Mrd.). Der Verlust des ersten Quartals konnte somit wesentlich verringert werden. Ausschlaggebend für den Rückgang des Operating Profit im zweiten Quartal gegenüber dem Vorjahr waren rückläufige Absatzzahlen, modellspezifische Preisnachlässe (Incentives) sowie höhere produktbezogene Kosten. Die niedrigeren Absatzzahlen sind insbesondere auf einen schwächeren US-Automobilmarkt und rückläufige Marktanteile zurückzuführen. Höhere modellspezifische Incentives waren aufgrund des harten Wettbewerbs erforderlich. Dies betraf insbesondere die für Chrysler Group traditionell besonders profitablen Segmente der Sport Utility Vehicles und Pick-up-Fahrzeuge.

Überleitung zum Operating Profit (Loss) in Millionen	Q2 01 US $	Q2 01 €	Q2 00 €	Q1-2 01 US $	Q1-2 01 €	Q1-2 00 €
Ergebnis vor Finanzergebnis	1.019	1.203	2.760	(2.044)	(2.412)	5.265
+ Altersversorgungsaufwand außer Dienstzeitaufwand	(130)	(154)	(64)	(185)	(218)	(92)
+ Operatives Beteiligungsergebnis	(58)	(69)	17	(326)	(385)	33
+ Gewinn aus Veräußerung debitel Anteile	-	-	-	247	292	-
+ Übriges nicht operatives Ergebnis	(40)	(46)	(87)	(78)	(93)	(128)
Operating Profit (Loss)	791	934	2.626	(2.386)	(2.816)	5.078

OPERATING PROFIT BEI NUTZFAHRZEUGEN DEUTLICH UNTER VORJAHRESNIVEAU

- Im Segment Nutzfahrzeuge verminderte sich der Operating Profit um € 0,3 Mrd. auf € 0,1 Mrd. Der deutliche Ergebnisrückgang gegenüber dem sehr hohen Niveau des Vorjahres ist auf den dramatischen Rückgang des nordamerikanischen Nutzfahrzeugmarktes, insbesondere im schweren Segment (Class 8), zurückzuführen. Der Geschäftsbereich Freightliner, Sterling und Thomas Built Busses – Marktführer im schweren Segment – musste insgesamt einen Absatzeinbruch von 35% hinnehmen. Belastend wirkte zudem der Preisverfall bei Neu- und Gebrauchtfahrzeugen in der NAFTA-Region.

- Der Geschäftsbereich MTU/Dieselantriebe – vorher im Segment Übrige enthalten – wurde mit Beginn des Geschäftsjahres in den neuen Geschäftsbereich Powersytems innerhalb des Geschäftsfelds Nutzfahrzeuge eingebracht. Um die Vergleichbarkeit der Ergebnisse herzustellen, wurden die Vorjahreswerte entsprechend angepasst.

OPERATING PROFIT BEI DIENSTLEISTUNGEN UNTER VORJAHRESNIVEAU

- Der Operating Profit des Geschäftsfelds Dienstleistungen liegt im zweiten Quartal mit € 0,1 Mrd. (i. V. € 0,2 Mrd.) unter dem Vorjahreswert. Die Geschäftsentwicklung von Financial Services war durch den Konjunkturverlauf in Nordamerika, insbesondere bei Nutzfahrzeugen und durch den dort bestehenden Rückgang der Gebrauchtwagenpreise für Pkw und Nutzfahrzeuge stark beeinflusst. Ergebnisverbessernd wirkten die eingeleiteten Maßnahmen zur Steigerung der Effizienz der internen Prozesse. Der Vorjahreswert des Geschäftsfelds Dienstleistungen enthielt darüber hinaus das vollständige Ergebnis von IT Services, das in 2001 nur anteilig, unter Anwendung der at-equity Methode, einbezogen wurde.

OPERATING PROFIT-ENTWICKLUNG IM SEGMENT ÜBRIGE

- Mit Beginn des neuen Geschäftsjahres wurde das bisherige Geschäftsfeld Luft- und Raumfahrt, das zuletzt aus der at-equity bilanzierten EADS und dem vollkonsolidierten Geschäftsbereich MTU Aero Engines bestand, dem Segment Übrige zugeordnet. Die Vorjahreszahlen wurden entsprechend angepasst.

- Der Operating Profit des Segments Übrige in Höhe von € 0,2 Mrd. enthält den Einmalertrag aus der Veräußerung von 60% der Anteile an TEMIC. Für den inzwischen an Bombardier veräußerten Geschäftsbereich Bahnsysteme ist aufgrund der laufenden Abschlussaktivitäten noch kein Veräußerungsergebnis berücksichtigt worden. Die im ersten Quartal 2001 bei DCXNET angefallenen Aufwendungen für E-Business Aktivitäten in Höhe von - € 0,1 Mrd. sind im zweiten Quartal den Geschäftsfeldern zugeordnet worden.

- Bereinigt um den Einmalertrag aus der Veräußerung der TEMIC-Anteile war das operative Ergebnis des Segments im zweiten Quartal ausgeglichen. Hierin war das negative operative Ergebnis von Mitsubishi Motors anteilig enthalten. Der Operating Profit-Beitrag der EADS war im zweiten Quartal positiv, lag jedoch wie geplant unter dem im Vorjahr erwirtschafteten Ergebnis der – inzwischen in die EADS eingebrachten – Luft- und Raumfahrtaktivitäten des ehemaligen Dasa-Konzerns.

Operating Profit bereinigt um Einmaleffekte in Millionen	Q2 01 US $	Q2 01 €	Q2 00 €		Q1-2 01 US $	Q1-2 01 €	Q1-2 00 €
Industriegeschäft	527	622	2.451		(111)	(131)	4.734
Financial Services	87	103	175		208	246	344
DaimlerChrysler-Konzern	614	725	2.626		97	115	5.078

POSITIVES KONZERNERGEBNIS IM ZWEITEN QUARTAL, LEICHT RÜCKLÄUFIGES FINANZERGEBNIS

» Das Finanzergebnis belief sich im zweiten Quartal auf - € 1 Mio. gegenüber € 59 Mio. im Vorjahr. Der Rückgang resultierte hauptsächlich aus dem geringeren Zinsergebnis, welches durch die gestiegene Verschuldung im Industriegeschäft belastet war. Darüber hinaus hat sich der anteilig einzubeziehende Verlust der Beteiligung an Mitsubishi Motors ausgewirkt. Die im Finanzergebnis ausgewiesenen operativen Ergebnisse von Beteiligungen wurden dem Operating Profit zugeordnet.

» Das Ergebnis vor Ertragsteuern betrug im zweiten Quartal € 1,2 Mrd. gegenüber € 2,8 Mrd. im Vorjahr. Bereinigt um den Einmalertrag aus dem Verkauf von 60% der TEMIC-Anteile in Höhe von € 0,2 Mrd. ergab sich im zweiten Quartal ein Ergebnis vor Steuern von € 1,0 Mrd. Für das erste Halbjahr wird ein Ergebnis vor Ertragsteuern von - € 2,6 Mrd. ausgewiesen. Bereinigt um Einmaleffekte schloss das erste Halbjahr mit einem leicht positiven Ergebnis ab.

» Das Konzernergebnis und das Ergebnis je Aktie betrugen im zweiten Quartal € 0,7 Mrd. bzw. € 0,73 (i. V. € 1,7 Mrd. bzw. € 1,74 je Aktie); bereinigt um den TEMIC-Einmaleffekt beliefen sich Konzernergebnis und Ergebnis je Aktie auf € 0,5 Mrd. bzw. € 0,53. Bezogen auf die ersten sechs Monate lagen das Konzernergebnis und das Ergebnis je Aktie bei - € 1,6 Mrd. bzw. - € 1,62, während das um Einmaleffekte bereinigte Konzernergebnis € 0,2 Mrd. und das Ergebnis je Aktie € 0,16 ausmachten.

BILANZ DURCH WÄHRUNGS- UND ERGEBNISENTWICKLUNG GEPRÄGT

» Der Anstieg der Konzernbilanzsumme um € 17,9 Mrd. auf € 217,2 Mrd. war insbesondere auf die im Vergleich zum 31.12.2000 höhere Bewertung des US-Dollar zurückzuführen. Darüber hinaus wirkte das weiter wachsende Leasing- und Absatzfinanzierungsgeschäft erhöhend.

» Das Konzerneigenkapital verminderte sich insbesondere aufgrund des negativen Konzernergebnisses im ersten Halbjahr von € 42,4 Mrd. auf € 39,5 Mrd., entsprechend war die Eigenkapitalquote um 1,9%-Punkte auf 18,2% rückläufig. Für das Industriegeschäft belief sich die Eigenkapitalquote auf 25,8% (i. V. 31,2%). Ausschlaggebend für den Rückgang war neben dem negativen Ergebnis eine bei Financial Services durchgeführte Kapitalerhöhung, die das Eigenkapital des Industriegeschäfts entsprechend minderte.

KAPITALFLUSSRECHNUNG VON FINANZDIENSTLEISTUNGSGESCHÄFT GEPRÄGT

» Der Cash Flow aus der Geschäftstätigkeit blieb mit € 10,9 Mrd. (1. Halbjahr 2000: € 11,0 Mrd.) trotz einer stärkeren Verringerung des Working Capitals nahezu unverändert, da sich das finanzwirtschaftliche Ergebnis in gleicher Größenordnung verringerte.

» Der starke Rückgang des Cash Flow aus der Investitionstätigkeit auf € 10,6 Mrd. (1. Halbjahr 2000: € 24,2 Mrd.) ist hauptsächlich auf die geringeren Nettozuwächse bei Forderungen aus Finanzdienstleistungen und im Vermietvermögen infolge der beabsichtigten niedrigeren Wachstumsraten zurückzuführen.

» Aufgrund des geringeren Wachstums im Leasing- und Absatzfinanzierungsgeschäft ging der Cash Flow aus der Finanzierungstätigkeit ebenfalls von € 9,1 Mrd. auf € 1,2 Mrd. zurück.

» Der Bestand an Zahlungsmitteln mit einer Ursprungslaufzeit bis zu drei Monaten nahm im 1. Halbjahr von € 7,1 Mrd. auf € 9,0 Mrd. zu. Die gesamte Liquidität, zu der auch die längerlaufenden Geldanlagen und Wertpapiere zählen, stieg aufgrund der Umschichtung zwischen Wertpapieren und Zahlungsmitteln nur geringfügig von € 12,5 Mrd. auf € 12,8 Mrd.

AKTIENOPTIONEN UND RÜCKKAUF EIGENER AKTIEN

※ Auf Basis einer entsprechenden Ermächtigung der Hauptversammlung im April 2000 wurde ein Aktienoptionsplan aufgelegt, in dessen Rahmen im ersten Halbjahr 2001 18,7 Mio. Bezugsrechte auf DaimlerChrysler-Aktien mit einer Laufzeit von zehn Jahren an Mitglieder des Vorstandes und leitende Führungskräfte gewährt wurden. Der Ausübungspreis der Optionen liegt bei € 55,80 zuzüglich eines Aufschlags von 20%. Die Bezugsrechte sind frühestens je zur Hälfte nach zwei bzw. drei Jahren ausübbar. Im Mai 2000 hat eine Gruppe von Aktionären eine Anfechtungsklage gegen die Zustimmung der Hauptversammlung zum Aktienoptionsplan erhoben. Das Landgericht Stuttgart hat die Klage in erster Instanz und das Oberlandesgericht Stuttgart in zweiter Instanz abgewiesen. Gegen diese Urteile können die Aktionäre bis zum 25.07.2001 Revision beim Bundesgerichtshof einlegen.

※ Zum Halbjahresende befanden sich im Bestand von DaimlerChrysler 179.864 eigene Aktien (€ 0,5 Mio. oder 0,02% des Grundkapitals), die im Juni 2001 zu einem durchschnittlichen Kurs von € 51,62 erworben wurden. Diese sollen zur Bedienung der im Rahmen des Belegschaftsaktienprogramms gezeichneten Aktien verwendet werden.

Im Juli 2001

DaimlerChrysler AG

Der Vorstand

Entwicklung an das Management ausgegebenen Aktienoptionen in Millionen	Aktienoptionen 2001	Aktienoptionen 2000
Bestand am 01.01.	15,3	0,1
Gewährt	18,7	15,2
Ausgeübt	-	-
Verfallen	(0,2)	-
Bestand am 30.06.	33,8	15,3

Diese Unterlagen enthalten unter anderem gewisse vorausschauende Aussagen und Informationen über zukünftige Entwicklungen, die auf Überzeugungen des Managements der DaimlerChrysler AG sowie auf Annahmen und Informationen beruhen, die der DaimlerChrysler AG gegenwärtig zur Verfügung stehen. Sofern in diesen Unterlagen die Begriffe „erwarten", „einschätzen", „annehmen", „beabsichtigen", „planen", und „projizieren" oder ähnliche Ausdrücke benutzt werden, sollen sie vorausschauende Aussagen kennzeichnen, die insoweit gewissen Unsicherheitsfaktoren unterworfen sind. Viele Faktoren können dazu beitragen, dass die tatsächlichen Ergebnisse des DaimlerChrysler-Konzerns sich wesentlich von den Zukunftsprognosen unterscheiden, da sich die Prämissen verändern können, die diesen Prognosen zugrunde liegen. Dazu gehören z.B. Veränderungen der allgemeinen Wirtschaftsbedingungen, insbesondere einer möglichen wirtschaftlichen Rezession in Europa oder Nordamerika; Veränderungen der Wechselkurse und Zinssätze; die Produkteinführung von Wettbewerbern; eine mangelnde Kundenakzeptanz neuer Produkte oder Dienstleistungen, einschließlich eines wachsenden Wettbewerbsdrucks, u.a. durch Rabatte; Änderungen bei der geplanten Restrukturierung der Chrysler Group, Freightliner sowie Mitsubishi Motors hinsichtlich der vorgesehenen Zeit und der vorgesehenen Ergebnisse, insbesondere bezüglich geplanter Ertragssteigerungen und Kostenreduzierungen; sowie ein Rückgang der Wiederverkaufspreise von Gebrauchtfahrzeugen. Sollte einer dieser Unsicherheitsfaktoren oder andere Unwägbarkeiten eintreten oder sich die den Prognosen zugrundeliegenden Annahmen als unrichtig herausstellen, könnten die Ergebnisse wesentlich von den abgegebenen Prognosen abweichen. Die DaimlerChrysler AG beabsichtigt nicht, solche vorausschauenden Aussagen und Informationen laufend zu aktualisieren und geht auch nicht von einer diesbezüglichen Verpflichtung aus.

ZWISCHENBERICHT Q2 2001 **15**

Abbildung 11: Konzern-Zwischenbericht DaimlerChrysler Q 2 2001 (Auszug)[16]

---

[16] DaimlerChrysler, 2001, S. 2 - 5 und S. 12 - 15.

2.3.6 Ad Hoc-Mitteilungen

In Deutschland wird die Ad Hoc-Publizität durch das Wertpapierhandelsgesetz geregelt. Nach § 15 I WpHG unterliegt der Emittent von Wertpapieren, die zum amtlichen Handel, zum geregelten Markt und zum neuen Markt zugelassen sind, der Verpflichtung, kursrelevante Informationen unverzüglich zu veröffentlichen. Dabei hängt es von unterschiedlichen Kriterien ab, ob eine Nachricht Ad Hoc-pflichtig wird:[17]

– „neue Tatsache",

– „zur erheblichen Kursbeeinflussung geeignet",

– „nicht öffentlich bekannt",

– „Emittentenbezug".

Ad Hoc-Mitteilung
Leverkusen: Bayer setzt mit sofortiger Wirkung weltweit mit Ausnahme von Japan die Vermarktung sämtlicher Dosierungen des Cholesterinsenkers Baycol / Lipobay (Wirkstoff Cerivastatin) aus und wird die im Markt befindliche Ware zurücknehmen.
Grund für diese freiwillige Maßnahme sind vermehrte Nebenwirkungsmeldungen über Muskelschwäche (Rhabdomyelose) insbesondere bei Patienten, die trotz einer Kontraindikation und Warnhinweisen gleichzeitig den Wirkstoff Gemfibrozil erhielten.
Japan ist hiervon nicht betroffen, weil Gemfibrozil dort nicht im Handel ist.
Bayer wird vor einer eventuellen Neuaufnahme der Vermarktung von Dosierungen von Baycol / Lipobay mit den zuständigen Behörden das weitere Vorgehen klären.
Aufgrund der sich aus dem Vermarktungsstopp von Baycol / Lipobay ergebenden Belastungen und Ergebnisausfälle für das Arbeitsgebiet Gesundheit und der anhaltenden insbesondere das Industriegeschäft betreffenden weltweiten Konjunkturschwäche wird für das Gesamtjahr davon ausgegangen, dass die bisherige Ergebniserwartung ganz erheblich unterschritten wird. Auch das für das Jahr 2002 für das Arbeitsgebiet Gesundheit angestrebte operative Margenziel von 20 % (vor Sonderposten) wird nicht weiter aufrechterhalten.

Tabelle 11: Ad Hoc-Mitteilung der Bayer AG[18]

Dem deutschen Kapitalmarkt steht mit der Ad Hoc-Publizität ein Instrument zur Verfügung, dass die Verbreitung neuer Tatsachen zu einem für alle Marktteilnehmer einheitlichen Zeitpunkt gewährleistet. Alle Investoren sollen die gleiche, faire Chance besitzen,

---

[17] Vgl. Oerke, 1999, S. 6.

[18] http://www.dgap.de

die Unternehmensinformationen zu bewerten. Als Präventivmaßnahme dient die Ad Hoc-Publizität damit dem **Schutz der Anleger** vor besser informierten Insidern.

Die Überwachung der Ad Hoc-Publizitätspflicht erfolgt durch das Bundesaufsichtsamt für den Wertpapierhandel (BAWe). Der Emittent hat gem. § 15 II WpHG die zu veröffentlichende Tatsache der Geschäftsführung der zuständigen Börsen sowie dem BAWe mitzuteilen. Erst im Anschluss daran ist die Tatsache über mindestens ein überregionales Börsenpflichtblatt bzw. ein elektronisch betriebenes Informationsverarbeitungssystem zu veröffentlichen.[19]

2.4 Grundlagen der Bilanzierung und Bewertung

2.4.1 Grundsätze ordnungsmäßiger Buchführung

Die Grundsätze ordnungsmäßiger Buchführung sind sowohl von allen Kaufleuten als auch von Kapitalgesellschaften zu erfüllen. In § 238 I HGB heißt es: „Jeder Kaufmann ist verpflichtet, Bücher zu führen und in diesen seine Handelsgeschäfte und die Lage seines Vermögens nach den Grundsätzen ordnungsmäßiger Buchführung ersichtlich zu machen." In § 264 II HGB steht: „Der Jahresabschluß der Kapitalgesellschaft hat unter Beachtung der Grundsätze ordnungsmäßiger Buchführung ein den tatsächlichen Verhältnissen entsprechendes Bild der Vermögens-, Finanz- und Ertragslage der Kapitalgesellschaft zu vermitteln."

Es handelt sich bei den Grundsätzen ordnungsmäßiger Buchführung um einen **unbestimmten Rechtsbegriff**. Sie verlangen den Nachweis des lückenlosen Zusammenhangs zwischen sämtlichen zeitnah aufgezeichneten, buchungspflichtigen Geschäftsvorfällen und dem ordnungsmäßigen Jahresabschluss.

Eine Buchführung ist dann ordnungsmäßig, wenn ein außenstehender Sachverständiger den Sachverhalt der einzelnen Vorgänge und die daraus gezogenen Folgerungen in angemessener Zeit erkennen kann. Hierbei muss die Bearbeitung des Buchungsstoffes nach erkennbaren Regeln vor sich gegangen sein, sodass in zumutbarer Zeit sowohl der Zusammenhang vom Geschäftsvorfall zum Jahresabschluss als auch vom Jahresabschluss zum Geschäftsvorfall verfolgt werden kann. Bei den Grundsätzen ordnungsmäßiger Buchführung handelt es sich um allgemeine Formulierungen folgender Art:

---

[19] Vgl. Coenenberg, 2000, S. 868.

■ **Richtigkeit und Willkürfreiheit (Wahrheit)**

Hier geht es um die Übereinstimmung mit den Tatsachen. Dieser Grundsatz bedeutet die unverfälschte Darstellung sowie die Einhaltung der Bewertungsprinzipien.

■ **Klarheit**

Damit wird eine klare und übersichtliche Darstellung durch Gliederung, Bezeichnung, Abgrenzung, Bruttoausweis und Erläuterungen verlangt.

■ **Vollständigkeit**

Unter der Vollständigkeit wird die Berücksichtigung aller relevanten Fakten verstanden.

■ **Zeitliche und sachliche Abgrenzung**

Die zeitliche Abgrenzung führt zu Aufwand und Ertrag nach dem Realisationsprinzip. Die sachliche Abgrenzung verlangt die Zurechnung von Wertminderungen zur jeweiligen Periode.

■ **Stetigkeit**

Hier geht es um die Beibehaltung der Gliederung und der Wertansätze. Abweichungen von diesem Prinzip müssen erläutert werden.

■ **Vorsicht**

Die Ungewissheit der Zukunft führt dazu, dass nicht ein einziger Wert für eine Reihe von Bilanzpositionen angegeben werden kann, sondern eine Bandbreite von Werten in Frage kommt. Das Vorsichtsprinzip verlangt dann die Anwendung von Schätzverfahren, die zu Werten führen, die nicht unter- bzw. überschritten werden.

Diese allgemeinen Formulierungen müssen in **konkrete Vorschriften** für die Buchhaltung, für die Inventur, die Bilanz sowie die Gewinn- und Verlustrechnung umgewandelt werden. Es handelt sich dabei um einen Prozess der Konkretisierung und Detaillierung der allgemeinen Grundsätze.

Die GoB werden im **Zusammenwirken von Rechtsprechung, Praxis und Wissenschaft** konkretisiert. Die Interpretation der GoB obliegt in Einzelfällen den Gerichten, deren Rechtsprechung dann für ähnliche Fälle heranzuziehen ist.

Allgemein können unter den GoB sämtliche Regeln verstanden werden, welche die Führung von Büchern sowie die Erstellung des Jahresabschlusses betreffen.

Die Abbildungen 12 und 13 zeigen die Grundsätze ordnungsmäßiger Buchführung, Bilanzierung und Inventur.

Für den einzelnen Betrieb sind auch diese Grundsätze auf die konkreten Gegebenheiten anzuwenden. So muss immer gefragt werden, wie der Grundsatz des sachverständigen Dritten im Betrieb realisiert werden kann. Das ist abhängig von den betrieblichen Gegebenheiten, dem Organisationssystem, der Buchführung, von der technischen Ausgestaltung der Buchführung und vom Umfang der Buchführungstätigkeiten.

Die Grundsätze ordnungsmäßiger Buchführung bleiben damit unverändert. Sie sind nur zu konkretisieren, wenn es sich z.B. um eine EDV-Buchführung oder um eine Buchführung außer Haus handelt.

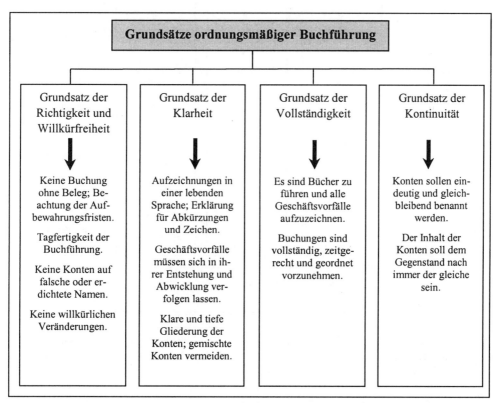

Abbildung 12: Grundsätze ordnungsmäßiger Buchführung

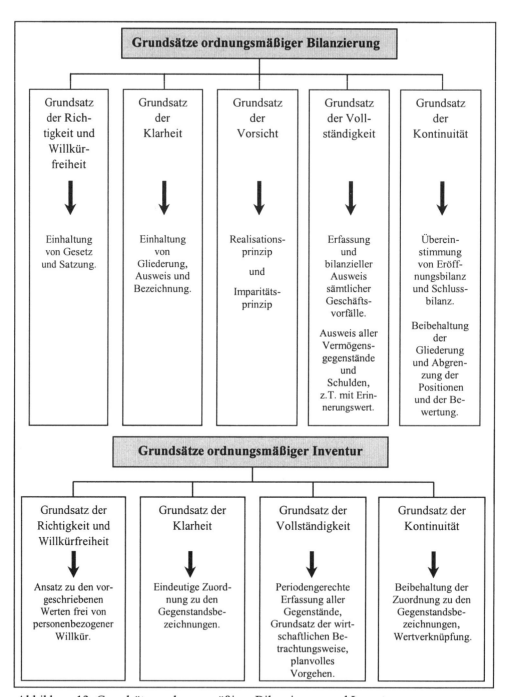

Abbildung 13: Grundsätze ordnungsmäßiger Bilanzierung und Inventur

2.4.2 Grundbegriffe der Bilanzierung und Bewertung

Nach § 242 HGB hat der Kaufmann einen Abschluss zu erstellen, der die Vermögensgegenstände und Schulden umfasst. Dazu ist abzugrenzen, welche Güter in die Bilanz aufgenommen werden dürfen bzw. müssen. Dies ist eine Frage der **Bilanzierung dem Grunde nach**. Daneben muss bestimmt werden, mit welchen Werten diese Güter in der Bilanz anzusetzen sind. Das ist eine Frage der **Bilanzierung der Höhe nach**, die sich auf die Bewertung der Vermögensgegenstände und Schulden bezieht.

Nach dem **Vollständigkeitsgebot** des § 246 I HGB sind sämtliche Vermögensgegenstände und Schulden in der Bilanz anzusetzen, soweit gesetzliche Vorschriften dem nicht entgegenstehen. Voraussetzung für die Bilanzierungsfähigkeit ist, dass Vermögensgegenstände und Schulden vorliegen, die dem Vermögen des Bilanzierenden zuzurechnen sind. Dazu wären zunächst einmal die Begriffe Vermögensgegenstand und Schulden abzugrenzen. Eine Definition im Gesetz findet sich dazu nicht. Die Ableitung muss über die Grundsätze ordnungsmäßiger Buchführung erfolgen.

Nach Freericks umfasst der Begriff **Vermögensgegenstand**:[20]

- wirtschaftliche Werte, die
- selbstständig bewertbar und
- selbstständig verwertbar (bei Geltung der Fortführungsannahme) sind.

Ein **wirtschaftlicher Wert** liegt dann vor, wenn das Unternehmen daraus einen zukünftigen Nutzen erzielen kann. **Selbstständig bewertbar** sind Vermögensgegenstände, wenn ein Wertmaßstab vorliegt, wie er in den Anschaffungs- bzw. Herstellungskosten gegeben ist. Die Forderung, dass die Vermögensgegenstände **einzelveräußerbar** sein sollen, ergibt sich aus dem Gedanken des Gläubigerschutzes, da so im Konkursfall die Möglichkeit besteht, die einzelnen Objekte zur Schuldentilgung zu verkaufen.

Schulden werden folgendermaßen definiert:[21]

- Belastungen des Vermögens bestehen oder werden hinreichend sicher erwartet.
- Sie beruhen auf einer rechtlichen und wirtschaftlichen Leistungsverpflichtung des Unternehmens.
- Sie sind selbstständig bewertbar, d.h., sie sind abgrenzbar und stellen nicht Ausfluss des allgemeinen Unternehmerrisikos dar. Aus dieser Definition wird ersichtlich, dass nicht nur Verbindlichkeiten zum Begriff der Schulden gehören, sondern auch Rückstellungen, die durch die Ungewissheit hinsichtlich ihres Bestehens oder ihrer Höhe gekennzeichnet sind.

---

[20] Vgl. Freericks, 1976, S. 141 ff.
[21] Vgl. Freericks, 1976, S. 224 ff.

Das **Steuerrecht** kennt die Begriffe Vermögensgegenstand und Schulden nicht. Hier wird von positiven (Aktiva) und negativen (Passiva) Wirtschaftsgütern gesprochen. Schulden und negatives Wirtschaftsgut sind von der begrifflichen Abgrenzung weitgehend identisch. Zwischen Vermögensgegenstand und positivem Wirtschaftsgut bestehen dagegen Unterschiede. Die **steuerliche Rechtsprechung** durch BFH-Urteile nennt folgende drei Merkmale für das **Wirtschaftsgut**:

–   Es sind Aufwendungen entstanden.

–   Sie versprechen einen über das Wirtschaftsjahr hinausgehenden Nutzen.

–   Das durch die Aufwendung Geschaffene muss selbstständig bewertbar sein.

Der Begriff des positiven Wirtschaftsgutes ist daher weiter gefasst, als dies für die Abgrenzung eines Vermögensgegenstands nach Handelsrecht gilt, da auf das Kriterium der Einzelveräußerbarkeit im Steuerrecht verzichtet wird.

Die Handelsbilanz enthält neben den Vermögensgegenständen und Schulden noch Eigenkapital und Rechnungsabgrenzungsposten. Diese Größen werden im Folgenden noch erläutert. Das Handelsrecht kennt als eine weitere Größe die **Bilanzierungshilfen**. Sie sind Hilfsgrößen, die zu einer periodengerechten Aufwandsverrechnung beitragen sollen. In diesem Fall handelt es sich nicht um einen Vermögensgegenstand, sondern um die **Aktivierung von Aufwand**, der über verschiedene Perioden verteilt werden soll. Das HGB nennt ausdrücklich als Bilanzierungshilfen die Aufwendungen für die Ingangsetzung und Erweiterung des Geschäftsbetriebs nach § 269 HGB sowie die aktiven latenten Steuern nach § 274 II HGB. Darüber hinaus können die Aufwendungen für die Währungsumstellung auf den Euro als Bilanzierungshilfe qualifiziert werden.

Die Folge der Aktivierung von Bilanzierungshilfen besteht in einem höheren Gewinnausweis. Um die Ausschüttung dieser Gewinne zu verhindern, hat der Gesetzgeber jeweils eine **Gewinnausschüttungssperre** vorgesehen, die unter den jeweiligen Paragraphen genannt wird.

Vergleicht man die Bilanzen von zwei „alteingesessenen Betrieben", so muss man sich immer fragen, welche Werte der Unternehmen nicht in der Bilanz stehen dürfen, über die der eine Betrieb verfügt und der andere nicht. Für selbstgeschaffene immaterielle Vermögensgegenstände des Anlagevermögens besteht ein **Bilanzierungsverbot**. Es handelt sich dabei um Markennamen, Patente und originäre Firmenwerte. Ebenfalls dürfen in der Bilanz Aufwendungen für Forschung und Entwicklung, für Werbung und für Aus- und Weiterbildung der Mitarbeiter nicht ausgewiesen werden. Hier können in den Firmen ganz erhebliche Werte für die Zukunftssicherung vorliegen, die vom Bilanzleser nicht entdeckt werden können.

Die **Bilanzansatzentscheidung** in der Handelsbilanz zeigt Abbildung 14.

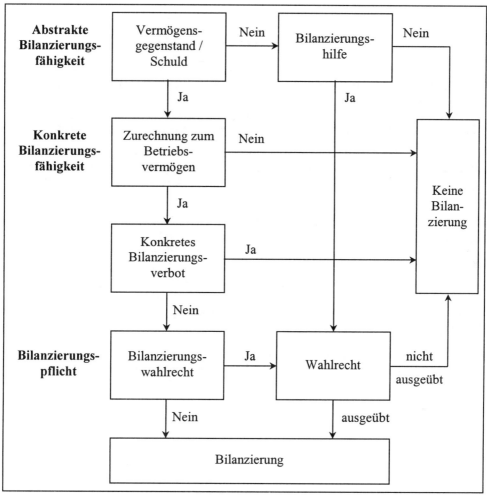

Abbildung 14: Bilanzansatzentscheidung in der Handelsbilanz[22]

Das Handelsrecht sieht in bestimmten Fällen **Bilanzierungswahlrechte** vor. Bei diesen liegt die Entscheidung, ob Vermögensgegenstände und Schulden bilanziert werden sollen, beim Bilanzersteller. Die Bilanzierungswahlrechte sollen den Betrieben die Möglichkeit geben, nach ihrer wirtschaftlichen Situation die betreffenden Beträge der GuV sofort in vollem Umfange zu belasten oder nach einer Aktivierung nur anteilig in den folgenden Jahren. Diese Bilanzierungswahlrechte beeinflussen die Vermögens-, Finanz- und Ertragslage und sind damit neben den Bewertungswahlrechten **Instrumente der Bilanzpolitik**. Zu den Bilanzierungswahlrechten nach HGB gehören das Disagio nach

---

[22] Coenenberg, 2000, S. 98.

§ 250 III HGB, die Sonderposten mit Rücklageanteil nach § 247 III und § 273 HGB und die unentgeltlich erworbenen, materiellen Vermögensgegenstände. Die Bilanzierungswahlrechte ermöglichen ebenfalls eine periodengerechte Erfolgsermittlung.

Bilanzierungsverbote bestehen für nicht entgeltlich erworbene immaterielle Vermögensgegenstände des Anlagevermögens, für Aufwendungen, die sich auf die Gründung und Kapitalbeschaffung beziehen und für den originären Geschäfts- oder Firmenwert. Ein weiteres Verbot besteht für andere als im Gesetz genannte Rückstellungen. Tabelle 12 zeigt noch einmal diese Bilanzierungspflichten, -wahlrechte, -hilfen und -verbote.

Eine Reihe Grundsätze ordnungsmäßiger Bewertung sind im HGB kodifiziert worden. Dazu zählen insbesondere die **allgemeinen Bewertungsgrundsätze** nach § 252 I HGB (vgl. Tabelle 13). Von diesen Grundsätzen darf nur in begründeten Ausnahmefällen abgewichen werden (§ 252 II HGB).

Nach § 252 I Nr. 3 HGB wird die **Einzelbewertung** verlangt, d.h., die Vermögensgegenstände und Schulden sind zum Abschlussstichtag einzeln zu bewerten. Diese Vorschrift erlaubt es dem Bilanzierenden, Vermögensgegenstände, die z.B. unterschiedlichen Belastungen unterliegen, aber zum gleichen Zeitpunkt angeschafft wurden, unterschiedlich abzuschreiben, um so der jeweiligen Situation gerecht zu werden. Dies ist nur möglich im Rahmen der GoB und der Generalnorm des § 264 HGB. Der Gesetzgeber hat für die Einzelbewertung Ausnahmen vorgesehen. Diese **Ausnahmen** zeigt Abbildung 15.

Die Wertansätze der Vermögensgegenstände und Schulden werden in § 253 HGB aufgeführt. Die Abbildungen 16 und 17 stellen diese **Bewertungsvorschriften** systematisch dar.

Bilanzierungspflichten	Vermögensgegenstände
	Schulden
	Eigenkapital
	Rechnungsabgrenzungsposten
Bilanzierungswahlrechte und Bilanzierungshilfen	Derivativer Geschäfts- und Firmenwert
	Disagio
	Sonderposten mit Rücklageanteil
	Aufwandsrückstellungen
	Unentgeltlich erworbene materielle Vermögensgegenstände
	Rückstellungen für unterlassene Aufwendungen für Instandhaltung, die nicht innerhalb von drei Monaten, aber im folgenden Jahr nachgeholt werden
	Ingangsetzungs- und Erweiterungsaufwendungen
	Aktive latente Steuern
	Aufwendungen für die Währungsumstellung auf den Euro
Bilanzierungsverbote	Nicht entgeltlich erworbene immaterielle Vermögensgegenstände des Anlagevermögens
	Aufwendungen für die Gründung und Kapitalbeschaffung
	Originärer, d.h. selbstgeschaffener, Geschäfts- oder Firmenwert
	Andere als im Gesetz genannte Rückstellungen
	Aufwendungen für den Abschluss von Versicherungen

Tabelle 12: Bilanzierungspflichten, -wahlrechte, -hilfen und -verbote

Bilanzidentität	Die Wertansätze in der Eröffnungsbilanz müssen mit den Wertansätzen in der Schlussbilanz des vorhergehenden Geschäftsjahres übereinstimmen.
Going-concern-Prinzip	Die Fortsetzung der Unternehmenstätigkeit ist zu unterstellen.
Einzelbewertung	Jedes einzelne Wirtschaftsgut ist für sich gesondert zu bewerten.
Vorsichtsprinzip	Nur die realisierten Gewinne dürfen ausgewiesen werden, während vorhersehbare Risiken und Verluste vollständig zu berücksichtigen sind.
Periodenabgrenzung	Aufwendungen und Erträge sind dem Jahr ihrer Entstehung zuzurechnen, unabhängig davon, wann sie als Ausgaben oder Einnahmen zu erfassen sind.
Bewertungskontinuität	Die auf den vorhergehenden Jahresabschluss angewendeten Bewertungsmethoden sind beizubehalten.

Tabelle 13: Allgemeine Bewertungsvorschriften nach § 252 HGB

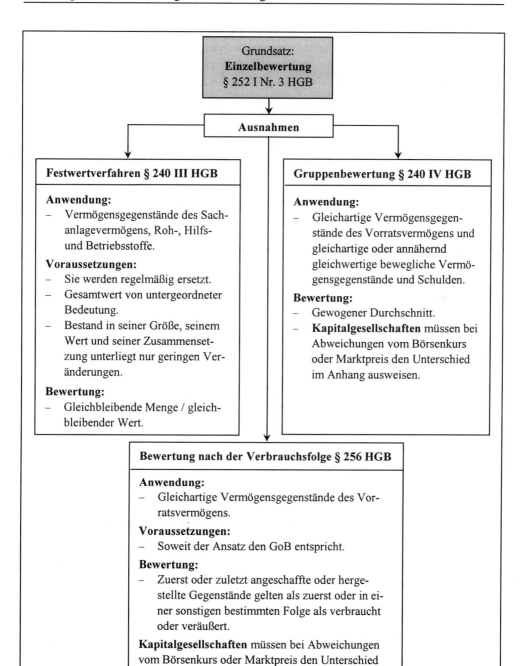

Abbildung 15: System der Bewertungsverfahren nach HGB

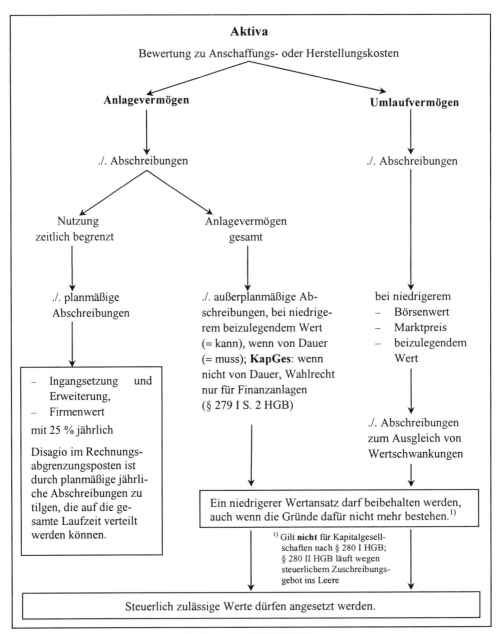

Aktiva

Bewertung zu Anschaffungs- oder Herstellungskosten

Anlagevermögen **Umlaufvermögen**

./. Abschreibungen ./. Abschreibungen

Nutzung Anlagevermögen
zeitlich begrenzt gesamt

./. planmäßige ./. außerplanmäßige Ab- bei niedrigerem
Abschreibungen schreibungen, bei niedrige- – Börsenwert
rem beizulegendem Wert – Marktpreis
(= kann), wenn von Dauer – beizulegendem
(= muss); **KapGes**: wenn Wert
nicht von Dauer, Wahlrecht
nur für Finanzanlagen
(§ 279 I S. 2 HGB)

– Ingangsetzung   und
Erweiterung,
– Firmenwert
mit 25 % jährlich ./. Abschreibungen
zum Ausgleich von
Disagio im Rechnungs- Wertschwankungen
abgrenzungsposten ist
durch planmäßige jährli-
che Abschreibungen zu
tilgen, die auf die ge-
samte Laufzeit verteilt Ein niedrigerer Wertansatz darf beibehalten werden,
werden können. auch wenn die Gründe dafür nicht mehr bestehen.[1]

[1] Gilt **nicht** für Kapitalgesellschaften nach § 280 I HGB;
§ 280 II HGB läuft wegen
steuerlichem Zuschreibungs-
gebot ins Leere

Steuerlich zulässige Werte dürfen angesetzt werden.

Abbildung 16: Wertansätze für Aktiva nach § 253 HGB

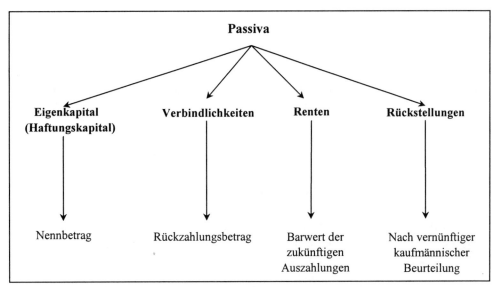

Abbildung 17: Wertansätze für Passiva nach § 253 HGB

Nach § 253 II HGB sind bei den Vermögensgegenständen des Anlagevermögens, deren Nutzung zeitlich begrenzt ist, die Anschaffungs- oder Herstellungskosten, vermindert um planmäßige Abschreibungen, anzusetzen.

Nach § 255 HGB sind die **Anschaffungskosten** die Aufwendungen, die geleistet werden, um einen Vermögensgegenstand zu erwerben und ihn in einen betriebsbereiten Zustand zu versetzen, soweit sie dem Vermögensgegenstand **einzeln zugeordnet** werden können. Der deutsche Gesetzgeber hält damit am Anschaffungskostenprinzip fest. Danach bilden die Anschaffungskosten die Obergrenze des Wertansatzes.

Die **Anschaffungskosten eines Vermögensgegenstandes** setzen sich aus folgenden Teilen zusammen: Anschaffungspreis abzüglich der Anschaffungspreisminderungen, zuzüglich der Anschaffungsnebenkosten, sofern sie einzeln zurechenbar sind, zuzüglich nachträglicher Anschaffungskosten.

Als **Anschaffungspreis** kommt regelmäßig nur der Nettopreis in Frage, d.h. Bruttopreise abzüglich Mehrwertsteuer, wenn das Unternehmen zum Vorsteuerabzug berechtigt ist. Handelt es sich um Rechnungen in fremder Währung, so ist der Wechselkurs der Verbindlichkeiten auch für die Anschaffungskosten maßgeblich.

Zu den **Anschaffungspreisminderungen** gehören Rabatte, Boni und Skonti sowie erhaltene Subventionen und Zuschüsse.

Zu den aktivierungspflichtigen **Anschaffungsnebenkosten** werden die Kosten des Transports, die Transportversicherung, die Aufwendungen für die Aufstellung und Montage, Gebühren für die Beurkundung von Kaufverträgen, Provisionen und Vermittlungsgebühren, Zölle und Steuern und sonstige Abgaben gerechnet. Damit sind alle Kosten zu aktivieren, die dem Vermögensgegenstand einzeln zugerechnet werden können. Gegebenenfalls kann durch eine organisatorische Abgrenzung erreicht werden, dass bestimmte Kosten dem Vermögensgegenstand einzeln zugerechnet werden können.

Die Kosten der Geldbeschaffung dürfen nicht aktiviert werden. Ausnahmen ergeben sich nur aus § 255 III HGB, wenn Kredite als Anzahlung oder Vorauszahlungen zur Finanzierung von Neuanlagen mit längerer Bauzeit verwendet werden.

Nachträgliche Anschaffungskosten sind anzusetzen (§ 255 I S. 2 HGB), wenn im Rahmen von Um- oder Ausbauarbeiten Kosten angefallen sind. Ob es sich um sofort abzugsfähige Aufwendungen handelt oder um zu aktivierende, nachträgliche Anschaffungskosten, ist nach den Kriterien abzugrenzen, nach denen der Erhaltungsaufwand vom Herstellungsaufwand unterschieden wird.

In § 255 II HGB werden die **Herstellungskosten** definiert. Diese sind für die vom Unternehmen hergestellten, noch nicht verkauften Gegenstände des Anlage- und Umlaufvermögens anzusetzen sowie für die selbsterstellten Anlagen. Bei der Ermittlung der Herstellungskosten entstehen insofern Schwierigkeiten, als sie aus der Kostenrechnung abzuleiten sind, für die Bilanz aber entsprechende Korrekturen erforderlich werden.

Das HGB enthält für die Herstellungskosten eine Ober- und eine Untergrenze. Für die direkt zurechenbaren Kosten, das sind die Materialeinzelkosten und die Fertigungseinzelkosten sowie die Sondereinzelkosten der Fertigung, besteht eine Aktivierungspflicht. Diese Kosten bilden die **Wertuntergrenze**. Alle anderen Kosten können zu den Herstellungskosten gerechnet werden. Es handelt sich dabei um ein **Aktivierungswahlrecht**. Ein Aktivierungsverbot besteht für die Vertriebskosten. Diese Zusammenstellung zeigt Tabelle 14.

Im Unterschied zur Kostenrechnung dürfen kalkulatorische Kostenarten nicht in die Herstellungskosten nach Handelsrecht einbezogen werden. Zu diesen kalkulatorischen Kostenarten gehören kalkulatorische Eigenkapitalzinsen, kalkulatorische Mieten, kalkulatorische Unternehmerlöhne und der nicht pagatorische Teil der kalkulatorischen Abschreibung, d.h. also der Teil der Abschreibung, der sich aus der Differenz zwischen höheren Wiederbeschaffungswerten und den Anschaffungs- oder Herstellungskosten der abzuschreibenden Anlage ergibt. Der betriebswirtschaftliche Kostenbegriff ist damit nicht identisch mit dem Begriff der Herstellungskosten nach HGB.

Materialeinzelkosten (Rohstoffe, im Betrieb selbst gefertigte Halb- und Teilerzeugnisse, Handelswaren usw.)	**Pflicht**
Fertigungseinzelkosten (den Erzeugnissen direkt zurechenbare Produktions-, Werkstatt- und Verarbeitungslöhne)	**Pflicht**
Sondereinzelkosten der Fertigung (Aufwendungen für Modelle, Spezialwerkzeuge, Gebühren für Fertigungslizenzen usw.)	**Pflicht**
Materialgemeinkosten (Kosten der Abteilungen Einkauf, Warenannahme, Lagerhaltung, usw., innerbetriebliche Transportkosten, Versicherungskosten)	**Wahlrecht**
Fertigungsgemeinkosten (Kosten für Energie, Hilfsstoffe, Betriebsstoffe, Instandhaltungskosten, Pförtner usw., Abschreibungen auf benutzte Fertigungsanlagen)	**Wahlrecht**
Allgemeine Verwaltungskosten (Gehälter und Löhne des Verwaltungsbereichs, Telefon- und Portokosten des Verwaltungsbereichs, Kosten des Aufsichtsrats und der Abschlussprüfung, usw.)	**Wahlrecht**
Aufwendungen für soziale Einrichtungen und freiwillige soziale Leistungen (Aufwendungen für Kantine, Aufwendungen für Einrichtungen zur Freizeitgestaltung, Zuwendungen anlässlich von Dienstjubiläen, Betriebsausflügen, usw.)	**Wahlrecht**
Aufwendungen für betriebliche Altersversorgung (Zuführungen zu Pensionsrückstellungen, Aufwendungen im Zusammenhang mit Pensions- und Unterstützungskassen sowie Direktversicherungen)	**Wahlrecht**
Vertriebskosten	**Verbot**
Zinsen für Fremdkapital (das nicht speziell zur Finanzierung der Herstellung eines Vermögensgegenstandes verwendet wird)	**Verbot**
Außerordentliche und periodenfremde Aufwendungen, Ertragsteuern	**Verbot**

Tabelle 14: Pflicht- und Wahlbestandteile der Herstellungskosten gem. § 255 II und III HGB

Das Gesetz verlangt, dass die Anschaffungs- oder Herstellungskosten um planmäßige Abschreibungen zu vermindern sind. Der **Ansatz planmäßiger Abschreibungen** kommt aus zwei Gründen in Frage:

1. Einmal wird der Wertansatz der im Wert gesunkenen Vermögensgegenstände mittels Abschreibung korrigiert, und diese Wertminderung wird als Aufwand in der Gewinn-

und Verlustrechnung angesetzt. Abschreibungen sind damit ein Mittel zur **Wertangleichung**.

2. Zum anderen sind Abschreibungen aber auch ein Mittel der **periodengerechten Erfolgsermittlung**. Die Ausgaben einer Investition müssen entsprechend ihrem periodischen Beitrag zur Erfolgsentstehung den einzelnen Rechnungsperioden als Aufwand zugerechnet werden. Abbildung 18 zeigt die Methoden planmäßiger Abschreibung.

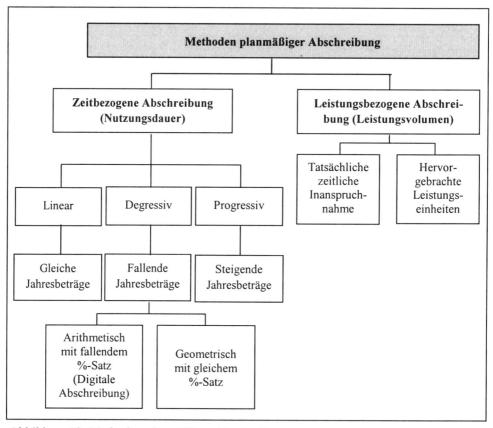

Abbildung 18: Methoden planmäßiger Abschreibung

Handelsrechtlich sind diese Methoden alle zulässig, wenn auch die progressive Abschreibung die Ausnahme bilden wird. Eine Methode wird dann nicht zulässig sein, wenn sie konträr zum Nutzungsverlauf ist. Steuerrechtlich sind an die Anwendung der Verfahren zum Teil Bedingungen geknüpft.

Ein **Wechsel** dieser Abschreibungsverfahren ist immer dann möglich, wenn er sachlich begründet ist oder in der Natur des Verfahrens selbst liegt, wie beim Übergang von der degressiven zur linearen Abschreibung, um am Ende der Nutzungszeit auf den Wert Null zu gelangen. Der Wechsel der Abschreibungsmethoden ist im Anhang zu erläutern.

Bei der Berechnung des Abschreibungsbetrages im Jahr des Zuganges kann aus Vereinfachungsgründen für alle Zugänge im ersten Halbjahr der volle und für die Zugänge im zweiten Halbjahr der halbe Jahresbetrag angesetzt.

An eine **planmäßige Abschreibung** werden folgende Anforderungen gestellt:

1. Der Anschaffungspreis bzw. die Herstellungskosten müssen definiert sein.

2. Die Nutzungsdauer ist zu schätzen.

3. Ein Abschreibungsverfahren muss vorgegeben werden.

Aus diesen **drei Komponenten** lassen sich die planmäßigen Abschreibungen ermitteln.

Für alle **Gegenstände des Anlagevermögens** sieht der Gesetzgeber nach § 253 II HGB außerplanmäßige Abschreibungen vor, um die Vermögensgegenstände mit dem niedrigeren Wert anzusetzen, der ihnen am Abschlussstichtag beizulegen ist. Bei diesen außerplanmäßigen Abschreibungen sollen Wertminderungen berücksichtigt werden, die ihre Ursache in außergewöhnlichen technischen oder wirtschaftlichen Gründen haben. Dazu gehören Hochwasser, Explosion, Mehrschichtnutzung oder auch wirtschaftliche Veralterung, technischer Fortschritt sowie Verlust von Absatzgebieten. Gemäß § 253 II S. 3 HGB bzw. § 253 II S. 3 HGB i.V.m. § 279 I S. 2 HGB sind außerplanmäßige Abschreibungen vorzunehmen bei einer voraussichtlich dauernden Wertminderung. Für **Kapitalgesellschaften** besteht nur bei Finanzanlagen das Wahlrecht, eine außerplanmäßige Abschreibung auch bei vorübergehender Wertminderung anzusetzen.

Für die **Vermögensgegenstände des Umlaufvermögens** nennt der Gesetzgeber in § 253 III HGB noch den Börsen- oder Marktpreis, den Wert, der den Vermögensgegenständen am Abschlussstichtag beizulegen ist, und Werte zum Ausgleich von Wertschwankungen. Für das Umlaufvermögen gilt das **strenge Niederstwertprinzip**, d.h., es ist jeweils der niedrigste Wert für die Vermögensgegenstände des Umlaufvermögens anzusetzen. Dafür kommen in Frage:

■ **Börsen- oder Marktpreis**

Der Wiederbeschaffungspreis wird hier unter der Fiktion gegenwärtiger Ersatzbeschaffung eingesetzt. Voraussetzung dafür sind ein funktionsfähiger Markt oder amtlich anerkannte Börsen. Zum Ansatz gelangt der durchschnittliche, hauptsächliche Preis.

■ **Beizulegender Wert**

Ausgangspunkt zur Ermittlung des beizulegenden Wertes sind die Wiederbeschaffungs- oder Reproduktionskosten. Bei abnutzbaren Gegenständen sind die Abschreibungen für die Jahre der Nutzung zu berücksichtigen. Bei Gegenständen des Umlaufvermögens ist für Roh-, Hilfs- und Betriebsstoffe von den Wiederbeschaffungs- oder Reproduktionskosten auszugehen. Für die fertigen und unfertigen Erzeugnisse bildet der Verkaufspreis die Basis der Ermittlung. Es sind jeweils noch die Kosten zu berücksichtigen, die für Verpackung, Vertrieb und weitere Be- oder Verarbeitung entstehen.

■ **Wert für die Vorwegnahme künftiger Wertschwankungen**

Voraussetzung ist der Eintritt einer Wertminderung anhand objektiver Größen. Zu denken ist dabei an Preisverfall für Rohstoffe und Absatzschwierigkeiten bei Modeänderungen.

Sowohl für Gegenstände des Anlage- als auch des Umlaufvermögens gelten die Vorschriften der §§ 253 IV, V und 254 HGB.

§ 253 IV HGB erlaubt Abschreibungen im Rahmen vernünftiger kaufmännischer Beurteilung. Die Bildung dieser Abschreibungen ist Kapitalgesellschaften nach § 279 I HGB allerdings nicht möglich.

Ein niedrigerer Wertansatz darf nach § 253 V HGB beibehalten werden, auch wenn die Gründe für diese Abschreibungen nicht mehr bestehen (Wertaufholungswahlrecht). Für **Kapitalgesellschaften** gilt für Abschreibungen nach §§ 253 II S. 3, III, 254 S. 1 HGB gem. § 280 I HGB ein Wertaufholungsgebot.

Durch die Einführung des **steuerrechtlichen Wertaufholungsgebotes** entfällt die Möglichkeit des Wertaufholungswahlrechts in der Handelsbilanz nach § 280 II HGB, so dass ein faktisches Wertaufholungsgebot besteht. Damit muss bei einer Werterholung sowohl in der Handelsbilanz als auch in der Steuerbilanz eine **Zuschreibung** erfolgen.

2.4.3 Bilanzierung und Bewertung des Anlagevermögens

Bilanzierungsobjekt	Ausweis	Bewertung
Ausstehende Einlagen auf das gezeichnete Kapital, davon eingefordert	Die eingeforderten Einlagen sind zu vermerken. **Wahlrecht**: Nicht eingeforderte ausstehende Einlagen dürfen auch von dem Posten „Gezeichnetes Kapital" offen abgesetzt werden (§ 272 I S. 3 HGB).	Der am Bilanzstichtag beizulegende Wert. In der Regel **Nennwert**, ggf. ./. aktivische Wertkorrektur aufgrund Einzelbewertung nach Zahlungsfähigkeit der entsprechenden Gesellschafter. Pauschalwertberichtigungen i.d.R. nicht erforderlich. Für AG siehe §§ 64 f. AktG.
Aufwendungen für die Ingangsetzung und Erweiterung des Geschäftsbetriebs	**Bilanzierungshilfe** gem. § 269 HGB; Ausweis vor dem Anlagevermögen, Erläuterung im Anhang. Gewinnausschüttungssperre beachten (§ 269 S. 2 HGB).	**Abschreibung**: Von dem der Aktivierung folgenden Geschäftsjahr an, sind die aktivierten Beträge zu mindestens einem Viertel jährlich abzuschreiben (§ 282 HGB).
A. Anlagevermögen allgemein	**Nach § 247 II HGB nur Gegenstände, die bestimmt sind, dauernd dem Geschäftsbetrieb der Gesellschaft zu dienen. Dabei wird von der Zwecksetzung, nicht vom genauen Termin ausgegangen. Im Zweifel gilt das „Ein-Jahres-Kriterium".**	
	Zur Gesellschaft gehören auch vorübergehend stillgelegte oder noch nicht in Betrieb genommene Anlagen.	Die Entwicklung des Anlagevermögens sowie des Postens „Aufwendungen für die Ingangsetzung und Erweiterung des Geschäftsbetriebs" ist in einem **Anlagespiegel** in der Bilanz oder im Anhang darzustellen.

	Einhaltung der vertikalen Gliederungsvorschriften nach § 266 II HGB. Posten, die sich in das Gliederungsschema nicht einordnen lassen, sind gesondert auszuweisen.	Der **Anlagespiegel** umfasst: – Historische Anschaffungskosten – Zugänge – Abgänge – Umbuchungen – Zuschreibungen – Abschreibungen – Kumulierte Abschreibungen – Buchwert zum 01.01. – Buchwert zum 31.12. **Bewertung** zu den Anschaffungs- bzw. Herstellungskosten, vermindert um Abschreibungen.
I. Immaterielle Vermögensgegenstände	**Nicht körperlich fassbare Vermögensgegenstände des Anlagevermögens.**	
Vermögensgegenstände	Nur entgeltlich erworbene immaterielle Anlagegegenstände dürfen aktiviert werden.	Konzessionen etc.: AK ./. planmäßige Abschreibung. **Firmenwert** nach § 255 IV HGB: Abschreibung zu mindestens einem Viertel oder über die Geschäftsjahre planmäßig verteilt (steuerlich festgelegte Nutzungsdauer gem. § 7 I S. 3 EStG: 15 Jahre).
II. Sachanlagen	**Materielle Gegenstände des Anlagevermögens.**	
Grundstücke und Gebäude (§ 266 II HGB)	Ausweis in einer einzigen Position.	Grundstücke und grundstücksgleiche Rechte zu Anschaffungskosten und Kosten für besondere Herrichtung des Grundstücks (Anschaffungsnebenkosten).

		Abschreibungen bei Grundstücken im Allgemeinen nicht erforderlich. Falls vorgenommen, Prüfung der Ursachen.
		Bei betrieblich ausgebeuteten Grundstücken (Steinbrüche, Kohlenzechen etc.) erfolgen die Abschreibungen entsprechend der Substanzminderung.
		Bewertung Gebäude: Anschaffungskosten bzw. Herstellungskosten.
		Schnellbaukosten sind aktivierungsfähig.
		Evtl. Aufwendungen nach Erwerb oder Herstellung. Erhaltungs- vs. Herstellungsaufwand (= neu aktivierungspflichtig)!
		Für Gebäude ist lineare und degressive **Abschreibung** zulässig. Die Abschreibungsdauer richtet sich nach der Art der Gebäude.
		Bei erfolgten außerplanmäßigen Abschreibungen Ursachen offen legen, insbesondere Zusammenhang mit Steuern beachten!
Technische Anlagen und Maschinen	Feststellung der **wirtschaftlichen Zugehörigkeit**, auch wenn mit einem fremden Recht belastet.	AK bzw. HK im Sinne des § 255 HGB unter Einbeziehung der Kosten für Aufstellung und Einrichtung.
	Abgrenzung zu Einrichtungen (siehe auch Grund-	Bei **Festbewertung** nach § 240 III HGB **sachliche**

	stücke und Gebäude); Prüfung, ob Maschinen oder „Ausstattungen" durch Einbau auf gepachtetem Grundstück fremdes Eigentum geworden sind, dann Vermerk; bei erheblicher Bedeutung gesonderter Ausweis erforderlich: hier im Grunde nur bewegliches Anlagevermögen. Reserve- und Ersatzteile hier und nicht unter Vorräten ausweisen. **Ausnahme**: Ersatzteile allgemeiner Art, dann Wahlrecht zum Ausweis als Betriebsstoffe des Vorratsvermögens.	**Voraussetzungen** prüfen: – Vermögensgegenstände des Sachanlagevermögens bzw. Roh-, Hilfs- und Betriebsstoffe; – Regelmäßiger Ersatz; – Gesamtwert von nachrangiger Bedeutung; – Bestand unterliegt in Größe, Wert und Zusammensetzung nur geringen Veränderungen; – Körperliche Bestandsaufnahme in der Regel alle drei Jahre.
Andere Anlagen, Betriebs- und Geschäftsausstattung	Auszuweisen sind die Büroausstattung mit Telefonanlage, Werkzeuge, Fuhrpark, EDV-Anlagen usw.	Festbewertung nach § 240 III HGB möglich, falls Voraussetzungen erfüllt sind.
Geleistete Anzahlungen und Anlagen im Bau	Investitionen im Anlagevermögen, die noch nicht abgeschlossen sind, mit Eigen- wie Fremdleistungen. Anzahlungen auf Anlagen können den ersten Schritt einer Investition darstellen und sind deshalb hier auszuweisen. Kein Ausweis der für Investitionen bereitgestellten finanziellen Mittel.	Bewertung zu Anschaffungskosten bzw. Herstellungskosten. Alle Aufwendungen, die entstanden sind, können aktiviert werden. Finanzierungskosten prüfen (§ 255 III HGB).

III. Finanzanlagen	**Dem Unternehmen langfristig dienende Investitionen in und Ausleihungen an andere Unternehmen.**	
Anteile an verbundenen Unternehmen	Die abgestuften Möglichkeiten der Einflussnahme sollen deutlich werden. Insofern steht der Ausweis des Verbundvermögens im Vordergrund. Nach § 271 II HGB Mutter- oder Tochterunternehmen, die nach § 290 HGB in den Konzernabschluss einzubeziehen sind oder wären. Ausweis hier hat **Vorrang** vor den nachfolgenden Finanzanlagen.	Werte sind im **Anlagespiegel** aufzuführen. Anschaffungskosten inklusive Agio mit Nebenkosten. Miterworbene Gewinnansprüche sind bei den Forderungen auszuweisen. Kosten der Entscheidungsvorbereitung und Finanzierungskosten sind keine Anschaffungskosten.
Ausleihungen an verbundene Unternehmen	Nur **Finanz- oder Kapitalforderungen**, nicht aber Sach- oder Leistungsforderungen. Maßgebend für die Zugehörigkeit zum Anlagevermögen ist die **Daueranlageabsicht**; Gesamtlaufzeit kann Orientierung für Zuordnung zu den Finanzanlagen geben, wobei überwiegend eine Gesamtlaufzeit von einem Jahr als ausreichend angesehen wird. Dem Anlagevermögen zuzuordnende Forderungen fallen nicht unter die Vermerkpflicht nach § 268 IV S. 1 HGB, da insoweit grundsätzlich nicht von einem kurzfristigen Mittelzufluss ausgegangen wird.	**Anschaffungskosten**: in der Regel die Auszahlungsbeträge. Bei unverzinslichen Forderungen gilt der Barwert als Anschaffungskosten. Prüfung auf Einhaltung der Abschreibungspflicht nach § 253 II HGB bzw. deren Zulässigkeit. Unter Umständen Bonitätsprüfung.

Beteiligungen	Gesellschaftsrechtliche Kapitalanteile an anderen Unternehmen. Aufteilung nach Beteiligungsarten nicht erforderlich. Im Zweifel gelten 20 % als Beteiligung. Maßgebend ist aber eigentlich die Beteiligungsabsicht (§ 271 I HGB). Bei Anteilen an Personenhandelsgesellschaften liegt für die Gesellschafter stets eine Beteiligung an der Gesellschaft vor, die Höhe der Beteiligungsquote ist irrelevant (Ausnahmen möglich). Bei Vorliegen einer Gesamthandsgemeinschaft erfolgt bei Einstufung der Gemeinschaft als Unternehmen sowie dauernder Verbindung ein Ausweis unter Beteiligungen.	Beteiligungen werden bei Zugang zu **Anschaffungskosten** bewertet. Zu den Anschaffungskosten gehören z.B. Notariatskosten und Provisionen, nicht dagegen Kosten der Entscheidungsvorbereitung. **Abschreibung** von Beteiligungen richtet sich nach § 253 II S. 3 bzw. § 279 I HGB. **Außerplanmäßige Abschreibungen** sind zulässig, wenn der Beteiligung am Abschlussstichtag ein Wert beizulegen ist, der unter den Anschaffungskosten oder dem letzten Bilanzansatz liegt. Eine voraussichtlich dauernde Wertminderung macht eine entsprechende Abschreibung erforderlich. Bestehen Gründe für außerplanmäßige Abschreibung nicht mehr, besteht für Kapitalgesellschaften **Zuschreibungspflicht** gem. § 280 I HGB.
Ausleihungen an Unternehmen, mit denen ein Beteiligungsverhältnis besteht	Abzugrenzen von den Ausleihungen an verbundene Unternehmen: § 271 I und II HGB prüfen.	Wie bei Ausleihungen an verbundene Unternehmen.
Wertpapiere des Anlagevermögens	Absicht, **dauernd dem Geschäftsbetrieb zu dienen**, entscheidet über diesen Ausweis.	Siehe Beteiligungen. Kursnotierungen als Hilfswerte.

	Im Wesentlichen gehören hierzu: festverzinsliche Wertpapiere und Wertpapiere mit Gewinnbeteiligungsansprüchen. Genussscheine (Genussrechte) nur aktivierbar, wenn sie Forderungsrechte verkörpern, die über eine Beteiligung am Gewinn oder Liquidationserlös hinausgehen. Zins- und Dividendenforderungen hieraus unter „sonstige Vermögensgegenstände" des Umlaufvermögens. **Nicht** hierher gehören Wertpapiere, die gesondert auszuweisen sind, wie eigene Aktien, Schecks, Wechsel, Aktien einer herrschenden oder mit Mehrheit beteiligten Gesellschaft. Auch Wertpapiere, deren Fungibilität in irgendeiner Weise beschränkt ist, sind nicht hier, sondern unter „sonstige Vermögensgegenstände" auszuweisen.	Kursgewinne sind erst zu realisieren, wenn ein Verkauf der Wertpapiere stattgefunden hat.
Sonstige Ausleihungen	Nur **Finanz- oder Kapitalforderungen**, nicht aber Sach- oder Leistungsforderungen! Maßgebend ist die **Daueranlageabsicht** (unter Umständen Orientierung an der Gesamtlaufzeit). Ausleihungen aus Krediten, die unter §§ 89, 115 AktG fallen, gehören dazu, wenn sie langfristig sind.	**Anschaffungskosten**: in der Regel die Auszahlungsbeträge. Bei unverzinslichen oder niederverzinslichen Forderungen gilt der Barwert als Anschaffungskosten. Prüfung auf Einhaltung der Abschreibungspflicht bzw. deren Zulässigkeit nach § 253 II S. 3 HGB. Unter Umständen Bonitätsprüfungen erforderlich.

2.4.4 Bilanzierung und Bewertung des Umlaufvermögens

Bilanzierungsobjekt	Ausweis	Bewertung
B. Umlaufvermögen	**Vermögensgegenstände, die nur der vorübergehenden Nutzung im Geschäftsbetrieb dienen. Zwecksetzung ist entscheidend, nicht die tatsächlichen Verhältnisse.**	
I. Vorräte	**Umfasst die Bestände an Ausgangsstoffen, fertigen Erzeugnissen und Waren mit allen Abstufungen ihres Fertigstellungsgrades.**	
Allgemein	Zu untergliedern in: 1. Roh-, Hilfs- und Betriebsstoffe, 2. unfertige Erzeugnisse, unfertige Leistungen, 3. fertige Erzeugnisse, Waren, 4. geleistete Anzahlungen. Der Gliederung zugrunde gelegt sind Bedürfnisse eines Industriebetriebes. Die Abgrenzung ist aber fließend, insbesondere, wenn Erzeugnisse in verschiedenem Fertigungszustand gekauft, bearbeitet und verkauft werden. Erzeugnisse entsprechend ihrer Verwendung auf einzelne Bilanzposten aufteilen.	Gemäß § 253 I HGB zu Anschaffungskosten bzw. Herstellungskosten, soweit nicht nach dem **strengen Niederstwertprinzip** eine niedrigere Bewertung notwendig oder eine darunter liegende Bewertung nach § 253 IV und V HGB sowie nach § 254 HGB zulässig ist. **Anschaffungskosten** der Roh-, Hilfs- und Betriebsstoffe umfassen alle Ausgaben incl. Nebenkosten ./. Rabatte und Skonti. Differenzierung nach echten und unechten (als Gemeinkosten verrechnete Einzelkosten) Gemeinkosten. Aktivierung von echten Materialgemeinkosten, z.B. innerbetrieblichen Transportkosten, ist unzulässig. Aktivierung anteiliger Betriebs- und Verwaltungskosten der Lagerung (Bsp.: Weinlagerung); bei absatzbedingter Lagerung nicht gegeben.

		Ermittlung der **Herstellungskosten** anhand Kostenrechnung und Betriebsabrechnungsbogen. Zu den Herstellungskosten zählen: – Stoffkosten, – Fertigungskosten, – Sonderkosten, wie Patent- und Lizenzgebühren, sowie weitere Einzelkosten. In angemessenem Umfang auch Abnutzungen und sonstige Wertminderungen sowie angemessene Teile der Betriebs- und Verwaltungskosten. Hierfür besteht allerdings nur ein **Aktivierungswahlrecht**. Aktivierungswahlrecht auch für anteilige Entwicklungs-, Konstruktions- und Versuchskosten.
Roh-, Hilfs- und Betriebsstoffe	Nur fremdbezogene Stoffe, die noch unverarbeitet und noch nicht verbraucht sind. Die in dieser Position ausgewiesenen Vermögensgegenstände dürfen nur für die Fertigung und nicht für eine direkte (d.h. unbearbeitete) Veräußerung bestimmt sein.	Börsennotizen, Lieferanten-Preislisten. Prüfung, ob bei Anwendung der nach § 256 HGB zulässigen Verbrauchsfolgeverfahren das **Niederstwertprinzip** beachtet wurde. Prüfung der Voraussetzungen für Anwendung der Vorschriften des § 240 III, IV HGB. Bei **Festbewertung** nach § 240 III HGB Überprüfung des Zutreffens der gesetzli-

		chen Voraussetzungen (z.B. geringe Veränderung von Menge / Wert und der Zusammensetzung) sowie unter Umständen auch körperliche Aufnahme und erneute Beurteilung der Schlüsselgrößen erforderlich.
Unfertige Erzeugnisse, unfertige Leistungen	Auszuweisen sind hier im Zweifel solche noch nicht als Fertigerzeugnisse anzusehenden Bestände, auf denen nach Be- oder Verarbeitung im eigenen Betrieb bereits Löhne und Gemeinkosten ruhen. Es sind aus Sicht des Betriebszweckes noch nicht fertige Erzeugnisse, gleichgültig, ob sie noch keine Marktreife besitzen oder evtl. schon verkaufsreif sind (Zwischenprodukte). Zusammenfassung von Erzeugnissen (Sachen) und Leistungen (Forderungen) - obwohl für die Erfolgsermittlung unschädlich - bedenklich, da aufgrund **Gläubigerschutz** getrennter Ausweis wegen der unterschiedlichen Zugriffsmöglichkeiten bedeutsam. Bei Ausweis unfertiger Leistungen ist zu prüfen, ob dem Unternehmen ein **Vergütungsanspruch** zusteht (unter Umständen Einblick in die Vertragsbestimmungen).	Zur Überprüfung eines niedrigeren Wertansatzes Verkaufswerte aus Absatzmarkt ./. der für den Absatz noch zu machenden Aufwendungen, d.h., ./. Erlösschmälerungen, Verpackungskosten, Ausgangsfrachten, sonstige Vertriebskosten, noch anfallende Verwaltungskosten und Kapitaldienstkosten (Beachtung des Grundsatzes der **verlustfreien Bewertung**). Nach den Bewertungsvorschriften sind die Kosten zu aktivieren.

Fertige Erzeugnisse, Waren	Nur Ausweis solcher Vorräte, die versandfertig sind. Dto. bestellte und zur Ablieferung am Bilanzstichtag bereitgestellte Waren.	Für Fertigerzeugnisse, bei denen kein Fremdbezug möglich ist, gelten die allgemeinen Bewertungsvorschriften (siehe oben).
	Handelsartikel fremder Herkunft und solche Artikel, die bei Dritten bezogen und ohne wesentliche Weiterbearbeitung oder -verarbeitung im eigenen Betrieb als Zubehör weiterveräußert werden.	
	Ausweis der Forderungen aus dem Verkaufsgeschäft erst, wenn die Waren ausgeliefert sind, d.h., wenn wirtschaftliche **Verfügungsmacht** nicht mehr besteht.	
	Ein Ausweis an dieser Stelle wird durch dingliche Belastungen nicht ausgeschlossen.	
	Auch in **Kommission** gegebene Waren sind hier auszuweisen.	
	Nicht hier auszuweisen sind betriebsfremde Vermögensgegenstände. Diese sind gesondert - ggf. unter „sonstige Vermögensgegenstände" - auszuweisen.	
	Eigentumsvorbehalte bleiben solange unberücksichtigt, wie sie nicht geltend gemacht werden.	

Geleistete Anzahlungen	Zahlungen der Gesellschaft an Dritte aufgrund abgeschlossener Lieferungs- und Leistungsverträge, die noch nicht erfüllt wurden.	Grundsätzlich in Höhe des **Anzahlungsbetrages** anzusetzen; bestehen Zweifel an der Lieferungs- und Zahlungsfähigkeit eines Vertragspartners, so muss die Anzahlung ggf. abgeschrieben werden.
Erhaltene Anzahlungen auf Bestellungen	Dürfen nach § 268 V S. 2 HGB offen von der Position „Vorräte" abgesetzt werden, sofern der Ausweis nicht gesondert unter den Verbindlichkeiten erfolgt.	Nennwert
II. Forderungen und sonstige Vermögensgegenstände	**Ansprüche des Unternehmens gegenüber Dritten bezüglich Geld oder sonstiger Leistungen.**	
Forderungen aus Lieferungen und Leistungen	Nur Ansprüche aus gegenseitigen Verträgen, die von dem bilanzierenden Unternehmen erfüllt sind, vom Schuldner jedoch noch nicht. Besonderer Vermerk des Anteils der Forderungen mit einer Restlaufzeit von über einem Jahr (§ 268 IV S. 1 HGB).	Position „Forderungen" gehört zum Umlaufvermögen, daher ist auf die für dessen Bewertung geltenden Regelungen (insbesondere das **strenge Niederstwertprinzip**) zurückzugreifen. Bewertung grundsätzlich mit **Nominalbetrag**, erworbene Forderungen mit ihrem Anschaffungswert. Nachlässe (Rabatte, Umsatzprämien etc.) sind vom Forderungsbetrag abzusetzen. Für noch zu zahlende **Provisionen** dagegen Passivierungspflicht einer entsprechenden Rückstellung oder Verbindlichkeit.

	Werden Forderungen aus Lieferungen und Leistungen auf längere Zeit gestundet und verlieren sie dadurch ihren ursprünglichen Charakter, sind sie unter „sonstige Vermögensgegenstände" auszuweisen. Saldierung mit Verbindlichkeiten ist unzulässig (§ 246 II HGB). Bei Zession (§§ 389 ff. BGB) ist Form der Zession für Ausweis entscheidend. Die durch offene (echte) Zession abgetretenen Forderungen scheiden aus dem Bestand aus.	**Zweifelhafte Forderungen** sind mit ihrem wahrscheinlichen Wert anzusetzen, bei **uneinbringlichen Forderungen** ist eine Abschreibung vorzunehmen. **Unverzinsliche** oder niedrigverzinsliche Forderungen mit Barwert; Abzinsung mit fristenadäquatem Marktzins. Soweit es sich um kurzfristig fällige Forderungen mit einer Restlaufzeit bis zu einem Jahr handelt, kann die Abzinsung aus Vereinfachungsgründen unterbleiben. **Spezielle Risiken** sind im Einzelfall durch aktivische Wertkorrektur (Grundsatz der Einzelbewertung), das **allgemeine Kreditrisiko** durch Bildung einer Pauschalwertberichtigung ebenfalls aktivisch zu berücksichtigen. Ebenfalls bei Rechts- und sonstigen Streitigkeiten über Forderungen und Eröffnung von Konkurs- und Vergleichsverfahren Einzelwertberichtigung. Kursentwicklung bei Forderungen in Fremdwährung berücksichtigen. Saldierungsverbot § 246 II HGB beachten. Bei allen Forderungen ist der „Davon-Vermerk" bei einer Restlaufzeit von mehr als einem Jahr anzugeben (§ 268 IV HGB).

Forderungen gegen verbundene Unternehmen	Prüfung, ob sämtliche Forderungen gegen verbundene Unternehmen ausgewiesen sind. Dazu gehören: Forderungen aus dem Waren-, Leistungs- und Finanzverkehr mit verbundenen Unternehmen.	Prüfung der Bewertung hier im Allgemeinen ausnahmsweise von geringerer Bedeutung, da Wertabschläge wegen einer Gefährdung der Forderungen i.d.R. nicht erforderlich. **Ausnahme**: Forderungen an verbundene Unternehmen mit Sitz im Ausland, da für Forderungen in ausländischer Währung der Kurs des Bilanzstichtages maßgebend ist. Auch Prüfung, ob Forderungen abgezinst werden müssen.
Forderungen gegen Unternehmen, mit denen ein Beteiligungsverhältnis besteht	Dividenden- und Gewinnausschüttungen, Forderungen aus Unternehmensverträgen.	Siehe oben.
Sonstige Vermögensgegenstände	Misch- und Sammelposten für Vermögensgegenstände, die unter keine andere Bilanzposition fallen. Beispiele: Gehaltsvorschüsse, Darlehen.	Siehe oben.
III. Wertpapiere	**Urkunden, in denen ein privates Recht verbrieft ist. Zur Ausübung des Rechts ist die Innehabung der Urkunde erforderlich.**	
Anteile an verbundenen Unternehmen	Anteile an verbundenen Unternehmen nach § 271 II HGB dürfen nur vorübergehend gehalten werden, z.B. für Verschmelzung oder Eingliederung.	Grundlage: Anschaffungskosten und Nebenkosten. Wertpapiere der gleichen Art mit Durchschnittsanschaffungskosten. **Strenges Niederstwertprinzip** beachten (§ 253 III HGB).

Eigene Anteile	Einschränkung des Erwerbs nach § 33 GmbHG und § 71 AktG beachten. Bildung der Position „Rücklage für eigene Anteile" **grundsätzlich** erforderlich. Bei Erwerb eigener Aktien zum Zweck der **Einziehung** oder bei **beschränkter Veräußerungsmöglichkeit** ist das Eigenkapital in Höhe der Anschaffungskosten für die eigenen Anteile zu kürzen (§ 272 I S. 4 und 5 HGB). Es besteht ein Aktivierungsverbot für Aktien, die mit dieser Zweckbestimmung erworben worden sind. In diesem Fall darf auch die Rücklage für eigene Anteile **nicht** gebildet werden.	Siehe oben.
Sonstige Wertpapiere	Sammelposition für Wertpapiere, die nicht den Positionen des Anlagevermögens sowie des Umlaufvermögens zugerechnet werden können. Verbriefung der Rechte zwingend erforderlich. Öffentliche Anleihen, Industrieobligationen, Pfandbriefe, Aktien und abgetrennte Dividenden- und Zinsscheine gehören dazu.	Siehe oben.

IV. Kassenbestand, Bundesbankguthaben, Guthaben bei Kreditinstituten und Schecks	**Flüssige Mittel der Gesellschaft**	
Kassenbestand	Haupt- und Nebenkassen, ausländische Sorten, Wechselsteuermarken und Francotypwerte.	
Bundesbankguthaben und Guthaben bei Kreditinstituten	Guthaben oder Forderungen in Form von täglich fälligen Geldern oder Festgeldern. Guthaben bei Bausparkassen: Ausweis unter „sonstige Vermögensgegenstände".	Siehe oben.
Schecks	Sämtliche hereingenommene Schecks der Gesellschaft	Nennwert Strenges Niederstwertprinzip beachten. Sorten zum Geldkurs.
C. Rechnungsabgrenzungsposten	**Zahlungen, die vor dem Bilanzstichtag für einen genau bestimmten Zeitraum nach dem Bilanzstichtag geleistet werden.**	
	Prüfung, ob Zusammenstellung tatsächlich nur **transitorische Posten** im Sinne von § 250 HGB enthält, und keine Posten, die als sonstige Vermögensgegenstände oder Anzahlungen und dergleichen auszuweisen sind. Für Abgrenzungen kommen alle Ausgaben in Betracht, die Aufwand nach dem Abschlussstichtag sind. Prüfung, ob Zusammenstellung vollständig ist und Abgrenzungen richtig errechnet sind.	Nennwert. Prüfung, ob Zusammenstellung vollständig und Abgrenzungen richtig errechnet sind. Bei Aktivierung ist das **Disagio** durch planmäßige jährliche Abschreibung zu tilgen (§ 250 III S. 2 HGB).

	In Anlehnung an § 5 V EStG dürfen nach § 250 I HGB auch Zölle, Verbrauchsteuer und Umsatzsteuer auf erhaltene Anzahlungen angesetzt werden. Gesondert auszuweisen ist Auszahlungsdisagio oder Rückzahlungsagio für Verbindlichkeiten und Anleihen (Unterschiedsbetrag zwischen dem Rückzahlungs- und Ausgabebetrag); § 250 III HGB. Saldierung mit passiven Rechnungsabgrenzungsposten ist unzulässig (§ 268 VI HGB).	
Nicht durch Eigenkapital gedeckter Fehlbetrag	Bei Verlusten, die das Eigenkapital der Kapitalgesellschaft übersteigen. Gesonderter Ausweis auf der Aktivseite am Schluss der Bilanz (§ 268 III HGB). Erläuterung im Anhang.	

2.4.5 Bilanzierung und Bewertung des Eigenkapitals

Im Folgenden wird die Bilanzierung der einzelnen Bilanzpositionen aufgeführt. Bewertet werden diese Positionen zum Nennbetrag. Auf eine gesonderte Spalte für die Bewertung wurde deshalb verzichtet.

A. Eigenkapital: Von den Eigentümern der Unternehmung zeitlich unbegrenzt zur Verfügung gestellte Mittel, die entweder von außen zugeführt werden oder von innen durch Gewinnausschüttungsverzicht zufließen.

I. Gezeichnetes Kapital: Es ist nach § 272 HGB das Kapital, auf das die Haftung der Gesellschafter für die Verbindlichkeiten der Kapitalgesellschaft gegenüber den Gläubigern beschränkt ist.

Bei Vorhandensein verschiedener Aktiengattungen sind die Gesamtnennbeträge jeder Aktienart gesondert auszuweisen. Bedingtes Kapital ist mit dem Nennbetrag zu vermerken, Gesamtstimmenzahl der Mehrstimmrechtsaktien und der übrigen Aktien sind zu vermerken (§ 152 I AktG).

Ausstehende Einlagen, die nicht eingefordert sind, dürfen offen abgesetzt werden (§ 272 I S. 3 HGB).

Ansatz zum Nennbetrag. Bei Kapitalerhöhung oder -herabsetzung müssen die Werte im Handelsregister eingetragen werden.

II. Kapitalrücklage: Sie umfasst das der Gesellschaft von den Gesellschaftern neben dem Nominalkapital von außen zur Verfügung gestellte Eigenkapital.

Auszuweisen sind:
– Agio und
– Zuzahlungen
der Gesellschafter (§ 272 II HGB).

Einstellungen und Entnahmen für das Geschäftsjahr sind gesondert zu vermerken (§ 152 II AktG).

Nachschüsse der Gesellschafter (§ 42 II S. 3 GmbHG).

Bewertung zum Nominalwert.

III. Gewinnrücklage: Entstanden durch Einbehalten von Teilen des Ergebnisses (§ 272 III HGB).

1. Gesetzliche Rücklage

Nach § 150 I AktG zu bilden. Gemäß § 150 II AktG sind 5 % des (um einen Verlustvortrag aus dem Vorjahr geminderten) Jahresüberschusses so lange einzustellen, bis 10 % oder der in der Satzung bestimmte höhere Teil des Grundkapitals erreicht sind. Auflösung nur nach § 150 III und IV AktG möglich.

Bewertung zum Nominalwert.

2. Rücklage für eigene Anteile

Ist zu bilden, wenn auf der Aktivseite eigene Anteile ausgewiesen werden. In Höhe des Betrages auf der Aktivseite (§ 272 IV HGB). Darf aus der vorhandenen Gewinnrücklage gebildet werden, wenn diese frei verfügbar ist.

3. Satzungsmäßige Rücklagen

Aufgrund von Satzung oder Gesellschaftsvertrag einzustellende Gewinnrücklagen, die nicht auf die gesetzliche Rücklage abzielen.

Bewertung zum Nominalwert.

4. Andere Gewinnrücklagen

Sammelposten. Unterliegen bei der GmbH keinen gesetzlichen Regelungen. Bei AG können nach § 58 I und II AktG bis zu 50 % des Jahresüberschusses in andere Gewinnrücklagen eingestellt werden.

Bewertung zum Nominalwert.

Sonderposten mit Rücklageanteil

Zwei Arten sind auszuweisen:

1. Steuerfreie Rücklagen

Vom Steuergesetzgeber im Einzelnen genannte Fälle, in denen die Zuführungen zu den Rücklagen erstragsteuerlich abzugsfähig sind, z.B. Rücklage für Ersatzbeschaffung (R 35 EStR), Rücklage für Veräußerungsgewinne bei bestimmten Gütern des Anlagevermögens (§ 6 b EStG).

2. Steuerliche Sonderabschreibungen

Einstellung nach § 281 I HGB als indirekte Abschreibung möglich. In der Bilanz oder im Anhang sind die Vorschriften anzugeben, nach denen die Wertberichtigung gebildet worden ist.

Bewertung zum Nominalwert nach den jeweiligen gesetzlichen Vorschriften.

IV. Gewinnvortrag / Verlustvortrag: Das Gliederungsschema nach § 266 III HGB geht von einem Jahresabschluss vor Gewinnverwendung aus. Der Gewinnvortrag wurde weder für die Ausschüttung noch für die Rücklagenbildung verwendet.

V. Jahresüberschuss / Jahresfehlbetrag: Entspricht dem Ergebnis der Gewinn- und Verlustrechung.

Wird die Bilanz unter Berücksichtigung der **teilweisen Gewinnverwendung** aufgestellt, so tritt an die Stelle der Posten IV und V der Posten Bilanzgewinn / Bilanzverlust; ein vorhandener Gewinn- oder Verlustvortrag ist in den Posten „Bilanzgewinn / Bilanzverlust" einzubeziehen und in der Bilanz oder im Anhang gesondert anzugeben (§ 268 I HGB).

Nach **vollständiger Gewinnverwendung** werden diese Posten nicht mehr in der Bilanz ausgewiesen, da die einbehaltenen Beträge in den Rücklagen enthalten sind und die auszuschüttenden Beträge unter „sonstige Verbindlichkeiten" ausgewiesen werden.

2.4.6 Bilanzierung und Bewertung des Fremdkapitals

Fremdkapital wird zum Rückzahlungsbetrag bewertet. Wenn bei der Bewertung besondere Probleme auftreten, wird unter der Bilanzposition darauf hingewiesen.

B. Rückstellungen: Verbindlichkeiten, die hinsichtlich ihres Bestehens und / oder ihrer Höhe nach ungewiss sind, aber hinreichend sicher erwartet werden.

1.   Pensionsrückstellungen

Gibt das Unternehmen eine unmittelbare Versorgungszusage, besteht nach § 249 I HGB eine Rückstellungspflicht. Die Rückstellungen werden über die GuV-Position „soziale Abgaben und Aufwendungen für Altersversorgung und für Unterstützung" gebildet. Die Bewertung erfolgt zum Barwert. Für die Steuerbilanz sind die Vorschriften des § 6 a EStG zu beachten.

2.   Steuerrückstellungen

Ausweis der Steuern und Abgaben, die bis zum Ende des Geschäftsjahres wirtschaftlich entstanden sind, die aber in ihrer Höhe noch nicht feststehen. Dazu gehören:

– Gewerbesteuer
– Nachzahlung aufgrund steuerlicher Außenprüfung
– Lohnsteuer
– Körperschaftsteuer

Einkommensteuerrückstellungen sind in der Steuerbilanz nicht zulässig.

Hier auch der Ausweis latenter Steuern nach § 274 I HGB.

3. Sonstige Rückstellungen

Dazu gehören:

- Drohverlustrückstellungen nach § 249 I HGB
- Kulanzrückstellungen
- Rückstellungen für Garantieverpflichtungen
- Prozessrückstellungen
- Provisionen
- Jahresabschluss- und Prüfungsrückstellungen
- Aufwandsrückstellungen nach § 249 I und II HGB

Bewertung nach § 253 I S. 2 HGB nach vernünftiger kaufmännischer Beurteilung.

C. Verbindlichkeiten: Verpflichtungen, die am Bilanzstichtag nach Höhe und Fälligkeit feststehen.

1. Anleihen

Sie sind entstanden durch die Inanspruchnahme des öffentlichen Kapitalmarktes. Diese Möglichkeit besteht nur für Aktiengesellschaften oder große Gesellschaften anderer Rechtsform. Im Einzelnen gehören dazu: Teilschuldverschreibungen, Wandelschuldverschreibungen, Optionsanleihen, Gewinnschuldverschreibungen. Konvertible Anleihen sind als „Davon-Vermerk" gesondert auszuweisen. Bewertung erfolgt mit dem Rückzahlungsbetrag.

2. Verbindlichkeiten gegenüber Kreditinstituten

Auszuweisen ist der tatsächlich in Anspruch genommene Bankkredit - nicht der eingeräumte.

3. Erhaltene Anzahlungen auf Bestellungen

Langfristige Aufträge werden über Anzahlungen vorfinanziert. Eine Saldierung mit noch nicht abgerechneten Leistungen ist nicht möglich (§ 246 II HGB). Sind sie bestimmten Gegenständen des Vorratsvermögens zuzurechnen, können sie dort offen abgesetzt werden (§ 268 V S. 2 HGB).

4. Verbindlichkeiten aus Lieferungen und Leistungen

Das Unternehmen hat Lieferungen und Leistungen - nicht nur bezüglich des Produktions- oder Leistungsprozesses - erhalten und die Gegenleistung noch nicht erbracht. Soweit auf den empfangenen Waren Sicherheitsrechte ruhen, z.B. Eigentumsvorbehalt, ist ein Vermerk im Anhang nach § 285 Nr. 1 b HGB erforderlich.

5. Verbindlichkeiten aus der Annahme gezogener Wechsel und der Ausstellung eigener Wechsel

Wurde der Wechsel noch nicht akzeptiert, so ist die Schuld unter den „Verbindlichkeiten aus Lieferungen und Leistungen" auszuweisen. Wechselobligo ist unter der Bilanz oder im Anhang (§ 268 VII HGB) auszuweisen.

Verbindlichkeit darf nicht doppelt ausgewiesen werden. Deshalb abgrenzen, ob unter der Position „Verbindlichkeiten aus Lieferungen und Leistungen" und nur bei Vorliegen eines Wechsels Ausweis unter Position C 5.

6.   Verbindlichkeiten gegenüber verbundenen Unternehmen

Hier sind alle Verbindlichkeiten gegenüber verbundenen Unternehmen zusammenzufassen, unabhängig davon, unter welcher Bilanzposition sie sonst auszuweisen wären. Neben Verbindlichkeiten aus Lieferungen und Leistungen gehören auch reine Finanzierungsschulden dazu.

7.   Verbindlichkeiten gegenüber Unternehmen, mit denen ein Beteiligungsverhältnis besteht

Abgrenzung zu Position C 6 nach § 271 I und II HGB. Alle Verbindlichkeiten, die gegenüber Unternehmen bestehen, an denen eine Beteiligung gehalten wird bzw. die am bilanzierenden Unternehmen beteiligt sind, sind hier auszuweisen. Nach § 20 I AktG ist eine AG verpflichtet, eine Beteiligung von mehr als 25 % der Gesellschaft, an der die Beteiligung gehalten wird, zu melden.

8.   Sonstige Verbindlichkeiten,

  davon Steuern,

  davon im Rahmen der sozialen Sicherheit

Es handelt sich um eine Sammelposition, die alle Verbindlichkeiten aufnimmt, die nicht unter C 1 - C 7 ausgewiesen werden können. Dazu gehören die antizipativen passiven Rechnungsabgrenzungsposten, Steuerschulden, Sozialabgaben, Zinsschulden, die nicht unter C 2 oder C 6 und C 7 auszuweisen sind.

Steuern, wie Einkommensteuer, aber auch Lohn- und Kapitalertragsteuer, die für Dritte abgeführt werden, sind gesondert zu vermerken. Zu den Verbindlichkeiten für soziale Sicherheit gehören die Beträge, die in der GuV unter der Position 6 b Gesamtkostenverfahren ausgewiesen werden, sofern sie nicht unter den Pensionsrückstellungen zu passivieren sind.

D. Rechnungsabgrenzungsposten: Zahlungen, die vor dem Bilanzstichtag für einen genau bestimmten Zeitraum nach dem Bilanzstichtag empfangen wurden.

Aufzuführen sind Vorauszahlungen auf Miete, Pacht, Versicherungsprämien, Beiträge, Zinsen usw.

2.4.7 Gewinn- und Verlustrechnung nach dem Gesamtkostenverfahren

GuV-Position	Ausweis
1. Umsatzerlöse	Erlöse aus der Realisation der eigentlichen Betriebsleistungen (= Betriebszweck) (§ 277 I HGB); auszuweisen ist der Rechnungsbetrag abzüglich Umsatzsteuer und Preisnachlässe. Erst nach Erbringung und Abrechnung anzusetzen.
2. Erhöhung oder Verminderung des Bestandes an fertigen und unfertigen Erzeugnissen	Differenz der Bilanzansätze zu Beginn und am Ende der betrachteten Periode der zu Herstellungskosten bewerteten fertigen und unfertigen Erzeugnisse (außer Handelswaren). Hier werden die üblichen Abschreibungen des Umlaufvermögens mit ausgewiesen.
3. Andere aktivierte Eigenleistungen	Eigenleistungen des Unternehmens, für die Aufwendungen unter verschiedenen Aufwandsposten verbucht sind (keine Saldierung von Eigenleistungen und Aufwendungen).
4. Sonstige betriebliche Erträge	Sammelposten für alle die Erträge, die nicht unter einem der vorher beschriebenen Ertragsposten auszuweisen sind. Vor allem: Erlöse aus betriebsleistungsfremden Umsätzen, Zahlungseingänge auf bereits als uneinbringlich ausgebuchte Forderungen, Buchgewinne aus dem Verkauf von Wertpapieren des Umlaufvermögens, Währungsgewinne, Schuldnachlässe, Kostenerstattungen oder Rückvergütungen und Gutschriften für frühere Perioden o.Ä.
5. Materialaufwand – Aufwendungen für Roh-, Hilfs- und Betriebsstoffe und für bezogene Waren	Gesamter Verbrauch an Fertigungsstoffen, Reinigungsmaterial, Reparaturstoffen, Baumaterial (für aktivierte Eigenleistungen), Brenn- und Heizungsmaterial und anderen Energien, sowie Aufwendungen für verkaufte Handelswaren. Verpackungsmaterial wird zum Materialaufwand gerechnet.

	Die Aufwendungen für Roh-, Hilfs- und Betriebsstoffe ergeben sich aus deren Anschaffungskosten abzüglich Umsatzsteuer als Vorsteuer. Sie umfassen aber auch Inventur- und Bewertungsdifferenzen von Vorräten, die durch Schwund, Qualitätsverluste, rückläufige Marktpreise u.Ä. verursacht werden (auch Änderung von Festwertposten).
– Aufwendungen für bezogene Leistungen	Fremdleistungen sind nur dann hier auszuweisen, wenn sie durch die Be- oder Verarbeitung von in die Fertigung eingehenden Fertigungsstoffen oder Erzeugnissen entstanden sind.
6. Personalaufwand – Löhne und Gehälter	Sämtliche im Verlauf des Geschäftsjahres angefallenen Löhne und Gehälter für Arbeiter, Angestellte und Vorstandsmitglieder; Bruttolöhne; keine Vorschüsse auf Löhne und Gehälter. Nebenbezüge (z.B. Erfindervergütungen), in Sachwerten gewährte Bezüge (z.B. mietfreie Dienstwohnungen), Abdingungen und dergl. zählen ebenfalls zu Löhnen und Gehältern. Nicht dazu gehören: Pensionen und Renten, erstattete Barauslagen und Kosten von Belegschaftsmitgliedern für Dienstreisen, Aufsichtsratsbezüge.
– Soziale Abgaben und Aufwendungen für Altersversorgung und Unterstützung, davon für Altersversorgung	Gesetzliche Pflichtabgaben, die von der Gesellschaft als Arbeitgeberanteil zur Sozialversicherung oder Berufsgenossenschaft zu tragen sind. Pensionszahlungen, Zuführungen zu Pensionsrückstellungen und Zuweisung an Unterstützungs- und Pensionskassen. Pensionszahlungen sind nur in dem Maße zu erfassen, wie die Zahlungen nicht erfolgsneutral zu Lasten von Pensionsrückstellungen erfolgen. Als Unterstützung für tätige und nicht mehr tätige Be-

	triebsangehörige kommen alle Aufwendungen der Gesellschaft in Betracht, die nicht für eine Leistung der Empfänger gezahlt werden, z.B. Heirats- und Geburtsbeihilfen, Aufwendungen für Verunglückte, Unterstützungszahlungen für Invaliden und dergleichen.
7. Abschreibungen:	
– Abschreibungen auf immaterielle Vermögensgegenstände des Anlagevermögens und Sachanlagen sowie auf aktivierte Aufwendungen für die Ingangsetzung und Erweiterung des Geschäftsbetriebs.	Betrag der planmäßigen Abschreibungen. Steuerrechtliche Abschreibungen können, brauchen aber nicht separat angegeben zu werden. Sofern sie nicht angegeben werden und auch nicht aus der Bilanz ersichtlich sind, müssen sie gem. § 281 II S. 1 HGB im Anhang aufgeführt und begründet werden.
– Abschreibungen auf Vermögensgegenstände des Umlaufvermögens, soweit diese die in der Kapitalgesellschaft üblichen Abschreibungen überschreiten.	Unternehmensunübliche Abschreibungen auf Vorräte, Forderungen und sonstige Vermögensgegenstände und liquide Mittel. Abgrenzungskriterien: Höhe im Zeitvergleich oder Abschreibungsursache.
– Abschreibungen auf den niedrigeren Stichtagswert (nicht in GuV-Gliederung enthalten).	Außerplanmäßige Abschreibungen auf den niedrigeren Stichtagswert nach § 253 II S. 3 HGB sind als Untergliederung oder als „Davon"-Vermerk gesondert auszuweisen oder im Anhang anzugeben.
– Abschreibungen zur Vorwegnahme künftiger Wertschwankungen (nicht in GuV-Gliederung enthalten).	Bei Gegenständen des Umlaufvermögens nach § 253 III S. 3 HGB. Wahlweise gesondert in Position 12 b oder als Vorspalten zu Nr. 2, 5 a, 8 oder 12.
8. Sonstige betriebliche Aufwendungen	Alle ordentlichen Aufwendungen, die nicht in anderen Positionen (5, 6, 7, 12 und 13) auszuweisen sind.
9. Erträge aus Beteiligungen, davon aus verbundenen Unternehmen	Laufende Erträge aus Beteiligungen, z.B. Dividenden von Kapitalgesellschaften und Genossenschaften, Gewinnanteile von Personengesellschaften und stillen Gesellschaften, Erträge aus Beherrschungsver-

	trägen gemäß § 291 I AktG, soweit nicht gleichzeitig die volle oder teilweise Gewinnabführung vorgesehen ist. Verbunderträge sind gesondert auszuweisen. Die Beteiligungserträge sind immer in voller Höhe, d.h. ohne Abzug der Kapitalertragsteuer, die unter Position Nr. 18 erfasst wird, auszuweisen.
10. **Erträge aus anderen Wertpapieren und Ausleihungen des Finanzanlagevermögens, davon aus verbundenen Unternehmen**	Regelmäßig anfallende Erträge aus den nicht als Beteiligungen aktivierten Wertpapieren des Anlagevermögens und der Ausleihungen mit einer Laufzeit von mindestens einem Jahr (Kapitalertragsteuer wie bei 9.).
11. **Sonstige Zinsen und ähnliche Erträge, davon aus verbundenen Unternehmen**	Erträge aus flüssigen Mitteln und anderen verzinslichen Vermögenswerten, soweit ein Ausweis unter Position Nr. 9 und 10 nicht vorgesehen ist; zinsähnliche Erträge: Agio, Disagio oder Damnum, Kreditprovisionen etc.; nicht dazu zählen dagegen Gebühren für Leistungen, die im Zusammenhang mit Krediten erbracht werden, wie z.B. Kreditbearbeitungsgebühren, Spesen oder Mahnkosten. Kein Ausweis von Lieferantenskonti; sie sollen als Anschaffungskostenminderungen ausgewiesen werden.
12. **Abschreibungen auf Finanzanlagen und auf Wertpapiere des Umlaufvermögens**	Alle Abschreibungen des Anlage- und Umlaufvermögens, die den Finanzbereich betreffen. Abschreibungen bei Finanzanlagen auf den niedrigeren Stichtagswert unter 12 a. Abschreibungen zur Vorwegnahme künftiger Wertschwankungen des Umlaufvermögens unter 12 b. Gesonderter Ausweis als Unterposten oder als „Davon-Vermerk" bzw. Angabe im Anhang.

13. Zinsen und ähnliche Aufwendungen, davon an verbundene Unternehmen	Alle von der Gesellschaft bezahlten Zinsen für aufgenommene Kredite oder die Diskontbeträge auf Wechsel und Schecks. An zinsähnlichen Aufwendungen kommen z.B. in Betracht: Kreditprovisionen an Banken, Überziehungsprovisionen, Abschreibungen auf ein aktiviertes Agio, Disagio oder Damnum. Nicht dazu gehören: Einlösungsprovisionen für Schuldverschreibungen, Kreditvermittlungsprovisionen oder Kreditüberwachungsgebühren, Bankspesen.
14. Ergebnis der gewöhnlichen Geschäftstätigkeit	Ergebnis der ordentlichen Geschäftstätigkeit vor Steuern. Es umfasst die Erfolge aus dem Betriebsbereich und dem Finanzbereich (Position 1 - 13).
15. Außerordentliche Erträge **16. Außerordentliche Aufwendungen**	Die außerordentlichen Erträge und Aufwendungen im Sinne des HGB beschränken sich auf außergewöhnliche Erfolgskomponenten. Periodenfremde Erfolgskomponenten können demnach nicht wegen ihrer Periodenabweichung, sondern nur dann zum außerordentlichen Ergebnis zählen, wenn sie gleichzeitig außergewöhnlich sind. Außerordentliche Erträge sind z.B. Erträge aus unregelmäßig und selten auftretenden Anlagenverkäufen aufgrund von Kapazitätsabbaumaßnahmen. Als Beispiel für außerordentliche Aufwendungen können unregelmäßig anfallende Abgangsverluste aufgrund des Verkaufs von Produktionsanlagen genannt werden.
17. Außerordentliches Ergebnis	Saldo aus den Positionen 15 und 16.
18. Steuern vom Einkommen und vom Ertrag	Körperschaftsteuer, Kapitalertragsteuer für erhaltene Gewinnausschüttungen, Gewerbeertragsteuer.

	Auszuweisen sind nur die laufenden Steueraufwendungen der Periode und die durch keine Rückstellung berücksichtigten Steuernachzahlungen für vergangene Perioden. Erträge aus Steuererstattungen sind abzuziehen. Grundsätzlich sind auch Aufwendungen bzw. Erträge aus der Abgrenzung latenter Steuern auszuweisen.
19. Sonstige Steuern	Von der Gesellschaft zu tragende Steuern, die nicht unter Position 18 auszuweisen sind, z.B. Grundsteuer, Erbschaftsteuer, Schenkungsteuer, Zölle, Kraftfahrzeugsteuer, Versicherungsteuer etc. Mehrwertsteuer bei Bruttoausweis der Umsatzerlöse ohne gesonderte Absetzung in Vorspalte. Nicht auszuweisen sind jene Steuern, die als Anschaffungsnebenkosten gelten und aktiviert werden.
20. Jahresüberschuss / Jahresfehlbetrag	Hier wird als Ergebnis der im Geschäftsjahr erzielte Gewinn oder Verlust ausgewiesen. Die Beschlüsse zur Gewinnverwendung sind noch nicht berücksichtigt.

2.5 Handelsbilanz und Steuerbilanz

In der bilanzanalytischen Literatur wird als Konsequenz aus den Informationsrestriktionen des handelsrechtlichen Jahresabschlusses zuweilen der Rückgriff auf die Steuerbilanz gefordert. Wenn von der Steuerbilanz gesprochen wird, so ist damit die Handelsbilanz mit den Veränderungen gemeint, die das Steuerrecht verlangt. Weder die Aufstellung einer originären Steuerbilanz, noch die Art und Weise, wie die notwendigen Modifikationen der Handelsbilanz vorgenommen werden sollen, ist vorgeschrieben.

Ausgangspunkt der Steuerbilanz ist nach dem **Maßgeblichkeitsgrundsatz** die Handelsbilanz. In der Steuerbilanz ist das Betriebsvermögen anzusetzen, das nach handelsrechtlichen Grundsätzen ordnungsmäßiger Buchführung auszuweisen ist. Die Maßgeblichkeit betrifft sowohl die Frage des Ansatzes, d.h. welche Güter anzusetzen sind, als auch deren Bewertung. Für die steuerrechtliche Gewinnermittlung sind also nicht nur die abstrakten Normen des Handelsrechts entscheidend, sondern auch die **konkrete Ansatz- und Bewertungsentscheidung** in der Handelsbilanz. Neben der materiellen gilt damit auch die formelle Maßgeblichkeit, soweit dieser keine bindenden steuerrechtlichen Normen entgegenstehen.

Die Anknüpfung der steuerlichen Gewinnermittlung an den handelsrechtlichen Jahresabschluss ist eine **Vereinfachungsmaßnahme**. Um die Steuerbemessungsgrundlage, die sich an der wirtschaftlichen Leistungsfähigkeit orientiert, nicht zu verfälschen, wird das Maßgeblichkeitsprinzip insoweit eingeschränkt, als die steuerlichen Vorschriften über die Entnahmen, die Einlagen, die Zulässigkeit der Bilanzänderung, die Betriebsausgaben, die Bewertung und über die Absetzung für Abnutzung und Substanzverringerung zu beachten sind. Verstoßen also Bilanzansätze der Handelsbilanz gegen steuerrechtliche Vorschriften, so wird das Maßgeblichkeitsprinzip durchbrochen.

Was handelsrechtlich aktiviert bzw. passiviert werden muss, ist auch in der Steuerbilanz zu aktivieren (Aktivierungsgebot) bzw. zu passivieren (Passivierungsgebot), selbst wenn steuerlich ein Wahlrecht besteht. Dementsprechend sind erworbene immaterielle Wirtschaftsgüter des Anlagevermögens mit Ausnahme eines erworbenen Geschäfts- oder Firmenwerts stets handelsrechtlich und steuerrechtlich zu aktivieren. Selbstgeschaffene Wirtschaftsgüter des Anlagevermögens dürfen hingegen nicht bilanziert werden. Immaterielle Wirtschaftsgüter des Umlaufvermögens sind jedoch selbst dann zu aktivieren, wenn sie selbst geschaffen wurden. Während in der Handelsbilanz gem. § 249 I S. 1 HGB Rückstellungen für drohende Verluste aus schwebenden Geschäften gebildet werden müssen, besteht seit 1997 in der Steuerbilanz ein Passivierungsverbot (§ 5 IV a EStG). Die handelsrechtlich zulässige Rückstellungsbildung bei Verletzung fremder Patent-, Urheber- und ähnlicher Rechte ist steuerlich - systemwidrig - eingeschränkt.

Rechnungsabgrenzungsposten sind handels- und steuerrechtlich aktivierungs- und passivierungspflichtig. Demgegenüber lehnen Rechtsprechung und Verwaltung bisher die steuerliche Aktivierungsfähigkeit der so genannten Anlaufkosten ab. Für den weiter gefassten Begriff der Ingangsetzungs- und Erweiterungsaufwendungen besteht gemäß

§ 269 HGB handelsrechtlich ein Ansatzwahlrecht als Bilanzierungshilfe. Da Bilanzierungshilfen keine Wirtschaftsgüter im steuerrechtlichen Sinn darstellen, ist eine Aktivierung in der Steuerbilanz nicht möglich. Entsprechendes gilt für die Aktivierung eines Abgrenzungspostens für latente Steuern, was sich jedoch auch aus Sinn und Zweck des Postens ergibt.

Gemäß § 280 I HGB besteht für Abschreibungen nach §§ 253 II S. 3, III und 254 S. 1 HGB ein Wertaufholungsgebot für Kapitalgesellschaften. Die Möglichkeit des Wertaufholungswahlrechtes in der Handelsbilanz nach § 280 II HGB entfällt (trotz unveränderten Wortlauts) durch die Einführung des steuerrechtlichen Wertaufholungsgebotes im Zuge des Steuerentlastungsgesetzes 1999 / 2000 / 2002, sodass nach § 280 I HGB nun ein faktisches Wertaufholungsgebot besteht. Während nach § 6 I Nr. 1 und 2 EStG a.F. ein niedrigerer Teilwert beibehalten werden konnte, wenn der niedrigere Wert auch in der Handelsbilanz beibehalten wurde und damit die Bedingungen des § 280 II erfüllt waren, gilt nach § 6 I Nr. 1 EStG in der neuen Fassung nun ein steuerrechtliches Wertaufholungsgebot. Bei einer Werterholung muss daher sowohl in der Handelsbilanz als auch in der Steuerbilanz eine Zuschreibung erfolgen.

Das handelsrechtliche Beibehaltungsrecht für Nichtkapitalgesellschaften gem. §§ 253 V und § 254 S. 2 HGB bleibt durch die jüngeren Gesetzesänderungen unberührt.

Für die handelsrechtlichen Bilanzierungswahlrechte besteht steuerlich eine Aktivierungspflicht bzw. ein Passivierungsverbot. Als Begründung führt der Große Senat des BFH aus: „Da es dem Sinn und Zweck der steuerrechtlichen Gewinnermittlung entspricht, den vollen Gewinn zu erfassen, kann es nicht im Belieben des Kaufmanns stehen, sich durch Nichtaktivierung von Wirtschaftsgütern, die handelsrechtlich aktiviert werden dürfen, oder durch den Ansatz eines Passivpostens, der handelsrechtlich nicht geboten ist, ärmer zu machen als er ist."

Nach diesen Grundsätzen stellt das handelsrechtliche Wahlrecht für die Aktivierung eines erworbenen Geschäfts- oder Firmenwerts steuerlich ein Aktivierungsgebot dar. In der Steuerbilanz ist dieser Posten über 15 Jahre abzuschreiben, die Handelsbilanz räumt hierfür Wahlrechte ein. Das handelsrechtliche Passivierungswahlrecht für Aufwandsrückstellungen stellt ein steuerliches Passivierungsverbot dar. Diese sind nur insoweit zulässig, als handelsrechtlich in den Fällen des § 249 I Nr. 1 HGB eine Passivierungspflicht besteht. Das handelsrechtliche Bilanzierungswahlrecht für ein geleistetes Damnum bedeutet ein steuerliches Aktivierungsgebot. Das Wahlrecht für die Aktivierung jährlich wiederkehrender Posten der Rechnungsabgrenzung in geringer Höhe wird hingegen auch steuerrechtlich akzeptiert (vgl. Tabelle 15).

Handelsbilanz	Steuerbilanz
Aktivierungsgebot	Aktivierungsgebot
Aktivierungswahlrecht	Aktivierungsgebot
Aktivierungsverbot	Aktivierungsverbot
Passivierungsgebot	Passivierungsgebot
Passivierungswahlrecht	Passivierungsverbot
Passivierungsverbot	Passivierungsverbot

Tabelle 15: Bilanzierung in Handels- und Steuerbilanz

Die handelsrechtlich möglichen Verbrauchsfolgeverfahren waren bis Ende 1989 steuerlich nur eingeschränkt zulässig. Vorräte an Edelmetallen durften nach der Lifo-Methode bewertet werden, die anderen Verfahren waren nur in den Fällen anwendbar, in denen durch die tatsächliche Lagerweise glaubhaft gemacht wurde, dass die tatsächliche Verbrauchs- und Veräußerungsfolge der fiktiven entsprach. Ansonsten war steuerlich die Durchschnittsbewertung geboten. Mit der Steuerreform 1990 wurde auch das Lifo-Verfahren für die Steuerbilanz allgemein anerkannt.

Vergleichbar mit den handelsrechtlichen „planmäßigen" und „außerplanmäßigen" Abschreibungen kennt das Steuerrecht Regel-Absetzungen und außergewöhnliche Absetzungen. Daneben können geringwertige Wirtschaftsgüter gemäß § 6 II EStG sofort abgeschrieben werden. Die **Regel-Absetzungen** sind zulässig für die betriebsgewöhnliche Abnutzung (§ 7 I - V a EStG) und für Substanzverringerung (§ 7 VI EStG). Die Finanzverwaltung gibt Tabellen heraus, in denen für die wesentlichen Wirtschaftsgüter die Nutzungsdauer allgemein und branchenspezifisch angegeben wird (AfA-Tabellen). Als interne Verwaltungsanweisungen sind diese zwar nicht für den Steuerpflichtigen bindend, ein Abweichen von diesen Werten bedarf jedoch einer gesonderten Begründung. Steuerrechtlich zulässig sind die lineare und die degressive Abschreibungsmethode; bei letzterer ist die Inanspruchnahme von außerordentlichen Absetzungen nicht möglich. Der Wechsel von der degressiven zur linearen Abschreibung ist erlaubt, der umgekehrte Weg hingegen nicht.

Außergewöhnliche Absetzungen sollen zunächst der überdurchschnittlichen Abnutzung der Wirtschaftsgüter - ob technisch oder wirtschaftlich - Rechnung tragen. Sonderabschreibungen (z.B. § 7 f, g EStG) und erhöhte Absetzungen (z.B. § 7 c EStG) sind unverkennbar wirtschaftspolitisch motiviert. Eine steuerrechtliche Besonderheit ist die so genannte Teilwertabschreibung (§ 6 I Nr. 1 und 2 EStG).

Im § 6 I Nr. 1 S. 3 EStG gibt der Gesetzgeber eine **Definition des Teilwertes**: „Teilwert ist der Betrag, den ein Erwerber des ganzen Betriebs im Rahmen des Gesamtkaufpreises für das einzelne Wirtschaftsgut ansetzen würde; dabei ist davon auszugehen, dass der Erwerber den Betrieb fortführt."

Mit Hilfe dieses Wertes soll vor allem für Wirtschaftsgüter, die nicht dazu bestimmt sind, am Markt veräußert zu werden, wie z.B. Gebäude, Maschinen usw. ein Wertansatz gefunden werden, der nicht marktpreisabhängig ist und der zudem berücksichtigt, dass ein Wirtschaftsgut Teil eines Gesamtbetriebes und deshalb auch sein Wert ertragsabhängig ist.

Für die Bemessung der **Anschaffungs- und Herstellungskosten** liegt die Bedeutung des Maßgeblichkeitsprinzips darin, dass steuerlich der Ansatz in der Handelsbilanz bei den Aktiva nicht unterschritten werden darf (vgl. Tabelle 16). Die Bewertung der Passiva erfolgt analog. Gemäß § 5 I S. 2 EStG sind steuerrechtliche Wahlrechte bei der Gewinnermittlung in Übereinstimmung mit der Handelsbilanz auszuüben; es gilt hier die so genannte **umgekehrte Maßgeblichkeit**. Dies gilt sowohl für steuerrechtliche Bewertungswahlrechte, als auch für die Geltendmachung degressiver Abschreibungen, für die Bildung steuerfreier Rücklagen und für die Bemessung von Rückstellungen.

Trotz erheblicher Einschränkungen des Maßgeblichkeitsprinzips hängt die Steuerbilanz in starkem Maße von der Handelsbilanz ab. Bei deren Aufstellung müssen die steuerlichen Auswirkungen bedacht werden. Gerade Betriebe kleiner und mittlerer Größenordnung versuchen, aus Wirtschaftlichkeitsgründen nur eine Einheitsbilanz für handels- und steuerrechtliche Zwecke aufzustellen.

Kostenbestandteile	Handelsbilanz	Steuerbilanz
Materialeinzelkosten	Pflicht	Pflicht
Fertigungseinzelkosten	Pflicht	Pflicht
Sondereinzelkosten der Fertigung	Pflicht	Pflicht
Materialgemeinkosten	Wahlrecht	Pflicht
Fertigungsgemeinkosten	Wahlrecht	Pflicht
Verwaltungskosten	Wahlrecht	Wahlrecht
Fremdkapitalzinsen	Wahlrecht	Wahlrecht
Sondereinzelkosten des Vertriebs	Verbot	Verbot
Vertriebsgemeinkosten	Verbot	Verbot

Tabelle 16: Anschaffungs- und Herstellungskosten in Handels- und Steuerbilanz

Der Ansicht, dass die **Steuerbilanz als Datenbasis** der Bilanzanalyse geeigneter sei, da diese „richtigere" Werte als die Handelsbilanz enthalte, kann nicht zugestimmt werden. Es ist zwar zutreffend, dass die steuerrechtlichen Bewertungsmaßstäbe die Legung stiller Reserven erschweren, verhindern können sie dies aufgrund der engen Verzahnung mit dem Handelsrecht jedoch nicht. Auch die Steuerbilanz wird aus der Buchhaltung abgeleitet und unterliegt damit den gleichen **systemimmanenten Restriktionen**. Neben der Steuerbilanz sind auch keine weiteren Informationsinstrumente vorgesehen; eine Gewinn- und Verlustrechnung, ein Anhang oder ein Lagebericht für steuerliche Zwecke sind unbekannt.

Darüber hinaus ist zu bedenken, dass gerade dem externen Analytiker eine Steuerbilanz nur im Ausnahmefall zur Verfügung stehen wird. Selbst im Falle einer internen Analyse verzichtet man bei Anwendung der Steuerbilanz auf die Möglichkeit des Betriebsvergleichs: die handelsrechtlichen Normen, die für eine Objektivierung des offenlegungspflichtigen handelsrechtlichen Jahresabschlusses sorgen, verhindern den Vergleich mit den eigenen Werten aus der Steuerbilanz.

2.6 Handelsrechtliche Jahresabschlussprüfung

2.6.1 Funktion und Inhalt der Jahresabschlussprüfung

Mittelgroße und große Kapitalgesellschaften haben sich jährlich einer Prüfung des Jahresabschlusses und des Lageberichts durch einen Abschlussprüfer zu unterziehen. Als Abschlussprüfer von Kapitalgesellschaften sind nur Wirtschaftsprüfer und Wirtschaftsprüfungsgesellschaften vorgesehen. Eine Ausnahme stellt die Pflichtprüfung der mittelgroßen GmbH dar, die von vereidigten Buchprüfern und Buchprüfungsgesellschaften durchgeführt werden darf.

Das Ziel der Jahresabschlussprüfung ist es, ein nach dem Ermessen des Abschlussprüfers ausreichend sicheres Urteil über den Prüfungsgegenstand zu gewinnen. Durch das Urteil des Prüfers soll die **Glaubwürdigkeit der Rechnungslegung in der Öffentlichkeit** erreicht werden. Es handelt sich dabei um eine Prüfung im Interesse Dritter. Die unterschiedlichen Interessen am Jahresabschluss bezüglich der Informationsverteilung sollen geregelt werden.

Wenn das Ziel „Glaubwürdigkeit der Rechnungslegung" erreicht werden soll, müssen eine Reihe von Voraussetzungen erfüllt werden:

–   Die rechtlichen Grundlagen einer Prüfung müssen eindeutig sein. Hier ist festzuhalten, dass eine Reihe von Fragen der Prüfung nicht im HGB geklärt sind.

– Das Gesetz muss den Regelungsbereich umfassend inhaltlich wie zeitlich abdecken. Hier fehlen Regelungen für neue Formen und Entwicklungen der Buchführung. Sie müssen aus den Grundsätzen ordnungsmäßiger Buchführung entwickelt werden.

Die Jahresabschlussprüfung ist eine **Ordnungsmäßigkeitsprüfung**. Interessenten erwarten aber eine Beurteilung der wirtschaftlichen Lage. Als Folge entsteht die **Erwartungslücke** der Öffentlichkeit. Tatsächlich bezieht sich der gesetzliche Prüfungsauftrag nur auf die Ordnungsmäßigkeit, d.h., vom Abschlussprüfer ist festzustellen, ob das Unternehmen die Grundsätze ordnungsmäßiger Buchführung, die gesetzlichen Vorschriften und die in der Satzung oder im Gesellschaftsvertrag festgelegten Regeln eingehalten hat. Darüber berichtet der **Bestätigungsvermerk**. § 322 HGB in der Fassung des KonTraG sieht dabei einen frei zu formulierenden Bestätigungsbericht mit einem beschreibenden Abschnitt, dem Prüfungsurteil zu Jahresabschluss und Konzernabschluss, der Angabe bestandsgefährdender Risiken sowie dem Urteil zum Lagebericht vor. In die neue Gesetzesfassung wurden die bisherigen Bestimmungen über den Ergänzungsteil (§ 322 II HGB a.F.) nicht übernommen. Sofern Einwendungen zu erheben sind, ist der Bestätigungsvermerk einzuschränken oder zu versagen (mit Begründung).

Der Bestätigungsvermerk ist das zu veröffentlichende Gesamturteil des Abschlussprüfers. Er ist vom Prüfer **einzuschränken**, wenn Einwendungen zu erheben sind - aufgrund von wesentlichen und eindeutig abgrenzbaren Mängeln -, der Positivbefund aber insgesamt erhalten bleibt. Der Bestätigungsvermerk ist **zu versagen**, wenn ein Positivbefund zu wesentlichen Teilen der Rechnungslegung nicht möglich ist bzw. ein Nichtigkeitsgrund für den Jahresabschluss vorliegt. Es muss sich dabei um wesentliche Verstöße handeln, die den geforderten Einblick nicht mehr ermöglichen.

Der **Prüfungsgegenstand** ist in § 317 HGB geregelt. Danach sind Buchführung, Jahresabschluss und Lagebericht zu prüfen. Bei einer Aktiengesellschaft, die Aktien mit amtlicher Notierung ausgegeben hat, ist außerdem zu beurteilen, ob der Vorstand ein leistungsfähiges Überwachungssystem gem. § 91 II AktG eingerichtet hat (§ 317 IV HGB). Dies verdeutlicht noch einmal Abbildung 19.

Die Regelung in § 317 HGB könnte den Eindruck erwecken, dass ein klar umrissener Prüfungsauftrag hinsichtlich Umfang und Vorgehensweise für die Buchführung, den Jahresabschluss, den Lagebericht sowie das Risikomanagementsystem existiert. Dies ist nicht der Fall. Die tatsächliche Abgrenzung des **Umfangs der Prüfungspflicht** ergibt sich aus den Verlautbarungen des IDW. Diese sind 1998 neu strukturiert worden. Bis zu der Änderung wurden die Verlautbarungen als Fachgutachten sowie als Stellungnahmen der verschiedenen Fachausschüsse des IDW herausgegeben. Seit September 1998 werden sie unter folgenden Bezeichnungen veröffentlicht.

– IDW Stellungnahme zur Rechnungslegung,
– IDW Prüfungsstandard,
– IDW Standard,
– IDW Prüfungshinweis,
– IDW Rechnungslegungshinweis.

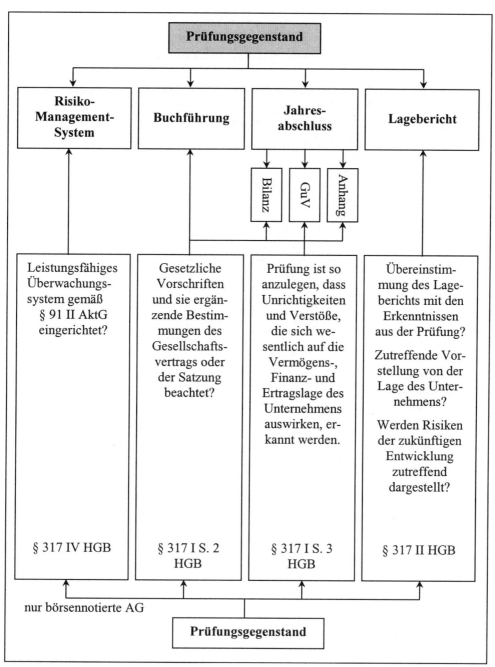

Abbildung 19: Gegenstand und Umfang der Jahresabschlussprüfung

Die **Wahl des Abschlussprüfers** in der Aktiengesellschaft läuft folgendermaßen ab:

1. Der Aufsichtsrat unterbreitet der Hauptversammlung gemäß § 124 III AktG einen Vorschlag bezüglich des Prüfers. Auch die Aktionäre haben ein Vorschlagsrecht nach § 127 AktG.

2. Der Abschlussprüfer wird jedes Jahr neu durch die Gesellschafter bzw. die Hauptversammlung nach § 318 HGB und § 119 I Nr. 4 AktG gewählt. Bei der GmbH kann der Gesellschaftsvertrag etwas anderes bestimmen.

3. Unverzüglich nach der Wahl wird der Auftrag an den Abschlussprüfer gemäß § 318 HGB durch die gesetzlichen Vertreter, d.h. den Vorstand oder die Geschäftsführung, bzw. durch den Aufsichtsrat (§ 111 II AktG) erteilt. Das Geschäftsjahr, auf das sich die Prüfung bezieht, ist noch nicht abgelaufen.

Der Prüfer nimmt den Auftrag an, wenn keine Ausschließungsgründe vorliegen. In § 319 HGB sind die **Ausschließungsgründe** genannt (Abbildung 20).

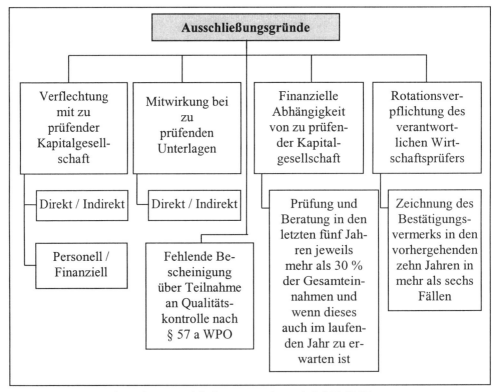

Abbildung 20: Analyse der Ausschließungsgründe nach § 319 HGB

Eine **Kündigung des Abschlussprüfers** sowohl durch die Gesellschaft als auch durch den Abschlussprüfer soll erschwert werden, um zu verhindern, dass bei Meinungsverschiedenheiten zwischen Gesellschaft und Prüfer ein anderer Prüfer bestellt wird. Der Prüfungsauftrag kann von der Gesellschaft nur dann widerrufen werden, wenn ein anderer Prüfer bestellt wurde (§ 318 I S. 5 HGB). Durch das Gericht wird ein anderer Prüfer wegen eines in der Person des Prüfers liegenden Grundes, insbesondere der Besorgnis der Befangenheit, bestellt. Eine Bestellung durch das Gericht wegen anderer Gründe ist dann gegeben, wenn die Wahl des Abschlussprüfers bis zum Ablauf des Geschäftsjahres noch nicht vorlag, der Prüfungsauftrag vom gewählten Prüfer abgelehnt wurde, Krankheit oder Tod des gewählten Abschlussprüfers eingetreten sind, oder im Falle einer Verhinderung des Abschlussprüfers, wenn ein anderer nicht gewählt wurde.

Der gewählte Abschlussprüfer kann nach § 318 VI HGB nur aus wichtigem Grund kündigen. Eine abschließende Aufzählung der Kündigungsgründe ist aufgrund der im Gesetz gewählten Formulierung nicht möglich. Ein wichtiger Grund liegt dann vor, wenn eine Fortsetzung des Vertrages für beide Vertragsparteien unzumutbar ist. Beispiele hierfür sind Zweifel an der Vertrauenswürdigkeit der Gesellschaft oder Feststellung von strafbaren Handlungen.[23] Kein wichtiger Grund sind Meinungsverschiedenheiten über die Erteilung des Bestätigungsvermerks. Die Kündigung muss schriftlich begründet werden.

Der Abschlussprüfer hat dennoch eine Berichtspflicht über das Ergebnis der bisherigen Prüfung. § 321 HGB ist entsprechend anzuwenden. Die **Berichterstattung** erfolgt an die gesetzlichen Vertreter bzw. - bei Erteilung des Auftrags durch den Aufsichtsrat - an den Aufsichtsrat. Jedes Mitglied des Aufsichtsrats hat das Recht der Einsicht nach § 318 VII HGB. Dies gilt auch für die Gesellschafter der GmbH. Sinn des Gesetzes ist es, nicht gesetzeskonformes Verhalten offenkundig zu machen.

Die **Rechte des Abschlussprüfers** sind weitgehend. Zunächst haben die gesetzlichen Vertreter der Kapitalgesellschaft nach § 320 HGB dem Abschlussprüfer den Jahresabschluss und den Lagebericht unverzüglich nach der Aufstellung vorzulegen. Die gesetzlichen Vertreter der Kapitalgesellschaft müssen dem Abschlussprüfer gestatten, die Bücher und Schriften der Kapitalgesellschaft zu prüfen sowie die Vermögensgegenstände und Schulden, namentlich die Kasse und die Bestände an Wertpapieren und Waren, einer Prüfung zu unterziehen. Durch diese Formulierung soll keine Einschränkung der Posten der Bilanz vorgenommen werden, sondern sie werden nur beispielhaft erwähnt. Die weiteren Rechte des Abschlussprüfers nach § 320 II HGB bestehen darin, alle Aufklärungen und Nachweise, die für eine sorgfältige Prüfung notwendig sind, von den gesetzlichen Vertretern der Kapitalgesellschaft zu verlangen. Der Abschlussprüfer besitzt diese Rechte bereits vor Aufstellung des Jahresabschlusses, sodass er mit der Prüfung bereits nach Erteilung des Auftrages durch die gesetzlichen Vertreter bzw. durch den Aufsichtsrat beginnen kann.

---

[23] Vgl. Baetge / Fröhlich, 1990, Rn. 188.

Der Abschlussprüfer hat nach § 321 V HGB den **Prüfungsbericht** zu unterzeichnen und den gesetzlichen Vertretern vorzulegen. Sofern der Aufsichtsrat den Prüfungsauftrag erteilt hat, ist der Bericht ihm vorzulegen. Nach § 171 I S. 2 AktG hat der Abschlussprüfer darüber hinaus an den Verhandlungen des Aufsichtsrats über den Jahresabschluss und den Lagebericht teilzunehmen und über die wesentlichen Erkenntnisse der von ihm durchgeführten Prüfung zu berichten.

2.6.2 Jahresabschlussprüfung und Bilanzanalyse

Die Jahresabschlussprüfung hat zwei **Berührungspunkte** mit der Bilanzanalyse:

1. Der externe Bilanzanalytiker soll sich auf die Richtigkeit der Angaben im Jahresabschluss und im Lagebericht verlassen können.

2. Der Abschlussprüfer selbst ermittelt eine ganze Reihe von Kennzahlen und verwendet sie für seinen Prüfungsbericht.

■ **Glaubwürdigkeit des Jahresabschlusses für den externen Bilanzleser**

Der externe Bilanzleser soll sich auf die Angaben im Jahresabschluss und im Lagebericht verlassen können und sicher sein, dass die Buchhaltung ordnungsgemäß ist. Der Bestätigungsvermerk ist in diesem Sinne als ein **Gütesiegel** zu verstehen. Er unterrichtet die Öffentlichkeit, dass eine Jahresabschlussprüfung durchgeführt wurde.

Ist ein Jahresabschluss mit einem **Bestätigungsvermerk** versehen, kann der externe Bilanzanalytiker davon ausgehen, dass

– die gesetzlichen Regelungen zur Rechnungslegung und die Grundsätze ordnungsmäßiger Buchführung beachtet wurden (die Einhaltung anderer gesetzlicher Vorschriften wird vom Abschlussprüfer nur dann geprüft, wenn er im Rahmen seiner Prüfung mit derartigen Regelungen konfrontiert wird),

– die Prüfung von einem Abschlussprüfer durchgeführt wurde, der aufgrund seiner Praxis und der erforderlichen theoretischen Prüfungen über die notwendige Sachkenntnis verfügt,

– der Prüfer nach den Grundsätzen ordnungsmäßiger Durchführung von Abschlussprüfungen vorgeht, die den Berufsangehörigen vom IDW vorgegeben wurden,

– der Prüfer gehalten ist, die Vorschriften der WPO zu beachten (danach hat der Wirtschaftsprüfer seinen Beruf unabhängig, gewissenhaft, verschwiegen und eigenverantwortlich auszuüben und sich bei der Erstellung von Prüfungsberichten unparteiisch zu verhalten; auch das HGB verpflichtet den Prüfer in § 323 I zu einer sorgfältigen, gewissenhaften und unparteiischen Prüfung),

– der Prüfer weder finanziell noch personell mit dem Unternehmen verflochten ist.

Insofern ist ein unabhängiges, objektives und sachkundiges Urteil über die gesamte Rechnungslegung der geprüften Unternehmung zu erwarten. Allerdings zeigen veröffentlichte Fälle, dass darauf nicht immer vertraut werden kann.

◾ Bilanzanalyse durch den Abschlussprüfer

Der Jahresabschlussprüfer hat nach § 321 HGB einen Prüfungsbericht zu erstellen. § 321 II S. 3 HGB verlangt: „Die Posten des Jahres- und des Konzernabschlusses sind aufzugliedern und ausreichend zu erläutern, soweit dadurch die Darstellung der Vermögens-, Finanz- und Ertragslage wesentlich verbessert wird und diese Angaben im Anhang nicht enthalten sind."

Die **Aufgliederung** der Posten von Bilanz und Gewinn- und Verlustrechnung erfolgt über Kennzahlen. So werden zum Beispiel die Forderungen und Verbindlichkeiten nach Größenanteilen aufgegliedert und die Hauptkunden und -lieferanten namentlich mit den Beträgen genannt.

Der Prüfer arbeitet in seinem Prüfungsbericht stark mit Kennzahlen. So werden die Aussagen im Prüfungsbericht häufig durch Kennzahlen, die auf einem Zeitvergleich aufbauen, belegt. Zum Teil wird von „Zahlenfriedhöfen" gesprochen, weil eine Unzahl von Kennzahlen gebildet wird, von denen der Prüfer nicht jede betriebswirtschaftlich würdigt.

Die Empfänger des Prüfungsberichtes - die gesetzlichen Vertreter bzw. der Aufsichtsrat - können auf die Kennzahlen des Prüfers zurückgreifen, wenn sie nicht schon selbst bei der Bilanzerstellung derartige Kennzahlen ermittelt haben. Gläubiger verlangen zum Teil vom Vorstand eine Abschrift des Prüfungsberichts. Ob sie ihnen ausgehändigt wird, ist eine Frage der Machtposition der Gläubiger und der Publizitätspolitik des Vorstandes. Diese Empfänger können ebenfalls auf die Kennzahlen im Prüfungsbericht zurückgreifen. Banken als Gläubiger von Unternehmen erwarten üblicherweise ebenfalls den Prüfungsbericht. Sie erstellen aber jeweils eigene Kennzahlen aus dem Jahresabschluss, da sie die Aufbereitung und Auswertung nach ihren eigenen Regeln vornehmen.

3. Unternehmensrealität als Einflussfaktor

3.1 Branchenstruktur als Einflussfaktor

3.1.1 Bedeutung der Branche für Bilanzpolitik und Bilanzanalyse

Von einer Branche wird gesprochen, wenn sich Nachfrage und Angebot auf nach Art und Verwendungszweck gleiche Sach- oder Dienstleistungen richten. Die Branchenentwicklung ist durch einen eigenen Trend gekennzeichnet, der sich abweichend vom gesamtwirtschaftlichen Werden vollziehen kann, ebenso wie der eigene Absatzmarkt dem Branchenmarkt nicht entsprechen muss. Dennoch sind diese Sachverhalte eng verbunden und können sich im Zeitverlauf angleichen.

Für viele **Vergleichszwecke** im Rahmen der Bilanzanalyse ist es unerlässlich, dass das Leistungsprogramm der zu vergleichenden Betriebe gleichartig ist. Dies gilt insbesondere, wenn dem Leistungsprogramm innerhalb der Vergleichsaussage ein besonderes Gewicht zukommt. Vergleichszwecke, bei denen ein gleichartiges Leistungsprogramm nicht erforderlich ist, sind z.B. Vergleiche zur Rentabilität, Liquidität und zur Ermittlung der günstigsten Kapitalbeteiligung. Im Allgemeinen ist es jedoch erforderlich, dass die zu vergleichenden Betriebe aus derselben Branche stammen.

Trotzdem sind auch hier Vergleichsstörungen durch die unterschiedliche Zusammensetzung oder Qualität des Erzeugnisprogramms möglich. Diese Störungen wirken sich erheblich auf die Genauigkeit und den Erkenntniswert der Vergleichsaussage aus. Produziert beispielsweise ein Betrieb nur ein einziges Produkt, während ein anderer drei verschiedene Produkte herstellt, ergeben sich Probleme für den Vergleich. Denn es wäre dann festzustellen, wie hoch die Kosten des letzteren Betriebes bezüglich des vergleichbaren Produktes sind. Möglich wäre eine solche Aussage nur dann, wenn eine einheitliche kosten- und leistungsmäßige Abgrenzung zu realisieren wäre. Dies ist aber nicht zu erreichen. Die anteilige Zurechnung von Vertriebs- und Verwaltungskosten, von Zinsen, Abschreibungen, Wagniszuschlägen usw. wird in den einzelnen Betrieben sehr uneinheitlich vorgenommen. Eine gewisse Hilfe kann hier die Segmentberichterstattung leisten (Abschnitt 5.4.7.1).

Die Betriebe zeigen auch - je nach Breite des Produktionsprogramms - einen unterschiedlichen technischen und organisatorischen Aufbau, der bei solchen Vergleichen kaum berücksichtigt wird. Daraus ergeben sich Unterschiede in der Kostenstruktur der Betriebe. Die Störungen des Vergleichs resultieren nicht nur aus den unterschiedlichen Produktionsprogrammen, sondern auch aus der unterschiedlichen Qualität der Produkte.

Grundsätzlich lassen sich die Branchen nach den hergestellten Leistungen in **Sach- und Dienstleistungsbetriebe** einteilen. Die Branchenaufteilung wird im nachfolgenden Abschnitt behandelt. Hier wird zunächst die Branche allgemein gekennzeichnet, um daraus Schlüsse auf die Bilanzpolitik und die Bilanzanalyse zu ziehen.

Als wesentliche Größen zur **Kennzeichnung von Branchen** kommen in Frage:

■ **Branchenentwicklung**

Um die Strukturveränderung in der Gesamtwirtschaft zu erkennen, wird die Fachmarktentwicklung in Relation zur gesamtwirtschaftlichen Entwicklung untersucht. Liegen die Zuwachsraten in der Branche über dem Gesamtmarkt, handelt es sich um eine expandierende Branche. Bleibt die Branche hinter der Gesamtentwicklung zurück, handelt es sich um einen schrumpfenden Markt.

In einem **expandierenden Fachmarkt** ist es den Unternehmen möglich, ihre Ausbringungsmengen zu steigern und bei einem entsprechenden Wachstum wirtschaftlichere Verfahren oder aber eine größere Anzahl gleichartiger Aggregate einzusetzen. Daneben gestattet diese Entwicklung, das Sortiment zu erweitern und eine bessere Abstimmung der Produkte für die einzelnen Abnehmergruppen durchzuführen.

Eine steigende Ausbringungsmenge führt zu erheblich niedrigeren Stückkosten, wie die **Erfahrungskurve** zeigt. Sie sagt aus, dass die Stückkosten in Form der innerbetrieblichen Wertschöpfung jeweils um 20 - 30 % zurückgehen, sobald sich die kumulierte Produktionsmenge verdoppelt. Dies wird mit dem Erfahrungszuwachs begründet, der Kostensenkungen durch Lern- und Degressionseffekte, durch technischen Fortschritt usw. ermöglicht, sofern deren Nutzung durch bewusste Anstrengung gelingt.

In Anlehnung an das Kostenverhalten ermöglicht die Erfahrungskurve auch Aussagen über die mögliche Entwicklung von Preisen, die langfristig den fallenden Kosten folgen, da sonst neue Anbieter angelockt werden. Entsprechend lassen sich damit auch Aussagen über Deckungsbeiträge bzw. Ergebnisse von Produkten und Produktgruppen machen.

Damit haben Entwicklungsrichtung und -tempo Auswirkungen auf Kostenstrukturen und Preise. Sie treffen die Unternehmen in unterschiedlichen Entwicklungsstadien. Im Rahmen der Bilanzanalyse ist deshalb nach Größe, Finanzierung und Marktanteil zu fragen, da ansonsten Aussagen über künftige Entwicklungen kaum ableitbar sind. Die aus dem Jahresabschluss heraus skizzierte wirtschaftliche Lage kann sich sehr schnell durch Verschiebungen in der Branche verändern.

Noch schwieriger ist die Situation in **schrumpfenden Märkten**. Marktanteil, Flexibilität, Finanzierung und Kostenstruktur können entscheidend für den Fortbestand des Unternehmens sein. Hier ist zu vermuten, dass die bilanzielle Situation besser dargestellt wird, als sie in Wirklichkeit ist.

▨ Technische Entwicklung

Der Einfluss der Technologie auf die Unternehmensstruktur kommt in vielfältiger Form zum Ausdruck. Zumindest ist nach dem Einfluss der Fertigungs- und der Informationstechnologie zu unterscheiden. Art und Umfang des Einsatzes der Informationstechnologie führen zu einer stärkeren Spezialisierung in der Organisation. Die technische Entwicklung erschwert bzw. verhindert den Zeitvergleich. Der Übergang zum Just-in-time hat einen Abbau des Vorratsvermögens zur Folge, der zu einer Verschiebung der Bilanzrelationen führt. Dies gilt ebenso für den Einsatz von Industrierobotern oder Lean production. Für den Bilanzleser sind derartige Veränderungen aus dem Geschäftsbericht nicht unmittelbar zu entnehmen. Eine Kennzahl soll diese Problematik verdeutlichen. Die Arbeitsproduktivität bei VW lag 1980 bei ca. 11,6, 1990 bei ca. 11,7 und 2000 bei ca. 16 Fahrzeugen pro Mitarbeiter. Es entsteht der Eindruck, als wäre in Richtung Rationalisierung und des technischen Fortschritts nichts geschehen. Tatsächlich wurden aber entscheidende Änderungen in der Fertigungstechnologie vorgenommen. Die Aufqualifizierung der Fahrzeuge und die Verlängerung der Produktionstiefe haben diese Auswirkungen jedoch nahezu kompensiert.

▨ Vorherrschender Einsatzfaktor

Wird von den Bilanzwerten ausgegangen, kann zwischen anlageintensiven, vorratsintensiven und forderungsintensiven Betrieben unterschieden werden. Aus der Sicht der Gewinn- und Verlustrechnung wäre in abschreibungs-, lohn-, material- und zinsintensive Unternehmen zu trennen. Diese Abgrenzung soll die Anfälligkeit einer Branche bzw. des einzelnen Betriebes gegenüber speziellen Risiken verdeutlichen.

Anlage- bzw. abschreibungsintensive Unternehmen sind anfällig gegenüber Beschäftigungsschwankungen. Ihre Kapazitäten verlangen nach Auslastung. Sinkt die Beschäftigung, entstehen Leerkosten. Die Folge bei einer Vollkostenrechnung besteht in der Anpassung der Zuschlagssätze, was bei Umsatzrückgang nicht realisiert werden kann. Es entstehen nach der Gewinnveränderungsformel - im Verhältnis zum Umsatzrückgang - überproportionale Gewinneinbußen.

Bei steigendem Beschäftigungsgrad kann in diesen Branchen auch eine überproportionale Gewinnsteigerung erzielt werden. Ein weiteres Risiko in anlageintensiven Branchen ist im technischen Fortschritt zu sehen. Nicht allen Betrieben gelingt es auf Grund ihrer finanziellen Situation, die erforderlichen Investitionen vorzunehmen. Die Folge ist die Übernahme durch andere Betriebe oder das Ausscheiden aus dem Markt.

Vorratsintensive Betriebe haben sich mit den Problemen Überalterung, Schwund und Verderb von Vorräten zu beschäftigen. Insbesondere in Zeiten rückläufiger Umsätze muss sich der Bilanzanalytiker fragen, ob Abschreibungen auf das Vorratsvermögen im erforderlichen Umfang vorgenommen wurden.

Für **materialintensive Betriebe** ist das Augenmerk ebenfalls auf die Vorratsbewertung zu legen. Hier interessiert aber auch noch die Materialpreisentwicklung. Steigende Materialpreise können nicht immer weitergegeben werden und gehen dann zu Lasten des Gewinns. Inwieweit z.B. durch Single sourcing und langfristige Lieferantenbindung die

Preissteigerung aufgefangen werden kann, ist dem Lagebericht üblicherweise nicht zu entnehmen.

Forderungsintensive Betriebe leiden bei Konjunkturrückgang unter der sinkenden Zahlungsmoral und verminderter Zahlungsfähigkeit der Kunden. Bei **lohnintensiven Betrieben** schlagen Lohnsteigerungen auch über die Lohnnebenkosten erheblich durch, während bei **zinsintensiven Betrieben** die Veränderungen bei den Zinsaufwendungen und -erträgen zu prognostizieren sind.

Diese generellen Aussagen sind im Rahmen der Bilanzanalyse sehr vorsichtig zu werten. Die Auswirkungen treffen die Betriebe nicht in gleicher Härte, da sie Risikovorsorge in unterschiedlichem Umfang betrieben haben können. Flexibilität, Abbau von fixen Kosten und Lieferantenbeziehungen - um nur einige Beispiele zu nennen - können sich wesentlich unterscheiden. Der Bilanzleser benötigt für die Feststellungen weitere Informationen aus Veröffentlichungen in der Fach- oder Tagespresse oder von den Wirtschaftsauskunfteien.

■ Einfluss der Mode

Die Branchen sind dem Wandel des Geschmacks und der Mode unterschiedlich stark ausgesetzt. Ausgeprägte Geschmackswandlungen gewährleisten nur kurzfristig eine volle Auslastung der Kapazität, da Änderungen und Umrüstungen an den Anlagen erforderlich sind, wenn nicht gänzlich andere Verfahren gewählt werden müssen. Neben den Problemen bei den Anlagen sind die Risiken bei den Fertigerzeugnissen und Waren zu sehen. Eine Beurteilung der zukünftigen Entwicklung ist nur schwer möglich. Auch Erfahrungswerte über die Anpassung an modische Veränderungen in der Vergangenheit gelten spätestens dann nicht mehr, wenn personelle Veränderungen in der Führungsspitze eingetreten sind.

■ Saisonale Schwankungen

Sie führen zu laufenden Änderungen der Nachfrage. Die bisherigen Lösungsansätze zur Abstimmung der Produktion und des Lagers auf saisonale Schwankungen sind überwiegend kurzfristiger Natur und berücksichtigen nicht Kostendegressionsvorteile, die mit dem Einsatz größerer Betriebsmittel verbunden sein können. Die einmal gewählte Unternehmensgröße muss deshalb so strukturiert sein, dass sie innerhalb der gesamten Phasenlänge der Saison optimal ist.

Zur Verbesserung der Aussagekraft der Bilanz wird von den Saisonbetrieben üblicherweise ein abweichendes Geschäftsjahr sowohl für die Steuer- als auch für die Handelsbilanz gewählt. Dies muss aber nicht so sein. Erschwert wird der Einblick in die wirtschaftliche Lage von Saisonbetrieben, wenn es diesen gelungen ist, Leistungen mit entgegengesetztem Saisonrhythmus in das Fertigungsprogramm aufzunehmen bzw. saisonunabhängige Artikel zu fertigen.

Im Anhang ist eine Aufteilung der Umsätze nach den Produkten vorzunehmen. Von daher könnte eine Umsatzerwartung für die nächsten Jahre abgeleitet werden. Der externe Bilanzleser kennt aber nicht die Verteilung der Aufwendungen auf die verschiedenen

Produkte. Eine kurzfristige, auf die Produkte bezogene Erfolgsrechnung, kann diese Informationen liefern. Dem Bilanzleser steht sie aber nicht zur Verfügung.

■ Konkurrenzsituation

Die Konkurrenzsituation ergibt sich aus den Marktanteilen und dem Marktverhalten der Konkurrenten sowie aus der Anzahl und dem Konzentrationsgrad der Konkurrenten. Wenige starke Konkurrenten in einem wachsenden Markt machen dem kleineren Anbieter - bei sonst positiver Situation - „das Leben schwer". Insofern sind auch Aussagen zur wirtschaftlichen Lage eines einzelnen Betriebes nur bei Kenntnis dieser Einzelheiten möglich. Sind in der Branche unterschiedliche Größenstrukturen bei den Betrieben festzustellen, wird ein Branchenvergleich erschwert, weil dann auch die Kostenstruktur häufig nicht mehr vergleichbar ist. Weitere Probleme für die Vergleichbarkeit resultieren aus unterschiedlichen Produktionstiefen.

■ Preispolitik

Eine Störung des Vergleichs zwischen den Betrieben kann auch dadurch verursacht werden, dass die Preise von Verbrauchs- und Absatzgütern der Betriebe unterschiedlich sind. Für zahlreiche Vergleichszwecke ist es notwendig, Mengengrößen zu bewerten, wodurch der Einfluss der Preise wirksam wird. Als **preisbeeinflussende Faktoren** treten auf: Marktstellung der Betriebe, Standort (Ortsgröße), Geschäftslage, Entfernung zu Abnehmern und Lieferanten, vertragliche Abkommen (z.B. Abnahme- und Lieferverträge), Kapitalbeschaffungskosten, Preise für Betriebsmittel, Abschreibung usw. Ob die Preiseinflüsse ausgeschaltet werden könnten und sollten, hängt von der Stellung des Bilanzanalytikers und vom Vergleichszweck ab. Externe Bilanzleser sind nicht in der Lage, diese Preisunterschiede zu eliminieren. Bei Erfolgs- und Rentabilitätsvergleichen sollte der Einfluss der Preise nicht eliminiert werden.

3.1.2 Brancheneinteilung

Nach dem Kriterium der Körperlichkeit der erzeugten Leistung werden die Betriebe den Sach- und Dienstleistungsbetrieben zugeordnet. Will man dabei die **Dienstleistungen** näher kennzeichnen, werden folgende Merkmale genannt:

- immaterieller Charakter der Dienstleistungen (sie sind unkörperlich und unstofflich, d.h. materiell nicht fassbar),
- Nichtspeicherbarkeit der Dienstleistungen, d.h., es besteht keine bzw. nur eine geringfügige Möglichkeit der Vorratsproduktion; dadurch besteht keine oder nur eine sehr geringe Puffermöglichkeit durch Lagerhaltung,
- Produktion der Dienstleistung am Ort ihrer Verwertung,
- Verbrauch der Dienstleistungen im Zeitpunkt ihrer Entstehung,
- Problematik der Messung und Bewertung von Dienstleistungen in quantitativer wie qualitativer Hinsicht.

Aus dieser Kennzeichnung der Dienstleistungsbetriebe ergibt sich schon die Schwierigkeit, eine Abgrenzung der Betriebe vorzunehmen und eine Typologie zu erstellen. Die in der wirtschaftlichen Realität erkennbaren Erscheinungsformen werden aufgrund bestehender zusammengehöriger Merkmale erfasst, um gemeinsame Grundformen und deren Ausprägungen erkennen zu können. Bei den Dienstleistungsbetrieben besteht ein Kriterium in der Abgrenzung der Leistungsverwertung. Die **direkten Dienstleistungen** werden unmittelbar vom Endverbraucher genutzt und repräsentieren selbst die abzusetzende „Ware" eines Unternehmens. Die **indirekten Dienstleistungen** dagegen haben lediglich Zubringerfunktion und verkörpern Hilfsprozesse in der Unternehmung. Sie können sowohl nach innen als auch nach außen gerichtet sein.

Bei der **Abgrenzung der Sachleistungsbetriebe** folgt man üblicherweise dem Weg von der Urproduktion bis zur konsumnahen Industrie und darüber hinaus zu den Wiedergewinnungsunternehmen. Eine Aufteilung privater Unternehmen nach Sachleistungs- und Dienstleistungsunternehmen zeigt Abbildung 21.

Das **Statistische Bundesamt** unterscheidet insgesamt nach den in Tabelle 17 aufgeführten Wirtschaftszweigen. Die nationale Wirtschaftszweigklassifikation (WZ) 93 dient dabei, abgesehen von der Klassifizierung von Einheiten im Rahmen amtlicher Erhebungen, auch für Register zu statistischen Zwecken.[24]

Die WZ 93 ist tätigkeitsbezogen gegliedert, institutionelle Gliederungsgesichtspunkte treten (im Gegensatz zur WZ 79) in den Hintergrund, eine Sektorengliederung fehlt vollständig. Gleichfalls wurde auf eine Unterscheidung zwischen marktbestimmten und nicht marktbestimmten Tätigkeiten bei der Bildung von Wirtschaftszweigen verzichtet.

Entwickelt wurde die WZ 93 ausgehend von der sogenannten NACE Rev. 1 durch Einfügen einer weiteren Gliederungsebene (fünfstellig numerisch verschlüsselte Unterklassen). NACE Rev. 1 steht dabei für die statistische Systematik der Wirtschaftszweige in der Europäischen Union.[25]

---

[24] Vgl. Statistisches Bundesamt, 1994, S. 19.
[25] Vgl. Statistisches Bundesamt, 1994, S. 14.

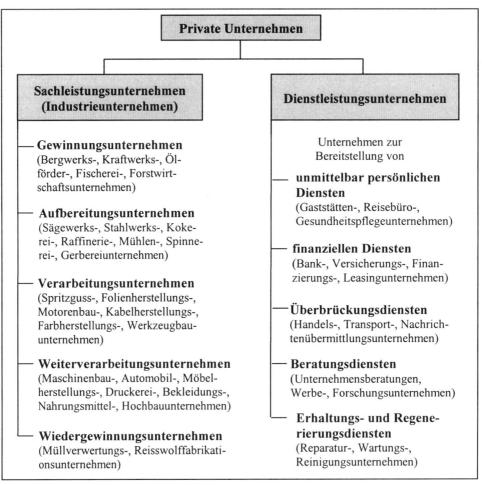

Abbildung 21: Gliederung privater Unternehmen in Sachleistungsunternehmen und Dienstleistungsunternehmen[26]

---

[26] Vgl. Bea / Dichtl / Schweitzer, 2000, S. 35.

A	Land- und Forstwirtschaft
B	Fischerei und Fischzucht
C	Bergbau und Gewinnung von Steinen und Erden
CA	Kohlenbergbau, Torfgewinnung, Gewinnung von Erdöl und Erdgas, Bergbau auf Uran- und Thoriumerze
CB	Erzbergbau, Gewinnung von Steinen und Erden, sonstiger Bergbau
D	Verarbeitendes Gewerbe
DA	Ernährungsgewerbe und Tabakverarbeitung
DB	Textil- und Bekleidungsgewerbe
DC	Ledergewerbe
DD	Holzgewerbe (ohne Herstellung von Möbeln)
DE	Papier-, Verlags- und Druckgewerbe
DF	Kokerei, Mineralölverarbeitung, Herstellung und Verarbeitung von Spalt- und Brutstoffen
DG	Chemische Industrie
DH	Herstellung von Gummi- und Kunststoffwaren
DI	Glasgewerbe, Keramik, Verarbeitung von Steinen und Erden
DJ	Metallerzeugung und –bearbeitung, Herstellung von Metallerzeugnissen
DK	Maschinenbau
DL	Herstellung von Büromaschinen, Datenverarbeitungsgeräten und -einrichtungen; Elektrotechnik, Feinmechanik und Optik
DM	Fahrzeugbau
DN	Herstellung von Möbeln, Schmuck, Musikinstrumenten, Sportgeräten, Spielwaren und sonstigen Erzeugnissen; Recycling
E	Energie- und Wasserversorgung
F	Baugewerbe
G	Handel; Instandhaltung und Reparatur von Kraftfahrzeugen und Gebrauchsgütern
H	Gastgewerbe
I	Verkehr und Nachrichtenübermittlung
J	Kredit- und Versicherungsgewerbe
K	Grundstücks- und Wohnungswesen, Vermietung beweglicher Sachen, Erbringung von Dienstleistungen überwiegend für Unternehmen
L	Öffentliche Verwaltung, Verteidigung, Sozialversicherung
M	Erziehung und Unterricht
N	Gesundheits-, Veterinär- und Sozialwesen
O	Erbringung von sonstigen öffentlichen und persönlichen Dienstleistungen
P	Private Haushalte
Q	Exterritoriale Organisationen und Körperschaften

Tabelle 17: Klassifikation der Wirtschaftszweige

Für die Bilanzanalyse und speziell den Betriebsvergleich ist es wichtig, die richtige Vergleichsgruppe zu finden. Im Folgenden wird ein Auszug aus einer Veröffentlichung des Statistischen Bundesamtes[27] zitiert.

„Jede Einheit wird auf der Grundlage der in ihr durchgeführten Tätigkeiten auf der untersten Gliederungsebene der WZ 93 eingeordnet, sofern für die einzelnen fachstatistischen Erhebungen nichts anderes bestimmt ist.

Die Klassifizierung ist abhängig von der verwendeten statistischen Einheit. Beispielsweise wird ein Betrieb (örtliche Einheit), der ausschließlich Marktforschung oder Softwareentwicklung für das eigene Unternehmen betreibt, bei der Darstellung nach örtlichen Einheiten unter der Unterklasse 74.13.1 (Marktforschung) bzw. der Unterklasse 72.20.2 (Softwareentwicklung) der WZ 93 klassifiziert. Demgegenüber muß die Tätigkeit eines solchen Betriebes bei der Feststellung des Unternehmensschwerpunktes (statistische Einheit Unternehmen) als Hilfstätigkeit angesehen werden; dementsprechend müssen die dort entstandenen Kosten auf diejenigen Tätigkeiten verteilt werden, die diese Leistungen in Anspruch nehmen.

Jede statistische Einheit wird der Unterklasse der WZ 93 zugeordnet, zu der ihre Haupttätigkeit gehört. **Die Haupttätigkeit einer Einheit ist die Tätigkeit, die den größten Beitrag zur Bruttowertschöpfung zu Faktorkosten dieser Einheit leistet.** Die im Zusammenhang mit Hilfstätigkeiten entstandenen Kosten werden den Haupt- und Nebentätigkeiten anteilig zugerechnet. Wenn auf der Ebene der Unterklassen der Beitrag einer Tätigkeit zur Wertschöpfung mehr als 50 % beträgt, wird die betreffende Unterklasse für die Klassifizierung der Einheit zugrunde gelegt. In allen übrigen Fällen sind die Klassifizierungsregeln zu beachten, die eine stufenweise Zuordnung nach der Top-down-Methode vorschreiben. Im einzelnen ist bei der Anwendung der Top-down-Methode folgendermaßen vorzugehen:

1. Auflistung der von der Einheit ausgeführten Tätigkeiten und Ermittlung der Bruttowertschöpfung zu Faktorkosten für jede betroffene Unterklasse der WZ 93 für einen nahe zurückliegenden Zeitraum von 12 Monaten.

2. Bestimmung des Abschnitts der WZ 93 mit dem höchsten Anteil an der Wertschöpfung.

3. Innerhalb dieses Abschnitts Bestimmung der Abteilung der WZ 93 mit dem höchsten Anteil an der Wertschöpfung.

4. Innerhalb dieser Abteilung Bestimmung der Gruppe der WZ 93 mit dem höchsten Anteil an der Wertschöpfung.

5. Innerhalb dieser Gruppe Bestimmung der Klasse der WZ 93 mit dem höchsten Anteil an der Wertschöpfung.

6. Innerhalb dieser Klasse Bestimmung der Unterklasse der WZ 93 mit dem höchsten Anteil an der Wertschöpfung.

---

[27] Statistisches Bundesamt, 1994.

Diese Unterklasse bestimmt die Haupttätigkeit der Einheit und ist für die wirtschaftszweigklassifikatorische Zuordnung maßgeblich."[28]

Die Klassifizierungsregel wird im Folgenden anhand eines Beispiels verdeutlicht (vgl. Tabelle 18 bzw. 19).

Ab-schnitt	Unter-klasse	Bezeichnung der Unterklasse	Anteil an der Bruttowert-schöpfung zu Faktorkosten in %
D	28.71.0	Herstellung von Behältern aus Eisen und Stahl	7
	29.31.1	Herstellung von Ackerschleppern	8
	29.40.1	Herstellung von Werkzeugmaschinen für die Metallbearbeitung	3
	29.52.1	Herstellung von Bergwerksmaschinen	6
	29.52.2	Herstellung von Bau- und Baustoffmaschinen	15
	29.55.0	Herstellung von Maschinen für das Papiergewerbe	8
	34.30.0	Herstellung von Teilen und Zubehör für Kraftwagen und Kraftwagenmotoren	5
G	51.14.7	Handelsvermittlung von landwirtschaftlichen Maschinen und Geräten	7
	51.66.0	Großhandel mit landwirtschaftlichen Maschinen und Geräten	28
K	74.20.5	Ingenieurbüros für technische Fachplanung	13

Tabelle 18: Einordnung eines Unternehmens in die Klassifikation der Wirtschaftszweige I

---

[28] Statistisches Bundesamt, 1994, S. 19 - 20.

	Bezeichnung	Anteil an der Bruttowert-schöpfung zu Faktor-kosten in %
Schritt 1: Bestimmung des Abschnitts		
Abschnitt D	**Verarbeitendes Gewerbe**	**52**
Abschnitt G	Handel; Instandhaltung und Reparatur von Kraftfahrzeugen und Gebrauchsgütern	35
Abschnitt K	Grundstücks- und Wohnungswesen, Vermietung beweglicher Sachen, Erbringung von Dienstleistungen überwiegend für Unternehmen	13
Schritt 2: Bestimmung der Abteilung		
Abteilung 28	Herstellung von Metallerzeugnissen	7
Abteilung 29	**Maschinenbau**	**40**
Abteilung 34	Herstellung von Kraftwagen und Kraftwagenteilen	5
Schritt 3: Bestimmung der Gruppe		
Gruppe 29.3	Herstellung von land- und forstwirtschaftlichen Maschinen	8
Gruppe 29.4	Herstellung von Werkzeugmaschinen	3
Gruppe 29.5	**Herstellung von Maschinen für sonstige bestimmte Wirtschaftszweige**	**29**
Schritt 4: Bestimmung der Klasse		
Klasse 29.52	**Herstellung von Bergwerks-, Bau- und Baustoffmaschinen**	**21**
Klasse 29.55	Herstellung von Maschinen für das Papiergewerbe	8
Schritt 5: Bestimmung der Unterklasse		
Unterklasse 29.52.1	Herstellung von Bergwerksmaschinen	6
Unterklasse 29.52.2	**Herstellung von Bau- und Baustoffmaschinen**	**15**

Tabelle 19: Einordnung eines Unternehmens in die Klassifikation der Wirtschaftszweige II

„Die **Haupttätigkeit** fällt daher in die **Unterklasse 29.52.2 der WZ 93** (Herstellung von Bau- und Baustoffmaschinen), obwohl die Unterklasse 51.66.0 (Großhandel mit landwirtschaftlichen Maschinen und Geräten) den höchsten Anteil an der Bruttowertschöpfung zu Faktorkosten hat. Wäre die Zuordnung direkt zu der Unterklasse mit dem höchsten Anteil an der Wertschöpfung erfolgt, hätte man dieses Unternehmen fälschlicherweise außerhalb des Verarbeitenden Gewerbes klassifiziert."[29]

Die **Zielsetzung** dieser Abgrenzungen besteht darin, die Vergleichbarkeit der Betriebe innerhalb eines Wirtschaftszweiges zu erhöhen und zum anderen das Typische, das Gemeinsame einer solchen Branche auch in Form von Zahlenwerten darzustellen. Zu den **Unternehmen des verarbeitenden Gewerbes und des Handels** lassen sich folgende Aussagen allgemeiner Art treffen.

■ **Unternehmen des verarbeitenden Gewerbes**

– Sie zeichnen sich durch eine relativ große Wertschöpfung aus.

– Sie haben ein relativ hohes Anlagevermögen.

– Sie sind personalintensiv.

– Sie weisen einen relativ geringen Vermögensumschlag auf.

Diese mehr allgemeine Abgrenzung führt zu folgendem Niederschlag in der Bilanz: Das relativ hohe Anlagevermögen erfordert zum einen ein entsprechendes Langfristkapital, zum anderen birgt es ein relativ hohes Beschäftigungsrisiko, da eine Anpassung an Beschäftigungsschwankungen nur längerfristig möglich ist. Aufgrund des Vermögensaufbaus im verarbeitenden Gewerbe ist eine höhere Eigenkapitalausstattung erforderlich; es ist auch mit einer höheren Umsatzrendite aufgrund des spezifischen Unternehmensrisikos zu rechnen.

Für **Industriebetriebe** sind eine Reihe von Betriebsvergleichen bekannt, die genauere Durchschnittszahlen z.B. für Beschäftigungsgrad, Gemeinkostenzuschläge, Umsatz usw. enthalten.

Im **Handwerk** liegen Untersuchungen des Deutschen Handwerksinstituts München vor. Sie beziehen sich vor allem auf Kosten- und Beschäftigungsstruktur, Auftragsstruktur sowie Vermögens- und Kapitalstruktur.

■ **Handelsunternehmen**

– Sie zeichnen sich durch ein relativ geringes Anlagevermögen aus.

– Der Personalbestand ist kleiner und flexibler.

– Die Wertschöpfung ist gegenüber dem verarbeitenden Gewerbe niedriger.

– Der Vermögensumschlag, der sich auf die Vermögensgegenstände im Umlaufvermögen bezieht, ist höher.

---

[29] Statistisches Bundesamt, 1994, S. 23.

Für die Bilanzstruktur ergibt sich daraus als Konsequenz, dass **Handelsbetriebe** vergleichsweise über ein höheres Umlaufvermögen verfügen, damit auch mit einer geringeren Eigenkapitalquote auskommen und die geringere Umsatzrendite über einen höheren Vermögensumschlag kompensieren. Beim Betriebsvergleich im Handel werden die Umsatzbewegungen und die einzelnen Kostenarten im Verhältnis zum Umsatz für die verschiedenen Branchen nach Größenklassen aufgeführt. Das Institut für Handelsforschung an der Universität zu Köln führt Betriebsvergleiche für eine Vielzahl von Branchen und Teilbranchen des Groß- und Einzelhandels durch.

Umsatz im Verarbeitenden Gewerbe sowie im Bergbau und in der Gewinnung von Steinen und Erden 1999		
	Mio. DM	Anteil in %
Bergbau und Gewinnung von Steinen und Erden	22.567	1,0
Kohlenbergbau, Torfgewinnung	9.725	0,4
Gewinnung von Erdöl und Erdgas, Erbringung verbundener Dienstleistungen	4.329	0,2
Gewinnung von Steinen und Erden, sonstiger Bergbau	8.513	0,4
Verarbeitendes Gewerbe	2.317.221	99,0
Ernährungsgewerbe	228.068	9,7
Textil / Bekleidung	51.171	2,2
Druck, Papier	134.386	5,7
Chemische Industrie	237.427	10,1
Eisenschaffende Industrie, Maschinenbau	519.290	22,2
Herstellung von Geräten der Elektrizitätserzeugung, -verteilung u.ä.	122.204	5,2
Herstellung von Kraftwagen und Kraftwagenteilen	398.475	17,0
Sonstige	626.200	26,9
Summe	2.339.788	100

Tabelle 20: Umsatz im Verarbeitenden Gewerbe sowie im Bergbau und in der Gewinnung von Steinen und Erden 1999[30]

Die Aufstellung der Zweige der deutschen Industrie mit ihren Umsatzanteilen in Tabelle 20 zeigt den Beitrag einzelner Industriezweige für die deutsche Wirtschaft. Große Bedeutung besitzen die eisenschaffende Industrie und der Maschinenbau mit 22,2 % sowie die Herstellung von Kraftwagen und Kraftwagenteilen mit 17 % am gesamten Umsatz des verarbeitenden Gewerbes. Die Tabelle verdeutlicht, welche Auswirkungen auf die gesamte deutsche Wirtschaft Probleme und Krisen im Maschinenbau und im Straßenfahrzeugbau haben.

---

[30] Vgl. Statistisches Bundesamt, 2000, S. 185.

3.1.3 Branchen mit langfristiger Auftragsfertigung

Die industrielle Fertigung ist durch eine zunehmende Verfeinerung technischen Know-hows, verstärkten Wettbewerbsdruck und eine fortschreitende multinationale Ausrichtung gekennzeichnet. An die Stelle einfacher Fertigungsprozesse ist eine komplexe und technologisch anspruchsvolle Fertigung getreten.

Langfristige Auftragsfertigung ist im **industriellen Anlagengeschäft**, bei dem es um die Errichtung von kompletten Produktionsanlagen - wie z.B. Chemieanlagen, Kraftwerken, Baustoffanlagen, Hütten- und Walzwerken - geht, wie auch in der **Bauwirtschaft** und bei den **Schiffswerften** üblich.

Gleichzeitig ist ein zunehmender Umfang komplexer Dienstleistungen festzustellen, wie z.B. Softwareberatung und -entwicklung, die ebenfalls die Merkmale der langfristigen Aufträge aufweisen. Für die nächsten Jahre ist davon auszugehen, dass der Bereich der langfristigen Auftragsfertigung an Bedeutung gewinnen wird. Allen Bereichen der langfristigen Fertigung ist dabei gemein, dass sie mehr als einen Abrechnungszeitraum betreffen.

Gekennzeichnet sind langfristige Aufträge durch das Merkmal einer phasenweisen Leistungserstellung, wobei der eigentlichen Durchlaufzeit des Auftrags eine relativ langfristige Akquisitions- und Angebotsphase vorgeschaltet ist (vgl. Tabelle 21).

Zusammenfassend kennzeichnen damit folgende **Merkmale** die langfristige Auftragsfertigung:

- Jahresabschlüsse mehrerer Jahre sind betroffen.
- Die Leistungen haben einmaligen Charakter.
- Es liegen keine Marktpreise vor, d.h., die Leistungen sind zu kalkulieren.
- Die Aufträge umfassen hohe Werte.
- Die Auftragseingänge sind häufig diskontinuierlich.
- Es sind besondere Finanzierungsformen üblich.

Akquisitionsphase	– Informationsbeschaffung – Marktanalysen – Projektkonzeption – Rentabilitätsberechnungen – Angebotserstellung	– Kalkulationskosten 0,5 - 3 % – FuE-Kosten – Konstruktionskosten – Vertriebskosten bis zu 50 % – Verwaltungskosten, soweit zurechenbar, aktivierungsfähig bei Auftragserteilung – Kein Auftrag: Aufwand der Periode
Vertragsphase	– Vertragsverhandlungen – Vertragsabschluss	– Abschlussquote durchschnittlich 10 %
Leistungsphase	– Material- und Personaldisposition – Bau und Montage – Projektcontrolling – Inbetriebnahme – Abnahme durch den Kunden	– Herstellungskosten
Gewährleistungsphase	– Ggf. Nachbesserungen – Gewährleistungsverhandlungen	– Risiken – Rückstellungen

Tabelle 21: Tätigkeiten und Kosten in den Phasen einer langfristigen Fertigung

Für Branchen mit langfristiger Auftragsfertigung ergeben sich besondere Probleme bei der Erfassung der Auftragsprojekte im **Jahresabschluss**. Da sich die Projekte über mehrere Abrechnungsperioden erstrecken können, entstehen in diesen Betrieben während der Fertigstellung Aufwendungen und erst mit Abschluss der Arbeiten und Übergabe und Abnahme des Gesamtwerkes an bzw. durch den Auftraggeber die Erlöse. Während der Herstellungszeit werden die fertig gestellten Leistungen zu Herstellungskosten im Vorratsvermögen bilanziert und als Bestandsmehrung in der Gewinn- und Verlustrechnung ausgewiesen. Die nicht aktivierten Aufwendungen belasten direkt das Ergebnis. Dadurch können in diesen Jahren Verluste entstehen, während die Gewinne erst im Jahr der Übergabe realisiert werden. In den Jahren der Erstellung wird damit die wirtschaftliche Lage zu ungünstig, im Jahr der Abrechnung zu günstig dargestellt.

Die besonderen Probleme im Großanlagenbau bestehen bezüglich der **Darstellung der wirtschaftlichen Lage** im Jahresabschluss

- in der relativen Bedeutung der Projekte zum Gesamtgeschäft,
- in den speziellen Risiken, wie z.B. Lieferantenrisiken, Schnittstellenrisiken, Länderrisiken, Gewährleistungsrisiken usw., und
- in der langen Durchlaufzeit der Projekte.

Bei der Zurechnung des Gewinns auf das Projekt werden die **Percentage of Completion-Methode** und die **Completed Contract-Methode** unterschieden. Nach HGB ist in Deutschland zunächst vom strengen Realisationsprinzip, also der Completed Contract-Methode, auszugehen. Das **Realisationsprinzip** in § 252 I Nr. 4 HGB bestimmt, dass es Gewinne nur zu berücksichtigen gilt, wenn sie am Abschlussstichtag bereits verwirklicht sind. Gewinne aus entgeltlichen Austauschgeschäften sind erst dann verwirklicht, wenn der Vertrag wirtschaftlich erfüllt, d.h., die geschuldete Leistung erbracht ist. Bei langfristigen Aufträgen gelten Gewinne erst als realisiert, wenn die Übergabe und Abnahme durch den Käufer am Ende des Projektes erfolgt.

Nur in den Fällen, in denen die voraussichtlich noch anfallenden Kosten und die Erlöse einer Anlage sicher geschätzt werden können, besteht die Möglichkeit, die Percentage of Completion-Methode anzuwenden. Dies ist aber bei der Vielzahl von Risiken im industriellen Anlagegeschäft selten möglich.

Die durch den Auftrag verursachten Aufwendungen werden in den Jahresbilanzen aktiviert und als Vermögensgegenstände des Umlaufvermögens ausgewiesen. Aktiviert wird zu den Herstellungskosten. Dabei kann die handelsrechtliche Ober- bzw. Untergrenze gewählt werden. Erhebliche Teile des Gesamtaufwandes, wie Vertriebskosten oder auch Kosten für die Grundlagenforschung, dürfen nicht aktiviert werden. Diese Kosten belasten die Gewinn- und Verlustrechnungen der einzelnen Jahre. Erfolgt die Bewertung zur Untergrenze der handelsrechtlichen Herstellungskosten, können beträchtliche stille Reserven gelegt werden, die zur Abdeckung der Risiken dienen können, aber keineswegs in der Höhe diesen Risiken entsprechen müssen.

Im Jahr der Gesamtabrechnung wird der gesamte Gewinn ausgewiesen, der auch die als Aufwand gebuchten Selbstkostenbestandteile des Auftrages in den Vorjahren mit umfasst.

Ein **Zahlenbeispiel** soll den Unterschied zwischen Completed-Contract-Methode und Percentage of Completion-Methode verdeutlichen (Tabelle 22).

Annahmen				
Dauer der langfristigen Fertigung	4 Jahre			
Festpreis des zu erstellenden Objektes	400 Mio. €			
Aktivierungsfähige Herstellungskosten / Jahr	80 Mio. €			
Aktivierung zu Vollkosten, nichtaktivierungsfähige Kosten bleiben außer Betracht	-			
Kalkulierter Gesamtgewinn des Objektes	80 Mio. €			
Completed-Contract-Methode				
Rechnungsperiode	1	2	3	4
Bilanz				
Bestand an unfertigen Erzeugnissen	80	160	240	-
Forderungen aus Lieferungen und Leistungen	-	-	-	400
GuV-Rechnung				
Umsatzerlöse	-	-	-	400
Bestandsveränderungen	+ 80	+ 80	+ 80	– 240
Aufwand (Einzel- und Gemeinkosten)	80	80	80	80
Erfolgsbeitrag	0	0	0	80
Percentage-of-Completion-Methode				
In den ersten drei Jahren erfolgt eine um den anteiligen Erfolgsbeitrag höhere Aktivierung. Der anteilige Erfolgsbeitrag wird anhand des Fertigstellungsgrades ermittelt. Der **Fertigstellungsgrad** errechnet sich aus dem Verhältnis der in einer Rechnungslegungsperiode anfallenden Kosten zu den Gesamtkosten, hier 80 / 320 = 25 %				
Rechnungsperiode	1	2	3	4
Bilanz				
Bestand an unfertigen Erzeugnissen	100	100	100	0
Forderungen aus Lieferungen und Leistungen	-	-	-	400
GuV-Rechnung				
Umsatzerlöse	-	-	-	400
Bestandsveränderungen	100	100	100	100
Aufwand (Einzel- und Gemeinkosten)	80	80	80	80
Erfolgsbeitrag	20	20	20	20

Tabelle 22: Unterschiede zwischen Completed-Contract-Methode und Percentage of Completion-Methode anhand eines Zahlenbeispiels

Bei der Completed-Contract-Methode ergeben sich erhebliche bilanzpolitische Spielräume, da die Bewertung der unfertigen Aufträge entweder zur Untergrenze oder zur Obergrenze der Herstellungskosten erfolgen kann. Die Percentage of Completion-Methode führt zu einer Glättung der Beträge. Damit ist eine bessere Darstellung der Vermögens- und Ertragslage möglich, da Aufwand und Ertrag entsprechend dem Leistungsfortschritt dargestellt werden.

Besonderheiten bestehen bezüglich der **Aktivierung von Aufwendungen**:

Reisen zu Auftragsverhandlungen und Kosten der Auftragsvorbereitung können aktiviert werden, da sie in diesem Sinne keine Vertriebskosten sind. Auch Forschungs- und Entwicklungskosten sowie Konstruktionskosten können bei den erhaltenen Aufträgen als Sondereinzelkosten der Fertigung aktiviert werden.

Zeitvergleiche von Betrieben der langfristigen Auftragsfertigung werden damit erschwert, und auch die Aussagekraft von Branchenvergleichen ist beeinträchtigt. Intern verfügen die Anlagenbauer über Recheninstrumente, um den Erfolg unter Beachtung der speziellen Risiken und des Leistungsfortschritts eines Projektes „richtig" auszuweisen. Dem externen Bilanzleser stehen diese Informationen aber nicht zur Verfügung.

Im industriellen Anlagenbau sind Anzahlungen üblich. Sie sind als flüssige Mittel an Verbindlichkeiten zu buchen, d.h., sie werden erfolgsneutral ausgewiesen. Bei erhaltenen Anzahlungen auf Vorräte besteht ein Wahlrecht nach § 268 V HGB. Sie können entweder als Verbindlichkeiten passiviert oder von den aktivierten Vorräten offen abgesetzt werden. Durch das Absetzen von den Vorräten verringert sich die Bilanzsumme und die Eigenkapitalquote steigt. Im Anlagenbau ergeben sich daraus Veränderungen der Eigenkapitalquote von bis zu 25 %.

Umsatzerlöse in der Gewinn- und Verlustrechnung dürfen erst nach Realisierung ausgewiesen werden. Dies gilt auch für die langfristige Auftragsfertigung. Eine **Teilumsatzrealisierung** ist nur dann möglich, wenn der Auftrag in Teilaufträge zerlegt werden kann und diese auch separat abgerechnet werden dürfen. In diesem Fall ist ein entsprechender Hinweis im Anhang nach § 284 II HGB erforderlich.

Bei Unternehmen mit langfristiger Fertigung sollten der **Anhang** und der **Lagebericht** sehr intensiv studiert werden. Im Anhang finden sich Angaben bezüglich des Umfangs der Herstellungskosten und im Lagebericht Hinweise auf die Veränderung der Umsatzerlöse aus abgerechneten Aufträgen. Hier sind Formulierungen üblich wie:

– „Die Umsatzsteigerung ist besonders auf die Abrechnung von einigen Aufträgen im Anlagengeschäft zurückzuführen" oder

– „Der Umsatz pendelte zurück, da im Vorjahr ungewöhnlich viele Großaufträge abgerechnet worden waren."

3.2   Größenstruktur als Einflussfaktor

3.2.1 Größenklassen nach HGB und Publizitätsgesetz

Das HGB unterscheidet bei den **Kapitalgesellschaften** drei Größenklassen (Tabelle 23).

	Bilanzsumme in Mio. €	**Umsatz in Mio. €**	**Beschäftigte**
Kleine Kapitalgesell-schaften	≤ 3,438	≤ 6,875	≤ 50
Mittelgroße Kapital-gesellschaften	≤ 13,75	≤ 27,50	≤ 250
Große Kapitalgesell-schaften	> 13,75	> 27,50	> 250

Tabelle 23: Abgrenzung der Kapitalgesellschaften nach HGB

Mindestens **zwei von drei Merkmalen** müssen an den Abschlussstichtagen von **zwei** aufeinander folgenden Geschäftsjahren erfüllt sein (§ 267 HGB). Die Größenmerkmale zur Abgrenzung der mittelgroßen von den großen Unternehmen betragen das Vierfache und hinsichtlich der Beschäftigtenzahl das Fünffache der Werte für die Abgrenzung der kleinen zu den mittelgroßen Unternehmen. Alle fünf Jahre sollen die Größenmerkmale der 4. EG-Richtlinie angepasst werden. Die letzte Anpassung erfolgte im KapCoRiLiG 1999 und durch das Euro-Bilanzgesetz 2001 mit der Umstellung auf den Euro.

Für die **Bilanzanalyse** ist von Bedeutung, welche Erleichterungen den kleinen und mittelgroßen gegenüber den großen Kapitalgesellschaften eingeräumt werden:

■ **Bilanzgliederung**

Mittelgroße und große Kapitalgesellschaften müssen das Gliederungsschema nach § 266 HGB anwenden. Kleine Kapitalgesellschaften sind nur verpflichtet, die mit römischen Zahlen versehenen Posten gesondert aufzuführen. Damit wird ein detaillierter Kennzahlenvergleich für die kleinen Kapitalgesellschaften kaum möglich. Die Großbetriebe weisen zum Teil auch nur die für kleine Kapitalgesellschaften geltenden Positionen in der Bilanz auf, sie sind dann aber verpflichtet, die weitere Aufgliederung im Anhang vorzunehmen.

■ **Gliederung der Gewinn- und Verlustrechnung**

Die große Kapitalgesellschaft hat sich an die Gliederung nach § 275 HGB zu halten. Kleine und mittelgroße Kapitalgesellschaften dürfen die Positionen 1 - 5 des Gesamtkostenverfahrens zum Rohergebnis zusammenfassen, was in ähnlicher Form auch für das Umsatzkostenverfahren gilt. Damit entfällt für diese Betriebe eine Ertragsanalyse nach

Umsätzen und sonstigen betrieblichen Erträgen. Auch Aussagen über die Bedeutung des Materialaufwandes sind nicht möglich.

■ Positionen des Anhangs

Nach § 286 HGB können bei Vorliegen entsprechender Voraussetzungen einzelne Angaben im Anhang unterlassen werden, unabhängig von der Größenstruktur der Betriebe. Damit leidet stets die Vergleichbarkeit der Werte. Bei diesen Angaben ist aber das Interesse des veröffentlichenden Betriebes höher anzusetzen als das Interesse der Bilanzleser. In § 288 HGB sind die **größenabhängigen Erleichterungen** geregelt. Kleine Kapitalgesellschaften sind danach nicht verpflichtet,

- weitere Aufgliederungen der Verbindlichkeiten (§ 285 Nr. 2 HGB),
- den Gesamtbetrag der sonstigen finanziellen Verbindlichkeiten (§ 285 Nr. 3 HGB),
- die Aufgliederung der Umsatzerlöse (§ 285 Nr. 4 HGB),
- die Auswirkungen steuerlicher Abschreibungen (§ 285 Nr. 5 HGB),
- die Belastung des Ergebnisses der gewöhnlichen Geschäftstätigkeit und des außerordentlichen Ergebnisses durch die Steuern vom Einkommen und vom Ertrag (§ 285 Nr. 6 HGB),
- die durchschnittliche Zahl der Arbeitnehmer (§ 285 Nr. 7 HGB) und
- die Bezüge von Geschäftsführung und Aufsichtsrat (§ 285 Nr. 9 a und b HGB)

zu nennen und müssen nicht

- die sonstigen Rückstellungen gesondert erläutern (§ 285 Nr. 12 HGB).

Für mittelgroße Gesellschaften entfällt lediglich die Aufteilung der Umsatzerlöse nach § 285 Nr. 4 HGB.

Der Anhang ist in vielen Fragen der Bilanzanalyse ein wichtiges Informationsinstrument. Für die kleine Kapitalgesellschaft wird damit eine Bilanzanalyse erheblich erschwert.

■ Lagebericht

Gemäß § 264 I S. 3 HGB brauchen kleine Kapitalgesellschaften keinen Lagebericht zu erstellen.

■ Prüfung

Kleine Kapitalgesellschaften sind von der Prüfung des Jahresabschlusses befreit.

■ Veröffentlichung

Kleine und mittelgroße Kapitalgesellschaften müssen ihren Jahresabschluss beim Handelsregister hinterlegen mit einer Hinweisbekanntmachung im Bundesanzeiger, wo er hinterlegt ist. Große Kapitalgesellschaften müssen ihren Jahresabschluss im Bundesanzeiger veröffentlichen.

■ **Einreichung zum Handelsregister**

Die Einreichung zum Handelsregister sieht wiederum Erleichterungen für kleine und mittelgroße Kapitalgesellschaften vor. Kleine Kapitalgesellschaften müssen lediglich die Gesellschafterliste, die Bilanz und den Anhang einreichen. Für mittelgroße Kapitalgesellschaften kommen die Gewinn- und Verlustrechnung, der Lagebericht, die Ergebnisverwendung und das Testat des Abschlussprüfers hinzu. Hinsichtlich der Gliederung der Bilanz sind dabei noch Erleichterungen vorgesehen, und bzgl. des Anhangs müssen die Angaben nach § 285 Nr. 2, 5 und 8 a sowie Nr. 12 HGB nicht mit zum Handelsregister eingereicht werden.

Die **Publizitätsrate** der mittelgroßen Kapitalgesellschaften lag in der Vergangenheit bei 5 - 10 %. Die Bundesrepublik war auf Grund des Druckes aus der EU verpflichtet, ein Verfahren vorzuschreiben, das zu einer erheblichen Erhöhung der Publizitätsrate beiträgt. Ab Anfang des Jahres 2002 gilt die „Jedermann-Klage", d.h., jedermann kann beim Handelsregister Einsicht verlangen. Liegt der Jahresabschluss nicht vor, wird die Geschäftsleitung vom Handelsregister aufgefordert innerhalb von sechs Wochen den Jahresabschluss vorzulegen. Sonst drohen Zwangs- und Ordnungsgelder (§§ 335 und 335 a HGB).

■ **Fristen**

Bei den Fristen sind nur für die kleine Kapitalgesellschaft Erleichterungen vorgesehen. Die Aufstellung ist nach sechs Monaten (drei) und die Gesellschafterversammlung nach elf Monaten (acht) erforderlich. Der Ausdruck in Klammern gibt jeweils die Fristen für die mittelgroße und die große Kapitalgesellschaft an. Hinsichtlich der Einreichung zum Handelsregister bestehen mittlerweile keine Unterschiede mehr zwischen den Größenklassen; sie hat einheitlich nach zwölf Monaten zu erfolgen.

Für den externen Bilanzanalytiker werden damit Vergleiche zwischen Betrieben unterschiedlicher Größenmerkmale sehr schwierig, wenn sie detailliert und zeitnah durchgeführt werden sollen. Für mittelgroße und große Kapitalgesellschaften kann der Wunsch entstehen, die jeweils kleinere Größenklasse zu erreichen, um die dort vorgesehenen Erleichterungen ausnutzen zu können. Auf diese Problematik wird im Rahmen der Bilanzpolitik noch eingegangen.

Das **Publizitätsgesetz** nennt für die Erstellung und Prüfung der Jahresabschlüsse von Betrieben, die nicht Kapitalgesellschaften sind, die in Tabelle 24 aufgeführten Größenmerkmale.

Bilanzsumme in Mio. €	Umsatz in Mio. €	Beschäftigte
65	130	5.000

Tabelle 24: Größenklassen des PublG

Die Verpflichtung zur Erstellung des Jahresabschlusses gilt, wenn mindestens **zwei der drei** Merkmale an **drei** aufeinander folgenden Abschlussstichtagen übertroffen werden.

Das Publizitätsgesetz verweist bezüglich Erstellung und Prüfung des Jahresabschlusses auf das HGB. Damit ist die Vergleichbarkeit der Jahresabschlüsse von Einzelkaufleuten oder Personengesellschaften, welche die Größenmerkmale übersteigen, mit Kapitalgesellschaften weitestgehend gegeben.

Für die Verpflichtung zur Aufstellung eines **Konzernabschlusses** nennt das HGB wiederum Größenmerkmale (vgl. Tabelle 25). Dabei wird nach der Brutto- und der Nettomethode unterschieden.

Um die Aufstellung von Konzernabschlüssen zur Prüfung der einzelnen Größenmerkmale zu vermeiden, wird im Interesse der Vereinfachung die so genannte **Bruttomethode** zugelassen. Bei dieser Methode werden die Größenmerkmale in Bezug auf Bilanzsumme und Umsatzerlöse durch Addition der entsprechenden Beträge aus den Einzelabschlüssen ermittelt.

Bei der **Nettomethode** ist dagegen ein konsolidierter Abschluss zu erstellen.

Die Grenzwerte bei Anwendung der Bruttomethode übersteigen die Größenmerkmale der Nettomethode, außer bei der Zahl der Arbeitnehmer, um 20 %. Diese Differenz ist als Ausgleich für die Verminderung der beiden Größenmerkmale durch Konsolidierungsvorgänge zu verstehen.

	Bilanzsumme in Mio. €	Umsatz in Mio. €	Beschäftigte
Bruttomethode	16,50	33,00	500
Nettomethode	13,75	27,50	500

Tabelle 25: Größenmerkmale für den Konzern nach HGB

Die genannten Größenmerkmale entsprechen den Werten der großen Kapitalgesellschaft, wenn die Nettomethode gewählt wird.

Es wurde bereits darauf hingewiesen, dass die Beurteilung einer Einzelbilanz für verbundene Unternehmen wenig Aussagekraft besitzt. Auch die 7. EG-Richtlinie hatte deshalb zunächst die Verpflichtung enthalten, dass alle Konzerne einen Konzernabschluss aufzustellen haben und dass nur gestaffelt nach Größenmerkmalen, analog zu den Kapitalgesellschaften, Erleichterungen vorgesehen sein sollten. Die Mitgliedstaaten haben sich dann aber entschlossen, kleine Konzerne von der Verpflichtung zur Erstellung eines Konzernabschlusses gänzlich zu befreien. Diese Regelung gehört zu den schwierigsten Kompromissen, die im Rahmen der 7. EG-Richtlinie geschlossen wurden. Sie wurde in den Katalog der im Jahr 1995 zu prüfenden Punkte aufgenommen. Die Kommission hat ihren Unwillen in der Protokollerklärung Nr. 1 zum Ausdruck gebracht und festgestellt, dass die Ausnahmemöglichkeit dem Grundsatz der Richtlinie zuwiderläuft und nur im Interesse eines binnen vertretbarer Fristen zu prüfenden Kompromisses zu rechtfertigen ist.

Durch die erheblich verringerten Größenmerkmale des Konzerns infolge der Umsetzung des KapCoRiLiG sind nun alle großen Kapitalgesellschaften, die zumindest eine Tochtergesellschaft beherrschen, zur Aufstellung eines Konzernabschlusses verpflichtet.

3.2.2 Andere Abgrenzungsversuche

§ 267 HGB nennt Größenmerkmale zur Abgrenzung von kleinen, mittelgroßen und großen Kapitalgesellschaften. Eine allgemeine Definition dieser Größenklassen ist damit nicht gefunden. Größenvergleiche zwischen Unternehmen verschiedener Branchen, unterschiedlicher Zeiten und ungleicher Märkte lassen sich mit Hilfe dieser Kriterien nicht durchführen. Um eine exakte Unternehmensgrößenmessung und -abgrenzung durchführen zu können, ist es erforderlich, die an sich unbestimmte Bezeichnung „Größe" durch ein Maß zu ersetzen, welches den Umfang der betrieblichen und unternehmerischen Betätigung mit Bestimmtheit versieht. Da sich die Unternehmen in vielen Eigenschaften unterscheiden und mit Hilfe der Maßeinheit der Unternehmensgröße verglichen werden sollen, bleibt kein anderer Ausweg, als **qualitative Merkmale** heranzuziehen, um eine solche Abgrenzung vorzunehmen.

Qualitativ ist der **Mittelbetrieb** z.B. durch die Bereitstellung des Kapitals und die Gestaltung des Willensbildungsprozesses durch die Unternehmerperson gekennzeichnet. Zum anderen werden dem Mittelbetrieb Merkmale wie geringer Formalisierungsgrad, Überschaubarkeit, Flexibilität und geringe Aufgabengliederung zugeordnet.

Für das Rechnungswesen, und damit auch für die Bilanzpolitik und Bilanzanalyse, gilt, dass es wenig formalisiert ist, keine periodische Berichterstattung erfolgt und im Rahmen der Kostenrechnung die Ist-Kostenrechnung auf Vollkostenbasis durchgeführt wird. Von daher kann unterstellt werden, dass Mittelbetriebe kaum eine Bilanzpolitik betreiben, sondern nur die Zahlen aus der Buchhaltung zum Jahresabschluss verdichten. Voraussetzung für einen ordnungsgemäßen Jahresabschluss ist eine ordnungsgemäße Buchführung. Dazu gehört die Angemessenheit des Buchführungssystems und als Mindestanforderung die vollständige Erfassung der Geschäftsvorfälle.

Die Erfüllung dieser beiden Anforderungen bereitet im Mittelbetrieb Probleme. Angemessene Kontierungsrichtlinien und qualifizierte Mitarbeiter gewährleisten noch nicht die Ordnungsmäßigkeit. Mittelständische Betriebe haben offensichtlich ein Beratungsdefizit in Bezug auf die externe Rechnungslegung, insbesondere unter Berücksichtigung steuerlicher Sachverhalte. Bei den mittelständischen Betrieben ist, vor allem aufgrund der Beratung in persönlichen Steuerangelegenheiten, eine tief gehende und umfassende Information durch den Berater erforderlich. Dadurch entsteht ein enges Vertrauensverhältnis. Dieses Vertrauensverhältnis und das geringe Interesse der Unternehmensführung in Mittelbetrieben an der Rechnungslegung können Risiken entstehen lassen.

Die GoB verlangen einen systematischen Kontenplan, Maßnahmen zur Sicherung der Vollständigkeit der Konten, die Aufbewahrung der Buchführungsunterlagen und ein dokumentiertes internes Überwachungssystem. Dabei sind die notwendige Anpassung des organisatorischen Umfeldes und das spezielle Verarbeitungsprogramm zu berücksichtigen.

Alle Mängel in diesen Komponenten führen zu Risiken bezüglich der formellen und materiellen Behandlung des Buchungsstoffes, was sich dann im Jahresabschluss niederschlagen kann. Auch dadurch wird die Bilanzanalyse von Mittelbetrieben erschwert. Es ist nicht gewährleistet, dass die Geschäftsvorfälle richtig verbucht, alle wirtschaftlichen Vorgänge in Geschäftsvorfällen abgebildet und in richtiger Form zum Jahresabschluss zusammengefasst werden. Ganz abgesehen davon, ist die Zuordnung zu den einzelnen Bilanzpositionen und auch zu den Konten sehr unterschiedlich geregelt.

3.3   Rechtsform als Einflussfaktor

3.3.1 Kriterien der Rechtsform mit Auswirkungen auf die Rechnungslegung

Die verschiedenen Rechtsformen sind Ergebnis einer langen geschichtlichen Entwicklung. Sie entstanden aus der Notwendigkeit, für unterschiedliche Ausgangssituationen ein passendes rechtliches Erscheinungsbild zu schaffen und damit den Unternehmen eine geeignete Verfassung zu geben.

Die meisten Rechtsformen sind heute in **eigenen Gesetzeswerken** kodifiziert, in denen die für das Außen- und das Innenverhältnis wesentlichen Rechtsnormen festgelegt sind. Im Folgenden sollen nur die Kriterien betrachtet werden, die Auswirkungen auf die Rechnungslegung haben. Dabei wird zwischen **Personen- und Kapitalgesellschaften** unterschieden.

Bei der Haftung geht es um die Frage, inwieweit die Anteilseigner eines Unternehmens bereit sind, für die Verbindlichkeiten des Unternehmens auch mit ihrem Privatvermögen einzustehen (**unbeschränkte Haftung**), oder ob nur das Gesellschaftsvermögen zur Haftung herangezogen werden kann (**beschränkte Haftung**). In letzterem Fall beschränkt sich der Vermögensverlust der Anteilseigner auf ihre Einlage.

Bei den **Personengesellschaften** haften die Gesellschafter - mit Ausnahme der Kommanditisten - auch mit ihrem Privatvermögen. Die Notwendigkeit, Eigenkapital in bestimmter Höhe in den Betrieb einzubringen, um damit auch kreditfähig zu sein, besteht damit nicht in dem Maße, wie bei Kapitalgesellschaften, da die Banken als Kreditgeber auf das Privatvermögen als Sicherheit zurückgreifen können. Zum anderen müssen beispielsweise Vermögensgegenstände nicht in vollem Umfang in der Bilanz einer OHG enthalten sein, wenn sie als Sonderbetriebsvermögen eines Gesellschafters klassifiziert werden.

Anders ist die Situation bei der **Kapitalgesellschaft**, die nur mit dem Gesellschaftsvermögen haftet. Das Eigenkapital übernimmt dabei Finanzierungs- und Risikofunktion. Kreditgeber erwarten deshalb einen bestimmten Anteil an Eigenkapital, das diese Risikofunktion übernehmen kann.

Die Beschränkung der Haftung wird in der Praxis zum Teil aufgeweicht, indem Kreditverträge von Unternehmen, die nur mit dem Firmenvermögen haften, über eine persönliche Bürgschaft der Gesellschafter oder Belastung des Privatvermögens abgesichert werden.

Die Kapitalbeschaffungsmöglichkeiten der verschiedenen Rechtsformen sind nicht gleichwertig. Dies gilt für die Beschaffung von Eigen- wie von Fremdkapital. Unterschiede bestehen nicht nur in dem zu beschaffenden Kapitalvolumen, sondern auch in den Beschaffungsmodalitäten, da z.B. die Kapitalbeschaffung bei Kapitalgesellschaften durch Formvorschriften erschwert wird. Daneben spielen auch Überlegungen zur Übertragbarkeit der Kapitalanteile in einem Unternehmen eine Rolle. Generell gilt, dass Kapitalgesellschaften sowohl vom Volumen des zu beschaffenden Kapitals auf dem Kapitalmarkt, als auch von der Übertragbarkeit der Kapitalanteile her, gegenüber Personengesellschaften Vorteile besitzen. Diesen ist der Zugang zum breiten Kapitalmarkt verwehrt.

Die Möglichkeiten der Kapitalbeschaffung werden jedoch nicht nur von der Rechtsform bestimmt, sondern auch in erheblichem Maße von der **Kreditwürdigkeit** eines Unternehmens. Diese hängt maßgeblich von der Kapitalausstattung, der Ertragskraft, der voraussichtlichen Unternehmensentwicklung und der Qualifikation des Managements ab. Eine weitere Beschränkung der Kapitalbeschaffung kann sich aus den Zielen des Unternehmens ergeben. In kleineren Kapitalgesellschaften und auch in Personengesellschaften wird zum Teil das Ziel „Erhalten als Familienbetrieb" angestrebt. Von daher scheiden schon bestimmte Formen der Fremdkapitalaufnahme und auch der Finanzierung mit Eigenkapital aus.

Prüfung und Publizität sind ebenfalls unterschiedlich geregelt. Das Handels- und Gesellschaftsrecht will gleichermaßen einen **Schutz der Gläubiger und der Anteilseigner** erreichen, wobei unter bestimmten Voraussetzungen auch die Öffentlichkeit über die Lage des Unternehmens informiert werden soll. Unterschiede bei den einzelnen Rechtsformen bestehen hier bezüglich der Pflicht zur:

– Prüfung des Jahresabschlusses durch unabhängige Prüfer,

– Veröffentlichung der Jahresabschlüsse.

Kapitalgesellschaften sind zur Veröffentlichung der Jahresabschlüsse verpflichtet und die mittelgroßen und großen Kapitalgesellschaften auch zur Prüfung durch einen unabhängigen Prüfer. Durch diese Öffentlichkeitswirkung wird die Unternehmensführung versuchen, zumindest ausgeglichene Ergebnisse vorzulegen und bestimmte Werte bei den Kennzahlen einzuhalten, die von der Bilanzanalyse üblicherweise erfasst werden.

Die **Verwendung des Gewinnes oder Verlustes** eines Unternehmens ist bei den Rechtsformen unterschiedlich gestaltet. Bei der Aktiengesellschaft ist eine gesetzliche Rücklage nach § 150 AktG zu bilden, und für die GmbH besteht die Möglichkeit der Bildung einer Gewinnrücklage nach § 29 II GmbHG. Für die Personengesellschaften ist die Gewinnverteilung grundsätzlich dispositives, d.h. durch Gesellschaftsvertrag abänderbares Recht. Überwiegend gilt, dass die Verteilung des Gewinnes bzw. Verlustes sich nach der Höhe der Kapitalanteile richtet. Für die OHG gilt die Vorschrift des § 120 HGB, wonach der einem Gesellschafter zukommende Gewinn seinem Kapitalanteil zugeschrieben wird. Der auf einen Gesellschafter entfallende Verlust sowie das während des Geschäftsjahres aus dem Kapitalanteil entnommene Geld wird von diesem Kapitalanteil abgeschrieben. Für Personengesellschaften besteht damit nur die Möglichkeit, Kapitalanteile selbst zu verändern, aber nicht unabhängig davon eine Rücklagenpolitik zu betreiben.

Bei den **Aufwendungen** für die Rechtsform ergeben sich unterschiedliche Regelungen bei:

– Gründung (bei AG z.B. für eine Gründungsprüfung, Ausgabe und Druck von Aktien, Erstellung von Börsenprospekten) und

– laufendem Geschäftsbetrieb (z.B. für die Prüfung und Veröffentlichung der Jahresabschlüsse, Aufwendungen für die Einberufung von Aufsichtsratssitzungen, Hauptversammlung).

Die Vergleichbarkeit der Aufwandsstruktur zwischen Personengesellschaften und Kapitalgesellschaften ist deshalb nicht immer gegeben, da diese Aufwendungen ein erhebliches Ausmaß annehmen können.

Bei der **Personengesellschaft** werden Unternehmensgewinne nicht bei der Gesellschaft versteuert, sondern über die Zurechnung der Gewinne zu den Anteilseignern der Einkommensteuer unterworfen. Dabei ist es unerheblich, ob der Gewinn entnommen oder zur Verstärkung des Eigenkapitals im Unternehmen belassen wird.

Die Gewinne von **Kapitalgesellschaften** unterliegen demgegenüber der Körperschaftsteuer. Dabei bleiben die Gewinne zunächst auf der Gesellschaftsebene; eine Auszahlung an die Gesellschafter bedarf eines Beschlusses über die Ergebnisverwendung und Gewinnverteilung. Im Rahmen des **Halbeinkünfteverfahrens**[31] werden die Gewinne einer Kapitalgesellschaft mit einer Definitiv-Körperschaftsteuer in Höhe von 25 % belastet, und zwar unabhängig davon, ob die Gewinne ausgeschüttet oder thesauriert werden. Im Falle einer Ausschüttung kommt es auf der Ebene des Gesellschafters zu einer zusätzlichen Belastung.[32] Die körperschaftsteuerliche Vorbelastung der ausgeschütteten Gewinne wird dabei dadurch gemildert, dass die Dividende nur zur Hälfte in die Bemessungsgrundlage für die Einkommensteuer des Gesellschafters eingerechnet wird.[33]

Unterschiede zwischen Personen- und Kapitalgesellschaft bestehen wegen abweichender Bemessungsgrundlage auch bei der Gewerbesteuer (z.B. unterschiedliche Behandlung von Geschäftsführergehältern).

Diese Ausführungen zeigen, dass ein unmittelbarer Vergleich zwischen den Jahresabschlüssen von Personengesellschaften und Kapitalgesellschaften interpretationswürdig ist. Es wäre immer zu hinterfragen, ob sich die Abweichungen aus den Rechtsformen ergeben oder ob die wirtschaftlichen Verhältnisse tatsächlich anders liegen.

---

[31] Im Rahmen des Steuersenkungsgesetzes 2001 wird das körperschaftsteuerliche Anrechnungsverfahren abgeschafft und durch das Halbeinkünfteverfahren ersetzt.

[32] Vgl. Heidemann, 2000, S. 722.

[33] Vgl. Korth, 2000, S. 322.

3.3.2 Besonderheiten der Bilanzierung und Bewertung bei Personengesellschaften

Für Personengesellschaften besteht nach § 242 HGB die gesetzliche Verpflichtung, einen Jahresabschluss zu erstellen. Dieser Jahresabschluss umfasst die Bilanz und die Gewinn- und Verlustrechnung.

Weder für die Bilanz noch für die Gewinn- und Verlustrechnung wird eine Gliederung vom Gesetzgeber vorgegeben. Sie müssen nach den Grundsätzen ordnungsmäßiger Buchführung aufgestellt und klar und übersichtlich sein. Anhang und Lagebericht sind von Personengesellschaften nicht zu erstellen.

Für die Personengesellschaft existiert **keine Publizitätspflicht**. Die Bilanz ist damit lediglich für die Gesellschafter zur Einsichtnahme vorgesehen. Will man Vergleiche von Personengesellschaften mit Kapitalgesellschaften durchführen, ergeben sich daraus eine Reihe von Einschränkungen. Es steht kein Anlagespiegel zur Verfügung, die „Davon-Vermerke" in der Bilanz sind nicht vorgeschrieben, es können keine Aufwendungen für die Ingangsetzung und Erweiterung des Geschäftsbetriebs angesetzt werden, und auch ein Ausweis latenter Steuern entfällt.

Außerdem ergeben sich Unterschiede bei der Bewertung. Personengesellschaften können Abschreibungen nach § 253 IV HGB vornehmen: „Abschreibungen sind außerdem im Rahmen vernünftiger kaufmännischer Beurteilung zulässig". Nach § 253 II S. 3 HGB können bei Vermögensgegenständen des Anlagevermögens **außerplanmäßige Abschreibungen** vorgenommen werden, um die Vermögensgegenstände mit dem niedrigeren Wert anzusetzen, der ihnen am Abschlussstichtag beizulegen ist. Dieser niedrigere Wertansatz darf gem. § 253 V HGB beibehalten werden, auch wenn die Gründe dafür nicht mehr bestehen (in der Steuerbilanz besteht jedoch - rechtsformunabhängig - eine Zuschreibungspflicht).[34]

Nach § 254 HGB können Abschreibungen auch vorgenommen werden, um Vermögensgegenstände des Anlage- oder Umlaufvermögens mit dem niedrigeren Wert anzusetzen, der auf einer nur **steuerrechtlich zulässigen Abschreibung** beruht. Alle diese Vorschriften ermöglichen es den Personengesellschaften, eine Reservenbildung vorzunehmen.

---

[34] Vgl. Scheffler, 1999, S. 110.

3.3.3 Besonderheiten der Bilanzierung und Bewertung bei Kapitalgesellschaften

Für Kapitalgesellschaften gilt nach § 280 I HGB ein **Wertaufholungsgebot**. In diesem Fall sind die Buchwerte um den Betrag der in früheren Jahren vorgenommenen außerplanmäßigen Abschreibungen zu erhöhen, falls die Gründe für die außerplanmäßige Abschreibung nicht mehr bestehen. Die in § 280 II HGB geregelte Ausnahme, nach der eine Kapitalgesellschaft von der Zuschreibung absehen kann, „wenn der niedrigere Wertansatz bei der steuerrechtlichen Gewinnermittlung beibehalten werden kann und wenn Voraussetzung für die Beibehaltung ist, dass der niedrigere Wertansatz auch in der [Handels-]Bilanz beibehalten wird", ist im Wortlaut zwar unverändert geblieben, durch das Steuerentlastungsgesetz 1999 / 2000 / 2002 haben sich indessen mittelbar entscheidende Änderungen ergeben. Da gem. § 6 I Nr. 1 EStG n.F. ein steuerrechtliches Wertaufholungsgebot gilt, wandelt sich die Ausnahmeregelung des § 280 II HGB zum generellen Wertaufholungsgebot.

Die Reservenpolitik der Kapitalgesellschaft ist auch hinsichtlich der Vorschrift des § 253 IV HGB eingeschränkt. Nach § 279 I HGB ist diese Vorschrift für die Kapitalgesellschaft nicht anzuwenden.

Für die **Bilanzanalyse** erschließen sich bei der Kapitalgesellschaft weitere Möglichkeiten, weil nun der Jahresabschluss die Bilanz, die Gewinn- und Verlustrechnung und den Anhang umfasst, und ein Lagebericht zu erstellen ist. Weiterhin ist der Anlagespiegel nach § 268 II HGB vorgeschrieben, bei den Forderungen und Verbindlichkeiten ist ein „Davon-Vermerk" nach § 268 IV und V HGB anzubringen, und nach § 269 HGB können die Aufwendungen für die Ingangsetzung und Erweiterung des Geschäftsbetriebs aktiviert werden.

Durch die **Publizitätspflicht** sind diese Jahresabschlüsse auch dem Bilanzleser zugänglich. Andererseits werden die Kapitalgesellschaften eine gesonderte Handelsbilanz neben der Steuerbilanz aufstellen. Für den externen Bilanzleser stehen für die Bilanzanalyse damit nur die handelsrechtlichen Jahresabschlüsse der Kapitalgesellschaften zur Verfügung. Darauf werden sich auch die weiteren Ausführungen beschränken.

Das **KapCoRiLiG** hat die Rechnungslegungsvorschriften für Personengesellschaften, bei denen nicht wenigstens eine natürliche Person persönlich und unbeschränkt haftet, erheblich modifiziert. Die Kapitalgesellschaften & Co (im Einzelnen sind dies: GmbH & Co KG, AG & Co KG, Stiftungen & Co, Genossenschaften & Co) haben grundsätzlich die ergänzenden Vorschriften für Kapitalgesellschaften anzuwenden, d.h., die Vorschriften treffen diese Gesellschaften je nach Größenkriterien bzgl. Einzel- und Konzernabschluss (§ 264 a HGB). Da die Regelungen des HGB für Kapitalgesellschaften nicht unmittelbar auf die Kapitalgesellschaften & Co anzuwenden waren, musste eine Reihe von Anpassungen hinsichtlich Eigenkapital, Vermögen und Schulden erfolgen (§ 264 c HGB). Dennoch ist auch bei diesen Gesellschaften ein Vergleich nicht immer direkt durchzuführen.

3.4 Wirtschaftliche Lage als Einflussfaktor

3.4.1 Einfluss der gesamtwirtschaftlichen Lage auf die Rechnungslegung

Das wirtschaftliche Umfeld wird unter den Perspektiven Struktur und Prozess betrachtet. Die **Struktur** sollte für die Betriebe die gleichen Voraussetzungen schaffen. Das einzelne Unternehmen wird wesentlich von der gesamtwirtschaftlichen Lage und Entwicklung bestimmt, die in der **Prozessbetrachtung** zum Ausdruck kommt. Letztere orientiert sich an den wirtschaftlichen Zielen Wachstum, Vollbeschäftigung, Geldwertstabilität, außenwirtschaftliches Gleichgewicht, gerechte Einkommens- und Vermögensverteilung sowie Minimierung von Umweltbelastungen.

Im Folgenden sollen beispielhaft die Inflation, die Zinshöhe, die Personalkosten und die Kosten des Umweltschutzes behandelt werden.

■ **Preisentwicklung**

Bereits Schmid führte 1921 in seinem Buch „Die organische Bilanz im Rahmen der Wirtschaft" aus: „Wo der Geldwert sich ändert, schwindet auch bei der bisherigen Rechnungsweise der Maßstab des Ertrags, weil dieser selbst in seinem inneren Werte verschoben ist".[35]

Bei einer Bewertung zu Anschaffungs- oder Herstellungskosten entstehen bei Inflation **Scheingewinne**, da die Abschreibungsbeträge sich auf die Anschaffungskosten beziehen und damit am Ende der Nutzungsdauer einer Anlage die Abschreibungsbeträge nicht ausreichen, um eine neue Anlage zu erwerben. In der Kostenrechnung wird zwar mit **kalkulatorischen Abschreibungen** gerechnet, die auf Wiederbeschaffungskosten und der tatsächlichen Nutzungsdauer basieren. Wenn die kalkulatorischen Abschreibungen in die Kalkulation der Produkte einfließen und diese Preise am Markt erzielt werden können, sind die Umsatzerlöse um diesen Betrag höher. Die kalkulatorischen Abschreibungsbeträge sind in der Gewinn- und Verlustrechnung indessen erfolgsneutral, so dass der Gewinn zwar höher ausfällt, aber in dieser Höhe auch der Besteuerung unterliegt. Die Scheingewinne werden so besteuert und ausgeschüttet. Der deutsche Gesetzgeber hat vom Nationalstaatenwahlrecht des Art. 33 der 4. EG-Richtlinie keinen Gebrauch gemacht, der die Ausschüttung und Besteuerung der Scheingewinne zu vermeiden sucht. Dort ist der Ansatz zu Wiederbeschaffungspreisen vorgesehen.

Die **Inflation** trifft die Betriebe sehr unterschiedlich. Zum Teil können sie die Preissteigerung auf die Abnehmer abwälzen oder durch Rationalisierungsmaßnahmen auffangen. Außerdem kann ein Betrieb durch seine Marktmacht die Ausgangsstoffe zu den alten Preisen beziehen, während andere die volle Preissteigerung akzeptieren müssen. Für den

---

[35] Schmid, 1921, S. 40.

externen Bilanzleser ist es deshalb sehr schwer, die Höhe der Scheingewinne eines Unternehmens zu bestimmen oder zu isolieren. Hohe Inflationsraten führen aber zwangsläufig zu einer Erhöhung der Bilanzsumme. Damit verbunden ist eine Veränderung des Fremdkapitalanteils.

▪ Zinsniveau

Hohe Zinsen treffen besonders Betriebe mit niedriger Eigenkapitaldecke. Bei langfristiger Kapitalnachfrage und bei stark kapitalintensiven Unternehmen spielen die Zinsen eine bedeutende Rolle. Das Fremdkapital ist termingebunden mit Zinsen und Tilgung auch im Verlustfall zu bedienen. Je höher der Anteil des Fremdkapitals mit variabler Verzinsung ist, um so stärker geraten diese Firmen in den Griff der Hochzinspolitik mit Folgen für Liquidität und Rentabilität. Auswirkungen hoher Zinsen auf die **Bilanzstruktur** sind insbesondere bei folgenden Positionen zu erwarten:

Die Anschaffung von Maschinen und maschinellen Anlagen sinkt, da Investitionen „zu teuer" werden, wenn nicht sehr gute Erfolgsaussichten für den Absatz der Leistungen gegeben sind. Lässt dagegen die Konjunktur nach, kommt es zu einem Anstieg der Vorräte als Ausdruck eines Lagerstaus.

Bei hohen Zinsen werden die Liquiditätsreserven angegriffen, und damit gehen die flüssigen Mittel zurück. Die Unternehmen sind dann bemüht, Überschüsse zinsbringend anzulegen. Das kann zu einem starken Wachstum der sonstigen kurzfristigen Forderungen (Termineinlagen bei Banken) führen.

Auf der Passivseite ist man versucht, die Kapitalstruktur anzupassen. Dies geschieht durch Inanspruchnahme längerer Zahlungsziele, veränderte Abrufkonditionen bei den Rohstoffen und das Aushandeln erhöhter Skonti und Rabatte. Wenn es dem Betrieb möglich ist, erfolgt eine Umschuldung in den langfristigen Bereich. Bei den Unternehmen, die trotz hoher Zinsen auf andere Weise nicht ihrem Liquiditätsbedarf begegnen können, ist eine verstärkte Inanspruchnahme des Bankkredits festzustellen.

▪ Personalkosten

Die Veränderungen der letzten Jahrzehnte haben dazu geführt, dass die Personalkosten überwiegend als fixe Kosten aufgefasst werden. Der Anteil der Personalkosten an den Gesamtkosten streut zwischen den verschiedenen Wirtschaftszweigen und auch innerhalb dieser ganz erheblich. Insofern treffen Veränderungen der Löhne und Lohnnebenkosten, die in den letzten Jahren ganz erheblich gestiegen sind, die lohnintensiven Betriebe wie Handwerk und Handel besonders stark. Die Struktur der Personalkosten für das produzierende Gewerbe ist in Tabelle 26 wiedergegeben.

Struktur der Personalkosten				
in DM	1969	1978	1988	1996
Entgelt für geleistete Arbeit je Arbeitnehmer	11.208	23.007	34.383	44.234
+ Personalnebenkosten absolut je Arbeitnehmer in %	5.181 46,2	16.527 71,8	27.674 80,49	35.467 80,2
= Personalkosten je Arbeitnehmer	16.389	39.534	62.058	79.701

Tabelle 26: Struktur der Personalkosten[36]

Die **Personalkosten pro Mitarbeiter** sind in den letzten Jahren stetig gestiegen. Sie liegen bei den großen Publikumsgesellschaften im Jahr 2000 bei 90.000 bis 120.000 DM.

Auffällig ist bei diesen Gesellschaften indessen die permanent sinkende Personalkostenintensität. Sie ist in den letzten Jahren um ca. zehn Prozentpunkte gesunken und liegt nun bei 20 - 25 %. Hinter diesem Wandel steht das Ziel der Flexibilisierung der Unternehmen, verbunden mit erheblichen Rationalisierungen was die Arbeitskräfte betrifft. Die Abnahme der Intensität der Personalkosten geht einher mit einer Zunahme der Materialintensität.

Eine weitere Größe, die diese Bestrebungen unterstreicht, ist die Kennzahl Umsatz pro Mitarbeiter, die auch als Hilfsgröße für die Personalproduktivität gilt. Sie liegt heute zwischen 400.000 bis über 700.000 DM. Noch vor fünf Jahren pendelten die Werte bei ca. 350.000 DM.

▪ Kosten des Umweltschutzes

Die Kosten für den Umweltschutz variieren je nach Betriebsart und Umweltschutzsektor erheblich. Die internen direkten Planungs- und Überwachungskosten sowie Verhütungs- und Beseitigungskosten lassen sich in produktionsbezogene und produktbezogene Kosten einteilen.[37]

Zu den **produktionsbezogenen Kosten** gehören danach die aus Investitionen und deren Betrieb resultierenden Kosten für die Vermeidung, Verminderung oder Beseitigung schädlicher Emissionen einschließlich der dafür anfallenden Kosten für Forschung und Entwicklung.

Die **produktbezogenen Kosten** ergeben sich aus neuen Komponenten oder dem Ersatz von Teilen oder Stoffen.

---

[36] Statistisches Bundesamt, 1991, S. 576 bzw. 2000, S. 586.
[37] Vgl. Heigl, 1993, Sp. 1962.

Die deutliche Zunahme und eine unterschiedliche Belastung in den Branchen mit Um-
weltschutzkosten in den letzten Jahren wird aus den Tabellen 27 bzw. 28 deutlich.

Laufende Anwendungen für den Umweltschutz 1997	
Wirtschaftsgliederung [1]) Angaben in 1.000 DM [2])	1997
Produzierendes Gewerbe	**24.904.632**
Bergbau und Gewinnung von Steinen und Erden	1.083.124
Verarbeitendes Gewerbe	**18.371.100**
Chemische Industrie	6.200.350
Metallerzeugung und -bearbeitung	749.501
Fahrzeugbau	1.860.083
Energie- und Wasserversorgung	**5.450.408**
[1]) Klassifikation der Wirtschaftszweige, Ausgabe 1993, Kurzbezeichnungen [2]) Ohne Emissionsabgaben	

Tabelle 27: Laufende Aufwendungen für den Umweltschutz 1997[38]

---

[38] Vgl. Statistisches Bundesamt, 2000, S. 678.

Bruttoanlagevermögen für Umweltschutz nach Wirtschaftszweigen in Preisen von 1991 [1]				
Wirtschaftsgliederung [2] Angaben in Mio. DM	1975	1985	1992	1996
Produzierendes Gewerbe	**39.130**	**61.670**	**96.250**	**111.790**
Energie- und Wasserversorgung, Bergbau...	5.360	12.800	35.370	44.510
Elektrizitäts-, Gas-, Fernwärme- und Was-serversorgung	4.010	10.050	29.510	38.380
Bergbau	1.350	2.750	5.860	6.130
Verarbeitendes Gewerbe	**33.140**	**48.090**	**59.950**	**66.130**
Chemische Industrie, Herstellung und Ver-arbeitung von Spalt- und Brutstoffen	11.930	16.650	21.370	22.840
Mineralölverarbeitung	2.720	4.850	4.420	5.070
Herstellung von Kunststoffwaren, Gewin-nung und Verarbeitung von Steinen und Erden usw.	3.340	4.030	4.980	5.830
Metallerzeugung und -bearbeitung	5.750	8.220	9.140	9.090
Stahl, Maschinen- und Fahrzeugbau, Her-stellung von ADV-Einrichtungen	2.830	4.830	7.510	8.450
Elektrotechnik, Feinmechanik, Herstellung von EBM-Waren usw.	2.430	2.830	3.570	4.130
Holz-, Papier-, Leder-, Textil- und Beklei-dungsgewerbe	1.970	3.560	5.410	6.550
Ernährungsgewerbe, Tabakverarbeitung	2.170	3.120	3.560	4.180
Baugewerbe	**630**	**780**	**930**	**1.150**

[1] Bestand am Jahresanfang. Für das Jahr 1996 vorläufiges Ergebnis.
[2] Systematik der Wirtschaftszweige, Ausgabe 1979, Fassung für Volkswirtschaftliche Gesamtrechnung, Kurzbezeichnungen

Tabelle 28: Bruttoanlagevermögen für Umweltschutz nach Wirtschaftszweigen in Prei-sen von 1991[39]

---

[39] Vgl. Statistisches Bundesamt, 2000, S. 702.

3.4.2 Einfluss der individuellen Verhältnisse auf die Rechnungslegung

Das Verhalten und die Bilanzierung durch die Unternehmensführung werden von der wirtschaftlichen Lage des Unternehmens stark beeinflusst. Geht man von den Zielen **Erhaltung des Unternehmens** und **Gewinnerzielung** aus, wird das Unternehmen in Zeiten guter Ertragslage Reserven bilden und in Zeiten wirtschaftlicher Anspannung Reserven auflösen und den Aufwand begrenzen. Dabei ist die Unternehmensführung darum bemüht, dies vor den Adressaten der Rechnungslegung zu verbergen, also die Bilanzmaßnahmen verdeckt vorzunehmen. Welche Maßnahmen dem Bilanzersteller dafür zur Verfügung stehen, wird im Abschnitt Bilanzpolitik im Einzelnen behandelt. An dieser Stelle sollen nur drei Fragestellungen intensiver untersucht werden:

Erstens soll der Frage nachgegangen werden, welche **Ursachen** für eine angespannte Unternehmenslage in Frage kommen und welche Bilanzpositionen davon betroffen sind.

Zweitens wird gefragt, welche **Faktoren** den Erfolg eines Betriebes bestimmen.

Drittens werden **Ansatzpunkte** für den Bilanzanalytiker aufgezeigt, die wirtschaftliche Lage, in der sich das Unternehmen befindet, zu erkennen.

Ursache einer angespannten Unternehmenslage kann ein bestimmtes, einschneidendes Ereignis sein. Als Beispiele lassen sich Einbrüche am Markt, speziell am Auslandsmarkt, Forderungsausfall, Streiks, Verlust einer Beteiligung, nicht versicherte Schadensfälle, plötzliche Kreditkündigung und Fehlinvestitionen aufführen.

Diese Ereignisse haben meist eine unmittelbare Auswirkung auf die Liquidität. Die Unternehmen sind deshalb vorrangig bemüht, die Liquidität zu erhalten und erst danach etwaige Verluste auszugleichen.

Wenn es sich dagegen um einen Prozess handelt, der über mehrere Jahre zu einer Verschlechterung der Ertragslage führt, sind alle internen und externen Faktoren in die Analyse einzubeziehen. Dabei ist bei der heutigen Komplexität und Interdependenz des betrieblichen Geschehens davon auszugehen, dass nicht eine Ursache allein, sondern in der Regel ein Ursachenspektrum verantwortlich ist.

Als **Ursachen** negativer Einflüsse kommen der Entwicklungsstand der Produkte und ihre Akzeptanz am Markt, die Unternehmensstrategie, die Arbeitseffizienz, der Stand der Organisation und die Qualität der Führung bzw. der Führungskräfte in Frage. Diese Ursachen wie auch die Maßnahmen zu ihrer Beseitigung schlagen sich nur mittelbar im Rechnungswesen nieder. Für den außenstehenden Bilanzleser zeichnen sich auch diese Unternehmenskrisen in aller Regel im finanzwirtschaftlichen Bereich durch eine Verschlechterung der Rentabilität und Liquidität ab. Allerdings treten die Veränderungen in der Bilanz mit zeitlicher Verzögerung und deutlich abgeschwächt auf. Diese zeitliche Verzögerung und Abschwächung ergibt sich auch aus den bilanzpolitischen Maßnahmen der Unternehmensführung.

Die Frage der **Erfolgsfaktoren** ist Gegenstand sowohl rein theoretischer wie empirischer Untersuchungen gewesen. Nach Gälweiler setzt sich der Unternehmenserfolg aus **drei Dimensionen** zusammen:[40] Kurzfristig sichert eine ausreichend hohe **Liquidität** den Unternehmenserfolg. Sie ist allerdings eine Stichtagsgröße und muss deshalb mittelfristig durch **betriebswirtschaftliche Erfolge** abgesichert werden. Dieser Erfolg übernimmt für die kurzfristige Liquiditätssicherung eine Vorsteuerungsfunktion. Auf lange Sicht ist allerdings der Unternehmenserfolg nur dann gewährleistet, wenn das Unternehmen die Fähigkeit besitzt, unter sich ständig ändernden Umfeldbedingungen zu über-leben. Das **Erfolgspotenzial** des Unternehmens bildet diese dritte Dimension.

Über den Erfolg eines Unternehmens entscheiden damit wesentlich die strategischen Erfolgsfaktoren und das Erfolgspotenzial. Die Studien von Peters und Waterman haben sich mit diesen Erfolgsfaktoren beschäftigt. Aus ihren Untersuchungen leiten sie acht **zentrale Erfolgsfaktoren** ab:[41]

- Neigung zum Handeln,

- Nähe zum Kunden,

- Freiraum für Unternehmertum,

- Produktivität durch Menschen,

- sichtbar gelebtes Wertesystem,

- Bindung an das angestammte Geschäft,

- einfacher, flexibler Organisationsaufbau,

- straff-lockere Führung.

Das Stratos-Projekt (Strategic Orientation of Small and Medium Sized Enterprises, Brüssel 1987) war ein europäisches Forschungsvorhaben, das auf Befragungen von 1.135 Führungskräften kleiner und mittlerer Betriebe aus acht europäischen Ländern in den Jahren 1984 / 1985 basierte. Dabei wurden ausschließlich Betriebe der Bekleidungs-, Nahrungs- und Elektronikindustrie untersucht. Ziel dieses Projektes war es, das strategische Verhalten von Klein- und Mittelunternehmen im Zusammenhang mit dem Unternehmenserfolg zu untersuchen. Von den befragten Führungskräften wurden im Wesentlichen die folgenden **Erfolgsfaktoren** genannt:

- Produktqualität,

- Lieferzuverlässigkeit,

- Ruf der Firma,

- Qualifikation der Arbeitskräfte,

- Flexibilität der Firma,

- Qualität des Managements,

- gutes Erscheinungsbild vor Ort sowie

- gute Kontakte.

---

[40] Vgl. Gälweiler, 1999, S. 391 - 392.

[41] Vgl. Peters / Waterman, 2000, S. 117 ff.

An dieser Stelle soll die Aufzählung solcher Erfolgsfaktoren nicht weiter ausgedehnt werden. Wichtig ist dabei nur, dass die Erfolgsfaktoren nicht einen unmittelbaren Niederschlag im Jahresabschluss finden.

Welche Möglichkeiten bestehen nun für den Bilanzleser, die **wirtschaftliche Lage** eines Unternehmens zu erkennen und möglicherweise daraus Prognosen abzuleiten? Aus der Aufteilung von Gälweiler sind kurzfristige Aussagen zur Liquidität und zum Erfolg möglich, wenn die Bilanzpolitik des Unternehmens deutlich wird.[42] Erfolgspotenziale, wie sie bei den empirischen Untersuchungen im Vordergrund stehen, können nicht erfasst werden.

Dennoch sollte der externe Bilanzleser versuchen, eine Analyse der Erfolgspotenziale vorzunehmen (vgl. Abbildung 22). Sie stellen Vorsteuergrößen des Jahresabschlusses dar. Eine isolierte Betrachtung von Erfolgsfaktoren ist in vielen Fällen nicht möglich, da es auf das spezifische Zusammenspiel der Faktoren ankommt. Erfolgreiche Unternehmen machen bei ihrer Investitionspolitik „etwas mehr richtig und etwas weniger falsch".

Um die Verschlechterung der wirtschaftlichen Lage rechtzeitig zu erkennen, wird die **Diskriminanzanalyse** eingesetzt, die im Rahmen des Abschnittes 5.2.4 dieses Buches diskutiert wird. Bei der Diskriminanzanalyse handelt es sich um ein mathematisch-statistisches Verfahren zur Trennung und Zuordnung von Unternehmen zu vorgegebenen, überschneidungsfrei abgegrenzten Teilmengen. Diese Teilmengen bestehen in den „guten" und „schlechten" Unternehmen, deren Unterschiede mit Hilfe der beobachteten Merkmale, bei denen es sich um Kennzahlenwerte handelt, erklärt werden sollen. Der **Trennwert** zwischen den betrachteten Unternehmen wird zwar mit Kennzahlen eines bestimmten Zeitpunktes berechnet, er besitzt aber über diesen Zeitpunkt hinaus für einen längeren Zeitraum unverändert Gültigkeit.

Die Kritik an der Diskriminanzanalyse bezieht sich im Wesentlichen auf:

- das Datenmaterial und
- das methodische Vorgehen.

---

[42] Vgl. Gälweiler, 1999, S. 385.

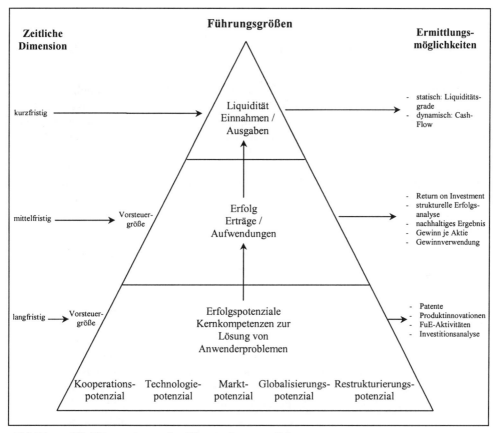

Abbildung 22: Dimensionen des Unternehmenserfolgs

Das **Informationsmaterial**, das in die Diskriminanzanalyse einfließt, resultiert allein aus den Jahresabschlüssen der Unternehmen. Die Aussagekraft dieser Daten ist - wie bereits ausgeführt wurde - beschränkt. Die Verwendung vergangenheitsorientierter Größen als Basis zur Früherkennung latent bereits vorhandener Bedrohungen kommt dem Versuch gleich, „rückwärts in die Zukunft zu gehen".[43]

Der zweite Einwand richtet sich gegen die **methodische Vorgehensweise**. Die Kritik nennt die Verletzung der zentralen Annahmen für eine optimale Gruppentrennung wie Normalverteilung der Kennzahlenwerte und Homogenität und Unabhängigkeit der Einzelfälle. Es entsteht ein Graubereich, der eine eindeutige Gruppentrennung verhindert. Die Möglichkeiten des Bilanzlesers, die Zukunft eines Unternehmens einzuschätzen, sind damit überaus beschränkt.

---

[43] Vgl. Krystek, 1989, S. 15.

An dieser Stelle sollen zwei Bereiche - die Forschung und Entwicklungs- und die Investitionspolitik - betrachtet werden, die für die Erhaltung gegenwärtiger sowie die Schaffung zukünftiger Erfolgspotenziale von zentraler Bedeutung sind.

■ **Forschung und Entwicklung**

Die Wettbewerbsfähigkeit von Industrieunternehmungen hängt maßgeblich vom Umfang der Forschungs- und Entwicklungsfähigkeit ab. Ein zeitgemäßes Produktprogramm, das den Bedürfnissen des Marktes entspricht, und Fertigungsverfahren, die dem Stand der Technik entsprechen, verschaffen **Wettbewerbsvorteile** gegenüber anderen Anbietern, die keine ausreichende Forschungs- und Entwicklungstätigkeit betreiben. Auswirkungen mangelnder Innovationsbereitschaft sind schrumpfende Marktanteile durch veraltete Produkte oder durch zu hohe Produktpreise, die aus zu kostenintensiven, weil veralteten, Produktionsprozessen resultieren. Technisches Wissen muss dann entweder über Patente und Lizenzen zugekauft werden oder das Unternehmen muss sich als Nachahmer von Produktentwicklungen anderer Unternehmen betätigen.

Unter Forschung und Entwicklung (FuE) soll hier eine systematische und zielgerichtete Tätigkeit verstanden werden, die auf der Suche nach „Neuem" ist.

1. Forschung

Forschung beinhaltet die Suche nach neuen wissenschaftlichen Erkenntnissen. Sie verfolgt das Ziel, den vorhandenen Wissensstand zu vermehren. Steht die neu gewonnene Erkenntnis in keinem direkten Zusammenhang mit einem Produkt- oder Fertigungsverfahren, dann spricht man von **Grundlagenforschung**. Zumindest ist hier bei Beginn des Forschungsvorhabens noch nicht zu erkennen, für welches Einsatzgebiet die Forschungsergebnisse Bedeutung erlangen können. **Zweckforschung** oder angewandte Forschung hat demgegenüber ein bestimmtes Anwendungsgebiet im Auge; bei Beginn der Forschungstätigkeit wird das Einsatzgebiet und damit der erwartete technische und wirtschaftliche Nutzen formuliert. Die Zweckforschung bemüht sich also um die Lösung praktischer Probleme, sie bereitet den Weg für die Produkt- oder Verfahrensentwicklung.

2. Entwicklung

Die Entwicklung baut auf den Erkenntnissen der Forschung auf. Ziele der Entwicklung sind produktions- und marktfähige Produkte oder Fertigungsverfahren. Zu unterscheiden sind:

- Neuentwicklung (neues Produkt oder Verfahren),
- Weiterentwicklung (Verbesserung vorhandener Produkte / Verfahren).

Forschungs- und Entwicklungstätigkeit ist durch zwei wesentliche Merkmale gekennzeichnet:

1. Insbesondere in der Grundlagenforschung steht den Forschungsaufwendungen kein Kostenträger gegenüber, der die Aufwendungen finanzieren kann. FuE-Tätigkeit ist deshalb aus den Erträgen der laufenden Produkte zu finanzieren. Empirische Untersuchungen bestätigen, dass der Umfang der FuE-Tätigkeit weniger vom erwarteten

Nutzen in der Zukunft, sondern überwiegend von der vergangenen und gegenwärtigen Ertragssituation geprägt wird.

2. FuE-Tätigkeit ist risikobehaftet. Die wichtigsten **Risiken** sind:

– Die FuE-Tätigkeit führt zu keinem verwertbaren Ergebnis.

– Die FuE-Ergebnisse sind fertigungstechnisch nicht zu realisieren.

– Die entwickelten Produkte werden vom Markt nicht, nur in verringertem Umfang oder nur zu reduzierten Preisen aufgenommen. Die Entwicklungskosten amortisieren sich nicht.

– Das entwickelte Produkt kann nicht ausreichend gegen Nachbau / Nachahmung durch Fremde geschützt werden.

– Der Verwertung der FuE-Ergebnisse stehen fremde Schutzrechte entgegen.

Die **Finanzierung** von FuE-Vorhaben muss deshalb unter zwei Gesichtspunkten erfolgen:

1. Aufgrund der hohen Risiken muss die Finanzierung entweder mit Eigenkapital oder mit speziellem Fremdkapital erfolgen.

2. FuE-Tätigkeit hat langfristigen Charakter. Die Finanzierung muss deshalb mittel- oder langfristig erfolgen.

Für die **Bilanzierung und Bilanzanalyse** ist von Bedeutung, ob der Aufwand zu aktivieren ist oder als Aufwand das Periodenergebnis belastet.

Nach HGB dürfen **selbst erstellte immaterielle Vermögensgegenstände** nicht aktiviert werden. FuE-Aufwand ist deshalb insgesamt als Aufwand der Periode auszuweisen. Beim **Gesamtkostenverfahren** sind die Aufwendungen in den einzelnen Kostenarten enthalten. Beim **Umsatzkostenverfahren** erfolgt ein Ausweis in der GuV als Forschungs- und Entwicklungsaufwand. Darüber hinaus enthält der **Lagebericht** den Forschungsbericht, der üblicherweise neben dem Aufwand und der Anzahl der beschäftigten Personen auch die aktuellen Forschungsprojekte aufführt.

Umfang und Bedeutung der FuE-Tätigkeit im Unternehmen sind von der Unternehmensgröße und der Branche abhängig. Die Aufwendungen für FuE schwanken zwischen 1 und 10 % des Umsatzes, wobei Grundlagenforschung überwiegend in größeren Unternehmen praktiziert wird. Führend sind die elektrotechnische und die chemische Industrie. Die Markteinführung von neuen Produkten oder neuen Produktgenerationen, d.h., die Innovation, hat sich in den letzten Jahrzehnten spürbar beschleunigt.

Tabelle 29 gibt einen Überblick über den Umfang von FuE in den großen Publikumsgesellschaften in Deutschland.

Konzern	Forschung und Entwicklung							
	Aufwand				Mitarbeiter			
	Mrd. DM		in % vom Umsatz		Anzahl		in % bezogen auf Belegschaft	
	1999	2000	1999	2000	1999	2000	1999	2000
DaimlerChrysler AG	14,5	14,5	5,1	4,6	k.A.	30.500	k.A.	6,8
Volkswagen AG	7,4	8,0	5,0	4,8	17.575	18.575	5,7	5,8
Siemens AG	10,2	10,9	7,6	7,1	k.A.	k.A.	k.A	k.A
Hoechst AG / Aventis	3,5	3,5	14,8	14,6	k.A.	k.A.	k.A	k.A
BASF AG	2,5	3,0	4,5	4,2	10.000	k.A.	9,6	k.A
Bayer AG	4,4	4,7	8,2	7,7	k.A.	12.000	k.A	9,8
Thyssen AG / Krupp	0,6	1,3	1,5	1,7	k.A.	3.000	k.A	1,6
BMW AG	k.A.	k.A.	k.A.	k.A.	k.A.	k.A.	k.A	k.A

Tabelle 29: Umfang von Forschung und Entwicklung

In der **internationalen Rechnungslegung** werden FuE-Aufwendungen unterschiedlich behandelt:

Der Ansatz von Forschungs- und Entwicklungsausgaben ist in SFAS No. 2 geregelt; diese sind jährlich als Aufwand zu erfassen und als jährlicher Gesamtbetrag in den *notes* (Anhang) anzugeben.

IAS 38 unterscheidet nach Forschungs- und Entwicklungskosten und nennt dazu eine Vielzahl von Beispielen. Ausgaben der Forschungsphase dürfen nicht aktiviert werden; sie sind als Aufwand zu erfassen. Aufwendungen der Entwicklungsphase sind unter der Bedingung, dass sich ein zukünftiger Nutzen ergibt bzw. ein künftiger Verkauf bevorsteht, ansatzpflichtig. In Zweifelsfällen, wenn eine eindeutige Zuordnung nicht möglich ist, sind sie als Aufwand zu erfassen.

Werden die FuE-Aktivitäten im Konzern Tochtergesellschaften übertragen, sind die Ergebnisse der Aktivitäten in den Einzelbilanzen der Konzerngesellschaften - bei Kauf von der FuE-Gesellschaft - als käuflich erworbene immaterielle Vermögensgegenstände ansatzpflichtig. Im Konzernabschluss bleiben sie selbst erstellt und damit Aufwand der Periode.

■ **Investitionen**

Unter Investition versteht man die zielgerichtete, i.d.R. langfristige Kapitalbindung zur Erwirtschaftung zukünftiger autonomer Erträge. Es wird also zum gegenwärtigen Zeitpunkt eine Geldauszahlung für bestimmte Vermögensgegenstände oder Dienstleistungen mit dem Ziel getätigt, dadurch in späteren Perioden (höhere) Geldeinzahlungen zu erwirtschaften. Eine Investition besitzt demnach regelmäßig folgende **Merkmale**:

– Transformation eines heute verfügbaren Zahlungsmittelbestandes in andere materielle oder immaterielle Güter.

– Zusätzliche Einzahlungen (oder geringere Auszahlungen) in wenigstens einer zukünftigen Periode als Folge dieser Güter; auf sie müsste ohne Realisierung des Investitionsvorhabens verzichtet werden.

Investitionen sind aus der **Sicht des Bilanzlesers** aus verschiedenen Gründen bedeutungsvoll:

– Der Umfang der Investitionen im Verhältnis zu den Abschreibungen signalisiert, ob das Unternehmen wächst, stagniert oder schrumpft.

– Abschreibungen sind neben Personal- und Materialaufwand die dritte Aufwandsart der Unternehmen.

– Investitionen nehmen eine Schlüsselposition bei der Erhaltung und dem Aufbau der Leistungsstärke und der Wettbewerbsfähigkeit ein.

Nach der traditionellen Betrachtung ist das Anlagevermögen auf Grund seiner Bindungsdauer im Unternehmen der größte Fixkostenblock. Dabei ist zu berücksichtigen, dass Abschreibungen auf Sachanlagen die Kostenrechnung der Konzerne mit zwischen 4 % und 7 %, gemessen am Umsatz, belasten.

Bei den Konzernen liegen die Sachanlagenzugänge über den jährlichen Abschreibungen; ihre Nettoinvestitionsrate ist positiv. Dies wird als Indiz für die Substanzerhaltung bzw. das Wachstum dieser Betriebe gesehen. Will man **Substanzerhaltung** betreiben, müssen die Zugänge über den Abschreibungsbeträgen liegen. Die Veränderung des Anlagevermögens bei großen deutschen Konzernen ist erheblich. Die Veränderungsrate ist abhängig von den technischen Entwicklungen der Branche und dem Größenwachstum der Unternehmen. Über die Rationalisierungsinvestitionen sind sie außerdem Garant für Produktivitätssteigerungen.

Aus dem Verhältnis von Investitionen und Abschreibungen werden die Krisen und Anpassungen deutlich, die von den Unternehmen durchlaufen werden.

Als **Beispiel** sollen die drei Chemiefirmen dienen (vgl. Tabelle 30).

Jahr	BASF[1]		Bayer[1]		Hoechst / Aventis[1]	
	Zugänge	Abschrei-bungen	Zugänge	Abschrei-bungen	Zugänge	Abschrei-bungen
1985	2.794	2.161	2.058	2.018	k.A.	k.A.
1986	2.657	2.520	2.408	1.943	k.A.	k.A.
1987	2.758	2.663	2.565	2.014	2.439	1.898
1988	3.495	2.798	3.145	2.327	2.816	2.112
1989	5.956	2.767	3.447	2.437	3.247	2.504
1990	4.458	3.025	3.687	2.574	3.532	2.641
1991	4.800	3.176	3.074	2.683	3.705	2.998
1992	4.151	3.338	2.859	2.552	3.953	3.122
1993	4.139	3.174	3.156	2.688	3.727	3.283
1994	2.702	4.027	3.509	2.431	3.329	3.410
1995	3.024	3.339	3.169	2.315	3.757	3.274
1996	3.639	3.141	3.777	2.594	4.021	3.507
1997	4.359	3.387	4.559	3.035	3.686	3.709
1998	5.671	3.605	5.165	2.974	3.691	3.190
1999	5.405	5.671	5.148	3.411	2.024	2.666
2000	7.101	4.391	5.177	4.150	2.440	2.369

Alle Angaben in Mio. DM
[1] Angaben beziehen sich auf Sachanlagen und immaterielle Anlagegegenstände

Tabelle 30: Verhältnis von Investitionen und Abschreibungen

Die Investitionen bei kleinen und mittelgroßen Unternehmen verlaufen nicht so kontinuierlich wie bei großen Gesellschaften. Ihr Investitionsverhalten ist eher geprägt durch Investitionssprünge und -schübe. Diese Gesellschaften investieren, um den Stand der Technik zu erreichen. Erst nach fünf oder sieben Jahren ist dann wieder eine Ersatzinvestition erforderlich. Es sind **Investitionszyklen** erkennbar. Deshalb kann sich hier ein Investitionsdruck aufbauen. Um festzustellen, in welcher Phase sich das Unternehmen befindet, sollten der Anlagenabnutzungsgrad und die Abschreibungsquote ermittelt werden.

Insgesamt scheint die Investitionsquote in der deutschen Wirtschaft rückläufig zu sein. In den 60er-Jahren betrug sie noch 25 %, heute ist sie auf unter 20 % gesunken. Dafür dürften folgende **Gründe** verantwortlich sein:

- Leasing spielt eine immer größere Rolle.

- Outsourcing führt zu einer Begrenzung auf das Kerngeschäft und damit auch zu einem Nachlassen bei den Investitionen.

- Es erfolgt eine Verlagerung zu den Investitionen in die Finanzanlagen.

- Die Flexibilisierung der Betriebe ist mit einem Abbau der Fertigungstiefe verbunden.

4. Bilanzpolitik als Einflussfaktor

4.1 Zielsystem und Bilanzpolitik der Unternehmung

4.1.1 Zielsystem der Unternehmung

Mit dem Begriff „**Politik**" verbindet man Vorstellungen über Ziele, Grundsätze, Mittel und Methoden zu einem abgegrenzten Sachverhalt. Wesentliche Bedeutung besitzen dabei die Ziele. **Bilanzpolitik** muss stets vor dem Hintergrund der unternehmerischen Zielsetzung gesehen werden. Zielsysteme, die für alle Situationen und alle Betriebe in allen Zeiten Gültigkeit besitzen, gibt es nicht. Denn selbst das Ziel „Erhalten des Betriebes und Sicherung der Zukunft" kann in bestimmten Situationen nicht mehr sinnvoll und wirtschaftlich sein.

Ein mögliches **Zielsystem** für den wirtschaftlichen „Normalfall" zeigt Abbildung 23.

Die **Führungsgrundsätze** sollen die Einstellung des Unternehmens zu den Mitarbeitern, den Anteilseignern, den Marktpartnern und zur Gesellschaft dokumentieren.

Zu den **Mitteln und Methoden** sind alle Maßnahmen zu rechnen, die eingesetzt werden, um die Ziele unter Beachtung der Grundsätze zu erreichen.

Für jedes Unternehmen kann unterschieden werden in:
– Gesamt- oder Unternehmensstrategie,
– Geschäftsfeldstrategie und
– Funktionalstrategie.

Die Funktionalstrategien bedeuten eine Konkretisierung der Unternehmens- und Geschäftsfeldstrategie. Sie werden deshalb oft als Programmpläne bezeichnet. Es ist festzustellen, dass von einer „Unternehmenspolitik" nur noch selten gesprochen wird und stattdessen der Ausdruck „Strategie" Verwendung findet. Ein Grund ist darin zu sehen, dass der Politikbegriff in den letzten Jahren negativ besetzt ist. Allerdings wird am Begriff „Bilanzpolitik" überwiegend noch festgehalten. Die Bilanzpolitik ist zunächst eine **Teilpolitik** im Rahmen der Unternehmensstrategie.

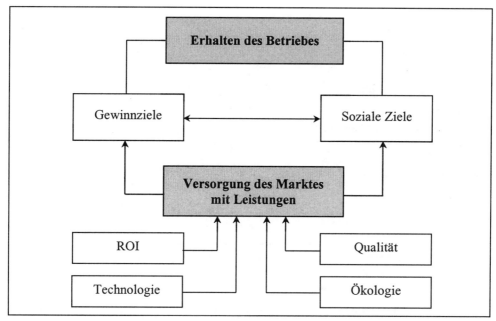

Abbildung 23: Zielsystem der Unternehmung

4.1.2 Ableitung der bilanzpolitischen Zielsetzungen

Im ersten Kapitel wurden bereits die unterschiedlichen Zielvorstellungen der Bilanz-adressaten behandelt. Die Geschäftsleitung wird diesen Zielen Rechnung tragen. Dies geschieht durch die Bilanzpolitik. Sie ist **Bestandteil der Unternehmensstrategie**. Damit bestehen die Ziele der Bilanzpolitik in der Unterstützung der Unternehmensstrategie. Verfolgt das Unternehmen Ziele wie z.B. Erlangen von Krediten, Zufriedenstellen von Kunden und Lieferanten oder vorbildliche Umweltorientierung, muss sich die Bilanzpolitik mit ihren Mitteln ebenfalls für diese Ziele einsetzen. Eine wichtige Aufgabe der Geschäftsleitung besteht in der Koordination aller Teilpolitiken eines Unternehmens. Dazu müssen die Auswirkungen z.B. der Bilanzpolitik auf die Rücklagen- und Steuerpolitik bekannt sein. Die aus der Unternehmensstrategie abgeleiteten Ziele sind von den eigenständigen Zielen der Bilanzpolitik abzugrenzen, bei denen es sich um die Gewinnermittlungs- und die Informationspolitik handelt. Beispiele für die **Informationspolitik** sind:

– Steigerung des Bekanntheitsgrades,

– umfangreichere Publizität in der Finanzpresse,

– Vergrößerung des Aktionärskreises und

– Anwerbung qualifizierter Mitarbeiter.

Für die Bilanzpolitik im Unternehmen sollten auch **längerfristige Leitlinien oder Grundsätze** entwickelt werden. Mögliche Beispiele sind:

- Verlässlichkeit der Informationen,

- Kontinuität der Darstellung,

- schnelle Präsentation des Jahresabschlusses,

- konservative Bilanzierung,

- Erfüllen weltweiter Normen und

- Ad Hoc-Publizität bei allen wichtigen Ereignissen.

Die bilanzpolitischen Ziele werden durch spezielle Maßnahmen unter Beachtung der Grundsätze verfolgt. Die Maßnahmen können danach unterschieden werden, ob sie bei der Erstellung des Jahresabschlusses oder bereits während des Geschäftsjahres zur Anwendung kommen.

Die Maßnahmen, die bei der Erstellung des Jahresabschlusses ergriffen werden können, zielen zum einen auf die Beeinflussung der Höhe des ausgewiesenen Jahresergebnisses (**materielle Bilanzpolitik**). Zum anderen stehen Gliederung und Erläuterungen im Mittelpunkt der Einflussnahme (**formelle Bilanzpolitik**).

Zu den bilanzpolitischen Aktivitäten, die während des Geschäftsjahres als **Sachverhaltsgestaltung** durchgeführt werden, gehören die Rechtsform- und die Standortwahl ebenso wie die Festsetzung des Bilanzstichtages. Aus der Fülle der Entscheidungen mit bilanziellen Auswirkungen sollen nur die Maßnahmen ausgewählt werden, die in unmittelbarer Beziehung zum Jahresabschluss stehen.

Die größte Bedeutung besitzen dabei die Maßnahmen, die zu einer zeitlichen Verschiebung von Aufwendungen und Erträgen führen. So liefert das Unternehmen vor dem Bilanzstichtag bestimmte Fertigerzeugnisse nicht mehr aus und bewertet sie mit den Herstellungskosten. Oder das Unternehmen erwirbt geringwertige Wirtschaftsgüter und macht eine Sofortabschreibung geltend. Daneben besteht für das Unternehmen auch noch die Möglichkeit der Stichtags- und der Publizitätspolitik. Den Zusammenhang zeigt Tabelle 31.

Zur Pflege der Beziehungen zu den Kapitalmärkten wurden Teile der bilanzpolitischen Maßnahmen in die umfassenderen **Investor Relations** Aktivitäten eingebunden. Die Investor Relations umfassen alle vertrauensbildenden Maßnahmen des Unternehmens, die auf die Investoren als Eigen- oder Fremdkapitalgeber gerichtet sind. Präsentationen, Vortragsveranstaltungen und Aktionärsbriefe sind Beispiele für diese Aktivitäten.

Kriterien	Ausprägungen / Formen	
Ziele	Gewinnermittlungspolitik	Informationspolitik
Objekte	Einzelbilanzpolitik Bilanz, GuV, Anhang, Lagebericht	Konzernbilanzpolitik Konzernbilanz, Konzern-GuV, -anhang, -lagebericht
Instrumente	Rechnungslegung	
	Ansatz- und Bewertungspolitik = materielle Bilanzpolitik	Gliederungs-, Darstellungs- und Erläuterungspolitik = formelle Bilanzpolitik
	Sachverhaltsgestaltung	
	Stichtagspolitik Gewinnentstehungs- Publizitätspolitik und -verwendungspolitik	
Erkennbarkeit	offene Bilanzpolitik	verdeckte Bilanzpolitik

Tabelle 31: Systematik der Bilanzpolitik

Sind im Unternehmen Ziele und Grundsätze formuliert und die Bilanz erstellt, wird die Geschäftsleitung nach der Zielerreichung beurteilt. Dies ist intern mit Hilfe des Rechnungswesens und des Controlling zumindest in den quantifizierbaren Bereichen recht gut möglich. Der externe Bilanzleser kennt zum Teil weder die Ziele noch die Grundsätze der zu untersuchenden Gesellschaft. Er wird deshalb seine Zielvorstellungen als Messlatte an das Datenmaterial anlegen. Bestehen seine Zielerwartungen in hohen ausgeschütteten bzw. auszuschüttenden Gewinnen, wird er den Jahresabschluss unter diesem Aspekt aufbereiten. Möchte er ökologische Ziele gewährleistet sehen, wird er den Aufwendungen für Umweltschutz besondere Aufmerksamkeit schenken und den Gewinnzielen eine geringere Bedeutung beimessen.

Direkte **Ziele**, die von der Bilanzpolitik verfolgt werden können, sind:[44]

- Reduzierung der Steuerbelastung, indem ein möglichst geringes Ergebnis ausgewiesen wird.

- Beeinflussung der Gewinnausschüttungen, auch wiederum durch einen gering ausgewiesenen Jahresüberschuss.

- Beeinflussung der Verhaltensweisen der Bilanzadressaten hinsichtlich ihrer Entscheidungen gegenüber dem Unternehmen.

---

[44] Vgl. Pfleger, 1991, S. 23.

Die Geschäftsleitung wird versuchen, ein positives Bild vom Unternehmen dort zu vermitteln, wo die Bilanzadressaten sonst negative Entscheidungen bezüglich des Unternehmens treffen würden.

Durch ein **positives Bild** sollen die

–   Gläubiger veranlasst werden, ein Kreditengagement einzugehen, beizubehalten bzw. zu erweitern,

–   Anteilseigner bestärkt werden, Gesellschaftsanteile zu erwerben bzw. nicht zu veräußern,

–   Arbeitnehmer den Eindruck erhalten, dass ihre Arbeitsplätze und ihre Betriebsrente ungefährdet sind,

–   Kunden darauf vertrauen, dass die Leistungen auch in Zukunft angeboten werden und alle vertraglichen Verpflichtungen bezüglich Wartung usw. erfüllt werden.

Dabei muss aber die Geschäftsleitung berücksichtigen, dass ein **zu positives Bild**

–   die Ansprüche der Gesellschafter auf Gewinnausschüttung steigen lässt,

–   bei den Mitarbeitern den Wunsch entstehen lässt, weitere Zusagen für soziale Leistungen zu erringen,

–   die Gläubiger veranlasst, auf höheren Zinszahlungen und Nebenleistungen zu bestehen,

–   bei den Kunden den Eindruck entstehen lässt, dass die Gesellschaft zu gut an ihnen verdient, und sie sich deshalb anderen Lieferanten zuwenden werden,

–   zu einer entsprechenden Besteuerung der ausgewiesenen Gewinne durch den Fiskus führt.

Daraus entsteht das **erste Dilemma der Bilanzpolitik**.[45]

Betrachtet man die Vielzahl der Bilanzadressaten mit ihren unterschiedlichen Zielvorstellungen, wird deutlich, dass die Bilanzpolitik in der Regel nicht nur eine einzige Zielgröße verfolgen kann. Auch innerhalb der einzelnen Gruppen von Bilanzadressaten treten noch sehr **heterogene Vorstellungen** hinsichtlich der Bilanz auf. Die Geschäftsleitung wird im Normalfall einen **Kompromiss** zwischen den verschiedenen Zielen anstreben.

Die Unternehmensführung selbst verfolgt das Ziel, die eigene Position zu erhalten. Aufgrund dieser Situation wird auch unter der Zielsetzung „Erhaltung des Betriebes" in guten Zeiten Reservenbildung und in schlechten Zeiten Reservenauflösung betrieben. Durch die Bilanzpolitik wird damit eine **Nivellierung** des Gewinnausweises angestrebt. Nur in Krisenzeiten hat ein Ziel den Vorrang. Wenn zum Beispiel aufgrund der wirtschaftlichen Situation die Gefahr besteht, dass ein Kredit gekündigt wird, werden alle Anstrengungen auf ein positives oder zumindest ausgeglichenes Bilanzbild gerichtet sein.

---

[45] Vgl. Weber, 1996, S. 258.

Es kann sehr heftig darüber diskutiert werden, ob diese Bilanzpolitik z.b. im Interesse der Anteilseigner gerechtfertigt ist. Der Investor und auch der Aktionär will Trends und Wendepunkte bei den Jahresergebnissen frühzeitig erkennen, was nur durch eine **abbildungstreue Erfolgsermittlung** möglich ist. Der Jahresabschluss soll über das abgelaufene Jahr berichten. Er soll deutlich machen, wie die Geschäftsleitung auf negative Trends reagiert hat. Damit wird dem Aktionär eine unmittelbare Entscheidung über sein finanzielles Engagement möglich. Eine Bilanzpolitik, die darauf ausgerichtet ist, möglichst geringe Jahresergebnisse auszuweisen, führt zu dem paradoxen Ergebnis, dass Gewinne entstehen, die nicht über das Geschäftsjahr, sondern vielmehr über eine größere Zeitspanne berichten. Bei der Betrachtung der Zielsetzung der verschiedenen Bilanzadressaten zeigt sich aber, dass z.B. bei den Anteilseignern neben den kurzfristigen Zielen der hohen Gewinnausschüttung auch langfristige Ziele der Sicherung bzw. Erhaltung des Unternehmens bestehen.

Für die Geschäftsleitung lautet im Normalfall die Aufgabe, in wirtschaftlichen Hochphasen die entstandenen Gewinne durch hohen Aufwand in dieser Periode (möglichst) nicht auszuweisen. Dies ist möglich durch die **Bildung stiller Reserven** bei den Vermögensgegenständen, durch Abschreibung usw. Die ausgewiesene Vermögenslage ist damit negativer als in Wirklichkeit, ebenfalls die Ertragslage. Die Beurteilung der Finanzlage durch horizontale Kennzahlen wie Anlagendeckungsgrad verschlechtert sich dann ebenfalls. Die Bildung stiller Reserven führt langfristig dazu, dass die Abschreibungsmöglichkeiten sinken, die Zurechnung von Aufwand geringer wird und damit die Gewinne in Zukunft zu hoch ausgewiesen werden. In der Fristigkeit ist das **zweite Dilemma der Bilanzpolitik** zu sehen. Denn auch der umgekehrte Fall der hohen Aktivierung von Vermögensgegenständen, um den Aufwand der jetzigen Periode zu verringern und damit einen höheren Gewinn auszuweisen, führt langfristig zu höheren Abschreibungen und damit zu niedrigeren Gewinnen.

Bei **stillen Reserven** handelt es sich um Teile des Eigenkapitals, deren Höhe - wie der Name bereits andeutet - aus der Bilanz jedoch nicht ersichtlich ist. Stille Reserven sind auf der Aktiv- wie auf der Passivseite der Bilanz enthalten. Auf der Aktivseite entstehen stille Reserven durch eine Unterbewertung von Aktiva bzw. durch den Nicht-Ansatz von Vermögensgegenständen. Auf der Passivseite werden stille Reserven mit einer Überbewertung von Verbindlichkeiten und Rückstellungen gelegt.[46]

Nach der Art ihrer Entstehung differenziert man in Zwangs-, Schätz-, Ermessens- sowie Willkürreserven.

-   **Zwangsreserven** entstehen aufgrund der handelsrechtlichen Ansatz- und Bewertungsvorschriften notwendigerweise: Bei Wertsteigerungen ist der Ansatz zu einem Wert, der über den Anschaffungskosten liegt, nicht zulässig. Deutlich wird dies insbesondere bei längerfristigen Investitionen wie Grund und Boden. Darüber hinaus entstehen stille Zwangsreserven durch das Aktivierungsverbot für selbst erstellte immaterielle Vermögenswerte des Anlagevermögens gem. § 248 II HGB.

---

[46] Vgl. Coenenberg, 2000, S. 308.

– Die Ursachen für **Schätzreserven** liegen in der unzureichenden menschlichen Voraussicht bzw. dem Vorliegen unvollständiger Informationen. Beispiele für Unsicherheiten, die zu Schätzreserven führen können, sind die Schätzung der Nutzungsdauer des abnutzbaren Anlagevermögens oder die Dotierung von Rückstellungen.

– **Ermessensreserven** entstehen durch die Ausnutzung der gesetzlichen Ansatz- und Bewertungsvorschriften, wonach Vermögensgegenstände nicht oder niedriger als möglich angesetzt werden können. Ein Beispiel hierfür ist das eingeräumte Wahlrecht bezüglich der Untergrenze der handelsrechtlichen Herstellungskosten.

– § 253 IV HGB gestattet es dem Kaufmann, durch systematische Unterbewertungen im Rahmen vernünftiger kaufmännischer Beurteilung stille Reserven zu legen. In diesem Fall spricht man von sog. **Willkürreserven**. Gem. § 279 I S. 1 HGB gilt diese Regelung für Kapitalgesellschaften nicht.

Einen Überblick über Argumente, die für bzw. gegen die Legung stiller Reserven sprechen, bietet Tabelle 32.

Pro	Contra
Erhaltungspolitische Argumentation – Widerstandskraft bei unvorhersehbaren Ereignissen – Schutz des Fremdkapitalgebers – Schutz vor Einblick in die inneren Verhältnisse der Gesellschaft	– Informationswert der Rechnungslegung wird beschnitten – Verlustverschleierungsfunktion – Benachteiligung der Aktionäre bei Gewinnen – Stille Reserven aus der Sicht der Adressaten Begünstigte: Management Benachteiligte: Eigenkapitalgeber
Wachstumspolitische Argumentation – Stärkung der Innenfinanzierungsmöglichkeit gegen dividendenhungrige Aktionäre	
Stabilitätspolitische Argumentation – Verhinderung spekulativer Machenschaften (Erhöhung der Kreditwürdigkeit, verhaltenslenkende Funktion) – Verhinderung der Verunsicherung unmündiger Unternehmensteilnehmer (Schwankungen in den Jahresergebnissen können Unruhe auslösen)	

Tabelle 32: Beurteilung stiller Reserven

Betrachtet man die verschiedenen Gruppen im Unternehmen, die an der Erstellung der Bilanz mitwirken, zeigt sich ein weiteres Dilemma. Während zum Beispiel die Unternehmensführung auf Grund ihres Informationsstandes darum bemüht ist, durch Auflösung von Reserven noch ein ausgeglichenes Ergebnis zu erzielen, versuchen Abteilungs- oder Filialleiter Reserven aufzubauen, indem Vorräte abgewertet und Sonderabschreibungen auf Anlagen vorgenommen werden. Bestehen keine einheitlichen Regelungen für die Bewertung mit entsprechender Anleitung und Kontrolle, können sich die Maßnahmen der untergeordneten Leiter erheblich in der Bilanz niederschlagen. Damit entsteht das **dritte Dilemma der Bilanzpolitik.**

Die skizzierten **Zielkonflikte** lassen sich durch verschiedene Maßnahmen lösen:

Die einfachste Lösung besteht in der Verfolgung nur eines Zieles und der Vernachlässigung der anderen. **Prioritäten** werden immer in Extremsituationen gesetzt, wenn es darum geht, zum Beispiel einen Kredit zu erhalten. In Krisensituationen wird die Bilanzpolitik auf die Sicherung der Existenz des Unternehmens abzielen.

Im Normalfall wird ein Zielkonflikt durch **Kompromisse** gelöst. Die widersprüchlichen Ziele werden im Hinblick auf die Zielerreichung bei den Adressaten gewichtet und daraus eine Lösung abgeleitet, die allen Beteiligten gerecht werden soll.

Eine weitere Möglichkeit zur Lösung der Zielkonflikte kann darin bestehen, die Ziele zeitlich nacheinander zu verfolgen, wenn es die geforderte Kontinuität der Bilanzierung nicht verhindert. Nach Jahren verstärkter Reservenbildung, die zu einem Kapitalpolster geführt hat, wird eine stärkere Gewinnausschüttung bzw. Kapitalerhöhung aus Gesellschaftsmitteln vorgenommen.

Ein Lösungsansatz kann auch darin gesehen werden, die unterschiedlichen Adressaten mit unterschiedlichen Instrumenten zu versorgen. So wird die Steuerbilanz für den Fiskus nach Möglichkeit von der Handelsbilanz abgekoppelt, welche für die Gewinnverwendung der Gesellschafter die Grundlage bildet. Den anderen Adressatengruppen werden gesonderte Instrumente angeboten, zum Beispiel für Gewinnbeteiligungen der Leitungsorgane interne Bilanzen, für Arbeitnehmer Sozialbilanzen usw. Eine solche Aufteilung der Instrumente ist aber nur in begrenztem Rahmen möglich.

Neben den allgemeinen bilanzpolitischen Zielsetzungen können aus besonderen Anlässen weitere Ziele in die Bilanz einfließen:

- **Verkauf oder Fusion** des Unternehmens: In diesem Fall ist „die Braut zu schmücken", d.h., es wird nach Ergebnisverbesserungen Ausschau gehalten, um die Verhandlungsposition mit den Interessenten zu stärken.

- **Ergebnisabhängige Bezüge** bei Vorstand, Aufsichtsrat und den Arbeitnehmern: Auch hier sind die Beteiligten an einer Ergebnisverbesserung interessiert, um eine Steigerung der gewinnabhängigen Bezüge zu erreichen.

- **Wechsel der Geschäftsleitung**: Die neue Geschäftsleitung will Altlasten beseitigen, um den eigenen Gestaltungsspielraum zu erweitern. Die Verschlechterung des Jahresergebnisses wird der alten Geschäftsleitung angelastet, und der sich daraus ergebende bessere Gewinntrend wird von der neuen Geschäftsleitung zu ihren Gunsten verbucht.

Auch beim Vergleich und bei Sanierungen, Gründungen sowie Umwandlungen stehen immer gesonderte bilanzpolitische Maßnahmen im Vordergrund.

4.2 Teilbereiche der Bilanzpolitik

4.2.1 Ansatzpolitik

Für den Bilanzersteller existieren eine Reihe von Ansatzwahlrechten auf der Aktivseite der Bilanz. Die Nutzung dieser Wahlrechte führt dazu, dass ein höheres Vermögen ausgewiesen und damit die Gewinn- und Verlustrechnung entlastet, d.h. die Vermögens- und Ertragslage besser dargestellt wird. In den Folgejahren sind diese aktivierten Werte abzuschreiben, sodass in den nächsten Jahren höhere Aufwendungen anfallen und damit das Ergebnis jeweils stärker belastet wird.

Im Einzelnen beziehen sich die **Ansatzwahlrechte auf der Aktivseite** der Bilanz auf folgende Positionen:

■ **Aufwendungen für die Ingangsetzung und Erweiterung des Geschäftsbetriebs nach § 269 HGB**

Diese Vorschrift gilt nur für Kapitalgesellschaften. Nach ihr können einige Aufwendungen, die nicht bilanzierungsfähig sind, als **Bilanzierungshilfe** aktiviert werden. Zu nennen sind: Aufwendungen für die Beschaffung von Arbeitskräften, für die Auswahl von Lieferanten, für den Aufbau der Innenorganisation und die Logistik, für Marktanalysen, für die Erschließung neuer Märkte und für die Einführungswerbung.

Voraussetzung für die Aktivierung von Aufwendungen für die Ingangsetzung des Betriebs ist die Gründung und Aufnahme des Geschäftsbetriebs. Sollen Aufwendungen für die Erweiterung des Betriebes aktiviert werden, muss eine Vergrößerung der vorhandenen Kapazität vorliegen. Die Bilanzposition ist vor dem Anlagevermögen in der Bilanz auszuweisen. Als **Konsequenz** einer Aktivierung ergibt sich:

– Aufnahme der Werte in den Anlagespiegel,

– Erläuterung des Postens im Anhang,

– Abschreibung um 25 %, beginnend im Folgejahr.

Gewinnausschüttungen können nur vorgenommen werden, wenn nach der Ausschüttung noch eine Gewinnrücklage zuzüglich Gewinnvortrag, abzüglich Verlustvortrag in Höhe des aktivierten Betrags vorhanden ist.

Bei Nichtaktivierung der Aufwendungen für die Ingangsetzung und Erweiterung des Geschäftsbetriebs werden die Beträge unter dem Material- bzw. Personalaufwand in der Gewinn- und Verlustrechnung ausgewiesen.

■ Aufwendungen für die Währungsumstellung auf den Euro

Als weitere **Bilanzierungshilfe** hat der Gesetzgeber den Posten „Aufwendungen für die Währungsumstellung auf den Euro" vorgesehen (Art. 44 EGHGB). Der Posten unterliegt den gleichen Vorgaben wie die „Aufwendungen für die Ingangsetzung und Erweiterung des Geschäftsbetriebs". Allerdings kann die Position von allen Kaufleuten angesetzt werden.

■ Derivativer Geschäfts- oder Firmenwert nach § 255 IV HGB

Diese Vorschrift gilt ebenfalls für alle Kaufleute. Der derivative Geschäftswert wird als Differenzbetrag zwischen dem Kaufpreis des Unternehmens und dem Wert der übernommenen bilanzierungsfähigen Vermögensgegenstände abzüglich der Schulden ermittelt. Der Geschäftswert selbst setzt sich zusammen aus den Werten, die keine selbstständigen Vermögensgegenstände sind und deshalb nicht in der Bilanz erscheinen, wie dem Kundenstamm, Standortvorteilen, dem Ruf des Unternehmens usw. Außerdem kann der Geschäftswert auch die stillen Reserven umfassen, die beim Kauf des Unternehmens entstanden sind, weil einzelne Vermögensgegenstände unter ihrem Wert erworben wurden.

Der Geschäftswert ist bei den Kapitalgesellschaften unter dem Gliederungspunkt A.I.2. auszuweisen und damit auch in den Anlagespiegel zu übernehmen. Der Bilanzierende kann in der Bilanz jeden beliebigen Wert von Null bis zur Wertobergrenze ansetzen. Damit gestattet diese Position eine erhebliche Bilanzpolitik. Abzuschreiben ist der aktivierte Wert in jedem folgenden Geschäftsjahr um 25 %. Er kann aber auch über die Zeit seiner Nutzung linear abgeschrieben werden. Als Abschreibungsdauer können auch, wie in der Steuerbilanz vorgesehen, 15 Jahre (§ 7 I S. 3 EStG) veranschlagt werden.

■ Disagio nach § 250 III HGB

Diese Vorschrift gilt für alle Kaufleute. Der Unterschiedsbetrag zwischen Ausgabe- und Rückzahlungsbetrag von Verbindlichkeiten kann aktiviert werden und ist dann unter den aktiven Rechnungsabgrenzungsposten auszuweisen. Die Abschreibung ist linear auf die gesamte Laufzeit der Verbindlichkeit zu verteilen. Sie erscheint unter der Position „Zinsen und ähnliche Aufwendungen" in der Gewinn- und Verlustrechnung. Das Aktivierungswahlrecht kann nur im Jahr der Kreditaufnahme in Anspruch genommen werden. Haben Kapitalgesellschaften vom Aktivierungswahlrecht Gebrauch gemacht, müssen sie den Posten gesondert unter den aktiven Rechnungsabgrenzungsposten ausweisen oder im Anhang angeben.

■ Latente Steuern nach § 274 II HGB

Für die voraussichtliche Steuerentlastung in den kommenden Geschäftsjahren kann eine **Bilanzierungshilfe** angesetzt werden. Diese Vorschrift gilt nur für Kapitalgesellschaften. Der Betrag ist unter den aktiven Rechnungsabgrenzungsposten gesondert auszuweisen und im Anhang zu erläutern. Bei einer Aktivierung dürfen Gewinne nur ausgeschüttet werden, wenn die verbleibende Gewinnrücklage zuzüglich eines Gewinnvortrages und abzüglich eines Verlustvortrages dem aktivierten Betrag entspricht. Aufzulösen ist der Betrag dann, wenn die Steuerentlastung eintritt oder mit ihr nicht mehr zu rechnen ist. Latente Steuern werden immer über diejenigen Posten der Bilanz ermittelt, die nach Steuer- und Handelsrecht unterschiedlich angesetzt oder bewertet werden können.

Das HGB sieht auch eine Reihe von Bilanzierungswahlrechten auf der **Passivseite der Bilanz** vor. Wird von ihnen Gebrauch gemacht, verschlechtert sich die Vermögens- und Finanzlage, da es sich um Positionen des Fremdkapitals handelt (mit Ausnahme der Sonderposten mit Rücklageanteil, die einen Doppelcharakter aufweisen). Zum anderen wird die Erfolgsrechnung der Jahre entlastet, in denen sonst diese Position in einem einzigen Betrag anfallen würde. Durch die Bilanzierungswahlrechte der Passivseite der Bilanz wird in der Gewinn- und Verlustrechnung eine gewisse Periodisierung vorgenommen.

▪ Sonderposten mit Rücklageanteil nach den §§ 247 III, 273 und 281 HGB

Nach § 247 III HGB dürfen Passivposten, die für Zwecke der Steuern vom Einkommen und Ertrag zulässig sind, in der Bilanz gebildet werden. Weitergehende Erläuterungen sind im § 273 HGB für Kapitalgesellschaften vorgesehen. In der Gewinn- und Verlustrechnung werden die Einstellungen als „sonstige betriebliche Aufwendungen" und die Erträge aus der Auflösung dieses Postens als „sonstige betriebliche Erträge" gesondert ausgewiesen.

Die Sonderposten mit Rücklageanteil stellen eine **Mischposition** dar. Zum einen enthalten sie nicht versteuerte Rücklagen und zum anderen steuerrechtliche Abschreibungen. Der Gesetzgeber erlaubt in einer Reihe von gesetzlich definierten Fällen die Bildung von Rücklagen zu Lasten des Gewinns. Diese Rücklagen sind in späteren Jahren aufzulösen und zu versteuern. Damit tritt eine Steuerstundung ein. Die wesentlichen steuerfreien Rücklagen sind:

-   Rücklage für Veräußerungsgewinne bei bestimmten Gütern des Anlagevermögens nach § 6 b EStG,
-   Rücklage für Ersatzbeschaffung nach R 35 EStR.

Nach § 254 HGB kann über die handelsrechtlichen Abschreibungen nach § 253 HGB hinausgegangen werden, wenn die steuerlichen Vorschriften dies vorsehen. Für Kapitalgesellschaften gilt § 279 II HGB hier insoweit, als sie nur dann von dieser Regelung Gebrauch machen können, wenn das Steuerrecht die Anerkennung von einem Ansatz in der Handelsbilanz abhängig macht. Aufgrund der mittlerweile eingeführten generellen Formulierung des umgekehrten Maßgeblichkeitsprinzips (§ 5 I S. 2 EStG), ist diese Einschränkung quasi gegenstandslos geworden.

Werden diese steuerrechtlichen Abschreibungen angesetzt, stehen zwei Möglichkeiten zur Verfügung (§ 281 HGB). Entweder es wird direkt der Buchwert des Vermögensgegenstandes um diesen Betrag gekürzt, oder es wird eine indirekte Abschreibung vorgenommen. Sie ist in den Sonderposten mit Rücklageanteil einzustellen.

Im Anhang ist darüber gesondert zu berichten (§ 281 II HGB). Der Unterschiedsbetrag zwischen steuerrechtlichen und handelsrechtlichen Abschreibungen ist über die GuV-Position „sonstige betriebliche Aufwendungen" zu verbuchen, die ebenfalls die neu eingestellten steuerfreien Rücklagen aufnimmt.

■ **Rückstellungen für unterlassene Reparaturen, die nach dem dritten, aber bis einschließlich des zwölften Monats nach dem Bilanzstichtag nachgeholt werden nach § 249 I S. 3 HGB**

Diese Vorschrift gilt für alle Kaufleute. Es handelt sich dabei um Rückstellungen für unterlassene Wartungsarbeiten, Inspektionen, Reparaturen und Generalüberholungen. Die Formulierung „unterlassene Aufwendungen" bedeutet, dass nach kaufmännischer Übung, den Empfehlungen des Herstellers, dem Umfang der Nutzung bzw. vorgegebener Planung diese Maßnahmen hätten durchgeführt werden müssen, aber unterlassen wurden. Bei der Bildung dieser Position erfolgt die Gegenbuchung auf einem Aufwandskonto. Kann dieses noch nicht abgegrenzt werden, ist die Position „sonstige betriebliche Aufwendungen" zu wählen. Die Rückstellung wird erfolgsneutral aufgelöst, wenn die Reparaturen abgerechnet werden.

■ **Aufwandsrückstellungen nach § 249 II HGB**

Es besteht ein Passivierungswahlrecht. Die Unternehmen können frei wählen, wie hoch sie die Rückstellung ansetzen wollen. **Voraussetzungen** für die Bildung von Aufwandsrückstellungen sind:

– Die Aufwendungen müssen genau umschrieben werden, z.B. Fremdreparaturen, Eigenreparatur, mit der Abgrenzung der Aufwands- bzw. Kontenarten.

– Der Eintritt der Aufwendungen muss sicher oder wahrscheinlich sein.

– Nach vernünftiger kaufmännischer Beurteilung wird z.B. eine Großreparatur anfallen.

– Die Höhe bzw. der Eintrittszeitpunkt der Aufwendungen ist unbestimmt, d.h., es kann nicht genau angegeben werden, in welchem Jahr die Großreparatur durchgeführt wird, weil das von den Betriebsstunden des Aggregates abhängig ist. Eine allgemeine Vorsorge für die Zukunft reicht allerdings nicht aus. Es muss sich um konkrete Aufwendungen handeln, denen sich der Kaufmann nicht entziehen kann, wenn er seinen Geschäftsbetrieb unverändert fortführen will.

– Wann mit der Zuführung begonnen wird, ist gesetzlich nicht geregelt. Von daher hat der Betrieb die Möglichkeit, die Bildung dieser Bilanzposition von den Zielen seiner Bilanzpolitik abhängig zu machen. Die Zuführung kann einmalig, unregelmäßig oder auch gleichmäßig erfolgen. Auch hier hat der Betrieb Gestaltungsspielraum. Bei permanenter Zuführung ist auf Methodenstetigkeit zu achten. Die Aufwandsrückstellung ist bei Durchführung der entsprechenden Maßnahme aufzulösen oder wenn abzusehen ist, dass die Maßnahme nicht mehr durchgeführt wird. Nach § 285 Nr. 12 HGB sind die Rückstellungen im Anhang zu erläutern, wenn sie einen wesentlichen Betrag ausmachen. Die Bedeutung ergibt sich aus dem Verhältnis der Aufwandsrückstellungen zum Gesamtbetrag der sonstigen Rückstellungen, zum Eigenkapital

oder zur Bilanzsumme. Die Bildung von Aufwandsrückstellungen ist in der Steuerbilanz nicht zulässig.

■ **Ausgleichsanspruch des Handelsvertreters**

Handelsvertreter haben nach Beendigung ihres Vertragsverhältnisses einen Anspruch auf
eine Ausgleichszahlung nach § 89 b HGB. Handelsrechtlich kann die Ausgleichszahlung
erfolgswirksam auf die Jahre des Vertragsverhältnisses verteilt und ratierlich einer Rückstellung zugeführt werden. Es ist strittig, ob ein handelsrechtliches Wahlrecht vorliegt
oder nicht. In der Steuerbilanz ist die Bildung einer Rückstellung nicht zulässig, da für
das Unternehmen die Vorteile in der Zukunft liegen.

Die **buchhalterische Behandlung** der erläuterten Bilanzierungswahlrechte zeigt zusammenfassend Tabelle 33.

Neben allgemeinen Bilanzierungswahlrechten bestehen für den Bilanzersteller **individu-
elle Spielräume** bei der Bilanzerstellung.

Auf der **Aktivseite** kommen folgende Positionen in Betracht:

■ **Herstellungsaufwand / Erhaltungsaufwand**

Erhaltungsaufwand, der lediglich über die Gewinn- und Verlustrechnung zu verbuchen
ist, liegt vor, wenn die Maßnahmen dazu dienen, den Vermögensgegenstand in einem
ordnungsmäßigen Zustand zu erhalten. Dazu rechnen Ausbesserungen und Wartungen
sowie Reparaturen. Davon abzugrenzen ist der **Herstellungsaufwand**. Er führt zu einer
wesentlichen Veränderung der Gebrauchs- bzw. Verwertungsmöglichkeit des Vermögensgegenstandes. Zum Herstellungsaufwand rechnen zum Beispiel der An- oder Ausbau von Gebäuden oder Maßnahmen, welche die Lebensdauer einer technischen Anlage
wesentlich verlängern. Herstellungsaufwand ist sowohl handels- wie auch steuerrechtlich zu aktivieren. Die Abgrenzung zwischen den beiden Größen ist insbesondere bei
steuerlichen Betriebsprüfungen strittig. Der Bilanzaufsteller kann durch die Gestaltung
dieser Maßnahmen die Grundlage dafür schaffen, dass eine Zuordnung zum Erhaltungs-
oder Herstellungsaufwand erfolgt. Dies ist möglich durch eine Zusammenfassung einzelner Teile zu einer Bewertungseinheit oder durch eine zeitliche Streckung der Maßnahmen, um die einzelnen Teile und nicht das Ganze in den Vordergrund zu stellen.

■ **Entgeltlicher Erwerb immaterieller Vermögensgegenstände des Anlagevermögens**

Voraussetzung für eine Aktivierung sind der entgeltliche Erwerb und einzeln verkehrs-
fähige Güter. Soll eine Aktivierung erfolgen, sollte ein Werkvertrag vorliegen, ein EDV-
Programm zum Beispiel nicht mehr vom Erwerber mit Aufwand verändert werden und
bei der Erfindervergütung darauf hingewiesen werden, dass ein fertiger Vermögensgegenstand mit der Erfindervergütung erworben wurde.

Bilanzposition	Buchhalterische Behandlung bei		
	Nichtansatz	**Ansatz**	
	(im Jahr der Wahl-rechtsausübung)	**Bildung**	**Auflösung**
Aufwendungen für die Ingangsetzung und Erweiterung des Geschäfts-betriebs	Aufwand in GuV in jeweiliger Aufwandsart	Wie Nichtansatz, zu-sätzlich: GKV: Buchung „Bi-lanzposition an an-dere aktivierte Ei-genleistungen" UKV: Buchung „Bi-lanzposition an je-weiligen Aufwand"	Abschreibung § 275 II Nr. 7 a HGB
Aufwendungen für die Währungs-umstellung auf den Euro	Verbuchung erfolgt analog der Behandlung von „Aufwendungen für die Ingangsetzung und Erweiterung des Geschäftsbetriebs"		
Derivativer Ge-schäfts- oder Fir-menwert	Sonstige betriebliche Aufwendungen § 275 II Nr. 8 HGB	Erfolgsneutrale Einbuchung Aktivtausch	Abschreibung § 275 II Nr. 7 a HGB
Disagio	Zinsen und ähnliche Aufwendungen in voller Höhe § 275 II Nr. 13 HGB	Erfolgsneutrale Einbuchung aktiver RAP bei Kreditauszahlung	Anteilige Abschreibung § 275 II Nr. 13 HGB
Aktive latente Steuern	keine Buchung	Gegenkonto GuV Steuern vom Einkommen und vom Ertrag (§ 275 II Nr. 18 HGB) und Erläuterung im Anhang	Gegenkonto GuV § 275 II Nr. 18 HGB
Sonderposten mit Rücklageanteil (nur teilweise Wahlrecht!)	keine Buchung	Sonstige betriebli-che Aufwendungen gesonderter Ausweis in GuV oder Anhang § 281 II S. 2 HGB	Sonstige betrieb-liche Erträge gesonderter Ausweis in GuV oder Anhang § 281 II S. 2 HGB

Rückstellungen für unterlassene Reparaturen (Monate 4 - 12)	keine Buchung	GuV: Buchung - soweit möglich - in entsprechender Aufwandsart, ansonsten sonstige betriebliche Aufwendungen	GuV: sonstige betriebliche Erträge* (Verrechnungsverbot !)
Aufwandsrückstellungen	keine Buchung	GuV: Buchung - soweit möglich - in entsprechender Aufwandsart, ansonsten sonstige betriebliche Aufwendungen	GuV: sonstige betriebliche Erträge * (Verrechnungsverbot !)
* Hier auch Mindermeinung: Korrekturbuchung gegen Aufwandsart !			

Tabelle 33: Buchhalterische Behandlung der Bilanzierungswahlrechte

Auf der **Passivseite** besteht nur bei folgenden Positionen individueller Bilanzierungsspielraum:

◼ **Bildung und Auflösung von Rückstellungen**

Für die Bildung von Drohverlustrückstellungen wird als ein Kriterium die Wahrscheinlichkeit ihres Eintritts verlangt. Diese Abschätzung ist subjektiv unterschiedlich für anstehende Prozesse und zu leistende Garantien. Ebenfalls besteht ein subjektiver Ermessensspielraum für die Auflösung dieser Rückstellungen. Liegen bereits Informationen vor, die darauf hindeuten, dass mit einer Inanspruchnahme nicht mehr zu rechnen ist, auch wenn z.B. der Prozess noch nicht abgeschlossen wurde, könnten die Rückstellungen bereits aufgelöst werden.

4.2.2 Bewertungspolitik

Das HGB sieht eine Reihe von Bewertungswahlrechten vor, die im Jahr ihrer Ausübung zu einem höheren Vermögensausweis und damit zu einer geringeren Belastung der Gewinn- und Verlustrechnung führen. Im anderen Fall wird versucht, stille Reserven auf der **Aktivseite** zu bilden und die Gewinn- und Verlustrechnung stärker zu belasten.

◼ **Umfang der Herstellungskosten**

Selbst erstellte Anlagen und die Vorräte an fertigen und unfertigen Erzeugnissen werden mit den Herstellungskosten bewertet. Die **Wertuntergrenze** ergibt sich aus den Einzelkosten. Bewertungswahlrechte bestehen bei der Berücksichtigung der Material- und der

Fertigungsgemeinkosten sowie der Verwaltungskosten. Dem Bilanzierenden ist es dabei freigestellt, in welchem Umfang er diese Gemeinkosten berücksichtigen will.

▓ Umfang der Anschaffungskosten

Zu den Anschaffungskosten gehören alle Aufwendungen, die für den Erwerb eines Vermögensgegenstandes geleistet werden mussten. Anschaffungsnebenkosten sind in dem Umfang zu berücksichtigen, wie sie einzeln zurechenbar sind. Erhebliche Aufwendungen für die Feststellung des günstigsten Angebotes, für den Bestellvorgang und die Eingangskontrolle und andere damit verbundene Aufwendungen können nicht aktiviert werden. Voraussetzung für eine Aktivierung ist die gesonderte Erfassung, zum Beispiel durch dafür vorgenommene organisatorische Abgrenzungen, damit eine direkte Zurechnung möglich wird.

▓ Planmäßige Abschreibungen

Bei den planmäßigen Abschreibungen besteht handelsrechtlich ein Methodenwahlrecht. Sollen zunächst hohe Abschreibungsbeträge entstehen, wäre degressiv abzuschreiben, ansonsten linear bzw. nach der tatsächlichen Inanspruchnahme der Anlagen. Allerdings ist auf Methodenstetigkeit zu achten. Ein Übergang von der degressiven zur linearen Abschreibung ist möglich.

▓ Außerplanmäßige Abschreibungen auf den niedrigeren beizulegenden Wert

Hier besteht ein Wahlrecht bezüglich einer Wertminderung, die nicht von Dauer ist. Für Kapitalgesellschaften besteht diese Regelung allerdings nur für die Finanzanlagen (§ 279 I S. 2 HGB).

▓ Steuerliche Sonderabschreibung

Nach § 254 HGB können auch Abschreibungen auf das Anlage- und das Umlaufvermögen vorgenommen werden, um Vermögensgegenstände mit dem niedrigeren Wert anzusetzen, der auf einer nur steuerrechtlich zulässigen Abschreibung beruht. Kapitalgesellschaften dürfen diese Abschreibungen nur wahrnehmen, wenn für die steuerliche Anerkennung der Wertherabsetzung die **umgekehrte Maßgeblichkeit** vorgeschrieben ist (§ 279 II HGB). Der Grundsatz der umgekehrten Maßgeblichkeit besagt, dass steuerrechtliche Wahlrechte bei der Gewinnermittlung in Übereinstimmung mit der handelsrechtlichen Jahresbilanz auszuüben sind (§ 5 I S. 2 EStG).

Es ist zu entscheiden, ob die Sonderabschreibung in vollem Umfang oder nur zum Teil in Anspruch genommen werden soll. Für die bilanzielle Behandlung besteht ein Wahlrecht, ob die Abschreibung direkt beim Vermögensgegenstand vorgenommen wird oder ob der Betrag nach § 281 I HGB in den Sonderposten mit Rücklageanteil eingestellt wird.

▓ Umfang der planmäßigen Abschreibung im Zugangsjahr

Handelsrechtlich stehen folgende Möglichkeiten zur Verfügung:

- genaue Abschreibungsermittlung nach dem Monat des Zugangs = pro rata temporis,

– hälftige Jahresabschreibung für Gegenstände, die in der zweiten Hälfte des Jahres angeschafft wurden, volle Jahresabschreibung, wenn der Zugang bis Ende Juni erfolgt.

Die jeweils gewählte Methode unterliegt dem Gebot der **Methodenstetigkeit**. Dennoch bieten diese Vorgehensweisen Spielräume für die bilanzpolitische Gestaltung. Durch die Wahl des Beschaffungszeitpunktes wird damit die Abschreibungshöhe im Jahr des Zugangs bestimmt.

■ **Erleichterungen bei der Bewertung des Vorratsvermögens**

Das HGB sieht Abweichungen von der Einzelbewertung vor, die insbesondere für das Vorratsvermögen gelten. Nach § 256 HGB kann ein bestimmtes Verbrauchsfolgeverfahren und nach § 240 IV HGB die Durchschnittsmethode gewählt werden. Für das Umlaufvermögen gilt das **strenge Niederstwertprinzip**. Insofern können durch die Wahl des geeigneten Verfahrens stille Reserven gelegt werden, die so lange nicht aufgelöst werden, wie sich der Bestand in seiner Menge nicht ändert. Sollen die stillen Reserven freigesetzt werden, muss der Altbestand unterschritten werden. Im Umfang dieses Unterschreitens kommt es zur Aufdeckung der stillen Reserven.

Bei den Positionen auf der **Passivseite** bestehen Bewertungswahlrechte im Wesentlichen nur bei den Sonderposten mit Rücklageanteil und bei den Pensionsrückstellungen.

■ **Auflösung der Sonderposten mit Rücklageanteil**

Die unversteuerten Rücklagen können teilweise oder vollständig vorzeitig aufgelöst werden. Diese Entscheidung kann jedes Jahr neu getroffen werden. Bilanzpolitisch ist dies von Bedeutung, wenn ein entsprechender Ertragsbedarf gegeben ist, zum Beispiel in Jahren mit niedrigem Jahresüberschuss oder zur Verwertung von steuerlichen Verlustvorträgen.

■ **Verteilungswahlrechte bei den Pensionsrückstellungen**

Bei der erstmaligen Bildung einer Pensionsrückstellung und bei außerordentlichen Erhöhungen der künftigen Pensionsleistungen besteht ein Verteilungswahlrecht nach § 6 a IV EStG. Dieses Verteilungswahlrecht ist auch handelsrechtlich zulässig. Es ermöglicht eine Glättung des auf die vergangenen Dienstjahre entfallenden Aufwandes. Die Verteilung über drei Jahre lässt einen befristeten Fehlbetrag entstehen, der nach herrschender Meinung im Anhang anzugeben ist.

■ **Wahlrechte bei der Bewertung der Pensionsrückstellungen**

Handelsrechtlich ist zwischen Verpflichtungen zu unterscheiden, bei denen eine Gegenleistung nicht mehr zu erwarten ist und Verpflichtungen aus Pensionsanwartschaften. Erstere sind mit dem Barwert anzusetzen (§ 253 I S. 2 HGB). Verpflichtungen aus Pensionsanwartschaften sind dagegen nach dem Anwartschaftsdeckungsverfahren zu ermitteln. Dabei werden zwei Varianten unterschieden, das Gegenwartswert- und das Teilwertverfahren. Steuerlich ist gem. § 6 a EStG lediglich das Teilwertverfahren zulässig.

Hinsichtlich des Diskontierungssatzes für die Bildung des Barwertes ist handelsrechtlich entsprechend vernünftiger kaufmännischer Übung vorzugehen (Zinssatz zwischen 3 % und 6 %). In der Steuerbilanz ist der Diskontierungszins gem. § 6 a III S. 3 EStG dagegen auf 6 % festgelegt.

Neben den Bewertungswahlrechten existieren eine Reihe von **individuellen Schätzreserven**:

- Schätzung der voraussichtlichen Nutzungsdauer von Anlagegegenständen,
- Schätzung des Beschäftigungsgrades bei der Zurechnung der Gemeinkosten,
- Schätzung der Zuordnung von Gemeinkosten auf die Kostenträger,
- Schätzung der Aufteilung von Anschaffungskosten auf mehrere Vermögensgegenstände,
- Schätzung der Einzelwertberichtigung auf Forderungen,
- Schätzung von Einzelrisiken für Rückstellungen,
- Schätzung der Kostensteigerungen für langfristige Rückstellungen (zum Beispiel für Rekultivierung).

4.2.3 Gewinnausweispolitik

Im Rahmen der Gewinnausweispolitik sind die beiden Sachverhalte

- Erfolgsregulierung und
- Erfolgsausweis

zu untersuchen.

■ **Erfolgsregulierung**

Eine Erfolgsregulierung kann mit dem Ziel betrieben werden, die Summe aller Periodengewinne nach Steuern zu maximieren bzw. die Summe der Ertragsteuerzahlungen aller Perioden zu minimieren. Dies wird üblicherweise dann erreicht, wenn die jährlichen steuerpflichtigen Gewinne möglichst auf gleichem Niveau ausgewiesen werden. Diese Nivellierung der Gewinne wird auch als „**Gesetz der Normallinie**" bezeichnet.[47]

Da bei den Steuerzahlungen auch ihre Termine zu berücksichtigen sind, müsste der Barwert aller Steuerzahlungen minimiert werden, um die Zinsvorteile auszunutzen. Der verschiebbare Teil des steuerlichen Gewinns sollte in möglichst weite Ferne verrückt werden. Ist die Progressionswirkung des Steuertarifes noch spürbar, ist der Zinsvorteil mit dem Progressionsnachteil abzuwägen.

Diese steuerstrategischen und steuertaktischen Überlegungen werden vor dem Hintergrund häufiger Änderungen der Steuervorschriften, der Änderungen der Zinssätze und der Veränderungen der wirtschaftlichen Lage des Betriebes zu einer „Gleichung mit vielen Unbekannten". Das Gesetz der Normallinie vernachlässigt Zinssätze und Progres-

---

[47] Vgl. Vogt, 1963, S. 17.

sionswirkungen. Liegen aber keine weiteren Informationen für die nächsten Jahre bezüglich Steueränderungen usw. vor, wird wohl eine Nivellierung der Gewinne auch unter Berücksichtigung der bereits besprochenen bilanzpolitischen Ziele den größten Erfolg versprechen.

Ansatzpunkte der Erfolgsregulierung bestehen in der zeitlichen Gestaltung von Aufwendungen und Erträgen. Zu nennen wären die Durchführung von Investitionen, das Vorverlagern von Aufwendungen und die Verlagerung von Erträgen durch Rechnungsstellung. Dazu gehören auch Maßnahmen wie der Verkauf einer Maschine, um den Zahlungsmittelausweis zu erhöhen. Dies wird als „**Window-dressing**" bezeichnet. Die Planung des Erfolges für die einzelnen Jahre über die Zuordnung der Aufwendungen auf diese Perioden, ist nur sinnvoll über die Abstimmung der betrieblichen Teilpläne möglich. Der Produktionsplan setzt bestimmte Kapazitäten voraus, die z.B. nur über den Kauf einer Maschine realisiert werden können. Diese Abstimmung zwischen den Erfolgen der Jahre und den betrieblichen Teilplänen kann das Controlling durch Erfolgsregulierung und -steuerung leisten.

Die **Sachverhaltsgestaltung** nimmt heute einen höheren Stellenwert ein, da die internationale Rechnungslegung Bilanzierungswahlrechte nicht mehr bzw. nur in sehr geringem Umfang einräumt.

Im Folgenden sollen wesentliche Sachverhaltsgestaltungen - neben der zeitlichen Veränderung von Aufwendungen - kurz erläutert werden.

– **Asset Backed Securities (ABS)**

Das der Emission von Asset Backed Securities zugrunde liegende System besteht darin, dass ein über Kapitalbedarf verfügendes Unternehmen Teile seines Forderungsbestandes verkauft und auf Seiten der Käufer die Refinanzierung durch die Ausgabe von Wertpapieren erfolgt.[48] Bei ABS handelt es sich demnach um durch einen Bestand an unverbrieften Forderungen (*Assets*) gedeckte (*backed*) und gesicherte Wertpapiere (*Securities*). Grundsätzlich sind zwei Strukturen vorherrschend, die Fondszertifikatsstruktur und die Anleihestruktur.[49]

Durch die Emission von ABS lassen sich Bilanzkennzahlen (insbesondere der Verschuldungsgrad) und Kennzahlen zur Liquiditätsreserve beeinflussen. So bestehen die Vorteile einer ABS-Transaktion für den Verkäufer der Forderungen z.B. in einem Zufluss an Liquidität und in bilanzpolitischen Gestaltungsmöglichkeiten.[50]

– **Factoring**

Es sind verschiedene Formen des Factoring zu unterscheiden (vgl. Tabelle 34). Beim **echten Factoring** (Forderungsverkauf durch Abtretung) scheiden die verkauften Forderungen aus der Bilanz des Forderungsverkäufers aus. An ihre Stelle treten - sofern der Betrag nicht bar ausgezahlt wird - Forderungen gegenüber dem Factor (Forderungskäu-

---

[48] Vgl. Mattes, 1995, Sp. 1708.
[49] Vgl. hierzu Mattes, 1995, Sp. 1708.
[50] Vgl. Büschgen, 2001, S. 99.

fer). Diese sind unter Beachtung der im Einzelfall vereinbarten Konditionen als „sonstiger Vermögensgegenstand" zu bilanzieren.

Sofern das Ausfallrisiko beim Forderungsverkäufer verbleibt (**unechtes Factoring**), hat dieser Verbindlichkeiten aus Bürgschaften unter der Bilanz zu vermerken oder, wenn mit dem Ausfall der abgetretenen Forderung zu rechnen ist, eine Rückstellung für ungewisse Verbindlichkeiten zu bilden.[51]

Sowohl beim **Factoring** als auch bei Asset Backed Securities sinkt der Bestand an Finanzaktiva und dem Unternehmen fließen flüssige Mittel zu, die wiederum zur Rückzahlung von Verbindlichkeiten genutzt werden können. Im Fall der Rückzahlung von Verbindlichkeiten verringert sich die Bilanzsumme, so dass (unter sonst gleichen Bedingungen) die (Sach-)Anlagenintensität zunimmt.[52]

Echtes Factoring	**Unechtes Factoring**
– das die Forderung kaufende Factoringinstitut trägt das Inkassorisiko – als wirtschaftlicher und rechtlicher Eigentümer hat das Factoringinstitut die Forderung zu bilanzieren	– der Forderungsverkäufer trägt das Delkredererisiko der verkauften Forderung – obwohl die Forderung zivilrechtlich dem Factoringinstitut gehört, hat der Forderungsverkäufer die Forderung weiter zu bilanzieren

Tabelle 34: Echtes und unechtes Factoring

– **Sale-and-lease-back**

Beim sog. Sale-and-lease-back handelt es sich um eine **Spezialform des Leasing**. Es lassen sich mit dieser Maßnahme Ergebnis- und Bilanzstrukturwirkungen erzielen. Ein Gegenstand des Anlagevermögens wird an ein anderes Unternehmen verkauft und im Rahmen eines Leasingvertrages wieder angemietet. Durch diese Maßnahme werden der Bestand des Anlagevermögens und damit die Sachanlagenintensität gesenkt.

Das Sale-and-lease-back gestattet die Hebung stiller Reserven in Form eines realisierten Veräußerungsgewinns. Dabei erlaubt es gleichzeitig eine Eigennutzung des Vermögensgegenstandes ohne Unterbrechung, d.h., auch betrieblich genutzte Gegenstände sind bilanzpolitisch einsetzbar.[53]

– **In-substance-defeasance**

Unter In-substance-defeasance versteht man eine bilanzpolitisch motivierte Ablösung von Verbindlichkeiten eines (originären) Schuldners durch einen derivativen Schuldner. Dazu werden Verbindlichkeiten (i.d.R. langfristige Anleihen) und Aktiva (Wertpapiere

---

[51] Vgl. Coenenberg, 2000, S. 216.
[52] Vgl. Baetge, 1998, S. 174.
[53] Vgl. Berens / Hoffjan, 1999, S. 1292.

des Anlagevermögens oder des Umlaufvermögens und / oder flüssige Mittel) auf einen Trust nach US-amerikanischem Recht übertragen. Dieser Trust wird dabei ausschließlich für das In-substance-defeasance-Geschäft gegründet.[54]

Gewisse Bilanzkennzahlen können durch die Eliminierung von Vermögensgegenständen und Schulden beeinflusst werden. Die Kennzahlen Eigenkapitalquote, Verschuldungsgrad, Anlagenintensität sowie Umlaufintensität entwickeln sich im Vergleich Bilanz I (vor Berücksichtigung des In-substance-defeasance) und Bilanz II (nach Berücksichtigung des In-substance-defeasance) z.B. wie folgt (Tabelle 35):[55]

Kennzahl	Bilanz I	Bilanz II
Eigenkapitalquote	22,2 %	31,5 %
Verschuldungsgrad	77,8 %	68,5 %
Anlagenintensität	44,4 %	54,7 %
Umlaufintensität	55,6 %	45,3 %

Tabelle 35: Einfluss des In-substance-defeasance auf bilanzanalytische Kennzahlen[56]

Die Veränderung von Anlagenintensität sowie Umlaufintensität hängt dabei von der Zuordnung der übertragenen Vermögensgegenstände zum Anlagevermögen oder Umlaufvermögen des originären Schuldners ab. Die abgegebenen Wertpapiere im Beispiel gehörten zum Umlaufvermögen. Wären die Wertpapiere dem Anlagevermögen zugeordnet gewesen, würden sich die Kennzahlen umgekehrt entwickeln.[57]

■ **Erfolgsausweis**

Im Anschluss an die Erfolgsregulierung kann der Erfolgsausweis geplant und gestaltet werden. Hier setzt die Bilanzpolitik mit der Ausnutzung von Bilanzierungs- und Bewertungswahlrechten und -spielräumen ein, um die Gewinnhöhe zu beeinflussen. Die reale und die nominelle Gewinnhöhe sind zu unterscheiden. Nur über die reale Gewinnhöhe kann eine Substanzerhaltung betrieben werden.

Die zweite Frage im Rahmen der Ausweispolitik bezieht sich auf die Aufteilung des Ergebnisses in das offene Ergebnis und die Bildung stiller Reserven. Die Erkennbarkeit bilanzpolitischer Gestaltung wird im Gliederungspunkt 4.3.2 behandelt.

Die Tabellen 36 und 37 fassen die Indikatoren, die Rückschlüsse auf die wirtschaftliche Lage des bilanzierenden Unternehmens zulassen, zusammen.

---

[54] Vgl. Baetge, 1998, S. 175.

[55] Vgl. Baetge / Schlösser, 1997, S. 11.

[56] Baetge / Schlösser, 1997, S. 12.

[57] Vgl. Baetge / Schlösser, 1997, S. 12.

Gute wirtschaftliche Lage	
Sachverhalt	**Fundstelle**
Ausweis: – Aufwandsrückstellungen – Rückstellungen für unterlassene Reparaturen (Monate 4 - 12)	**Ausweis:** Bilanz, Ausweis unter „sonstige Rückstellungen", entweder gesonderter Ausweis oder Erläuterungspflicht bei erheblichem Umfang im Anhang nach § 285 Nr. 12 HGB.
Bewertung: – Degressive Abschreibung – Untergrenze der Herstellungskosten (Ausschöpfung der steuerlich zulässigen Wertuntergrenze)	**Bewertung:** Anhangsangabe nach § 284 II Nr. 1 HGB. Anhangsangabe nach § 284 II Nr. 1 HGB.
Prüfung auf stille Reserven – steuerrechtliche Abschreibungen – Zinssatz für Pensionsrückstellungen unter 6 % (4 % - 6 %) – Anwendung fiktiver Verbrauchsfolgeverfahren (LIFO) und der Festbewertung – außerplanmäßige Abschreibungen auf Finanzanlagen bei nicht dauernder Wertminderung – Vornahme von Abschreibungen auf den nahen Zukunftswert im Umlaufvermögen	**Prüfung auf stille Reserven** Angabe und Begründung im Anhang nach § 281 II S. 1 HGB. Anhangsangabe nach § 284 II Nr. 1 HGB. Anhangsangabe erforderlich gemäß § 284 II Nr. 4 HGB. Entweder gesonderter Ausweis nach § 277 III HGB oder Anhangsangabe. Entweder gesonderter Ausweis nach § 277 III HGB oder Anhangsangabe.

Tabelle 36: Indikatoren für eine „konservative" Bilanzierung

Schlechte wirtschaftliche Lage	
Sachverhalt	**Fundstelle**
Ausweis: – Aufwendungen für die Ingangsetzung und Erweiterung des Geschäftsbetriebs	**Ausweis:** Bilanz, Ausweis vor dem Anlagevermögen nach § 269 HGB, Erläuterungspflicht im Anhang.
– Ansatz des käuflich erworbenen Firmenwerts	Bilanz, Ausweis im Anlagevermögen unter immaterielle Vermögensgegenstände in Position A. I. 2.
– aktivische latente Steuern	Bilanz, Ausweis mit entsprechender Bezeichnung unter aktiven RAP, Erläuterungspflicht im Anhang (§ 274 II HGB).
– Aktivierung des Disagios	Bilanz, erscheint gesondert unter den aktiven RAP oder Erläuterungspflicht im Anhang (§ 268 VI HGB).
Bewertung: – Obergrenze der Herstellungskosten (+ Finanzierungskosten + Verwaltungskosten)	**Bewertung:** Anhangsangaben nach § 284 II Nr. 1 HGB und § 284 II Nr. 5 HGB.
– Lineare Abschreibung	Anhangsangabe nach § 284 II Nr. 1 HGB.
– Pro rata temporis Abschreibung	Anhangsangabe nach § 284 II Nr. 1 HGB.
– längere voraussichtliche Nutzungsdauer	Wenn bei Abschreibungsdauer auf allgemein zugängliche Abschreibungstabellen zurückgegriffen wird, erfolgt keine Angabe. Angabepflicht nur bei wesentlichen Abweichungen im Anhang nach § 284 II Nr. 1 HGB.
– Sale-and- lease-back	Angabepflicht gem. § 285 Nr. 3 HGB in einer Sammelposition mit anderen sonstigen finanziellen Verpflichtungen.
– Zuschreibung	Anlagegitter, das nach § 268 II HGB aufzustellen ist.
– Vornahme von Bewertungsänderungen, die den Jahreserfolg positiv beeinflussen (z.B. Übergang von Teilkosten- zu Vollkostenansatz bei den Herstellungskosten).	Abweichung ist anzugeben und zu begründen, Einfluss auf Vermögens-, Finanz- und Ertragslage ist darzustellen.

Tabelle 37: Indikatoren für eine „kreative" Bilanzierung

4.2.4 Ausschüttungspolitik

Der ausschüttungsfähige Betrag kann durch zwei Sachverhalte beeinflusst werden:

- Ausschüttungssperren verhindern die Ausschüttung eines Gewinnes insgesamt oder in Teilen. Das HGB sieht sie bei der Aktivierung von Ingangsetzungs- und Erweiterungsaufwendungen oder latenten Steuern sowie beim Erwerb eigener Anteile vor.

- Zuschreibungsgewinne entstehen, wenn eine Wertaufholung nach § 280 HGB zu einer Zuschreibung führt, die nach § 281 HGB in den Sonderposten mit Rücklageanteil eingestellt werden kann. § 58 II a AktG und § 29 IV GmbHG sehen vor, dass der Eigenkapitalanteil der Wertaufholungen, die nicht in diesem Sonderposten ausgewiesen werden dürfen, in andere Gewinnrücklagen eingestellt werden können. Die Folge dieser Maßnahmen ist eine Erhöhung des Eigenkapitals.

Bei der optimalen Verwendung des Gewinns für die Alternativen **Ausschüttung** und **Thesaurierung** kann die Besteuerung eine erhebliche Bedeutung besitzen. Durch das Steuerentlastungsgesetz 2001 ergeben sich in diesem Zusammenhang u.a. folgende Änderungen:[58]

- Abschaffung des körperschaftsteuerlichen Anrechnungsverfahrens und Einführung eines einheitlichen Definitiv-Körperschaftsteuersatzes in Höhe von 25 %,

- Zusätzliche Belastung ausgeschütteter Gewinne auf Ebene des Gesellschafters,

- Abmilderung der körperschaftsteuerlichen Vorbelastung, indem die Gewinnausschüttungen bei den Gesellschaftern nur zur Hälfte in die Bemessungsgrundlage für die Einkommensteuer eingehen (**Halbeinkünfteverfahren**).

Im Vergleich zum **Anrechnungsverfahren** (Besteuerung der ausgeschütteten Gewinne mit dem individuellen Steuersatz des Gesellschafters, Anrechnung der Körperschaftsteuer) erweist sich das Halbeinkünfteverfahren als nachteilig, wenn der Steuersatz des Gesellschafters weniger als 40 % beträgt.[59]

Vor diesem Hintergrund werden Kapitalgesellschaften wohl vielfach auf die Ausschüttung ihrer Gewinne mit zusätzlicher Belastung auf Ebene der Gesellschafter verzichten.[60] Der Ansatz des Halbeinkünfteverfahrens führt der Tendenz nach zu einer Gewinnthesaurierung.[61]

Bei der **Ausschüttungspolitik** sind drei Bereiche zu betrachten:

- Einstellungen in die Gewinnrücklagen,

- Dividendenpolitik sowie

- Erfolgsbeteiligungen im Betrieb.

---

[58] Vgl. Schneeloch, 2000, S. 1619 - 1620.

[59] Vgl. hierzu Scheffler, 2001, S. 149 - 150.

[60] Vgl. Heidemann, 2000, S. 722.

[61] Vgl. Scheffler, 2001, S. 153.

■ **Einstellungen in die Gewinnrücklagen**

Einer AG ist es nicht freigestellt, ob sie Rücklagen bildet oder nicht. Nach § 150 II AktG ist der zwanzigste Teil des um einen Verlustvortrag aus dem Vorjahr geminderten Jahresüberschusses in die **gesetzliche Rücklage** einzustellen, bis die gesetzliche Rücklage und die Kapitalrücklage zusammen den zehnten oder den in der Satzung bestimmten höheren Teil des Grundkapitals erreichen

Weitere Einstellungen in die Rücklagen sind nach § 58 AktG möglich. Nach § 58 I AktG kann die Satzung bestimmen, dass die Hälfte des Jahresüberschusses in die **anderen Gewinnrücklagen** eingestellt wird; dabei sind vorab die Zuführungen zur gesetzlichen Rücklage und ein Verlustvortrag vom Jahresüberschuss abzusetzen. Diese Möglichkeit ist nur gegeben, wenn die Hauptversammlung den Jahresabschluss feststellt.

Im Normalfall wird der Jahresabschluss von Vorstand und Aufsichtsrat ohne Beteiligung der Hauptversammlung festgestellt. Für diesen Fall bestimmt § 58 II AktG, dass Vorstand und Aufsichtsrat höchstens die Hälfte des Jahresüberschusses in andere Gewinnrücklagen einstellen dürfen. Die Satzung kann einen höheren Betrag vorsehen. Dies allerdings nur so lange, bis die anderen Rücklagen die Hälfte des Grundkapitals erreicht haben.

Die Vorstellung des Gesetzgebers zielt darauf ab, dass die Hauptversammlung über die Hälfte des Bilanzgewinns entscheiden kann. In der Hauptversammlung kann allerdings durch Mehrheitsbeschluss der Bilanzgewinn ganz oder teilweise in die anderen Gewinnrücklagen eingestellt werden. Eine Anfechtung des Gewinnverwendungsbeschlusses ist nach § 254 AktG nur möglich, wenn die Voraussetzungen für eine Mindestdividende von 4 % nicht gegeben sind.

Für die GmbH sind gesetzliche Rücklagen nicht vorgesehen. Sie hat die Möglichkeit, satzungsmäßige Rücklagen und andere Rücklagen zu bilden (§ 29 GmbHG).

■ **Dividendenpolitik**

Bei der Dividendenpolitik sind drei Aspekte zu berücksichtigen:

1. Zeitvergleich

Das Unternehmen wird bemüht sein, nicht unter die Dividende des Vorjahres abzusinken, wenn nicht plausible Erklärungen dafür gegeben werden können. Sonst könnte eine Verschlechterung der wirtschaftlichen Lage unterstellt werden. Deshalb findet man in den Geschäftsberichten Formulierungen wie: „Es ist uns gelungen, wie in Vorjahren eine Dividende von 12,- € pro Aktie auszuschütten."

2. Branchenvergleich

Das Unternehmen wird bemüht sein, die Dividendenausschüttungen nach dem Durchschnitt der Branche oder knapp darüber vorzunehmen, da dies auch als Beweis gilt, dass die Unternehmensführung in der Lage ist, vergleichbare oder bessere Ergebnisse als der Durchschnitt der Branche zu erwirtschaften.

3. Die Zusammensetzung der Gesellschafter

Während Großaktionäre stärker am Wertzuwachs interessiert sind, auch um eine „Kriegskasse" zum Erwerb von Beteiligungen und anderen Betrieben anzulegen, sind die Ziele der Kleinaktionäre eher auf Gewinnausschüttungen ausgerichtet.

4. Erfolgsbeteiligungen von Aufsichtsrat, Vorstand und Arbeitnehmern

Unter Erfolgsbeteiligung wird eine Vereinbarung zwischen dem Unternehmen und bestimmten Personengruppen verstanden, wonach zusätzlich zum festgesetzten Entgelt ein Anteil am Unternehmenserfolg ausgeschüttet wird, der sich am erzielten Gewinn, am Ertrag oder an der betrieblichen Leistung orientiert. Es besteht dabei kein unmittelbarer Zusammenhang zwischen der Leistung des einzelnen und dem an ihn ausgeschütteten Erfolgsanteil.

Wird dem Vorstand eine Gewinnbeteiligung gewährt, sollte sie nach § 86 I AktG in einem Anteil am Jahresgewinn bestehen. Berechnet wird dieser Anteil gemäß § 86 II AktG nach dem Jahresüberschuss, vermindert um einen Verlustvortrag aus dem Vorjahr und um Beträge, die nach Gesetz oder Satzung in die Gewinnrücklagen einzustellen sind.

Wird den Mitgliedern des Aufsichtsrats ein Anteil am Jahresgewinn gewährt, so berechnet sich dieser Anteil entsprechend § 113 III AktG nach dem Bilanzgewinn, vermindert um einen Betrag von mindestens 4 % der auf den geringsten Ausgabebetrag der Aktien geleisteten Einlagen. Dies entspricht der nach § 254 I AktG geforderten Mindestrendite. Der Bilanzgewinn ergibt sich gemäß § 158 I S. 1 AktG aus dem Jahresüberschuss unter Berücksichtigung der Entnahmen aus bzw. der Einstellungen in die Gewinnrücklagen.

Die Erfolgsbeteiligungssysteme der Mitarbeiter weisen erhebliche Unterschiede auf. Die Mehrerfolgsbeteiligung ist zum Beispiel ein von betriebsinternen und betriebsexternen Einflussfaktoren abhängiges, vertraglich geregeltes Lohnergänzungsverfahren, welches jedem Mitarbeiter zusätzlich zum tarifvertraglich geregelten Lohn und Gehalt einen Erfolgszuschlag proportional zum erzielten Erfolg gewährt. Dieser Erfolg wird im Rahmen der monatlichen Erfolgsrechnung nach einem festgelegten Berechnungsschema ermittelt. Üblicherweise wird dabei nicht vom handelsrechtlichen Jahresüberschuss ausgegangen.

4.2.5 Gliederungs- und Darstellungspolitik

Für Kapitalgesellschaften ist eine Mindestgliederung der Bilanz und der Gewinn- und Verlustrechnung im HGB (§§ 266 und 275 HGB) vorgesehen; die im Anhang und im Lagebericht zu erwähnenden Bestandteile sind vorgeschrieben.

■ Bilanz

Nach § 265 V HGB können die Bilanzpositionen stärker untergliedert bzw. dürfen weitere Erläuterungen in den Vorspalten gegeben werden. Vielfach finden sich auch nur noch die mit arabischen Zahlen versehenen Posten in der Bilanz und der Gewinn- und Verlustrechnung und die weitere Aufgliederung erfolgt im Anhang.

Vom Gesetzgeber werden z.B. folgende Wahlrechte für die Darstellung von Angaben in der Bilanz oder im Anhang genannt:

§ 265 III S. 1 HGB	Angabe der Mitzugehörigkeit eines Postens zu anderen Posten.
§ 265 VII Nr. 2 HGB	Gesonderter Ausweis der in der Bilanz oder GuV zusammengefassten Posten.
§ 268 II S. 1 HGB	Darstellung des Anlagegitters.
§ 268 VI HGB	Angabe eines Unterschiedsbetrags, der nach § 250 III HGB in den aktivischen Rechnungsabgrenzungsposten aufgenommen wird (Disagio).
§ 273 S. 2 HGB	Angabe der Vorschriften, nach denen der Sonderposten mit Rücklageanteil gebildet wurde.

Tabelle 38: Wahlrechte für die Darstellung von Angaben in der Bilanz oder im Anhang

Darüber hinaus werden in der Praxis die „Davon-Vermerke" für die Forderungen (§ 268 IV HGB) und für die Verbindlichkeiten (§ 268 V HGB), die für die Bilanz vorgeschrieben sind, im Anhang aufgeführt. Insgesamt lässt sich feststellen, dass die großen Kapitalgesellschaften Angaben in den Anhang verlagern.

Vom Gesetzgeber sind nur noch wenige Abweichungen vom Bruttoprinzip (gem. § 246 II HGB) vorgesehen. Dazu gehört die Verrechnung von Forderungen und Verbindlichkeiten, wenn sie fällig, gleichartig und gegenseitig sind (§ 387 BGB). Es handelt sich dabei um ein Aufrechnungsrecht und nicht um eine Aufrechnungspflicht. Durch die Aufrechnung wird die Bilanz verkürzt, und damit erscheinen die Bilanzrelationen, wie z.B. Eigenkapital zu Bilanzsumme, verbessert. Erhaltene Anzahlungen können von den Vorräten offen abgesetzt werden oder sind als Verbindlichkeiten auszuweisen (§ 268 V HGB). Damit ist ebenfalls die Möglichkeit einer Bilanzverkürzung gegeben.

Ausstehende Einlagen auf das gezeichnete Kapital sind auf der Aktivseite vor dem Anlagevermögen auszuweisen. Die davon eingeforderten Einlagen sind zu vermerken. Alternativ können die nicht eingeforderten ausstehenden Einlagen offen vom gezeichneten Kapital abgesetzt werden. Der verbleibende Betrag ist in diesem Fall unter der Bezeichnung „Eingefordertes Kapital" auf der Passivseite auszuweisen. Außerdem ist der eingeforderte Betrag gesondert unter den Forderungen auszuweisen (§ 272 I HGB). Die zweite Vorgehensweise ermöglicht wiederum eine Verkürzung der Bilanz, die allerdings im Rahmen der Aufbereitung für die Bilanzanalyse ohnehin erfolgt.

Eine weitere Möglichkeit der Gliederungs- und Darstellungspolitik besteht im Ausweis von Posten entweder unter dem Anlage- oder dem Umlaufvermögen. Ermessensspielräume zur Beeinflussung der Aussagekraft bestehen bei Grenzfällen der Zuordnung der Wertpapiere zum Anlagevermögen oder zum Umlaufvermögen. Für die Kennzahlenbildung ergeben sich daraus Auswirkungen, weil sich die Relationen Anlagevermögen zu Umlaufvermögen und Anlagevermögen zu langfristigem Kapital verändern.

■ Gewinn- und Verlustrechnung

Hier kann sich die Gesellschaft für das Gesamt- oder das Umsatzkostenverfahren entscheiden. Grundsätzlich ist davon auszugehen, dass dem Bilanzanalytiker die gleichen Informationen vermittelt werden. Beim Umsatzkostenverfahren werden die Aufwendungen nach der Zuordnung zu den Kostenstellenbereichen unterteilt. Daraus könnte abgeleitet werden, dass eine verbesserte Einsicht aus der Gegenüberstellung der Kostenblöcke zu den Umsatzerlösen möglich wäre. Dies ist aber nur sehr vage möglich, da die Schlüsselgrößen für die Verteilung der Gemeinkosten auf die Kostenstellenbereiche nicht bekannt sind. Dadurch wird der Branchenvergleich bezüglich der Kostenstrukturen erschwert.

Im HGB sind wieder einige Wahlrechte vorgesehen, Angaben in der Gewinn- und Verlustrechnung oder im Anhang zu machen (vgl. Tabelle 39).

Abweichungen vom Bruttoprinzip sind nur in wenigen Fällen gestattet:

– Abzug von Erlösschmälerungen und der Umsatzsteuer von den Umsatzerlösen,
– Saldierung der Posten 1 bis 5 des Gesamtkostenverfahrens bzw. 1 bis 3 und 6 des Umsatzkostenverfahrens zum Rohergebnis für kleine und mittelgroße Kapitalgesellschaften.

§ 277 III HGB	Angabe der außerplanmäßigen handelsrechtlichen Abschreibungen.
§ 281 II HGB	Angabe der Erträge und Aufwendungen aus der Auflösung des bzw. der Einstellung in den Sonderposten mit Rücklageanteil.
§ 158 I S. 2 AktG	Fortführung der Positionen der Gewinn- und Verlustrechnung bis zum Bilanzergebnis.

Tabelle 39: Wahlrechte für die Darstellung von Angaben in der Gewinn- und Verlustrechnung oder im Anhang

■ Anhang

In den §§ 284 bis 288 HGB ist der Anhang geregelt. Neben den in diesen Paragraphen genannten Einzelangaben können auch die Angaben aus der Bilanz und der Gewinn- und Verlustrechnung in den Anhang aufgenommen werden, wenn vom Ausweiswahlrecht Gebrauch gemacht wird. An diese Informationen werden die gleichen Anforderungen gestellt, wie sie für einen Ausweis in der Bilanz bzw. GuV gelten. Die Vorjahreszahlen sind hier dann anzugeben, wenn sie z.B. in der Bilanz verlangt werden. Darüber hinaus ist der Anhang als Instrument der **Informationspolitik** geeignet, da weitere Angaben gemacht werden können, solange dadurch die Generalnorm nicht verletzt wird.

Auf der anderen Seite können auf die größenabhängigen Erleichterungen verzichtet und die Angaben gemacht werden, die von den großen Kapitalgesellschaften verlangt wer-

den. Ein weiterer Spielraum bilanzpolitischer Art ergibt sich aus den im Gesetz genannten Formulierungen im Zusammenhang mit dem Anhang wie „Darstellen", „Aufglie-
dern", „Begründen" und „Erläutern".

■ **Lagebericht**

Der Lagebericht bietet dem Unternehmen eine große Anzahl von Möglichkeiten, das
Urteil der Bilanzleser zu beeinflussen. Hier besteht ein weites Feld subjektiver Einschätzung der Lage und der Entwicklung des Unternehmens. Der negative Eindruck des Zah-
lenwerkes von Bilanz bzw. Gewinn- und Verlustrechnung kann durch eine positive Darstellung im Lagebericht relativiert werden.

4.2.6 Publizitätspolitik

Die zwei Pole der Publizitätspolitik, zwischen denen sich die konkrete Ausgestaltung
seitens der Gesellschaften bewegt, reicht von der Vermeidung einer Veröffentlichung bis
zu einer breiten Unterrichtung über den gesetzlichen Rahmen hinaus. Eine Vermeidung
bzw. Einschränkung der Publizität wäre möglich, indem die Größenmerkmale der kleinen oder mittelgroßen Kapitalgesellschaft angestrebt werden, um deren Erleichterungen
in Anspruch nehmen zu können. Bei Einführung des Bilanzrichtlinien-Gesetzes sind die
verschiedenen Möglichkeiten, die drei Größen Bilanzsumme, Umsatz und Mitarbeiterzahl zu beeinflussen, häufig diskutiert worden. Beispiele dafür sind:

Maßnahmen zur Beeinflussung von **Bilanzsumme und Umsatz**:

–   Ausnutzung der Saldierungsmöglichkeit nach § 387 BGB,
–   offenes Absetzen der erhaltenen Anzahlungen von den Vorräten,
–   passivischer Ausweis der ausstehenden Einlagen,
–   Leasing von Vermögensgegenständen,
–   Just-in-time-Organisation für die Roh-, Hilfs- und Betriebsstoffe,
–   Ausgliederung von betrieblichen Bereichen,
–   sowie Ausnutzung der Bilanzierungs- und Bewertungswahlrechte im Hinblick auf
    keine bzw. niedrige Wertansätze auf der Aktiv- wie auf der Passivseite.

Maßnahmen zur Verringerung der **Mitarbeiterzahl**:

–   Beschäftigung von Leiharbeitern,
–   verlängerte Werkbank.

Eine erweiterte Publizität über den gesetzlich verlangten Rahmen hinaus ist über zusätzliche Instrumente wie die Sozialbilanz, die Wertschöpfungsrechnung, die Kapitalflussrechnung und die Öko-Bilanz möglich.

Die **Sozialbilanz** dient der Erfassung und Darstellung der gesellschaftsbezogenen Aktivitäten des Unternehmens, die sich auf die Bereiche Mitarbeiter, Staat und physische Umwelt beziehen.

Bei der **Wertschöpfungsrechnung** wird der in einer Periode im Unternehmen entstandene Produktionsbeitrag festgestellt. Er kann mittels der Entstehungsrechnung aus dem Gesamtproduktionswert abzüglich Vorleistungen oder durch die Verteilungsrechnung aus den Arbeits-, Gemein- und Kapitalerträgen ermittelt werden.

In der **Kapitalflussrechnung** werden für einen bestimmten Zeitraum Herkunft und Verwendung verschiedener liquiditätswirksamer Mittel dargestellt. Seit dem in Kraft treten des KonTraG haben die gesetzlichen Vertreter von börsennotierten Mutterunternehmen den Konzernanhang um eine Kapitalflussrechnung zu erweitern. Die Erweiterung des Anhangs um dieses Berichtsinstrument ist in § 297 I S. 2 HGB geregelt und zählt zu den zentralen Neuregelungen des Konzernanhangs durch das KonTraG. Insofern gehört die Kapitalflussrechnung für den Kreis der börsennotierten Mutterunternehmen inzwischen zum Standard.

Nach internationalen Rechnungslegungsstandards wird die Kapitalflussrechnung bereits seit langem als Pflichtbestandteil der *financial statements* (Jahresabschluss) verlangt.

In **Öko-Bilanzen** werden Informationen über ökologisch relevante Aspekte der Unternehmenstätigkeit systematisch und kontinuierlich erfasst und dargestellt. Sie setzen sich aus den Elementen Input-Output-Bilanzen, Prozessbilanzen, Produktbilanzen sowie Substanzbilanzen zusammen.

4.2.7 Stichtagspolitik

Im Rahmen der Stichtagspolitik können drei wesentliche Termine vom Bilanzierenden beeinflusst werden:

■ **Bilanzstichtag**

Bei der erstmaligen Verpflichtung zur Erstellung der Bilanz kann der Bilanzstichtag frei festgelegt werden. Dies wird insbesondere für Saisonbetriebe bedeutungsvoll sein, weil sich in Abhängigkeit von der Phase der Saison hohe Bestände bei niedriger Liquidität oder hohe Liquidität bei niedrigen Beständen ergeben. Ein späterer Wechsel des Bilanzstichtages ist sowohl steuerrechtlich als auch handelsrechtlich erschwert.

■ **Bilanzvorlagetermin**

Nach § 264 HGB sind der Jahresabschluss und der Lagebericht in den ersten drei Monaten des Geschäftsjahres für das vergangene Geschäftsjahr aufzustellen. Kleine Kapitalgesellschaften müssen nach sechs Monaten ihren Abschluss aufgestellt haben. Bilanzpolitisch ist die Wahl des Termins innerhalb dieser Zeitspanne von Bedeutung, da bis zu diesem Zeitpunkt vorliegende Informationen noch ausgenutzt werden können bzw. müssen. Hier wären die Zahlungsfähigkeit von Schuldnern, Veränderungen in den Währungen, Preisentwicklungen usw. zu nennen. Schnelles Bilanzieren in unmittelbarer Nähe zum Bilanzstichtag führt dazu, dass sich abzeichnende Trends nur zum Teil zu berücksichtigen sind, während bei der Ausnutzung der gesetzlich vorgesehenen Zeiträume alle bis dahin eingetretenen Veränderungen Eingang in den Jahresabschluss und den Lagebericht finden.

■ **Bilanzveröffentlichung**

Nach § 325 I, II HGB ist der Jahresabschluss von Kapitalgesellschaften spätestens vor Ablauf des zwölften Monats dem Handelsregister einzureichen und im Bundesanzeiger zu veröffentlichen. Die Wahl eines bestimmten Termins ist ein bilanzpolitisches Instrument, weil die Veröffentlichung Auswirkungen auf die Aktienkurse der Gesellschaft hat.

4.2.8 Konzernbilanzpolitik

§ 300 II S. 2 HGB ermöglicht die Ausnutzung der **Bilanzierungswahlrechte** im Konzernabschluss völlig losgelöst von ihrer Ausübung im Einzelabschluss. Sie können allerdings nicht willkürlich ausgeübt werden, da der Konzernabschluss nach § 297 III S. 1 HGB wie der eines einzigen Unternehmens aufzustellen ist. Für die Ausübung der Bilanzierungswahlrechte gelten dieselben Grundsätze wie für Einzelunternehmen.

Allerdings sind an den Konzernabschluss auch keine höheren Anforderungen als an den Einzelabschluss zu stellen. Daraus ergibt sich, dass die Bilanzierungswahlrechte jedes Jahr neu ausgeübt werden können und dass kein Gebot für eine einheitliche Ausübung der Wahlrechte für alle Konzernunternehmen besteht.

Für die Bilanzierungswahlrechte gilt im Einzelabschluss wie im Konzernabschluss nicht das Stetigkeitsgebot. Eine einheitliche Ausübung der Bilanzierungswahlrechte wird nicht verlangt. Dennoch wird sie im Sinne einer einheitlichen Bilanzierung zur besseren Vergleichbarkeit und innerbetrieblichen Kontrolle gefordert. Das Aufleben der Bilanzierungswahlrechte gilt auch für das Mutterunternehmen selbst.

Eine eigenständige Konzernbilanzpolitik wird ebenfalls nach § 308 HGB möglich. Die in den Konzernabschluss übernommenen Vermögensgegenstände und Schulden sind nach den auf den Jahresabschluss des Mutterunternehmens anwendbaren Bewertungsmethoden einheitlich zu bewerten. Die **Bewertungswahlrechte** können dabei unabhängig von ihrer Anwendung im Einzelabschluss neu ausgeübt werden.

Im Konzern ist es so möglich, zunächst einmal eine Bilanzpolitik für die Einzelunternehmen zu betreiben, beispielsweise um den länderspezifischen Gegebenheiten Rechnung zu tragen, und im Weiteren eine davon losgelöste Konzernbilanzpolitik zu verfolgen. Die Ziele der Konzernbilanzpolitik bestehen zum einen in der Unterschreitung der Größenkriterien gem. § 293 HGB und zum anderen darin, die **Vermögenslage** in Richtung eines maximalen Vermögensausweises, die **Finanzlage** in Richtung eines maximalen Liquiditäts- und Eigenkapitalausweises und die **Ertragslage** in Richtung eines maximalen Ergebnisausweises zu beeinflussen.

Betrachtet man ausschließlich die **Konzernbilanzpolitik**, so kann sie auf vier verschiedenen Ebenen betrieben werden.

Die **erste Ansatzebene** sind die Einzelabschlüsse der Konzernunternehmen. So können beispielsweise Verrechnungspreise für die Lieferungs- und Leistungsbeziehungen im Konzern festgestellt werden, um bei einzelnen Konzernunternehmen möglichst hohe Gewinne, bei anderen möglichst Verluste oder ausgeglichene Ergebnisse ausweisen zu können. Dadurch können z.B. die länderspezifischen Vorschriften zur Besteuerung ausgenutzt werden.

Die **zweite Ebene** der Konzernbilanzpolitik besteht in den Handelsbilanzen II. Sie entstehen durch die Währungsumrechnung und die Neuausübung der Bilanzierungs- und Bewertungswahlrechte. Auf der Grundlage der Handelsbilanzen II wird eine Summenbilanz gebildet und werden die Konsolidierungsbuchungen vorgenommen. Diese Summenbilanz und die Konsolidierungsbuchungen stellen die **dritte Ansatzebene** der Konzernbilanzpolitik dar. Sie umfasst die Kapital-, Schulden-, Aufwands- und Ertragskonsolidierung sowie die Zwischenergebniseliminierung. Auch hier besteht ein breites Feld an Konsolidierungswahlrechten, die in Verfolgung der Konzernbilanzpolitik ausgeübt werden können.

Die **vierte Ansatzebene** bezieht sich auf den Konzernabschluss mit seinen Bestandteilen Konzernbilanz, Konzern-GuV und Konzernanhang. Hinzu tritt als ein weiteres Instrument der Konzernlagebericht.

4.3 Grenzen der Bilanzpolitik

4.3.1 Verstöße gegen Rechtsvorschriften

Bereits die Definition zur Bilanzpolitik macht deutlich, dass sich die Maßnahmen dieser Politik nur im rechtlich zulässigen Rahmen bewegen dürfen. Die Vorschriften im HGB, AktG und GmbHG mit den Bewertungs- und Bilanzierungsvorschriften sowie den Vorschriften zur Stetigkeit, die Generalnorm, die GoB und die Berichtspflichten engen den bilanzpolitischen Spielraum ein.

Das Dilemma der Bilanzpolitik mit den daraus resultierenden Konflikten führt dazu, dass im Normalfall ein Kompromiss hinsichtlich der verschiedenen bilanzpolitischen Ziele gefunden wird. In extremen Situationen, wie z.B. bei der Gefahr einer Kreditkündigung, wird der Bilanzersteller aber alle Möglichkeiten der Bilanzpolitik ausschließlich in einer einzigen Richtung ausüben, um das vordringliche Ziel - die Kreditgewährung - zu erreichen. Dabei stellt sich die Frage, ob nicht dadurch bereits eine Verletzung der Generalnorm vorliegt. Auch die Bewertungs- und Bilanzierungsspielräume sind in einem Grenzbereich angesiedelt, dessen Übergänge fließend sind. Ersteller und Prüfer des Jahresabschlusses haben zwei Zielgrößen zu beachten:

1. Überleben des Unternehmens im Markt

Dazu soll auch die Bilanzpolitik beitragen; sie soll das Unternehmen so präsentieren, dass dessen Überleben gesichert wird.

2. Getreue Rechenschaftslegung für die Bilanzadressaten

Die Bilanzadressaten haben einen Anspruch auf eine den gesetzlichen Bestimmungen entsprechende Berichterstattung.

Die **Grenze der Bilanzpolitik** ist dort erreicht, wo gegen Gesetz, Satzung oder GoB beabsichtigt oder unbeabsichtigt gehandelt wird.

Verstöße gegen die Rechnungslegungsvorschriften stellen Bilanzdelikte und Bilanzfälschungen dar, die nach den Vorschriften des § 256 AktG zur Nichtigkeit des Jahresabschlusses und nach den §§ 331 - 335 b HGB zu Buß- und Zwangsgeldern sowie Freiheitsstrafen von bis zu drei Jahren führen können. Das Strafgesetzbuch sieht für Bilanzverschleierung und -verfälschung nach § 283 und für Verletzungen der Buchführungspflicht nach § 283 b Freiheits- oder Geldstrafen vor.

4.3.2 Erkennbarkeit bilanzpolitischer Gestaltungen

Die Verlagerung von Gewinnspitzen in die stillen Reserven setzt voraus, dass Möglichkeiten für eine verdeckte Bilanzpolitik bestehen. Wie bereits an anderer Stelle ausgeführt wurde, zielt die Konzeption des HGB darauf ab, dass bei einer Vielzahl von Wahlrechten deren Ausübung im Anhang angegeben bzw. Abweichungen von der Stetigkeit erläutert werden müssen. Eine **verdeckte Bilanzpolitik** ist deshalb im Wesentlichen nur über die Gestaltung der Aufwands- und Ertragsströme möglich. Hinzu kommen die individuellen Bilanzierungs- und Bewertungsspielräume, die nicht automatisch eine Berichtpflicht auslösen. Alle Maßnahmen der verdeckten Bilanzpolitik sind unter der Forderung des § 264 II S. 2 HGB zu sehen: „Führen besondere Umstände dazu, dass der Jahresabschluß ein den tatsächlichen Verhältnissen entsprechendes Bild im Sinne des Satzes 1 nicht vermittelt, so sind im Anhang zusätzliche Angaben zu machen." Der Abschlussprüfer hat sich davon zu überzeugen, dass durch die Bilanzpolitik die Generalnorm nicht verletzt wird, bzw. in diesem Fall weitere Angaben im Anhang gemacht werden.

Die verdeckte Bilanzpolitik steht im Mittelpunkt kontroverser Diskussionen. Die Be-
gründungen für oder gegen die entsprechenden Maßnahmen lassen sich auf zwei gegen-
sätzliche Betrachtungen zurückführen:

1. Interessen der Gesellschafter

Bei einer verdeckten Bilanzpolitik des Vorstandes könnten zum Nachteil der Gesellschafter

- ihr Gewinnanspruch verkürzt,
- ihr Kapital fehlgeleitet und
- ihnen wichtige Informationen für ihre Entscheidungen vorenthalten werden.

2. Interessen der Gesellschaft und des Vorstandes

Die verdeckte Bilanzpolitik verhindert

- Auseinandersetzungen über die Gewinnhöhe und -ausschüttung,
- die Aushöhlung des Unternehmens,
- übereilte Reaktionen von Banken und anderen Gläubigern sowie
- Ausweis und Besteuerung von Gewinnen, die zur Substanzerhaltung benötigt werden.

Es kommt also auf den Standpunkt an, ob in der verdeckten Bilanzpolitik ein legitimes
Instrument der Gesellschaft gesehen wird, für schwierige Zeiten Vorsorge zu betreiben.

5. Bilanzanalyse

5.1 Begriffliche Grundlagen

5.1.1 Begriff und Phasen der Bilanzanalyse

Der **Begriff Bilanzanalyse** umschreibt die Summe aller Tätigkeiten, die darauf gerichtet sind, aus Informationen unterschiedlicher Herkunft - im Mittelpunkt stehen dabei der Jahresabschluss und der Lagebericht - Aufschluss über die wirtschaftliche Lage eines Unternehmens zu erhalten. Der Begriff umschreibt die Praxis in zweifacher Hinsicht unvollständig:[62]

1. Der **gesamte Jahresabschluss** und nicht nur eine Bilanz ist Gegenstand der Analyse; soweit verfügbar, werden weitere Informationen über das Unternehmen herangezogen.

Neben der Bilanz bildet die Gewinn- und Verlustrechnung einen wesentlichen Gegenstand der Analyse. Angaben des Anhangs können dem Analytiker weitere wesentliche Informationen über Bilanz und Gewinn- und Verlustrechnung geben. Der Lagebericht enthält zwar in der Regel rein verbale Informationen, dennoch muss auch sein Inhalt bei der Analyse des Jahresabschlusses berücksichtigt werden. Als weitere Instrumente kommen die Kapitalflussrechnung und die Segmentberichterstattung hinzu. Der Analytiker wird sich ferner nur im Ausnahmefall auf die Analyse eines einzigen Jahresabschlusses beschränken. Um sinnvolle Aussagen über die wirtschaftliche Lage eines Unternehmens zu erhalten, ist regelmäßig die Analyse von mehreren Jahresabschlüssen, entweder der gleichen Unternehmung oder vergleichbarer Unternehmen, notwendig. Neben diesen unternehmensspezifischen Daten finden auch Daten der Branche oder vergleichbarer Betriebe in die Analyse Eingang.

2. Soweit unter Analyse nur das Zerlegen von Tatbeständen verstanden wird, werden auch die notwendigen Handlungen nur unzureichend erfasst. Nicht nur die Isolierung bestimmter Sachverhalte ist nötig, sondern auch die **Bildung von neuen Zusammenhängen**.

Der Jahresüberschuss als solcher ist noch kein hinreichender Indikator für die Ertragskraft des Unternehmens. Erst in Relation zum eingesetzten Faktorenpotenzial können darüber Aussagen getroffen werden. Die Kapitalstruktur eines Unternehmens kann nicht losgelöst von dessen Vermögen beurteilt werden.

In der Literatur existieren eine Vielzahl von unterschiedlichen Begriffen und Begriffsausprägungen zur Bilanzanalyse, z.B. Jahresabschlussanalyse, Betriebsanalyse oder

---

[62] Vgl. Leffson, 1984, S. 3.

Unternehmensanalyse. Die genannten Einwände gelten aber auch für diese Begriffe. Deshalb soll an der Bezeichnung Bilanzanalyse festgehalten werden und eine Abgrenzung des Inhalts erfolgen. Der Begriff der Bilanzanalyse lässt sich anhand verschiedener Unterscheidungskriterien weiter untergliedern (Tabelle 40).

Unterscheidungsmerkmal	Ausprägung	
Stellung des Analytikers	Interne Stellung = Interne Bilanzanalyse	Externe Stellung = Externe Bilanzanalyse
Analysezeitraum	Einperiodisch = Statische Bilanzanalyse	Mehrperiodisch = Dynamische Bilanzanalyse
Phasen der Bilanzanalyse	Beschaffung, Aufbereitung der Daten	Analyse, Beurteilung der Ergebnisse, Bericht
Analyseziel	Ordnungsmäßigkeit = Formelle Bilanzanalyse	Wirtschaftliche Lage = Materielle Bilanzanalyse

Tabelle 40: Unterscheidungsmerkmale der Bilanzanalyse

Je nach der Stellung des Analytikers wird die interne und die externe Bilanzanalyse unterschieden. Die **interne** Bilanzanalyse wird sich jedoch nur im Ausnahmefall auf den Jahresabschluss beschränken. Unter Einbeziehung einer Vielzahl von unternehmensinternen Daten sollen hier nicht globale Informationen über die wirtschaftliche Lage gewonnen werden, es stehen vielmehr detailliertere Analysen im Mittelpunkt des Interesses.

Je nach Analysezeitraum kann man eine **statische** Bilanzanalyse (eine Analyseperiode) und eine **dynamische** Bilanzanalyse (mehrere Analyseperioden) unterscheiden. Wie im Folgenden zu sehen sein wird, bildet eine statische Bilanzanalyse aufgrund ihrer mangelnden Aussagefähigkeit den Ausnahmefall.

Vom Analyseziel her lassen sich die formelle und die materielle Bilanzanalyse abgrenzen. Die **formelle** Bilanzanalyse will Aussagen über die Ordnungsmäßigkeit bestimmter Sachverhalte ermöglichen, beispielsweise im Rahmen einer Jahresabschlussprüfung über bestimmte Bilanzpositionen. Die Unterscheidung in formelle und materielle Bilanzanalyse spielt heute keine Rolle mehr.

Wie bereits angemerkt, geht die Bilanzanalyse über das reine Zergliedern des Jahresabschlusses hinaus. Interpretiert man die Bilanzanalyse als einen Informationsprozess, so lassen sich **fünf unterschiedliche Phasen** abgrenzen (Abbildung 24).

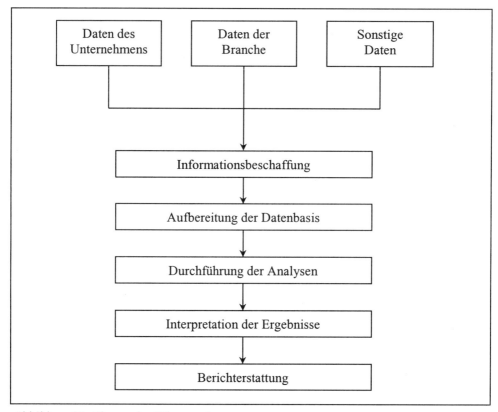

Abbildung 24: Phasen der Bilanzanalyse

In der ersten Phase sind die notwendigen Daten über die zu analysierende Unternehmung zu beschaffen. Diese Daten werden nur im Ausnahmefall den Bedürfnissen genügen; eine sachgerechte Aufbereitung ist notwendig. Die in die folgende Auswertung eingehenden Elemente sollen sozusagen mundgerecht herausgearbeitet werden. Hier ist zu beachten, dass es keine allgemein gültige Aufbereitung geben kann. Es ist jedoch möglich, Handlungsempfehlungen zu geben, die im konkreten Fall hinterfragt werden müssen.

Die im Rahmen der Auswertung vorgenommene Berechnung der bilanzanalytischen Instrumente ist für sich genommen noch wenig aussagefähig. Erst die Relation zu Vergleichswerten lässt Interpretationen und Aussagen zu. Da in der Regel Analytiker und Analyseadressat nicht identisch sind, ist auf die letzte Phase der Bilanzanalyse, die Berichterstattung, besondere Sorgfalt zu verwenden. In Abhängigkeit vom konkreten Analysekontext ist es erforderlich, nicht nur den eigentlichen Analyseprozess zu beschreiben und die Ergebnisse mitzuteilen, sondern auch zu zeigen, wie der Analytiker zu bestimmten Ergebnissen gekommen ist.

5.1.2 Erkenntnisziel der Bilanzanalyse

■ Wirtschaftliche Lage als „Minimalkonsens" der Analyseadressaten

Die Zielrichtung der Informationsaufbereitung und -beurteilung - das Erkenntnisziel der Bilanzanalyse - ist vom Informationsbedürfnis der Analyseadressaten abhängig. Grundsätzlich kann man von einer Identität zwischen den Adressaten des Jahresabschlusses und den Adressaten der Bilanzanalyse ausgehen.

Untersuchungen darüber, wer die Adressaten des Jahresabschlusses sind und welche Ziele sie damit verbinden, finden sich ursprünglich im anglo-amerikanischen Schrifttum. Diese Theorien setzen jeweils einen Schwerpunkt, entweder beim Eigentümer, bei der Unternehmung selbst oder beim Management, und spiegeln die Diskussion über unterschiedliche Unternehmenskonzepte der traditionellen Unternehmungstheorie wider. Zur Zeit ist das Bild nicht einheitlich, auf welche Bezugsgruppe die Bilanzanalyse auszurichten ist. Die Verfechter des Stakeholder und des Shareholder-Ansatzes stehen sich mit ihren Meinungen kontrovers gegenüber.

Die traditionelle Meinung sieht das Unternehmen als Koalition unterschiedlicher Interessengruppen, den **Stakeholdern**. Das Unternehmen stellt keine homogene und harmonische Wirtschaftseinheit dar, sondern ein Instrument zur Zielerreichung sämtlicher an der Koalition beteiligter Individuen. Beteiligte der Koalition sind beispielsweise die Unternehmensführung, die Eigentümer, die Arbeitnehmer, die Gläubiger, die Lieferanten, die Kunden und der Fiskus sowie die Öffentlichkeit.

Naturgemäß sind diese Interessengruppen nicht überschneidungsfrei. So kann ein Individuum in Abhängigkeit von seiner jeweiligen Rolle unterschiedliche Interessen haben. Ein Arbeitnehmer, der gleichzeitig Aktionär eines Chemiebetriebs ist, wird unterschiedliche Informationsbedürfnisse haben. Als Arbeitnehmer ist er an der Sicherung des Arbeitsplatzes interessiert, als Kleinaktionär an der Gewinnerzielung und Gewinnausschüttung. Als Teil der Öffentlichkeit will er wissen, ob die Umweltschutzauflagen durch das Unternehmen erfüllt werden. Allein an diesem Beispiel wird deutlich, wie facettenreich die Interessenlagen der einzelnen Koalitionsteilnehmer sein können.

Von Art und Umfang der Informationen über das Unternehmen machen die Koalitionäre ihre weitere Teilnahme abhängig. Ist besagter Arbeitnehmer beispielsweise davon überzeugt, dass sein Arbeitsplatz durch die schlechte wirtschaftliche Lage des Unternehmens gefährdet ist, so wird er versuchen, sich anderweitig abzusichern. Ähnlich verhält es sich mit Gläubigern, Kunden und Kapitalgebern.

Untersucht man die Interessen des Adressatenkreises, so lässt sich trotz grundsätzlicher Heterogenität ein **gemeinsames Interesse an der wirtschaftlichen Lage** des Unternehmens feststellen. Das gilt auch für die Einhaltung von Umweltschutzbestimmungen und ähnlichen sozialen Faktoren, welche die wirtschaftliche Lage in Zukunft wesentlich beeinflussen können. Der in unserer Zeit stärker beobachtete Ansatz bezieht sich ausschließlich auf den **Shareholder**. Der Investor oder Eigenkapitalgeber ist an der **Performance** seines Unternehmens interessiert. Neben den Marktdaten werden für eine

Analyse regelmäßig Informationen über das Unternehmen aus den Jahresabschlüssen gewonnen. Insofern ist auch für alle Stakeholder die wirtschaftliche Lage des Unternehmens die Basis weiterer Analysen.

Informationen über die wirtschaftliche Lage des Unternehmens sind somit der kleinste gemeinsame Nenner, quasi der **Minimalkonsens**, der Adressaten des Jahresabschlusses. Diese Einblicksforderung normierte der Gesetzgeber in § 264 II HGB:

„Der Jahresabschluß der Kapitalgesellschaft hat unter Beachtung der Grundsätze ordnungsmäßiger Buchführung ein den tatsächlichen Verhältnissen entsprechendes Bild der Vermögens-, Finanz- und Ertragslage der Kapitalgesellschaft zu vermitteln. Führen besondere Umstände dazu, dass der Jahresabschluß ein den tatsächlichen Verhältnissen entsprechendes Bild im Sinne des Satzes 1 nicht vermittelt, so sind im Anhang zusätzliche Angaben zu machen.“

Auch wenn wir von einer Identität zwischen den Adressaten des Jahresabschlusses und der Bilanzanalyse ausgehen, so ergeben sich aus der Formfreiheit der Bilanzanalyse gewisse Unterschiede. Die Bilanzanalyse ist nicht - wie der Jahresabschluss - ein originäres Informationsinstrument. Es existieren **keine standardisierten Regeln** der Bilanzanalyse, lediglich der Analysezweck determiniert Umfang, Art und Ausgestaltung der vorzunehmenden Analyseschritte. Jeder Analyseadressat verfügt über seine eigene Informationsbasis, und damit sind seine Ziele hinsichtlich Tiefe und Aussagekraft der Analysen unterschiedlich. Generell können **zwei Zielrichtungen** der Bilanzanalyse unterschieden werden: Im ersten Fall geht es um die Interpretation von Kennzahlen, um eine Aussage zur wirtschaftlichen Lage zu gewinnen und zu spekulieren, durch welche Sachverhalte die Kennzahlen geprägt werden. Der zweite Fall geht von vermuteten oder auch bekannten Sachverhaltsgestaltungen aus und versucht die Veränderung von Kennzahlen zu antizipieren. Im ersten Fall wird nach den Ursachen einer abnehmenden Anlageintensität gefragt und als Antwort „sale-and-lease-back“ gefunden; im zweiten Fall wird untersucht, wie sich „sale-and-lease-back“ auf die Kennzahlen eines Unternehmens auswirken kann.

Auch wenn keine expliziten Vorschriften zur Durchführung von Bilanzanalysen existieren, ist doch immer deren **Mittlerfunktion** zwischen Jahresabschluss und Adressat zu beachten. So wie die Grundsätze ordnungsmäßiger Buchführung eine interessenadäquate Rechnungslegung gewährleisten sollen, so müssen „Grundsätze ordnungsmäßiger Bilanzanalyse“ eine adressatengerechte und aussagefähige Bilanzanalyse ermöglichen.

Der Begriff der wirtschaftlichen Lage wurde bisher mehrmals verwendet, ohne dass er inhaltlich genau bestimmt worden wäre. Den möglichen Umfang des auszufüllenden Interpretationsspielraums steckt Leffson[63] sehr weit ab, wenn er feststellt, dass der Begriff der wirtschaftlichen Lage nichts anderes umschreibt, als die Fähigkeit der Unternehmung, ihre Aufgaben zu erfüllen. Die wirtschaftliche Lage umfasst damit „die Summe

---

[63] Vgl. Leffson, 1984, S. 36.

aller Komponenten der Entwicklung der Unternehmung bis zum Betrachtungszeitpunkt und ihrer künftigen ökonomischen Aktivitäten"[64].

Die Bilanzanalyse kann nicht undifferenziert zur Analyse der wirtschaftlichen Lage verwendet werden; es ist vielmehr zu klären, was unter der wirtschaftlichen Lage zu verstehen ist. Auch der Gesetzgeber gibt keine Legaldefinition der wirtschaftlichen Lage, präzisiert diese aber hinsichtlich ihrer Bestandteile in § 264 II HGB, namentlich der Vermögens-, Finanz- und Ertragslage. Diese Begriffe werden in der bilanzanalytischen Literatur nicht einheitlich verwendet. So nennt Korth neben Vermögens-, Finanz- und Ertragslage auch Umsatzlage und Personallage,[65] Coenenberg spricht von einer finanzwirtschaftlichen und einer erfolgswirtschaftlichen Bilanzanalyse.[66] Buchner verwendet den Begriff Finanzanalyse anstelle der Bilanzanalyse.[67]

Trotz der begrifflichen Vielfalt ähneln sich die dargestellten Analysen und variieren bestenfalls in der Auswahl der bilanzanalytischen Instrumente. Es spielt insofern keine wesentliche Rolle, wie man „das Kind nennt", d.h. auf welche Analysebereiche man sich bezieht. Da wir uns im Rahmen der folgenden Ausführungen auf die externe Bilanzanalyse beschränken, spricht einiges dafür, die vom Gesetzgeber aufgeführten Bestandteile der wirtschaftlichen Lage als Analyseobjekte zu übernehmen. Vermögens-, Finanz- und Ertragslage werden vom Gesetzgeber in § 264 II HGB ausdrücklich genannt, diese dürften somit dem Analyseadressaten bekannt sein. Die Einführung und Definition neuer Begriffe wird überflüssig, und die inhaltliche Ausgestaltung der Bilanzanalyse erfährt keine Beschränkung: Denn ebenso wie die wirtschaftliche Lage sind auch Vermögens-, Finanz- und Ertragslage **unbestimmte Rechtsbegriffe**, die einer Interpretation bedürfen.

In der Literatur wird einer eigenständigen Analyse der Vermögenslage - z.B. durch Krehl[68] - die Berechtigung abgesprochen. Mit dem Hinweis darauf, dass es nicht das vordringliche Ziel der Unternehmung sei, Vermögen zu halten, sondern Erträge zu erwirtschaften, wird das Analyseziel „Vermögenslage" verneint. Dies kann jedoch nicht überzeugen. Sicherlich kann es nicht das alleinige Ziel eines Unternehmens sein, Vermögen zu halten, aber erst dessen Besitz versetzt das Unternehmen in die Lage, Erträge zu erwirtschaften und so weiter am wirtschaftlichen Verkehr teilzunehmen. Im Rahmen einer Bilanzanalyse soll also zunächst versucht werden, das Unternehmen in seiner aus dem Jahresabschluss erkennbaren Komplexität zu erfassen.

Diese Darstellung der wirtschaftlichen Realität im Jahresabschluss ist naturgemäß eingeschränkt. Da der Jahresabschluss aus dem Rechnungswesen der Unternehmung abgeleitet wird, unterliegt er naturgemäß auch dessen Beschränkungen. So schließt die zweidimensionale Technik der Buchführung die Vermittlung von qualitativer im Sinne von plastischer Information aus. Das Rechnungswesen fungiert als eine Art Filter, der nur die

---

[64] Leffson, 1984, S. 36.

[65] Vgl. Korth, 1976, S. 6 ff.

[66] Vgl. Coenenberg, 2000, S. 875.

[67] Vgl. Buchner, 1981, S. 64.

[68] Vgl. Krehl, 2000, S. 24.

Vermittlung von in Geldeinheiten ausdrückbaren Daten erlaubt. Doch selbst diese bleiben unvollständig, da Aussagen über den Wert selbstgeschaffener immaterieller Wirtschaftsgüter ebenso fehlen wie zu den vorhandenen Kreditreserven, den schwebenden Geschäften oder beabsichtigten Maßnahmen. Ferner sind die darstellbaren Sachverhalte Ansatzpunkte bilanzpolitischer Maßnahmen des Unternehmens, wie bereits behandelt wurde.

Aufgrund dieser Beschränkungen ist es nur konsequent, wenn die Generalnorm des § 264 II HGB nicht eine maßstabsgetreue Abbildung im Jahresabschluss verlangt, sondern nur eine Abbildung „unter Beachtung der Grundsätze ordnungsmäßiger Buchführung". Hier wird die Dimension der im Jahresabschluss abgebildeten wirtschaftlichen Lage deutlich: Es handelt sich um eine **relativierte Abbildung der Realität** (vgl. Abbildung 25). Diese wirtschaftliche Lage weicht damit notwendigerweise von der Realität ab. Die totale wirtschaftliche Lage des Unternehmens kann nur beurteilt werden, wenn alle wesentlichen Sach- und Personalfaktoren in Vergangenheit, Gegenwart und Zukunft berücksichtigt wurden.[69] Auch die neben dem Jahresabschluss in die Analyse einzubeziehenden Informationsinstrumente sind nicht in der Lage, diese Probleme zufrieden stellend zu lösen. Damit ergeben sich folgende **Konsequenzen**:

– Die Bilanzanalyse kann nicht eine Beurteilung der totalen wirtschaftlichen Lage liefern.

– Im Folgenden werden deshalb einzelne Lagen relativ und partiell analysiert werden.

– Die Relativität der wirtschaftlichen Lage bezieht sich auf deren Abbildung „unter Beachtung der Grundsätze ordnungsmäßiger Buchführung" (§ 264 II S. 2 HGB).

– Es sind ferner die systembedingten Grenzen des Jahresabschlusses zu beachten, die nur eine partielle Abbildung zulassen, d.h., vergangene und zukünftige Sach- und Personalfaktoren scheiden aus der Betrachtung aus.

Diese Ausführungen machen deutlich, dass es nicht sinnvoll ist, bestimmte Bereiche des Jahresabschlusses aus der Analyse auszuklammern. Es ist vielmehr ein möglichst vollständiges Bild der wirtschaftlichen Lage zu gewinnen, wie sie aus dem Jahresabschluss erkennbar ist. Insofern sollte sich eine Interpretation der Vermögens-, Finanz- und Ertragslage an einer möglichst vollständigen analytischen Abdeckung des Jahresabschlusses orientieren.

Um nicht einen unbestimmten Rechtsbegriff durch drei andere zu ersetzen, ist es notwendig, die **Analyseobjekte** Vermögens-, Finanz- und Ertragslage hinreichend zu konkretisieren.

---

[69] Vgl. Baetge / Feidicker, 1992, Sp. 2097.

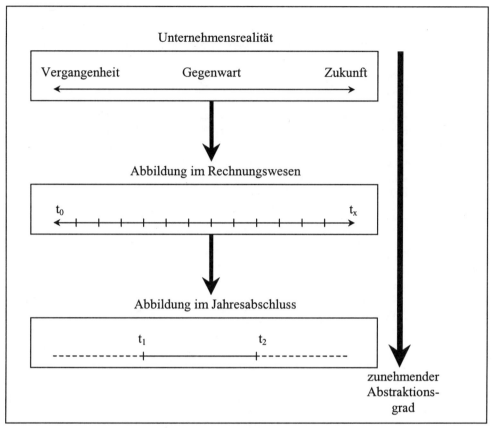

Abbildung 25: Abbildung der wirtschaftlichen Lage

■ **Vermögenslage**

Das Vermögen umfasst in juristischer Hinsicht alle einer Person zustehenden Rechte und betriebswirtschaftlich alle im Besitz einer Unternehmung stehenden materiellen und immateriellen Güter, die eine produktive Funktion erfüllen. Die handelsrechtliche Vermögensdefinition beschreibt die auf der Aktivseite der Bilanz ausgewiesenen Vermögensgegenstände. Eine Analyse der Vermögenslage soll zeigen,

- ob das Unternehmen über die erforderlichen Werte zur Leistungserstellung verfügt,
- ob die Struktur der Gegenstände den Bedürfnissen der Branche entspricht,
- ob es gelingt, die Substanz zu erhalten und
- ob die Kapitalbindung und Kapitalnutzung dem Betriebszweck angepasst sind.

Zentraler Gegenstand einer Analyse der relativen und partiellen Vermögenslage des Unternehmens ist die **Aktivseite der Bilanz** mit dem dort ausgewiesenen Vermögen. Durch Sachverhaltsgestaltungen ist es möglich, den Vermögensausweis erheblich zu be-

einflussen. Durch „sale-and-lease-back", „Outsourcing" und „Factoring" fließt Vermögen aus dem Unternehmen ab, ohne dass im Geschäftsbericht jeweils darauf eingegangen wird. Auch der Verkauf von selbst erstellten immateriellen Vermögensgegenständen
ist dem Jahresabschluss nicht zu entnehmen. Diese Veränderungen interessieren naturgemäß den Bilanzanalysten, da daraus z.T. erhebliche Auswirkungen auf die wirtschaftliche Lage resultieren.

Neben den absoluten Einzelpositionen der Aktivseite interessieren besonders Aufbau
und Struktur des Vermögens und dessen Entwicklung im Zeitablauf, sowohl absolut als
auch in Relation zu den Umsatzerlösen. Die Analyse der Struktur und Entwicklung des
bilanziellen Vermögens verlangt die Zusammenfassung von Anteilen und Elementen des
Vermögens nach festgelegten Gesichtspunkten. Anschließend sind die Veränderungen
sowohl der Höhe einzelner Positionen als auch der Struktur im Zeitablauf festzustellen.

Zur Unterscheidung der auf der Aktivseite ausgewiesenen Vermögensarten können unterschiedliche Kriterien herangezogen werden (vgl. Tabelle 41).

Der Ausweis des Vermögens in der Bilanz wird durch § 266 HGB geregelt. Hier findet
sich eine Aufgliederung in Anlagevermögen und Umlaufvermögen. Diese Unterscheidung sollte auch im Rahmen der Bilanzanalyse beibehalten werden.

Merkmal	Ausprägung
Verwendungszweck	– Betriebsnotwendiges Vermögen – Gewillkürtes Vermögen – Privatvermögen
Verwendungsdauer	– Anlagevermögen – Umlaufvermögen
Sicherung	– Offenes Vermögen – Gedecktes Vermögen – Gesichertes Vermögen
Person des Eigentümers	– Rechtlicher Eigentümer – Wirtschaftlicher Eigentümer
Ausweis	– Bilanziertes Vermögen – Nichtbilanziertes Vermögen
Beweglichkeit	– Mobilien – Immobilien
Abnutzbarkeit	– Abnutzbares Vermögen – Nicht abnutzbares Vermögen
Verkehrsfähigkeit	– Selbstständig verkehrsfähiges Vermögen – Nicht selbstständig verkehrsfähiges Vermögen

Tabelle 41: Ordnungsmerkmale des Vermögens

■ **Finanzlage**

§ 264 II HGB erwähnt explizit die Finanzlage. Dennoch fehlt eine allgemeine Verpflichtung der Unternehmen, eine aus internen Zahlen entwickelte Darstellung der Finanzlage zu veröffentlichen. Dieser Mangel wurde frühzeitig erkannt. Der Sonderausschuss Bilanzrichtlinien-Gesetz des Instituts der Wirtschaftsprüfer hat bereits in seiner Stellungnahme 3 / 1986 die Veröffentlichung einer Kapitalflussrechnung vorgeschlagen, um diese Informationslücke zu schließen.[70] Auch wenn inzwischen keine einheitliche Übung hinsichtlich einer Veröffentlichung entsprechender Instrumente festzustellen ist, so finden sich Aussagen zu den dynamischen Aspekten der Liquidität in vielen Geschäftsberichten. Durch das KonTraG ist die Kapitalflussrechnung nun für börsennotierte Mutterunternehmen nach § 297 I S. 2 HGB obligatorisch.

Bezüglich der inhaltlichen Auslegung sind die Meinungen zur Finanzlage ebenso umfangreich wie verschwommen. Zum einen wird unter der Finanzlage die umfassende Abbildung der wirtschaftlichen Lage verstanden, zum anderen wird sie auf bestimmte Aspekte wie die Liquidität und die Finanzierung beschränkt. So beschreibt Lachnit die Finanzlage als „Globalausdruck zur Beschreibung des Zustandes, in dem sich die Finanzwirtschaft einer Unternehmung befindet"[71]. Im Folgenden soll sich die Analyse der Finanzlage auf die Untersuchung der Liquidität und der Finanzierung beziehen.

Unter **Finanzierung** wird die Summe aller Tätigkeiten verstanden, die auf die zielgerechte Steuerung und Kontrolle der Nominalgüterströme des Betriebs ausgerichtet sind. Diese Nominalgüterströme sind zum größten Teil auf der Passivseite der Bilanz ausgewiesen und entsprechen daher dem Kapital des Unternehmens.

In der Betriebswirtschaftslehre wird das Kapital auf zweierlei Art definiert. Einmal wird unter Kapital die Wertsumme aller Vermögensteile bezeichnet. Nach diesem Begriff ist Kapital das, was auf der Passivseite der Bilanz ausgewiesen wird. Der Kapitalbegriff lässt sich aber auch monetär bestimmen. Danach versteht man unter Kapital die Verwendung von Geld für betriebliche Zwecke. Die geldmäßige Interpretation kommt dem Ziel der Bilanzanalyse näher. Allerdings kann die Bilanz naturgemäß keinen qualitativ und quantitativ vollständigen Überblick über vergangene und zukünftige Zahlungsströme geben. Insofern muss sich die Bilanzanalyse auf die abbildbaren und damit analysierbaren Sachverhalte beschränken; dies sind die auf der Passivseite ausgewiesenen Vermögensteile.

Eine Analyse der Finanzierung kann demgemäß nur wertmäßige Veränderungen in Struktur und Fristigkeit des Kapitals verdeutlichen. Weitergehende Informationen - inwieweit etwa Fremdkapital materiell als Eigenkapital angesehen werden kann, weil z.B. die Rückstellung zu hoch dotiert war - gibt die Bilanz nicht. Die Analyse der Finanzierung stellt die quantitativen Veränderungen des Kapitals der Unternehmung in den Mittelpunkt. Diese Betrachtung wird durch die Kapitalflussrechnung erweitert, indem Zah-

---

[70] Vgl. IDW / SABI, 1986, S. 670 f.
[71] Lachnit, 1979, S. 247.

len der Gewinn- und Verlustrechnung als Strömungsgrößen über Zahlungsmittelzu- und -abflüsse integriert werden.

Die **Liquidität** wird sowohl bestands- als auch stromgrößenorientiert definiert. Die bestandsorientierte Auffassung geht von der Bilanz aus und definiert Liquidität als positiven Zahlungsmittelbestand, als Liquidierbarkeit einzelner Vermögenswerte oder als Ausprägung der Liquiditätsgrade. Es ist naheliegend, dass rein bestandsgrößenorientierte Ansätze ungeeignet sind, ein Phänomen zu beschreiben, das von Natur aus flüssig ist. Größere praktische Bedeutung kommt nur den Liquiditätsgraden zu. Dies jedoch weniger aus Gründen der tatsächlichen Liquiditätshaltung, als vielmehr zur Sicherung der potenziellen Liquidität. Da Bonität Liquidität voraussetzt, wird die Einhaltung bestimmter Bilanzrelationen für wünschenswert gehalten und von Banken bei Kreditvergaben verlangt (vgl. Abbildung 26).

Der stromgrößenorientierte Liquiditätsbegriff bezieht sich hingegen auf die Entstehung und Verwendung von Finanzmitteln. Liquidität umschreibt die Fähigkeit einer Unternehmung, jederzeit ihren Zahlungsverpflichtungen nachzukommen. Diese mehr zukunftsbezogene Betrachtung verlangt die Aufstellung von Finanzplänen. Der Jahresabschluss ist dafür ungeeignet. Auch die Bilanzanalyse kann dem Jahresabschluss höchstens Bestandteile eines Grobfinanzplans entnehmen. In der Bilanzanalyse kann die stromgrößenorientierte Liquidität nach Umfang und Quellen nur durch die Zahlungsverpflichtungen in der abgelaufenen Periode gewürdigt werden. Diese Darstellung ist naturgemäß retrospektiv. Um dennoch auch Schlüsse auf künftige Entwicklungen zu ermöglichen, werden die Verhältnisse der zurückliegenden Perioden als repräsentativ für die kommenden Perioden angesehen. Die Berechtigung dieser Prämissen ist jeweils vom Analytiker zu prüfen und in der Literatur Gegenstand häufiger Kritik.[72]

---

[72] Vgl. Schneider, 1989, S. 633 ff.

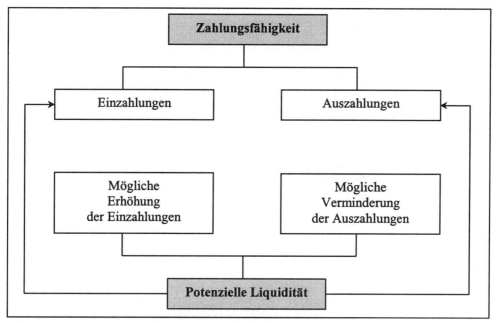

Abbildung 26: Bestimmungsgrößen der Liquidität

■ **Ertragslage**

Die Ertragslage umfasst alle Einflussfaktoren, welche die Erfolgssituation der Unternehmung direkt oder indirekt mitbestimmen. Üblicherweise wird die Ertragslage in die Erfolgslage und die Ertragskraft aufgespalten.

Die **Erfolgslage** ergibt sich aus dem in der vergangenen Abrechnungsperiode erwirtschafteten Erfolg. Die **Ertragskraft** resultiert aus den Aussichten der nachhaltigen Erfolgserzielung in den zukünftigen Perioden.[73] Die Erfolgslage ist damit vergangenheits-, die Ertragskraft zukunftsorientiert. Die Analyse der Erfolgslage erstreckt sich auf die Untersuchung des Erfolges nach **Höhe, Quellen und Struktur** der ihm zugrunde liegenden Erträge und Aufwendungen. Damit sollen Aussagen möglich werden über:

– die Entstehung des Erfolges,

– die Aufteilung des Erfolges und

– die Nachhaltigkeit des Erfolges.

Letztendlich werden damit auch die Ursachen der Veränderung des Unternehmensvermögens in der abgelaufenen Periode deutlich.

Die Nachhaltigkeit des Erfolges soll auch Aussagen zur Ertragskraft ermöglichen. Da der Jahresabschluss die zu deren Beurteilung notwendigen zukunftsorientierten Daten

---

[73] Vgl. Coenenberg / Edeltraud, 1992, Sp. 476 f.

nur beschränkt enthält, wird der nachhaltige Erfolg auch für die nächste Periode erwartet. Bilanztechnisch geben Bilanzgewinn und Jahresüberschuss über die Höhe des Erfolges Auskunft. Wie bereits deutlich wurde, sind beide Größen nicht repräsentativ für den tatsächlichen Gewinn der Unternehmung. Die Höhe des Jahresüberschusses ist durch erfolgswirksame bilanzpolitische Maßnahmen beeinflusst, der Bilanzgewinn ist die Zielgröße der Dividendenpolitik. Doch selbst wenn man einen zutreffenden Maßstab für den betriebswirtschaftlich richtigen Gewinn der Unternehmung finden würde, so wäre diese Größe für sich genommen wenig aussagefähig.

Erst die Relation des erzielten Erfolges zu den eingesetzten Faktorpotenzialen erlaubt eine sachgerechte Beurteilung der Erfolgslage. Wird der Erfolg zu einem Einsatzfaktor in Beziehung gesetzt, spricht man von der **Rentabilität**. Welcher Faktor gewählt wird, hängt von der Zielsetzung des Analytikers ab. So wird für Entscheidungen der Eigentümer regelmäßig das Eigenkapital als Bezugsgröße gewählt, für Entscheidungen der Unternehmensführung hingegen das Gesamtkapital. Als Bezugsgröße möglich sind auch Umsatz und Aufwandsarten wie Personal- und Materialaufwand.

■ **Gesamtlage**

Bisher wurde jeder Teilbereich der wirtschaftlichen Lage isoliert betrachtet. Daraus darf allerdings nicht der Schluss gezogen werden, dass keine Verbindung zwischen diesen bestehen würde - das Gegenteil ist der Fall. Die Gesamtlage bedeutet allerdings **mehr als eine bloße additive Verknüpfung** (vgl. Abbildung 27).

Die Vermögens-, Finanz- und Ertragslage greifen nicht nur in ihren Randbereichen ineinander über, sie hängen auch mehr oder weniger voneinander ab. So ist es beispielsweise möglich, dass eine Phase starker Investitionstätigkeit die Finanzwirtschaft einer Unternehmung außerordentlich belastet. Reale Liquiditätsabflüsse und erhöhte Abschreibungen mindern den Jahresüberschuss und wirken sich so negativ auf die Finanz- und Ertragslage aus. Eine tendenziell gute Vermögenslage würde hier die nachteilige Finanz- und Ertragslage verursachen. Ob dieser Kausalzusammenhang auch eine Kompensation bewirken kann, d.h., ob eine positive Vermögenslage eine negative Finanzlage aufzuwiegen vermag, muss der Analytiker durch die Einbeziehung weiterer Informationen zu klären und zu deuten versuchen.

Im gewählten Beispiel kann dies nur durch Einschätzung der zukünftigen Entwicklung geschehen. Eine Ausnahme bildet hier natürlich der Fall, dass sich das Unternehmen bereits in der Investitionsphase finanziell übernommen hat und schon aus diesem Sachverhalt die Überschuldung folgt. Sind die getätigten Aufwendungen beispielsweise Grundlage neuer Erfolgspotenziale, so ist die momentane Verschlechterung der finanziellen Lage unwesentlich für die Beurteilung der Gesamtlage. Handelt es sich hingegen um absehbare Fehlinvestitionen, so ist die gegenteilige Beurteilung angebracht. Auch hier wird wieder die Komplexität einer Einschätzung der wirtschaftlichen Lage deutlich: Nicht nur die Interdependenzen zwischen den im Jahresabschluss darstellbaren Einzellagen müssen beachtet werden, sondern auch die Verzahnung von quantitativen und qualitativen Informationen. Dem externen Analytiker ist der Zugang zu letzteren in der Regel verwehrt. Einzig der Lagebericht könnte hier weitere Informationen geben.

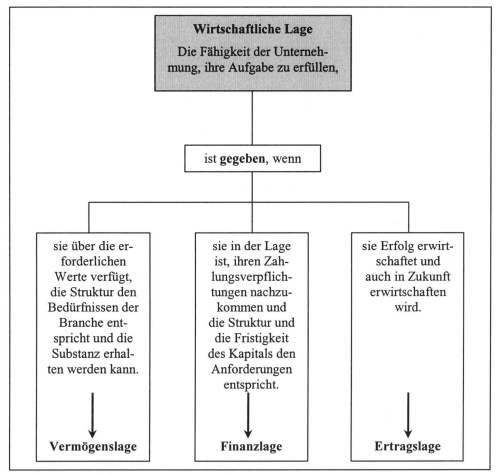

Abbildung 27: Einzellagen und Gesamtlage

Die Bilanzanalyse, wie wir sie verstehen, kann lediglich die Veränderung der quantitativen, relativen und partiellen Gesamtlage abbilden und damit die tatsächliche Gesamtlage indizieren. Es geht also in erster Linie darum, die **Interdependenzen** zwischen den Lagen aufzuzeigen und die unterschiedlichen Einflüsse der verschiedenen Lagen transparent zu machen. Sofern von der Veränderung der einen Lage Wirkungen auf andere Lagen ausgehen oder zu erwarten sind, muss dies in der Analyse deutlich werden. Um dies zu erreichen, stehen dem Analytiker in der Regel zwei Wege offen. Zum einen die Suche nach dem einen Instrument, das genau dies leisten kann, zum anderen die Entwicklung von komplexen Systemen wie z.B. Kennzahlensystemen.

Die Suche nach dem einen Instrument ist allerdings realistisch zu sehen: „Der Traum des Analytikers ist es, mit Hilfe einer einzigen Kennzahl - die aus mehreren Komponenten zusammengesetzt sein mag - eine Prognose der Zahlungsfähigkeit und Rentabilität der Unternehmung in den nächsten Jahren liefern zu können"[74]. Diese Vorstellung bleibt Illusion. Durch die sachgerechte Auswahl bilanzanalytischer Instrumente ist es jedoch möglich, die erkannten Zusammenhänge zwischen den Einzellagen zu quantifizieren und deren Auswirkungen abzubilden.

5.1.3 Entwicklungslinien der Bilanzanalyse

Um die bilanzanalytischen Instrumente verstehen zu können, muss man deren Entstehungsgeschichte kennen. Die Denkmuster und Ansichten der jeweiligen Zeitabschnitte schlugen sich naturgemäß in der Entwicklung der bilanzanalytischen Instrumente nieder. Dieser Umstand muss beim Einsatz von Kennzahlen und Kennzahlensystemen beachtet werden.

Den bilanztheoretischen Diskussionen in den 20er und 30er-Jahren dieses Jahrhunderts schlossen sich erste Untersuchungen zu bilanzanalytischen Themen an. Diese - klassischen - bilanzanalytischen Studien beschränkten sich jedoch zum größten Teil auf rein **statische** Bilanzanalysen. Im Vordergrund stand die Analyse eines Unternehmens mit der Untersuchung der Einzelpositionen des Jahresabschlusses.

Diese **Einzelanalyse** erwies sich bald als nur wenig aussagefähig. Man ging zum einen dazu über, nicht nur absolute, sondern auch relative Kennzahlen zu untersuchen. Diese sollten als Maßgrößen für nicht unmittelbar erfassbare Erfolgs- und Zahlungsgrößen dienen. Schmalenbach brachte mit seinem Begriff „Schlendrian-Vergleich" die Kritik am Zeitvergleich auf den Punkt. Ab Mitte der 20er-Jahre wurden vermehrt Betriebs- und Branchenvergleiche durchgeführt.

Der Bilanzanalyse - so schien es - war nach anfänglicher Euphorie nur eine kurze Blütezeit beschert. Mit der Vernachlässigung bilanztheoretischer Fragen sank gegen Ende der ersten Hälfte des 20. Jahrhunderts auch das wissenschaftliche Interesse an der Bilanzanalyse. Neue Impulse verdankte die Bilanzanalyse der Suche nach neuen Einsatzgebieten von Kennzahlen. Zum einen wurde die systematische Verknüpfung von Kennzahlen als Führungsinstrument diskutiert, zum anderen versuchte man, zukunftsorientierte Analysen durchzuführen.

Die Verwendung von Kennzahlen zur Steuerung und Kontrolle divisionalisierter Unternehmen wurde in den 50er-Jahren intensiv diskutiert. Dies hatte nicht nur eine Flut von Veröffentlichungen zur Folge, auch die Mehrzahl der heute noch bestehenden (angloamerikanischen) Systeme wurde in dieser Zeit konzipiert. Die Entwicklung in Deutschland folgte mit einem Abstand von ca. 15 Jahren. Die intensiven Auseinandersetzungen der 60er und 70er-Jahre bereiteten den theoretischen Boden künftiger praktischer Nutzanwendungen. So untersuchte Heinen die Frage nach der adäquaten Spitzenkennzahl und

---

[74] Leffson, 1984, S. 167.

damit die Frage nach dem eigentlichen Unternehmensziel.[75] Der Beitrag von Wissenbach stellte methodische Probleme wie die „fragegerechte Konstruktion" von Kennzahlen in den Mittelpunkt.[76] Staehle leitete schließlich aus einer umfangreichen Untersuchung der deutsch-, englisch- und französischsprachigen Literatur die Grundlagen eines Kennzahlensystems zur innerbetrieblichen Steuerung und Kontrolle ab.[77]

Andere Bestrebungen - in der Mehrzahl aus dem Bereich der Kreditwürdigkeitsprüfung - waren darauf gerichtet, von der vergangenheits- bzw. gegenwartsbezogenen Analyse zu zukunftsbezogenen Aussagen zu gelangen. Dabei galt es, drei Impulse in einen Ansatz zu integrieren: die **Betriebswirtschaftslehre** als reichhaltige und streng formalisierte Wissenschaft, die verfeinerten Verfahren der **Statistik** und die sich rasant steigernde Speicher- und Rechenkapazität von **EDV-Anlagen**. Dass diese Bündelung notwendig war, zeigten die Erfahrungen mit computergestützten Auswertungen in den 60er-Jahren. Diese enthielten materiell die gleichen Informationen wie manuell durchgeführte; der PC wurde nur dazu genutzt, noch schneller noch mehr Kennzahlen zu berechnen und die „Zahlenfriedhöfe" rasant zu vergrößern.

Vor diesem Hintergrund erfuhr die Bilanzanalyse in den 60er-Jahren neue Impulse aus der Wissenschaft. Durch Nutzung mathematisch-statistischer Verfahren versuchte man, nicht nur einfache Entwicklungstendenzen anhand fortschreibungsfähiger Kennzahlen darzustellen, sondern Entwicklungs- und Ereignisprognosen zu treffen. Grundgedanke dieser modernen Analyseverfahren ist es, zu analysierende Unternehmen aufgrund der bei ihnen feststellbaren Kennzahlenwerte einer bestimmten Risikogruppe zuzuordnen. Als Vergleichswerte dienen dabei die Kennzahlenwerte von nachweislich insolvent gewordenen bzw. insolvenzgefährdeten Unternehmen.

Auch wenn erste Untersuchungen in diese Richtung bereits Anfang der 30er-Jahre vorgenommen wurden, so fällt der eigentliche Beginn dieser modernen Bilanzauswertung auf das Jahr 1966. In diesem Jahr hatte Beaver erstmals eine systematische Insolvenzprognose aufgrund veröffentlichter Jahresabschlussdaten durchgeführt.[78] Das Aufsehen, das diese Arbeit erregte, war jedoch weniger auf die ausgefeilten mathematischen Methoden als vielmehr auf die klare und knappe Darstellung der Grundgedanken zurückzuführen. Altman entwickelte den Beaverschen Ansatz weiter und führte im Jahr 1968 die eigentliche **multivariate Diskriminanzanalyse** in die Wissenschaft ein.[79]

Den Pionieren folgten eine ganze Reihe von Untersuchungen, die mit fortschreitender Zeit immer feinere Analysetechniken entwickelten. Ein Großteil dieser Verfahren wäre ohne EDV nicht möglich gewesen. An dieser Stelle sind die Untersuchungen von Baetge, Huß und Niehaus zu nennen.[80] Wie bereits erwähnt, unterscheiden sich die Verfah-

---

[75] Vgl. Heinen, 1976, S. 163 ff.

[76] Vgl. Wissenbach, 1967, S. 72 ff.

[77] Vgl. Staehle, 1969, S. 1 ff.

[78] Vgl. Beaver, 1966, S. 71 ff.

[79] Vgl. Altman, 1968, S. 598 ff.

[80] Vgl. Baetge / Huß / Niehaus, 1986, S. 605 ff.

ren im Wesentlichen nur in der Tiefe der analytischen Auswertung bzw. der Rechengänge. Im Folgenden sei deshalb ein Grundschema der multivariaten Diskriminanzanalyse (MDA) dargestellt.

Die MDA geht von der Überlegung aus, dass insolvenzgefährdete Unternehmen sich in ganz bestimmten Merkmalen, die sich in Kennzahlenkombinationen niederschlagen, von „gesunden" Unternehmen unterscheiden. Um diese signifikanten Merkmale zu erkennen, wird zunächst aus einer Grundgesamtheit von Krisenunternehmen eine Stichprobe, die Testgruppe, gezogen. Jedem Element dieser Testgruppe wird nun ein „gesundes" Unternehmen gegenübergestellt. Beide Unternehmen müssen bezüglich Größe, Branche und Fertigungstiefe weitgehend identisch sein. Je ähnlicher sie sich sind, desto eher können unterschiedliche Kennzahlenwerte durch die unterschiedliche wirtschaftliche Lage bedingt sein.

Mit Hilfe eines heuristischen Suchprogrammes werden die paarweise zusammengefassten Jahresabschlüsse daraufhin untersucht, durch welche Einzelkennzahlen oder Kennzahlenkombinationen sie sich möglichst sauber trennen lassen. Die Trennfähigkeit der Kennzahlen ist umso größer, je näher sich das Krisenunternehmen an der Insolvenz befindet.

Dieser Rechenprozess mündet schließlich in die Entwicklung einer Diskriminanzfunktion, deren einzelne Glieder aus den Bilanzkennzahlen bestehen, die sich bei der vergleichenden Analyse der Jahresabschlüsse am stärksten unterschieden haben. Entsprechend ihrer Bedeutung werden die einzelnen Glieder der Funktion unterschiedlich gewichtet. Diese Diskriminanzfunktion stellt zunächst nur eine Insolvenzdiagnose dar, da sie lediglich signifikante Kennzahlenkombinationen tatsächlich insolventer Betriebe in allgemeiner Form ausdrückt. Die Einzelheiten zur MDA enthält der Abschnitt 5.2.4.

Eine Weiterentwicklung stellen die **Neuronalen Netze** dar, mit denen man sich seit den 80er-Jahren beschäftigt. Mit ihrer Hilfe sollen die Ergebnisse der MDA noch übertroffen werden. Die künstlichen Neuronalen Netze sind parallel arbeitende Systeme. Eintreffende Signale werden zusammengefasst und durch eine Übertragungsfunktion wird ein Ausgangssignal erzeugt. Es wird dabei eine Lernphase und eine Arbeitsphase unterschieden. In der Lernphase werden die Verknüpfungen und Gewichtungen anhand von Beispieldatensätzen festgelegt. In der Arbeitsphase werden dann mit diesen Werten die Datensätze bearbeitet. Siehe im Einzelnen dazu Abschnitt 5.2.4.

Neben den Bestrebungen, die Informationsbeschaffung und -aufbereitung computerunterstützt durchzuführen, bildet die Automatisierung des eigentlichen Beurteilungsprozesses einen weiteren Schwerpunkt der Forschungstätigkeiten. Hier sind Expertensysteme entwickelt worden, die den Analytiker bei seiner Entscheidung unterstützen sollen.[81] Dem Computer die eigentliche Beurteilung zu übertragen, ist bislang nicht möglich. Diese Entscheidung muss immer noch **eigenverantwortlich** der Bilanzanalytiker treffen.

---

[81] Vgl. Mertens / Borkowski / Geis, 1993.

Typisch für **Expertensysteme** ist ihre Dreiteilung in Problemlösungskomponente, Wissensbasis und Datenbasis (vgl. Abbildung 28).

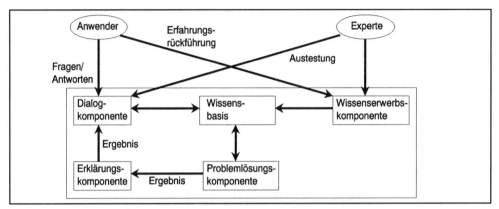

Abbildung 28: Struktur und Komponenten eines Expertensystems

In der **Datenbasis** werden die zu analysierenden bzw. zu beurteilenden Sachverhalte (also die Jahresabschlüsse) gesammelt. Die **Wissensbasis** umfasst alle Regeln und Fakten, mit deren Hilfe die Daten beurteilt werden sollen. Dieses „Wissen um die Zusammenhänge" muss dem Computer vorgegeben werden. Der aktive Wissenserwerb bzw. die Ergänzung bestehender Informationen ist dem PC von sich aus noch nicht möglich. Die Qualifikation des Anwenders determiniert deshalb die Qualität der Urteile. Die so genannte **Problemlösungskomponente** kombiniert die zu beurteilenden Daten mit den Beurteilungsregeln der Wissensbasis zu einem Urteil. Da dem Benutzer wenig mit dem bloßen Endurteil geholfen ist, existiert in der Regel eine so genannte **Erklärungskomponente**, die das Zustandekommen des Urteils nachvollziehbar macht. Die Aggregation der Teilurteile zu einem Gesamturteil soll dadurch transparent und beurteilbar werden.

So sehr sich die Bereiche Diagnose, Beratung und Planung für den Einsatz von Expertensystemen eignen, bedarf ihre praktische Einsetzbarkeit doch einer Relativierung. In einer umfangreichen Wissensbasis kann zwar das Know-how von verschiedenen Spezialisten erfasst werden, gleichzeitig stellt dies die natürliche Obergrenze des verfügbaren Wissens dar. Die andere Problematik liegt in der Urteilsfindung. Es existieren verschiedene Arten von Expertensystemen, deren einfachste Versionen lediglich automatisierte Checklisten sind. Die Summe der mit ja oder nein beantworteten Fragen wird durch deren Gesamtzahl dividiert und je nachdem, ob die positiven oder negativen Antworten überwiegen, wird auch ein positives oder negatives Gesamturteil gefällt.

Diese Vorgehensweise ist nur bei sehr einfach strukturierten Sachverhalten möglich. Die Mehrzahl der Beurteilungsvorgänge betrifft jedoch mehrdimensionale und komplexe Prüfungsobjekte. Eine standardisierte Abfrage würde hier dem Prüfungsziel zuwiderlaufen. So finden die bisher entwickelten Expertensysteme auch vorwiegend dort Verwendung, wo es sich um eine erste Orientierung über einen bestimmten Sachverhalt handelt. Mit ihrer Hilfe können die zu beurteilenden Sachverhalte strukturiert und vergleichbar erfasst sowie bestimmte Schwerpunkte aufgezeigt oder Hinweise gegeben werden.

Dem Expertensystem kommt damit eher eine **Impulsfunktion** zu. Die Verantwortung für das Beurteilungsergebnis bleibt letztendlich beim Analytiker. Der Computer kann ihn von dieser Verantwortung nicht entbinden, sondern ihm lediglich die Beurteilung erleichtern.

Ein gewichtiger Hinderungsgrund, den Beurteilungsprozess zu automatisieren, ist die Subjektivität: Sie zeigt sich in der Berichterstattung des Unternehmens und in der Analyse und Urteilsfindung des Analytikers. So ist die Beurteilung eines höheren Lagerbestandes an Roh-, Hilfs- und Betriebsstoffen gegenüber dem Vorjahr schwierig. Ob es sich um eine nachteilige Veränderung handelt, lässt sich selbst dann nicht abschätzen, wenn die Umsätze gesteigert werden sollen. Letztendlich entsteht ein **subjektives Urteil aus Wissen, Erfahrung und Gefühl**.

Unbestritten ist diese Subjektivität im verbalen Aussagenbereich größer als bei rein quantitativer Berichterstattung. Auf die Analyse verbaler Informationen, die Unternehmen neben den Zahlen des Jahresabschlusses geben, konzentriert sich der jüngste Forschungsbereich der Bilanzanalyse, die **qualitative Bilanzanalyse**. Damit haben sich intensiv Schmidt[82] und Werner[83] beschäftigt.

Durch die Auswertung verbaler Informationen über das Unternehmen sollen die systembedingten Mängel der rein quantitativen Bilanzanalyse wenn nicht beseitigt, so doch gemildert werden. Basis dieser Auswertungen können grundsätzlich alle veröffentlichten Angaben des Unternehmens sein. In der Regel handelt es sich um den Anhang, den Lagebericht und die sonstigen Daten im Geschäftsbericht. Zusammenfassend können diese Elemente als Druckbericht bezeichnet werden.[84]

Die Berücksichtigung verbaler Informationen im Rahmen bilanzanalytischer Untersuchungen ist nichts grundlegend Neues: Die gezielte Auswertung der Anhangangaben diente schon bisher zur Einschätzung und Beurteilung der Bilanzpolitik eines Unternehmens. Der Analytiker muss sich ein Urteil über die bilanzpolitische Zielsetzung bilden, um die Ergebnisse der Bilanzanalyse sachgerecht würdigen zu können. Gesunkene Jahresüberschüsse können so beispielsweise konsequente Steuerbilanzpolitik, verfehlte Bilanzpolitik oder auch verfehlte Geschäftspolitik sein.

Die **semiotische Bilanzanalyse** untersucht die Form der verbalen Angaben. Weniger aus dem Inhalt als vielmehr aus der formalen Struktur der Berichterstattung wird dabei auf Motive und Ziele des Unternehmens geschlossen. Informationsvermittlung bedeutet letztlich Kommunikation. Damit lässt sich auch der Informationsprozess der Bilanzanalyse auf den semiotischen Ebenen beschreiben, denen jedes sprachliche Phänomen folgt.

---

[82] Vgl. Schmidt, 1992, Sp. 368 ff.
[83] Vgl. Werner, 1990, S. 369 ff.
[84] Vgl. Schmidt, 1992, Sp. 368.

Unter Semantik wird ganz allgemein die Lehre von den sprachlichen Zeichen verstanden. Es lassen sich grundsätzlich drei **semiotische Ebenen** unterscheiden:

1. die **syntaktische Ebene**, bei der die Analyse des formalen Zusammenhangs zwischen den einzelnen Zeichen im Vordergrund steht,

2. die **semantische Ebene**, die den Bedeutungsgehalt bestimmter Zeichen untersucht,

3. die **Pragmatik als** höchste und anspruchvollste Ebene, bei der die Wirkungen untersucht werden, die die gegebenen Informationen auf die Informationsempfänger haben.

Im Rahmen der bilanzanalytischen Untersuchung der **syntaktischen Ebene** soll der Präzisionsgrad von Aussagen ermittelt werden. In der Mehrzahl der Fälle hat das Unternehmen bezüglich der verbalen Berichterstattung einen Gestaltungsspielraum. Innerhalb einer Bandbreite ist es möglich, weiche oder harte Formulierungen zu wählen. Unter harten Formulierungen würde man exakte Aussagen zu wirtschaftlichen Sachverhalten, sogenannte Punktaussagen, erwarten. Eine **Punktaussage** wäre beispielsweise die Angabe, dass der Absatz des Produktes xy im vergangenen Jahr um 500 Mio. DM zurückgegangen ist. Je weicher die Formulierungen gewählt werden, desto höher wird der Unsicherheitsgrad bei der Beurteilung der Information. Obengenannte Punktaussage lässt sich beispielsweise auch folgendermaßen formulieren: „Der Absatz im vergangenen Jahr war im Vergleich zum Vorjahr etwas geringer" (komparative Aussage) oder etwa: „Der Absatz der vergangenen Periode war nicht zufriedenstellend" (qualitative Aussage). Schließlich ist auch eine nicht zu klassifizierende Aussage möglich wie: „Auch in der letzten Periode bemühten wir uns um den Absatz unserer Produkte."

Wenn ein Unternehmen auf bestimmte Sachverhalte hinweisen will, wird es exakt darüber berichten. Ist es hingegen an einer Verschleierung der tatsächlichen Verhältnisse interessiert, werden die Angaben - soweit sie überhaupt gemacht werden - sehr vage ausfallen. Der Bestimmtheitsgrad einer Information lässt zwar auf die „Informationswilligkeit" des Unternehmens schließen, nicht jedoch auf dessen wirtschaftliche Lage. Entstehung und Ursachen gesunkener Jahresergebnisse können auf das erfolgreiche Bemühen zur Erzielung von Steuerstundungen oder aber wirtschaftliche Misserfolge zurückzuführen sein. In beiden Fällen wird eine zurückhaltende Berichterstattung des Unternehmens zu erwarten sein, auch wenn die Beurteilung der wirtschaftlichen Lage zu unterschiedlichen Ergebnissen führen wird. Nur über eine Analyse der Bilanzpolitik sind Zuordnungen möglich.

Die **pragmatische Ebene**, die sich mit den beabsichtigten Wirkungen der Berichterstattung beschäftigt, stellt den Umfang der Informationen in den Mittelpunkt. Die freiwilligen Angaben beispielsweise durch Kapitalfluss-, Substanzerhaltungs- oder Wertschöpfungsrechnungen erweitern unbestritten die Datenbasis des Analytikers. Er kann jedoch die gegebenen Informationen nicht kritiklos übernehmen oder auf Basis dieser Werte sein Urteil fällen. Abgesehen davon, dass er sich von der formellen und materiellen Richtigkeit der Werte überzeugen muss, gilt es zu hinterfragen, warum das Unternehmen überhaupt und gerade diese Instrumente ausgewählt hat. So muss eine Berichterstattung, die nicht mehr als das unbedingt Notwendige enthält, nicht unbedingt auf eine schlechte wirtschaftliche Lage schließen lassen. In Jahren hoher Jahresüberschüsse kann das Unternehmen versucht sein, Aktionäre, Öffentlichkeit und Fiskus nicht mehr als ohnehin notwendig auf den Erfolg aufmerksam zu machen.

Auch bei wirtschaftlich schwachen Unternehmen lassen sich mit Sicherheit Werte und Entwicklungen finden, die einen unbestreitbaren Aufwärtstrend widerspiegeln. Diese Größen wird das Unternehmen veröffentlichen. Der Analytiker kann also bereits aus der Art der veröffentlichten Angaben auf die Intention des Unternehmens schließen, die Situation besser darzustellen, als sie ist. Werden die Jahresabschlusszahlen lediglich anders gruppiert, ihr Informationswert hingegen nicht erhöht, so soll der Adressat bewusst von bestimmten Sachverhalten abgelenkt werden. Informationsverbessernd und damit positiv zu beurteilen ist hingegen die Berichterstattung über das Zustandekommen und die Struktur von Werten des Jahresabschlusses. Dies erlaubt dem Analytiker, das Zahlengerüst des Jahresabschlusses weiter mit Leben zu erfüllen. Auch hier wird deutlich, dass die pragmatische Analyse von anderen bilanzanalytischen Instrumenten flankiert werden muss, um eine sachgerechte Beurteilung zu ermöglichen.

Wird ein bestimmter Sachverhalt im Jahresabschluss verbal umschrieben, so kann man zwei Grundannahmen treffen: Erstens ist es möglich, dass unterschiedliche Berichterstatter den gleichen Sachverhalt mit verschiedenen Begriffen belegen, zweitens werden unterschiedliche Adressaten mit dem gleichen Begriff abweichende Sachverhalte verbinden. Die **semantische Bilanzanalyse** will diese Zusammenhänge klären und zur Beurteilung der wirtschaftlichen Lage nutzen. Im Rahmen einer solchen Sprachanalyse wird ausgehend von der Textart (unternehmensinterner oder -externer Text) entweder eine Vollerhebung des Textes vorgenommen oder es werden nur bestimmte Schlagzeilen isoliert. Wörter, Sätze oder Abschnitte werden so mit unterschiedlichen Maßstäben verglichen. Die jeweilige Aussageeinheit, d.h. Satz, Abschnitt oder Text, wird dann beurteilt. Aus der Feststellung über bestimmte Wortfeldhäufigkeiten oder aber die Veränderung der Wortwahl im Zeitablauf können so Schlüsse über die wirtschaftliche Lage gezogen werden. In empirischen Untersuchungen wurde festgestellt, dass bei offensichtlichen Krisen des Unternehmens die Thematisierung dieser Bereiche vermieden wurde. Hier war also ein sinkender bzw. geringer Anteil von Wortfeldern zu beobachten, die eine entsprechend negative Wertung erlauben würden. Dies sind beispielsweise „Minderung", „Rückgang", „Verschlechterung" sowie „Abnehmen", „beeinträchtigt" oder „benachteiligen".

Die Darstellung der qualitativen Bilanzanalyse hat deutlich gemacht, dass dieser Bereich lediglich eine **Ergänzungsfunktion** haben kann. Es ist zwar unbestritten wichtig, alle verfügbaren Informationen auszuwerten, es muss jedoch der damit verbundene Aufwand ebenso berücksichtigt werden wie der Stellenwert im Gesamtkonzept der Bilanzanalyse. Der qualitativen Bilanzanalyse kommt lediglich eine Servicefunktion zu.

Diese traditionelle Analysemethode wurde vom Bilanzanalytiker schon immer erwartet und durchgeführt, wenn er auch nicht darüber berichtete. Es ist nachvollziehbar, dass Auswahl und Bewertung solcher Angaben immer subjektiv erfolgen. In Abhängigkeit von der Stellung des Analytikers und seinem analytischen Sachverstand wird er die verschiedenen verbalen Angaben unterschiedlich bewerten. Abgesehen davon, dass im Bereich der verbalen Berichterstattung ein ungleich größerer Gestaltungsraum offen steht, als bei den quantitativen Jahresabschlussangaben, ist auch der Ort der Berichterstattung für dessen Beurteilung entscheidend. So sind freiwillige Angaben im Jahresabschluss und Lagebericht anders zu beurteilen als in den übrigen publizierten Teilen, dem so genannten Zusatzbericht. Denn alle Angaben im handelsrechtlichen Jahresabschluss sind prüfungspflichtig, während die Angaben im Zusatzbericht keiner Prüfung unterliegen.

In die gleiche Zeit wie die Beschäftigung mit der qualitativen Bilanzanalyse fällt die Beschäftigung mit den Scoring-Verfahren. Aus der Aggregation von Kennzahlen soll ein Gesamtindex ermittelt werden, der Aussagen über die Solidität der Finanzierung, die Rentabilität des eingesetzten Kapitals und über das Wachstumspotenzial erlaubt. Bekannt ist das von Schmidt entwickelte RSW-Verfahren. RSW steht dabei für **Rentabilität, Sicherheit und Wachstum**. Ausgangspunkt sind die handelsrechtlichen Jahresabschlüsse von Kapitalgesellschaften. Die einzelnen Kennzahlen werden gewichtet und führen zu einem Gesamt-Score, der für vier verschiedenen Gruppen (Industrie, Handels- und Verkehrsgesellschaften, Verwaltungsgesellschaften und gesondert Börsenneulinge des jeweiligen Jahres) ermittelt wird.

In jüngster Zeit nehmen wertorientierte Steuerungskennzahlen breiten Raum in den Geschäftsberichten der Gesellschaften ein. Diese Steuerungskonzepte sollen das Unternehmen intern nach den Größen lenken, die extern zur Beurteilung des Unternehmens herangezogen werden. Dieser Gleichklang soll die Performance der Gesellschaft positiv beeinflussen. Es ist verständlich, dass die externen Bilanzleser diesen Werten ein größeres Interesse entgegenbringen als den handelsrechtlichen Erfolgsgrößen. Auf diese Steuerungskonzepte wird in Kapitel 5.4.7.2 eingegangen.

Die dargestellten Entwicklungslinien machen deutlich, dass es **die Bilanzanalyse** genauso wenig gibt, wie **die wirtschaftliche Lage**. Alle Verfahren haben in Abhängigkeit von der jeweiligen Situation und dem verfolgten Analysezweck ihre Existenzberechtigung. Deutlich wurde jedoch auch, dass sich im Grunde alle bilanzanalytischen Methoden der gleichen Instrumente bedienen. In den meisten Fällen ist eine Aufbereitung der Datenbasis notwendig. Diese Grunddaten werden ausgewertet. Die eigentliche Beurteilung ist nur über einen Vergleich mit anderen Sachverhalten möglich. Sinnvolle Aussagen über die wirtschaftliche Lage des zu analysierenden Unternehmens lassen sich nicht aus einer isolierten Betrachtung einzelner Bilanzpositionen treffen. Die **Instrumente der Bilanzanalyse** - Aufbereitungs-, Auswertungs- und Vergleichsinstrumente - sollen im Folgenden dargestellt werden.

5.2 Instrumente der Bilanzanalyse

5.2.1 Aufbereitungsinstrumente

Die Bilanzanalyse versucht, aus dem Jahresabschluss Informationen zu gewinnen, die diesem in seiner ursprünglichen Form nicht ohne Weiteres zu entnehmen sind. Die Frage, ob es mit Hilfe des bilanzanalytischen Instrumentariums möglich ist, mehr aus dem Jahresabschluss herauszuholen als in ihn hineingesteckt wurde, ist sicherlich berechtigt und kann nicht guten analytischen Gewissens bejaht werden. Es ist jedoch möglich, aus einer gezielten Aufbereitung und Auswertung des Jahresabschlusses andere Informationen zu erhalten, als diesem in seiner Urform zu entnehmen wären. Die latent vorhandenen Informationen sollen aktiviert werden.

Diese Aufgabe hat das **bilanzanalytische Instrumentarium** zu erfüllen. Informationsbeschaffung und Informationsverarbeitung werden mit dem Ziel durchgeführt, das Informationsmaterial der Datenbasis auszuschöpfen. Darauf aufbauend soll eine Beurteilung der wirtschaftlichen Lage möglich sein.

Der veröffentlichte Jahresabschluss genügt nicht den Erfordernissen der Bilanzanalyse. Die notwendige Aufbereitung erfüllt zwei Funktionen. Erstens werden die in die eigentliche Berechnung eingehenden Bestandteile „mundgerecht" herausgearbeitet, zweitens ist die stetige Ermittlung und Bezeichnung der bilanzanalytischen Grundelemente Voraussetzung für deren Vergleichbarkeit. Die Aufbereitungsinstrumente der Bilanzanalyse lassen sich - wie in Tabelle 42 dargestellt - systematisieren. Nach Küting kommen grundsätzlich Umgliederung oder Umbewertung in Frage.[85] Bei der **Umgliederung** werden die Positionen in neue rechnerische Zusammenhänge gestellt.

Im Rahmen einer **Umgruppierung** wird ein bereits bestehender Posten einem anderen bestehenden Posten der gleichen Bilanzseite zugeordnet. Eine Umgruppierung wäre beispielsweise die Zuordnung der passiven Rechnungsabgrenzung zu den sonstigen Verbindlichkeiten. Im Rahmen einer **Neubildung** wird ein bestehender Posten einer neu zu schaffenden Bilanzkategorie der gleichen Bilanzseite zugeordnet. Dies wäre der Fall, wenn die Position sonstige Wertpapiere den so genannten liquiden Mitteln zugeschlagen werden würde. Im Rahmen einer **Aufspaltung** wird ein bestehender Posten mehr als einer Abschlusskategorie der gleichen Bilanzseite zugeordnet. Hierunter fällt die hälftige Zurechnung des Sonderpostens mit Rücklageanteil zu Eigenkapital und Fremdkapital. Bei einer **Saldierung** wird ein bestehender Posten mit einer Abschlusskategorie der anderen Bilanzseite ganz oder teilweise verrechnet, wie beispielsweise bei der Aufrechnung der nicht eingeforderten Einlagen mit dem gezeichneten Kapital.

---

[85] Vgl. Küting, 1991, S. 1468 ff.

Die angeführten Aufbereitungsinstrumente finden ihren Niederschlag in der Erstellung der so genannten **Strukturbilanz**. Diese bereitet den Jahresabschluss analysegerecht auf, indem die Positionen entsprechend ihrem materiellen Gehalt neu gegliedert bzw. berechnet werden.

Die andere Gruppe von Aufbereitungsinstrumenten betrifft die so genannten **Umbewertungen**. Hier erhalten einzelne Positionen andere Wertansätze. Umbewertungen bilden in der Bilanzanalyse den Ausnahmefall. Zum einen handelt es sich um recht aufwändige Verfahren, zum anderen würde man die handelsrechtlich bedingte Objektivierung der Werte rückgängig machen. Die Kennzahlenwerte wären damit nur noch bedingt vergleichbar. Aus diesem Grund beschränkt sich die Anwendung von Umbewertungen auf spezielle Nebenrechnungen wie beispielsweise Untersuchungen zur Ermittlung von stillen Reserven bzw. Substanzerhaltungsrechnungen.

Bezeichnung		Maßnahme
Umgliederung	Umgruppierung	Bestehender Posten wird einem anderen bereits bestehenden Posten der gleichen Bilanzseite zugeordnet.
	Neubildung	Bestehender Posten wird einer neu zu schaffenden Bilanzkategorie der gleichen Bilanzseite zugeordnet.
	Aufspaltung	Bestehender Posten wird mehr als einer Abschlusskategorie der gleichen Bilanzseite zugeordnet.
	Saldierung	Bestehender Posten wird mit einer Abschlusskategorie der anderen Bilanzseite ganz oder teilweise verrechnet.
Umbewertung		Einzelne Posten erhalten andere Wertansätze.

Tabelle 42: Aufbereitungsinstrumente der Bilanzanalyse

Insbesondere in Zeiten von Geldwertveränderungen sind die nominalwertorientierten Bilanzwerte kein hinreichendes Beurteilungskriterium mehr. Aus diesem Grund verabschiedete auch der Hauptfachausschuss des IDW 1975 die Stellungnahme „Zur Berücksichtigung der Substanzerhaltung bei der Ermittlung des Jahresergebnisses".[86] Danach ist es Ziel der inflationsbereinigten Rechnungslegung, eine Kontrolle der Unternehmenserhaltung zu ermöglichen. Um dies zu erreichen, sind Substanzerhaltungsrechnungen notwendig, die sich lediglich auf die mit Eigenkapital finanzierten Vermögensteile (Netto-Substanzerhaltung) beziehen.

---

[86] Vgl. IDW / HFA, 1975, S. 614 ff.

Der Beschränkung auf die **Netto-Substanzerhaltung** liegt folgende Überlegung zugrunde: Würden sich nominell gebundene Verbindlichkeiten und monetäre Vermögensgegenstände auf Aktiv- und Passivseite in der Höhe genau entsprechen, so würden sich die Inflationswirkungen kompensieren. Die mit dem Halten der Vermögensgegenstände verbundenen Geldentwertungsverluste gleichen sich durch die Geldentwertungsgewinne aus, die aus dem Halten der nominell gebundenen Verbindlichkeiten resultieren.

Dieser Mechanismus wirkt auch, sofern – realistischerweise – davon ausgegangen wird, dass das Fremdkapital die nominell gebundenen Aktiva übersteigt. Ist dies der Fall, wird von der Annahme ausgegangen, dass die fremdfinanzierten Vermögensgegenstände auch bei ihrer Wiederbeschaffung mit Fremdkapital finanziert werden. Es ist folglich ausreichend, wenn der Verbrauch der fremdfinanzierten Vermögensgegenstände in der Gewinn- und Verlustrechnung auf Basis der historischen Kosten bewertet wird. Die Substanzerhaltungsrechnung sollte nach Meinung des HFA als freiwillige Sonderrechnung den Erfolgsausweis korrigieren. Auch wenn angesichts steigender Preise die Vermögenslage verzerrt dargestellt wird, beschränkt sich der HFA nur auf die Korrektur der Ertragslage. Für die Form der Nebenrechnung empfiehlt der HFA das folgende Schema:

   Zusätzliche Abschreibungen auf abnutzbare Sachanlagen
 + Zur Substanzerhaltung beim Vorratsvermögen erforderlicher Betrag

 = Summe der notwendigen Ergebniskorrekturen (Scheingewinn)

Die Ausgestaltung als **Nebenrechnung** zum Jahresabschluss hat den Vorteil, dass die handelsrechtliche Objektivierung der Werte nicht aufgegeben wird. Es ist somit möglich, die Beeinflussung des einzelnen Jahresabschlusses durch inflationsbedingte Scheingewinne zu beurteilen, ohne die Vergleichbarkeit bei anderen Jahresabschlüssen einzuschränken.

Ein Grundproblem der Substanzerhaltungsrechnung ist die Ermittlung der Wiederbeschaffungswerte, insbesondere bei den Gegenständen des Anlagevermögens. Ein Großteil dieser Vermögensgegenstände wurde durch Auftrags- bzw. Einzelfertigungen erstellt, für die kein Marktpreis ermittelt werden kann. Reine Ersatzinvestitionen dürften in der Regel der Ausnahmefall sein. Schnelle Produktlebenszyklen und fertigungstechnische Neuerungen bringen es mit sich, dass nach Ablauf der Nutzungsdauer vollständig andere Anlagen benötigt werden.

Zur Überbrückung dieser Schwierigkeiten bietet sich die Verwendung spezieller Indizes an, wie sie beispielsweise vom Statistischen Bundesamt herausgegeben werden. Über so genannte Bewertungskoeffizienten oder durch Umrechnung auf das jeweils niedrigere Leistungsniveau können Preissteigerungen eliminiert werden, die allein auf den technischen Fortschritt zurückzuführen sind.

Einer so korrigierten Erfolgsgröße kommt natürlich in Zeiten hoher Inflationsraten große Bedeutung zu. Es stellt sich die Frage, inwiefern diese Größe nicht nur den nominell ausgewiesenen Erfolg der vergangenen Periode korrigiert, sondern darüber hinaus auch zu prognostischen Zwecken genutzt werden kann. Durch die Spaltung des Unterneh-

mensgewinns in Leistungsgewinn und Dispositionsgewinn versuchte man die Erfolgswirksamkeit bestimmter Entscheidungen zu erkennen. Die Gewinnentstehung wurde dabei auf zwei Grundentscheidungen zurückgeführt: Zum einen auf die Dispositionen über
den laufenden Produktions- und Umsatzprozess, zum anderen auf die Bestandsdispositi-
on.

Da diese Trennung wegen der in praxi bestehenden Interdependenzen nur schwer rechnerisch vollzogen werden kann und zu viele Prämissen getroffen werden müssen, ist der
Anwendungsbereich von Substanzerhaltungsrechnungen für Prognosezwecke stark eingeschränkt. So ist die Wahl der Preisentwicklung der Bestände als Vorteilhaftigkeitskriterium nur im Falle von Spekulationsbeständen gerechtfertigt. Bei anderen Positionen
sind in jedem Fall die leistungswirtschaftlichen Verzahnungen zu beachten. Die Be-
standsdisposition für das Vorratsvermögen kann nicht losgelöst von den fertigungstech-
nischen Erfordernissen getroffen werden.

Substanzerhaltungsrechnungen haben ihre Berechtigung in Neben- bzw. Korrekturrech-
nungen zu inflationsbedingt verzerrten Erfolgsausweisen. Ihre weitere bilanzanalytische
Aussagefähigkeit ist dagegen sehr beschränkt. Der externe Analytiker kann diese Auswertungen überhaupt nicht durchführen, da ihm die notwendigen Daten in der Regel
nicht zur Verfügung stehen.

Umbewertungen werden auch zur Aufdeckung stiller Reserven vorgenommen. So können z.B. die Angaben des Anhangs daraufhin untersucht werden, ob sie eine Beurteilung
der gelegten stillen Reserven zulassen. Eine tabellarische Auswertung kann Hinweise
auf steuerrechtliche, teilweise aber auch handelsrechtlich bedingte stille Reserven liefern
(vgl. Tabelle 43). Auf Basis dieser Informationen kann das Jahresergebnis um die erfolgswirksame Legung oder Auflösung von stillen Reserven bereinigt werden.

Für den externen Analytiker besteht die Möglichkeit einer mehrjährigen korrekten Be-
richtigung des Jahresergebnisses nur dann, wenn das Unternehmen nach § 252 I Nr. 6
HGB die Bewertungsmethoden nicht geändert, nach § 284 II Nr. 3 die Abweichungen
angegeben hat oder Angaben gemäß § 285 Nr. 5 HGB macht. Diese Vorschrift fordert,
dass im Anhang das Ausmaß angegeben werden muss, in dem das Jahresergebnis dadurch beeinflusst wurde, dass im Geschäftsjahr oder in früheren Geschäftsjahren Abschreibungen gem. § 254 HGB aufgrund steuerlicher Vorschriften vorgenommen wurden oder ein Sonderposten nach § 273 HGB gebildet wurde. Wird eine solche Rechnung
aufgestellt, kann der Jahresabschlussadressat den korrigierten Jahresüberschuss näherungsweise ermitteln. Allerdings lässt sich aus dem Wortlaut des Gesetzes eine quantita-
tive Angabe der Werte nicht ableiten; darüber hinaus ist die tatsächliche Übung hinsichtlich der Publizität und der Form von Anhangsangaben zu beachten.

Wahlrechte	Rechtsgrundlage
1. Angaben über die Methode der Anschaffungskostenermittlung (Einzel-, Gruppen-, Festbewertung).	§ 284 II Nr. 1 HGB
2. Angaben über die Herstellungskostenermittlungsmethoden, speziell über die Einbeziehung der Fremdkapitalzinsen.	§ 284 II Nr. 1 HGB § 284 II Nr. 5 HGB
3. Angaben über die Abschreibungsmethoden.	§ 284 II Nr. 1 HGB
4. Abschreibungswahlrecht auf den niedrigeren Stichtagswert bei vorübergehender Wertminderung im Finanzanlagevermögen.	mit enthalten in § 277 III S. 1 HGB
5. Angabe des Betrages der im Geschäftsjahr allein nach steuerrechtlichen Vorschriften vorgenommenen Abschreibungen auf Gegenstände des Anlagevermögens, soweit er sich nicht aus der Bilanz oder GuV ergibt; hinreichende Begründung.	§ 281 II S. 1 HGB
6. Angaben über Aktivierung / Nichtaktivierung des derivativen Geschäfts- oder Firmenwerts	§ 284 II Nr. 1 HGB
7. Angaben über Aktivierung / Nichtaktivierung von Aufwendungen für die Ingangsetzung und Erweiterung des Geschäftsbetriebs	§ 284 II Nr. 1 HGB

Tabelle 43: Anhangangaben, die auf Legung oder Auflösung von stillen Reserven im Anlagevermögen hinweisen können

Ein weiteres in der Praxis verbreitetes Verfahren ist der Vergleich von Börsen- und Bilanzwert des gezeichneten Kapitals. Die stillen Reserven ergeben sich aus der Multiplikation des gezeichneten Kapitals mit der Differenz von Börsenkurs und Bilanzkurs.

Der **Bilanzkurs** ist eine streng substanzorientierte Größe. Er errechnet sich aus der Relation bilanzielles Eigenkapital x 100 / gezeichnetes Kapital (Grund-, bzw. Stammkapital). Damit zeigt er das Verhältnis des in der Bilanz ausgewiesenen Nettosubstanzwertes zum Nominalwert des Grundkapitals.

Der **Börsenkurs** errechnet sich aus dem Aktienpreis x 100 / Nominalwert einer Aktie. Er zeigt damit an, wie das Unternehmen am Kapitalmarkt bewertet wird. Unterstellt man, dass im Börsenkurs primär die Ertragserwartungen der Kapitalmarktteilnehmer reflektiert werden, so entspricht der Börsenwert des gezeichneten Kapitals dem marktmäßig objektivierten Ertragswert des Unternehmens.

Die **Differenz** zwischen dem Börsen- und dem Bilanzwert des gezeichneten Kapitals spiegelt dann einen (originären) Firmenwert des Unternehmens wider, der die vorhandenen stillen Reserven repräsentiert. Hier sind nicht nur die durch bilanzpolitische Maßnahmen gelegten Reserven erfasst, sondern auch die gesetzlich vorgeschriebenen Zwangsreserven. Diese ergeben sich aus den handelsrechtlichen Vorschriften, wie beispielsweise dem Realisationsprinzip. Die Zwangsreserven können näherungsweise isoliert werden, wenn der Bilanzkurs um steuerlich bedingte außerplanmäßige Abschreibungen bereinigt wird.

Die Ermittlung der stillen Reserven verliert allerdings dann ihre Berechtigung, wenn der Börsenkurs nicht die Ertragserwartungen der Kapitalmarktteilnehmer wiedergibt, sondern durch ihre Spekulationen entstanden ist.

Die Sorgfalt und Sachkenntnis, die auf die Aufbereitung der Datenbasis verwendet werden, determinieren die Qualität der anschließenden Auswertung. Der Analytiker muss stets versuchen, den materiellen Gehalt der Positionen des Jahresabschlusses zu erkennen und diesem durch die notwendigen Aufbereitungsmaßnahmen Rechnung zu tragen. Es ist notwendig, das latent vorhandene Informationspotenzial zu aktivieren und die verfügbaren Daten entscheidungsrelevant aufzubereiten. Dabei muss man sich jedoch immer der grundsätzlichen Einschränkungen der Datenbasis „Jahresabschluss" bewusst sein.

Der Jahresabschluss wird in zweifacher Weise beeinflusst. Wie bereits oben dargestellt, gibt der Gesetzgeber bestimmte Regeln zur Abbildung realwirtschaftlicher Sachverhalte im Jahresabschluss vor. Er steckt damit aber nur einen Gestaltungsrahmen ab, in dessen Grenzen das Unternehmen zum einen die abzubildenden Sachverhalte gestalten kann und der zum Teil auch deren Abbildung innerhalb bestimmter Bandbreiten determiniert. Diese zwangsläufige Abstraktion von den tatsächlichen Verhältnissen verdeutlicht auch der Wortlaut des § 264 II HGB, der vom Jahresabschluss die Vermittlung eines den tatsächlichen Verhältnissen entsprechenden Bildes der Vermögens-, Finanz- und Ertragslage verlangt, allerdings „unter Beachtung der Grundsätze ordnungsmäßiger Buchführung". Die Abbildung realwirtschaftlicher Sachverhalte im Rechnungswesen und schließlich im veröffentlichten Jahresabschluss führt zu einer Informationsreduktion in qualitativer und quantitativer Hinsicht.

Es lässt sich damit feststellen, dass die im Jahresabschluss abbildbare wirtschaftliche Lage nicht nur durch die Rechnungslegungsnormen relativiert wird, auch das System des Jahresabschlusses beschränkt die Informationen auf bestimmte Aspekte. Neben den konzeptionellen Einschränkungen der Rechnungslegungsnormen gewähren die gesetzlichen Vorschriften Spielräume und Wahlrechte bei Bilanzierung und Bewertung. Diese resultieren zum einen aus der Unmöglichkeit der lückenlosen Normierung wirtschaftlicher Sachverhalte, zum anderen stellen sie vom Gesetzgeber gewünschte, klar erkennbare und begrenzte Alternativen dar.

Die Nutzung von Spielräumen und Wahlrechten durch das Unternehmen schränkt die Aussagekraft der Bilanzanalyse weiter ein. Stichworte wie **„Creative accounting"**,

„**Window-dressing**" und „**Bilanz-publicity**" umschreiben diese Problematik treffend. Wo diese erlaubten bilanzpolitischen Maßnahmen enden, beginnt die Bilanzfälschung. Es handelt sich dabei um das vorsätzliche Abweichen von den gesetzlich vorgeschriebenen Handlungsweisen mit dem Ziel, das Bild der wirtschaftlichen Lage bewusst falsch zu zeichnen.

Durch seine objektive Unfähigkeit, die Zukunft zu bewältigen, vermittelt das Unternehmen - was nur ex post feststellbar ist - unter Umständen falsche Informationen. Dieses Prognoserisiko schlägt sich beispielsweise in der Bemessung von Abschreibungen und Rückstellungen nieder. Auch bei aller Sorgfalt ist oft erst nachträglich eine Beurteilung möglich, ob die Bestandsbewertung richtig, die Rückstellungsbemessung hinreichend oder die Berücksichtigung von Delkredere-Risiken ausreichend vorgenommen wurde. Mängel in der Inventur können durch Fehler bei der Erfassung und Schätzung entstehen.

5.2.2 Auswertungsinstrumente

Auswertungsinstrumente sollen die **Grundlage der eigentlichen Beurteilung** der wirtschaftlichen Lage des zu analysierenden Unternehmens schaffen. Einen Überblick über die zur Verfügung stehenden Instrumente gibt Tabelle 44.

Neben der Untersuchung einzelner Positionen oder zusammengefasster Positionengruppen kommt der Relationenanalyse die größte Bedeutung zu. Sie entspricht im Wesentlichen der Kennzahlenrechnung, dem Hauptgebiet der Bilanzanalyse. Im Folgenden soll insbesondere auf absolute und relative Kennzahlen eingegangen werden.

Bezeichnung	Maßnahme
Positionenanalyse	Analyse einzelner Bilanz- oder GuV-Posten (1)
Positionengruppenanalyse	Auswertung mehrerer zusammengehöriger Positionen, die als Teil des Ganzen gesehen werden (2)
Relationenanalyse	Positionen oder Positionengruppen werden zueinander in Beziehung gesetzt (3)
Rechnungsumformungsanalyse	Alle oder ein Teil der Positionen werden zu Rechnungen anderer Art zusammengefasst (4)

Tabelle 44: Auswertungsinstrumente der Bilanzanalyse

Beispiele:
1. Analyse des Postens „Jahresüberschuss" bezüglich Betrag und Struktur.
2. Analyse der Gruppe „Anlagevermögen".
3. Bildung der Relation „Anlagevermögen zu Umlaufvermögen".
4. Erstellung einer Bewegungsbilanz.

Die bilanzanalytische Literatur enthält eine Fülle von Kennzahlendefinitionen. Aus der umfangreichen Diskussion ergeben sich für die **begriffliche Abgrenzung** betrieblicher Kennzahlen folgende Anhaltspunkte:

- Kennzahlen stellen einen betrieblichen Sachverhalt zahlenmäßig dar. Sie können dadurch nur das abbilden, was messbar und quantifizierbar ist. Daraus ergibt sich, dass alle Zahlen, d.h., auch absolute Zahlen, für die Kennzahlenbildung herangezogen werden.

- Kennzahlen sollen in konzentrierter Form über einen bestimmten Sachverhalt berichten. Die Informationsreduktion ist dabei gewünscht, kann jedoch auch Nachteile bergen. Es ist ein Kompromiss zu suchen zwischen notwendiger Reduktion und ausreichender Aussagekraft.

- Kennzahlen sollen für betriebliche Zwecke eingesetzt werden. Damit gehören zu den betrieblichen Kennzahlen auch solche Zahlen, die marktliche Gegebenheiten abbilden, sofern diese für den Betrieb von Bedeutung sind.

Kennzahlen lassen sich sowohl als absolute Zahlen als auch als relative Zahlen bilden. **Absolute Zahlen** können Einzelkennzahlen, Summen, Differenzen, Produkte oder Quotienten sowie Mittelwerte sein.

Einzelkennzahlen vermitteln Größenvorstellungen von einem bestimmten Tatbestand. So wird die Anzahl der Beschäftigten als ein Kriterium für die Größe des Betriebes herangezogen. Ihre eingeschränkte Vergleichbarkeit ist für den begrenzten Anwendungsbereich verantwortlich. Als **Summen** treten Größen wie die Bilanzsumme, Gesamtkosten usw. auf. Sie gestatten zwar, gleichartige Sachverhalte in ihrem Gesamtausmaß zu würdigen, setzen aber für eine aussagefähige Anwendung Vorstellungen über die Vergleichsgrößen beim Betrachter voraus. Das gleiche gilt für **Differenzen**, zu denen auch die fortgeführten Anschaffungs- und Herstellungskosten zählen. Erst im Vergleich zu den historischen Werten können Aussagen zum Abnutzungsgrad und zum Investitionsbedarf getroffen werden.

Die **Multiplikation** von bestimmten Sachverhalten ist dort notwendig, wo die Eingangsgrößen als solche noch keine hinreichende Beurteilung des gewünschten Umstandes zulassen. So ist die Absatzmenge für sich genommen genauso wenig aussagekräftig wie der Preis. Erst über eine Verknüpfung beider Aussagen, hier die Umsatzerlöse, sind sinnvolle Aussagen möglich. Die **Division** von bestimmten Größen ermöglicht es, diese beiden Sachverhalte einer näheren Betrachtung zu unterziehen. In der Regel geht man davon aus, dass Zähler und Nenner nicht nur rechnerisch, sondern auch kausal miteinander verknüpft sind. Als Beispiel wäre hier zu nennen die Lohnquote eines Betriebes, die sich aus der Division der Personalaufwendungen durch die Anzahl der Mitarbeiter ergibt.

Mittelwerte sollen Vergleichsgrößen für die Beurteilung von Einzelwerten liefern. Sie werden häufig benutzt, weil nicht Einzelwerte, sondern das Typische einer Reihe, beispielsweise die Durchschnittsleistung oder der Durchschnittsverdienst, interessiert. Die Bedeutung der Mittelwerte resultiert aus dem Stichtagsprinzip der Bilanz. Angaben über die Entwicklung der einzelnen Bestandspositionen sind dem Jahresabschluss in der Regel nicht zu entnehmen. Bei der Berechnung von Mittelwerten muss man deren nivellierende Wirkung berücksichtigen. Ist beispielsweise die Streuung der Einzelwerte um den errechneten Mittelwert nicht bekannt, so ist dieser wenig aussagefähig. So ist es wichtig zu wissen, ob die durchschnittliche Betriebsgröße im Malerhandwerk 15 Personen beträgt, weil die Mehrzahl der Betriebe diese Zahl aufweisen, oder weil sie sich als Durchschnitt der Betriebe mit einem bis zu 100 Mitarbeitern ergibt.

Bei stichprobenartigen Auswertungen von D-Markeröffnungsbilanzen in den neuen Bundesländern wurden Eigenkapitalquoten von 5-10 % errechnet.[87] Betrachtet man jedoch die in die Untersuchung einbezogenen Einzelbilanzen, so waren nicht nur überkapitalisierte Unternehmen mit einer Eigenkapitalquote von bis zu 80 % zu finden, sondern auch solche Unternehmen, die aufgrund ausstehender Einlagen und Korrekturpositionen zum Eigenkapital eine negative Eigenkapitalquote aufwiesen.

Zu den am meisten benutzten Mittelwerten gehören das arithmetische Mittel, das geometrische Mittel, das harmonische Mittel, der häufigste Wert und der Zentralwert. Man unterscheidet dabei zwischen errechneten und gewählten Mittelwerten. Die drei erstgenannten sind die **errechneten**, die beiden letzten sind **gewählte Mittelwerte**.

Bei der Berechnung des **arithmetischen Mittels** werden alle Einzelwerte einer Zahlenreihe berücksichtigt. Das **einfache** arithmetische Mittel wird dadurch gebildet, dass man die Summe der Einzelwerte einer Zahlenreihe durch die Anzahl der Glieder dividiert. Voraussetzung für die Anwendung dieses Mittelwertes ist, dass jedem Einzelwert die gleiche Bedeutung zukommt. Dies wäre beispielsweise dann gegeben, wenn man den durchschnittlichen Anlagebestand eines Betriebes anhand von Monats- oder Quartalsabschlüssen errechnen wollte. Hier würde jeder Monats- oder Quartalswert gleich gewichtet und die Summe der Bestände durch die Anzahl der betrachteten Perioden dividiert werden.

Sind die einzelnen Glieder der Beobachtungsreihe hingegen unterschiedlich zu gewichten, so ist das **gewogene** arithmetische Mittel zu berechnen: Dieses berücksichtigt die unterschiedliche Bedeutung der einzelnen Reihenglieder. Die Einzelglieder werden mit Gewichtungsfaktoren multipliziert, und die Summe dieser Produkte wird durch die Summe der insgesamt vorhandenen Glieder dividiert. Dieses realitätsnahe Verfahren bietet sich beispielsweise für die Berechnung von Produktivitätskennzahlen an. So wäre es beispielsweise für die Fertigungslinie eines Automobilbauers, in der die Armaturenbretter zunächst durch Arbeitskräfte zusammengebaut und erst dann vollautomatisch in die Karosserien eingepasst werden, nicht aussagekräftig, für den gesamten Bearbeitungsprozess die Lohnkosten pro Produkteinheit zu berechnen. Hier wäre eine Gewichtung entsprechend den tatsächlichen Verhältnissen vorzunehmen.

Das gewogene arithmetische Mittel reagiert sensibel auf Extremwerte. Über die Gewichtungsfaktoren kann ein einziger Ausreißer das gesamte Ergebnis verfälschen. Unterliegen die Einzelwerte einer Reihe größerer Schwankungen, so wird deswegen oft ei-

---

[87] Vgl. Küting / Pfuhl, 1992, S. 1 ff.; Peemöller / Hüttche, 1992, S. 71 ff.

ne Variante des arithmetischen Mittels, der so genannte **gleitende Durchschnitt**, benutzt. Dieser wird vor allem dann berechnet, wenn die Grundtendenz der Entwicklung von Reihen, wie z.B. Umsätzen oder Kosten, dargestellt werden soll.

Das **einfache geometrische Mittel** einer Zahlenreihe wird dadurch errechnet, dass man die Einzelwerte einer Reihe miteinander multipliziert und aus dem Produkt die der Zahl der Einzelwerte entsprechende Wurzel zieht. Im Vergleich zu den bisher dargestellten Mittelwerten hat das geometrische Mittel eine ausgleichende Wirkung. Um der unterschiedlichen Wertigkeit der Glieder einer Reihe Rechnung zu tragen, ist auch hier die Berechnung eines **gewogenen** geometrischen Mittels möglich. Da sich die Berechnung jedoch außerordentlich aufwendig gestaltet, spielt das gewogene geometrische Mittel in der Bilanzanalyse nur eine unbedeutende Rolle. Auch das **harmonische Mittel**, der **häufigste Wert oder Modus**, und der **Zentralwert oder Median**, spielen im Rahmen der praktischen Bilanzanalyse eine untergeordnete Rolle. Ihre Anwendung setzt eine umfangreiche Grundgesamtheit quantitativer Sachverhalte voraus, sodass ihr Einsatzgebiet vorwiegend auf den Bereich der Wahrscheinlichkeitstheorie beschränkt ist.

Relative Zahlen entstehen dadurch, dass man zwei Zahlen zueinander in Beziehung setzt. Relative Zahlen lassen sich als Gliederungszahlen, Beziehungszahlen oder Indexzahlen ermitteln.

Gliederungszahlen setzen Teilgrößen und Gesamtgröße zueinander in Beziehung und bieten so einen guten Überblick über die Bedeutung einer Teilgröße im Rahmen des zu betrachtenden Ganzen. So beschreibt beispielsweise der Anteil des Anlagevermögens am Gesamtvermögen die Struktur der Aktivseite der Bilanz und lässt im Zeitvergleich deren Veränderungen erkennen. Bei der Handhabung der Gliederungszahlen ist jedoch immer die Natur ihrer rechnerischen Verknüpfung zu beachten. Wertmäßige Veränderungen der einbezogenen absoluten Zahlen müssen nicht zwingend auf den prozentualen Wert durchschlagen.

Beziehungszahlen setzen wesensverschiedene statistische Massen zueinander in Beziehung. Über die rechnerische Verknüpfung sollen auch kausale Zusammenhänge zwischen den einbezogenen Werten offen gelegt werden. Diese Kausalität zwischen Zähler und Nenner ist stets zu überprüfen, sie ist Voraussetzung für aussagefähige Werte. So ist es beispielsweise sinnvoll, den Umsatz pro qm der Verkaufsfläche im Handel zu berechnen, nicht jedoch den Umsatz pro qm Fertigungsfläche in einem Industriebetrieb.

Indexzahlen werden gebildet, indem gleichartige und zeitlich oder örtlich verschiedene Massen zu einer als Basis bezeichneten Masse ins Verhältnis gesetzt werden. Indexzahlen werden dann angewendet, wenn man die zeitliche Entwicklung bestimmter Größen erkennen und verdeutlichen will. Sie dürften aus Untersuchungen zu inflationären Entwicklungen bekannt sein. In der **Bilanzanalyse** bietet sich die Verwendung von Indexzahlen bei der Darstellung von Umsatz- oder Kostenentwicklungen an. Entscheidend dabei ist, dass als Basisjahr weder ein außergewöhnlich gutes noch ein außergewöhnlich schlechtes Jahr gewählt wird. Andernfalls stünden die Zahlen der Folgeperioden immer unter dem Eindruck der besonders schlechten oder besonders guten Ausgangslage.

Als Basis der Kennzahlen, d.h., als in die Berechnung einzubeziehende Größen, können entweder Wertgrößen wie der Gewinn oder die Rentabilität, Mengengrößen wie die Ausbringungsmenge eines Produktes oder die Produktivität oder eine Kombination Wert zu Mengengrößen verwendet werden. Die Verwendung reiner Mengengrößen bleibt in der Regel unternehmensinternen Untersuchungen zur Produktivität bestimmter Fertigungsleistungen vorbehalten. In der externen Bilanzanalyse werden bevorzugt Wertgrößen, wie beispielsweise die Rentabilität, oder Kombinationen aus Wert- und Mengengrößen, wie beispielsweise die Lohnquote, verwendet.

Mit Hilfe von Auswertungen des Jahresabschlusses sollen Übersichtsinformationen gewonnen werden. Durch diese Konzentration wird das Problem oder der Sachverhalt vereinfacht, wobei aber eine Reihe von Abhängigkeiten und Zusammenhängen verloren gehen. Diese müssen im Bedarfsfall zurück gewonnen werden können. Eine **Konzentration auf Übersichtskennzahlen** lässt sich durch drei Wege erzielen:

1. Weglassen

Die verschiedenen Bestandteile des Anlagevermögens (Sach-, Finanz- und immaterielles Anlagevermögen) werden zur Anlageintensität zusammengefasst.

2. Strukturierung

Die verschiedenen Erfolgsgrößen der GuV werden nach den verschiedenen Ergebnissen, d.h. Betriebsergebnis, Finanzergebnis und außerordentliches Ergebnis, aufgeteilt.

3. Hierarchische Ordnung

Die einzelnen Größen werden an einer Spitzenkennzahl ausgerichtet, wie es bei den Kennzahlensystemen der Fall ist.

Um die Auswertungsinstrumente sachgerecht einsetzen zu können, muss man sich deren Grenzen bewusst sein. Auswertungen, die sich auf Einzelkennzahlen beschränken, lassen keine Aussagen über die Gesamtheit zu, aus der diese Einzelpositionen entnommen wurden. So sagt beispielsweise der absolute Bestand des Sachanlagevermögens nur wenig über ein Unternehmen aus. Erst die Kenntnis um die relativen Anteile der übrigen Positionen wie Grund und Boden bzw. Finanzanlagevermögen lassen eine Beurteilung zu.

Relationenanalysen mindern den ohnehin begrenzten Informationsgehalt absoluter Zahlen. Durch die rechnerische Verknüpfung mindestens zweier Werte wird ein kausaler Zusammenhang zwischen diesen unterstellt. Dies führt dazu, dass nicht nur der Informationsgehalt der Einzelpositionen reduziert wird. Durch eine pseudokausale Verknüpfung wird eine Ursache-Wirkung- bzw. Mittel-Zweck-Beziehung unterstellt, die in der Realität so nicht zu beobachten ist. Neben diesen sachlichen Restriktionen sind vor allen Dingen die rechnerischen Zusammenhänge zu beachten, die unter Umständen auf die Beurteilung durchschlagen können. So verändert sich bei einer gleichgerichteten Veränderung von Zähler und Nenner nicht das Ergebnis der Division. Absolute Veränderungen sind hier nur unter zusätzlicher Betrachtung der eingehenden Einzelpositionen erkennbar. Hauptproblem ist jedoch die Fiktion der kausalen Beziehung zwischen Zähler und Nenner. Die Einflussgrößen multikausaler Vorgänge werden so auf zwei Faktoren reduziert.

Drei **Gruppen von Fehlern** können bei der Bildung von Kennzahlen die Aussagekraft beeinträchtigen:

- Konstruktionsfehler,
- Erfassungsfehler,
- Auswertungsfehler.

Die wesentlichen **Konstruktionsmängel** ergeben sich aus der unvollständigen Übereinstimmung zwischen der Zwecksetzung oder Fragestellung der Kennzahl mit den erfassten Sachverhalten. Dies kann konkret zum Ausdruck kommen in:

- Ursache-Wirkungsbeziehungen
  Fehler können dadurch entstehen, dass falsche Beziehungen zwischen den Gegebenheiten hergestellt werden, bzw. wichtige Einflüsse vernachlässigt oder vergessen werden.

- Kennzahlenabgrenzung
  Fehler ergeben sich aus der ungenügenden Abgrenzung oder Definition der Kennzahlen. Es ist dann im Einzelnen nicht bekannt, welche Gegebenheiten einbezogen wurden oder werden sollen.

- Problemabgrenzungen
  Die gleiche Schwierigkeit entsteht bei einer ungenauen Formulierung der Fragestellung. Ist das Problem nicht genau abgegrenzt, kann es auch nicht durch Kennzahlen durchleuchtet werden.

Die **Erfassungsfehler** resultieren im Wesentlichen aus dem Ausgangsmaterial der Daten. Hier können sich Mängel in folgenden Punkten zeigen:

- Fehlende Datenabgrenzung
  Voraussetzung für eine sorgfältige Datenerfassung ist die genaue Abgrenzung des benötigten Datenmaterials. Es kann nicht dem Zufall überlassen werden, welche Daten in die Berechnung einzubeziehen sind. Kennzahlen können nur so gut sein, wie es die Qualität der verarbeiteten Daten erlaubt.

- Veraltete Daten
  Nicht nur für den Zeitvergleich benötigt man möglichst aktuelle Informationen, um Entscheidungen auf die tatsächliche Situation ausrichten zu können, sondern ebenso bei den anderen Vergleichen sowie den Übersichtszahlen. Die Beschaffung derartiger Werte kann allerdings erschwert werden, wenn sie z.B. aus öffentlichen Statistiken oder aus dem Geschäftsbericht einer Aktiengesellschaft gewonnen werden müssen.

- Mangelhafte Daten
  Zum Teil muss man sich bei der Kennzahlenbildung auf Daten stützen, von denen nicht bekannt ist, wie sie zustande kamen. Hier besteht die Gefahr, dass die Ermittlung nicht exakt erfolgte und inhaltliche und zeitliche Überschneidungen auftraten.

Die **Auswertung** der Kennzahlen bzw. ihre Anwendung sollte unter Berücksichtigung folgender Fehlerquellen erfolgen:

- Anwendungsgebiet
  Häufig wird die Forderung nach einheitlich aufgebauten Kennzahlensystemen erhoben, die für jeden Zweck schematisch abgearbeitet werden können. Ein derartiges System gibt es nicht. Die betriebswirtschaftlichen Fragestellungen sind zu komplex, als dass sie in allen Punkten mit standardisierten Verfahren gelöst werden könnten. Jeder Benutzer wird eine andere Blickrichtung verfolgen und jeder Anwendungszweck verlangt eine spezifische Ausrichtung der Kennzahlen.

- Aussagekraft
  Kennzahlen können nur für messbare, zahlenmäßig ausdrückbare Probleme herangezogen werden. Damit wird größtenteils nur ein Ausschnitt des Gesamtproblems behandelt. Die Erkenntnisse, die aus den Kennzahlen gewonnen werden, können nicht ohne weiteres auf die gesamte Fragestellung übertragen werden.

- Folgerungen
  Aus den Ergebnissen einzelner Kennzahlenrechnungen können noch keine Entscheidungen getroffen werden. Einzelne Kennzahlen zeigen zwar Abweichungen auf, aber nicht deren Ursachen. Die Resultate der Berechnungen sind deshalb Ausgangspunkte weiterer Untersuchungen, um den Einflüssen der Abweichungen auf die Spur zu kommen. Dazu sind weitere Vergleichsrechnungen und Kennzahlenzerlegungen in Form hierarchischer Kennzahlensysteme heranzuziehen oder zu entwickeln.

Im Vorhinein kann nicht immer festgestellt werden, ob wirklich alle Gesichtspunkte und Voraussetzungen für die Bildung und Anwendung von Kennzahlen erfüllt werden. Deshalb sind Prüfungsverfahren entwickelt worden, die zumindest nachträglich zeigen, ob die gebildeten Kennzahlen ihrer Aufgabe gerecht werden. Danach können Kennzahleninformationen in dreifacher Hinsicht geprüft werden:

1. Verständlichkeit und Eindeutigkeit

Hier wäre zu prüfen, ob für die einzelnen Kennzahlen allgemeine Abgrenzungen hinsichtlich der verwandten Werte und Formeln vorliegen und ob gemäß dieser Definitionen die Verwendung erfolgt.

2. Formale Richtigkeit der Kennzahlenbildung

Sie bezieht sich einmal auf die Anwendung der üblichen Regeln der Kennzahlenstatistik und zum anderen auf die Prüfung der Widerspruchsfreiheit von Kennzahlen. Diesem Problem sollte im Unternehmen besondere Aufmerksamkeit geschenkt werden. Es lassen sich keine Normensysteme von allgemeiner Gültigkeit entwickeln. Die Kennzahlen müssen auf ihre Realisationsmöglichkeiten getestet werden. Sie sind auf die spezifischen Betriebsverhältnisse auszurichten und flexibel zu gestalten. Verändern sich die Realisationsbedingungen, muss im Allgemeinen auch das Kennzahlensystem angepasst werden. Die Verwendung von Kennzahlen ist damit häufig auch ein Problem der Qualifikation der Anwender.

3. Faktische Richtigkeit des abgebildeten Sachverhalts

Diese Prüfung bezieht sich auf die Übereinstimmung der Kennzahlen mit der Realität. Wie weit gelingt es den Kennzahlen, die Realität wirklichkeitsgetreu abzubilden. Bei dieser Prüfung ist zunächst zu beachten, dass nur nach einer sinnvollen Interpretation der Kennzahlen gefragt werden kann, da Beziehungen zwischen Kennzahlen zunächst nur rechnerisch formal interpretierbar sind und keine sachlogischen Zusammenhänge aufweisen müssen, z.T. auch nicht können. Bei der faktischen Wahrheit ist im Weiteren zu beachten, dass ein indirektes Messen notwendig ist. Die zu prüfenden Ausdrücke haben keine direkten Beziehungen zur Wirklichkeit und müssen erst über andere, dazwischen geschaltete Ersatz- und Vermittlungsmaßstäbe mit der Wirklichkeit verknüpft werden.

Abbildung 29 zeigt diese Problematik auf.

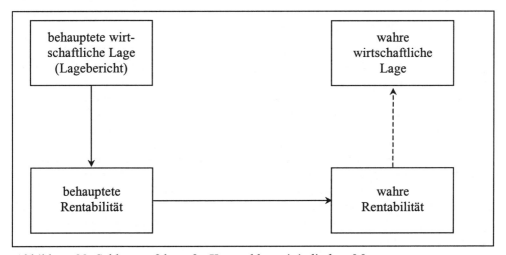

Abbildung 29: Schlussverfahren für Kennzahlen mit indirekter Messung

Je mehr sich Theorie und Praxis der Bilanzanalyse in der ersten Hälfte des 20. Jahrhunderts mit den Kennzahlen beschäftigten, desto deutlicher wurden deren Grenzen. Die Konsequenz waren einerseits Versuche, den „**Stein der Weisen**" bei den Kennzahlen zu finden und so das gesamte Betriebsgeschehen in einer einzigen Kennzahl darzustellen, auf der anderen Seite mündeten die Bemühungen, alle relevanten betrieblichen Bereiche analytisch zu erfassen, in die Anlage von so genannten „**Zahlenfriedhöfen**".

Bald versuchte man, die bis dato unabhängig nebeneinander stehenden Einzelkennzahlen rechnerisch zu verknüpfen und so die vielgestaltigen Einflüsse auf die absoluten Zahlen und damit auf die errechneten Werte transparent zu machen. So wurde bereits im Jahre 1919 von der Firma Du Pont de Nemour das so genannte Du Pont-Kennzahlensystem entwickelt, das erstmals im Jahre 1949 der Öffentlichkeit zugänglich gemacht wurde.

Im Unterschied zur Entwicklung der Kennzahlen folgten die theoretischen Diskussionen um den Begriff des Kennzahlensystems dessen praktischer Anwendung. Aus der umfangreichen Literatur über Kennzahlensysteme lässt sich als fundamentale Gemeinsamkeit aller definitorischen Ansätze ihre systemtheoretische Verankerung erkennen. Der **allgemeine Systembegriff**, unter dem man eine Menge von Elementen versteht, zwischen denen Beziehungen bestehen, wurde auf die Kennzahlenkonzeption übertragen, wobei sich die einzelnen Zahlen als Elemente des Systems interpretieren lassen. Kennzahlensysteme werden somit als Zusammenstellung von Systemelementen verstanden, die durch Ordnungsrelationen miteinander verbunden sind.

„Unter Kennzahlensystem wird im allgemeinen eine Zusammenstellung von quantitativen Variablen verstanden, wobei die einzelnen Kennzahlen in einer sachlich sinnvollen Beziehung zueinander stehen, einander ergänzen oder erklären und insgesamt auf ein gemeinsames übergeordnetes Ziel ausgerichtet sind".[88] Den folgenden Ausführungen soll diese Definition zugrunde gelegt werden.

Kennzahlensysteme machen die Zusammenhänge und die innere Verbundenheit zwischen den Einzelkennzahlen deutlich und lassen die Entstehung und damit die Einflussgrößen aggregierter Werte erkennen. Unabhängig davon, wie die einzelnen Systeme inhaltlich ausgestaltet sind, gehen sie formal stets von **Spitzenkennzahlen** aus, welche die jeweiligen Oberziele ausdrücken. Diese werden über weitere hierarchische Ebenen in die sie bestimmenden Größen zerlegt. Der pyramidenartige Aufbau von Kennzahlensystemen erwies sich als außerordentlich nützlich für unternehmensinterne Planungs- und Steuerungsaufgaben. So ist es nicht verwunderlich, dass die Mehrzahl der entwickelten Kennzahlensysteme für den innerbetrieblichen Bereich entwickelt wurde. Im Folgenden werden die bekanntesten Kennzahlensysteme vorgestellt, wobei ein besonderer Schwerpunkt auf das Du Pont-Kennzahlensystem gelegt wird. Da dessen Grundgedanken bis auf den heutigen Tag auch in den neueren Systemen vielfach Gültigkeit besitzen, können die Ausführungen zu diesem Komplex exemplarisch für die weiteren Bereiche sein.

Der amerikanische Konzern **Du Pont** entwickelte im Jahre 1919 das Du Pont-Kennzahlensystem oder **ROI-Kennzahlensystem**. Das Du Pont-Kennzahlensystem wurde als umfassendes Planungs-, Steuerungs- und Kontrollinstrument für eine weitgehend dezentralisierte Unternehmung geschaffen. Jede Geschäfteinheit wird als quasiautonome Unternehmung angesehen. Um die übergeordneten Unternehmensinteressen und Unternehmensziele zu wahren, sind diese quasi-autonomen Einheiten befugt, ihren Geschäftsablauf selbst zu bestimmen. Die Vergleichbarkeit der ökonomischen Entwicklung heterogener Geschäfteinheiten wird dadurch gewährleistet, dass der obersten Unternehmensebene mittels Kennzahlen und Schaubildern zu berichten ist. Form und Inhalt dieses Berichtssystems sind für alle Geschäfteinheiten einheitlich und verbindlich festgelegt. Dadurch wird erreicht, dass in verschiedenen Divisionen berechnete Kennzahlen sich auf denselben Sachverhalt beziehen und dadurch ohne Weiteres vergleichbar und kombinierbar sind. Die Einzeldarstellungen der unterschiedlichen Geschäftsbereiche

---

[88] Reichmann, 1997, S. 23.

werden über eine summarische Aggregation zu einer Gesamtdarstellung der Unternehmung verdichtet, zur so genannten *Summary*.

Primär sollte das Du Pont-System Kontrollaufgaben im Finanzbereich übernehmen, es umschließt allerdings auch eine periodenbezogene Planung der Umsatzerlöse, der umsatzbezogenen Kosten, der Working-capital-Inanspruchnahme, der Liquiditätsreserven, des Investitionsbudgets und des Working-capital-Standards. Entscheidend ist, dass dieses System weder Prognosen noch die Budgetierung noch das Berichtswesen ersetzen soll, sondern sich lediglich als deren Ergänzungsinstrument versteht. Maßgröße für die Beurteilung der Effektivität des Geschäftsgebarens einzelner Unternehmenseinheiten ist der **Return on Investment**, von dem Du Pont glaubt, dass er der beste Maßstab für Industrieunternehmen sei. Dieser Return on Investment fungiert als Spitzenkennzahl, die in ihre Komponenten, die Umschlagshäufigkeit und die Umsatzrendite, zerlegt wird. Diese beiden Kennzahlen bilden den Ausgangspunkt für weitere Aufgliederungen der Maßgrößen unter Anwendung der Grundrechenarten (vgl. Abbildung 30).

Ein auf diese Weise gegliedertes Kennzahlensystem ermöglicht grundsätzlich zwei Betrachtungsmöglichkeiten. Eine **synthetische Betrachtungsweise** erlaubt es, die Wirkung der Einflussgrößen auf die oberen hierarchischen Ebenen zu quantifizieren. Deren Einflüsse auf die Spitzenkennzahl und damit auf das Unternehmensziel werden dadurch transparent. In einer **analytischen Betrachtungsweise** kann man - von einer veränderten Rendite oder von einer bestimmten Zielrentabilität ausgehend - von der Spitzenkennzahl in die untergeordnete Kennzahlenhierarchie gelangen. Dadurch werden die Änderungen in den nachgelagerten Hierarchiestufen deutlich.

Der pyramidale Aufbau macht dieses System für Planungs- und Kontrollaufgaben im innerbetrieblichen Bereich besonders geeignet. In Anlehnung an die Top-down- oder Bottom-up-Planung lassen sich hier für verschiedene Management-Ebenen Zielvorgaben formulieren. Diese Möglichkeiten wurden in der amerikanischen Kennzahlen-Praxis extensiv genutzt. Ganz bewusst wurden hier die einzelnen rechnerischen Hierarchie-Stufen mit den Unternehmensebenen verknüpft, wodurch abgrenzbare Verantwortungsbereiche entstanden.

Das amerikanische System des ROI gab den Anstoß für weitere Entwicklungen in Europa. Im Jahre 1956 wurde am British Institute of Management die „Pyramid Structure of Ratios" entwickelt. Die Spitzenkennzahl dieser Kennzahlenpyramide ist ebenfalls der Return on Investment, es werden jedoch ausschließlich Verhältniszahlen innerhalb des Systems verwendet. Diese repräsentieren logisch miteinander verknüpfte Fragen und Antworten. Auch hier wird die Spitzenkennzahl des ROI als Hauptindikator eines erfolgreichen Managements gesehen. Primär sollte dieses Kennzahlensystem dem zwischenbetrieblichen Vergleich dienen. Daneben wird auch die Möglichkeit der innerbetrieblichen Leistungs- und Erfolgskontrolle gesehen.

Auch das in Frankreich entwickelte „Tableau de Bord" besteht aus einem System von Rentabilitätskennzahlen, das auf den beiden Säulen „Umsatz-Rentabilität" und „Kapitalumschlag" ruht. Die folgende weitere Differenzierung weicht jedoch von den anderen

Systemen ab. So ergibt sich die Umsatz-Rentabilität aus der Analyse von Kostenarten, -stellen und -trägern und der Kapitalumschlag aus Strukturkennzahlen des Vermögens und des Kapitals. Entsprechend seiner Bezeichnung („Armaturenbrett") soll das „Tableau de Bord" als umfassendes Informationsinstrument die Funktion eines internen Steuerungs- und Kontrollinstruments wahrnehmen.

Sowohl das Du Pont-Kennzahlensystem als auch die anderen Entwicklungen fanden zunächst großen Zuspruch. Bald mehrten sich jedoch die kritischen Stimmen. Die **Kritik** am ROI-Konzept (die sich auch auf andere Kennzahlensysteme übertragen lässt) richtet sich im Wesentlichen auf drei Punkte:

–   die Konzentration auf eine Spitzenkennzahl und mithin auf einen dominierenden Unternehmensbereich,

–   die rechnerische Verknüpfung, die Kausalketten durch arithmetische Operationen schmiedet, sowie

–   den Absolutheitsanspruch des Systems, das den im System abgebildeten Analyseraum abschließend definiert.

Durch die Konzentration auf Rentabilitäten wird der Erfolg einer Unternehmenseinheit zwangsläufig an der Relation von eingesetztem Kapital zu erzielten Erlösen gemessen. Geht man davon aus, dass eine bestimmte Rentabilität erreicht wurde und gehalten werden soll, so muss stets darauf geachtet werden, dass die in die Berechnung eingehenden absoluten Werte in ihrer Relation unverändert bleiben. Mit anderen Worten, jede Aufstockung des Betriebsvermögens muss entweder durch zusätzliche Erträge oder gesunkene Kosten aufgefangen werden. Dies wäre, betrachtet man nur Rationalisierungsinvestitionen, ohne Weiteres möglich. Handelt es sich jedoch um Erweiterungsinvestitionen, d.h., um die Schaffung künftiger Erfolgspotenziale, die sich noch nicht in den Erfolgsbeiträgen der laufenden Periode bemerkbar machen, so würde sich dies nachteilig auf die Rentabilität auswirken. Notwendige Investitionen könnten so unterlassen werden.

Wäre eine solche Entwicklung bereits als nachteilig zu bezeichnen, so ist der Umkehrschluss fatal: Sinkenden Erlösen oder steigenden Kosten muss - um die rechnerische Rentabilität nicht zu verändern - durch gezielte Desinvestition begegnet werden. Hält dieser Prozess über einige Zeit an, verliert die Unternehmenseinheit ihre lebensnotwendige Substanz. So können die Vernachlässigung von Forschung und Entwicklung, der Verzicht auf Fort- und Weiterbildung des Personals und der Verkauf von Anlagen die Folgen eines kurzsichtigen Rentabilitätsstrebens sein.

Doch auch die praktische Umsetzung ist nicht unproblematisch. So kann es im Einzelfall sehr schwer sein, für bestimmte Geschäftsbereiche die zu erreichenden Rentabilitäten als Sollwerte vorzuschreiben. Denn wie kann für eine bestimmte Unternehmenseinheit festgelegt werden, welche Rentabilität sie in der nächsten Periode zu erwirtschaften hat? Die Festlegung einer zu hohen Zielrentabilität demotiviert die Verantwortlichen, eine zu niedrige Größe verhindert u.U. deren Überschreiten.

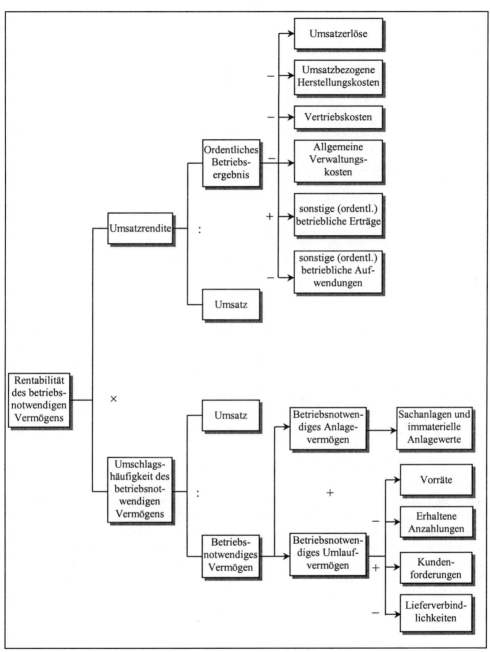

Abbildung 30: Du Pont-Kennzahlensystem[89]

---

[89] Vgl. Coenenberg, 2000, S. 1027.

Ferner ist es problematisch, die einzelnen Geschäftseinheiten als Verantwortungsbereiche überschneidungsfrei abzugrenzen. Die ökonomische Autarkie existiert weitgehend
nur auf dem Papier. Zwischen den einzelnen Divisionen bzw. den Divisionen und der
Unternehmensführung bestehen vielfältige Leistungsbeziehungen. Insofern wird es in
praxi nur schwer möglich sein, einen Bereichsleiter für Kostenüber- oder Erlösunter-
schreitungen verantwortlich zu machen, da dieser jeweils die Verantwortung bei vor-
oder nachgelagerten Leistungsstufen suchen wird.

Der Einwand, der Kritikern am ROI-Verfahren von dessen Verfechtern immer wieder
entgegengehalten wurde: „I agree, it is not perfect, but it is the best system available",[90]
wurde durch die Entwicklung weiterer Kennzahlensysteme entkräftet. So hatte der Zentralverband der Elektrotechnik und elektrotechnischen Industrie e.V. (ZVEI) in den 70er-
Jahren ebenfalls ein Kennzahlensystem entwickelt, das in seiner Grundstruktur dem Du
Pont-System ähnelte. Anhand von Zeit- und Betriebsvergleichen sollte eine formalisierte
Analyse der Geschäftsentwicklung möglich sein sowie die Zielplanung unterstützt wer-
den.[91] Oberstes Ziel und damit Spitzenkennzahl des ZVEI-Kennzahlensystems ist die
Effizienzmessung im Unternehmen. Dies geschieht anhand von Wachstums- und Struk-
turanalysen, die mit Hilfe von Kennzahlen als Maßgrößen durchgeführt werden (vgl.
Abbildung 31).

Das oberste Ziel des ZVEI-Kennzahlensystems ist in der Ermittlung der Effizienz eines
Unternehmens zu sehen. Diese Effizienzermittlung lässt sich wiederum in Wachstums-
und Strukturkomponenten zerlegen.

Im Rahmen der Wachstumsanalyse wird versucht, anhand von neun Kennzahlen, die
sich in drei Gruppen einteilen lassen, eine Analyse des Geschäftsvolumens, des Personals und des Erfolgs vorzunehmen. Durch die Analyse der Veränderung von Kennzah-
len-Relationen sollen signifikante Entwicklungen erkannt werden. Die einzelnen Kennzahlen stehen bei der Wachstumsanalyse jedoch weitgehend isoliert nebeneinander. Im
Rahmen einer Struktur-Analyse gilt es ferner die Risikobelastung und die Ertragsfähig-
keit einer Unternehmung zu analysieren.

Diese Strukturanalyse ist der zentrale Punkt des Systems, welches das Ziel verfolgt, die
Wirtschaftlichkeit des Unternehmens messbar in einer Spitzenkennzahl zu verdichten.
Abweichend vom Du Pont-Kennzahlensystem steht an der Spitze der pyramidenförmi-
gen Struktur die Eigenkapitalrentabilität. Deren Entstehung und damit Einflussfaktoren
sollen durch verschiedene Kennzahlengruppen erklärt werden. Innerhalb dieser Kennzahlengruppen, die entweder Ertragskraftkennzahlen oder Risikokennzahlen darstellen,
können die Kennzahlen durch Gliederung und durch Einführung neuer Bezugs- und Be-
obachtungsgrößen zerlegt werden.[92]

---

[90] Dearden, 1969, S. 124.
[91] Vgl. ZVEI, 1989, S. 35 ff.
[92] Vgl. Reichmann, 1997, S. 31.

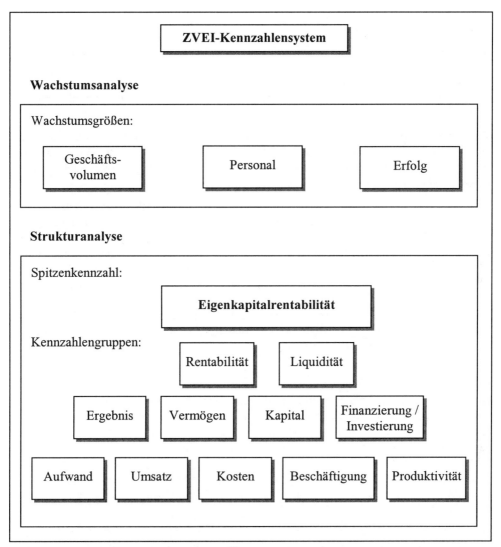

Abbildung 31: ZVEI-Kennzahlensystem[93]

Das ZVEI-Kennzahlensystem stellt einen umfassenden Versuch dar, für Zwecke der Unternehmenssteuerung ein Kennzahlensystem einzusetzen. Probleme sind darin zu sehen, dass ausschließlich relative Kennzahlen verwendet werden, so dass es nur beschränkt für Steuerungszwecke einsetzbar ist. Da die rechnerische Verknüpfung zwischen den Spitzenkennzahlen nicht in jedem Fall möglich ist, wird es notwendig, auf sogenannte Hilfskennzahlen zurückzugreifen. Um dadurch eine formallogische Ge-

---

[93] Reichmann, 1997, S. 31.

schlossenheit zu erreichen, wird in Kauf genommen, dass durch diese Hilfskonstruktionen das Gesamtsystem äußerst umfangreich wird. Damit verbunden ist die Gefahr der Informationsüberflutung und die Gefahr, das eigentliche Ziel der Kennzahlenbildung, nämlich die Informationsverdichtung, aus den Augen zu verlieren. Zur Wachstumsanalyse ist kritisch zu bemerken, dass keinerlei Hinweis gegeben wird, warum gerade die dort angegebenen Kennzahlen als Indikatoren für das Wachstum der Unternehmung gewählt wurden.

Trotz dieser Mängel ist das ZVEI-System eines der bekanntesten der jüngeren Vergangenheit. Es liefert als Analysesystem Anregungen und Hinweise für die Unternehmensführung, als Planungs- und Steuerungsinstrument sind seine Ergebnisse jedoch immer kritisch zu hinterfragen.

Ende der 70er-Jahre entwickelten Reichmann und Lachnit das RL-Kennzahlensystem.[94] Dieses soll in erster Linie internen Steuerungsaufgaben der Unternehmensführung dienen. Unter Rückgriff auf Planungs- und Kontrolldaten ist es inhaltlich durch die Oberziele Erfolg und Liquidität bestimmt. Spitzenkennzahlen des hierarchisch aufgebauten Systems sind somit das „ordentliche Ergebnis" und die „liquiden Mittel". Ausgehend von diesen zentralen Größen werden weitere Maßgrößen abgeleitet. Das System gliedert sich in vier Teile, einen allgemeinen Teil mit Erfolgs- und Liquiditätszahlen zur laufenden Steuerung und einen Sonderteil, der ebenfalls in eine Erfolgs- und eine Liquiditätskomponente aufgespalten werden kann. Im Sonderteil sollen die spezifischen Informationsbedürfnisse der Unternehmensführung unter Berücksichtigung der jeweiligen Oberziele befriedigt werden.

Die Maßgrößen des Erfolges sind insbesondere Rentabilitäts- und Erfolgskennzahlen und in den jeweiligen Sonderteilen Umsatzanteile, Deckungsbeiträge und Kostenstrukturen. Der allgemeine Liquiditätsteil beinhaltet neben den bereits erwähnten liquiden Mitteln weitere Größen, z.B. die „Anlagendeckung" und das „Working-capital". Im Rahmen des Liquiditätssonderteils wird ein detailliertes Planungsinstrument auf Kennzahlenbasis konstruiert, das der Unternehmensführung bei liquiditätsorientierten Entscheidungen helfen soll. Unter Verzicht auf die jeweiligen Sonderteile kann das RL-Kennzahlensystem auch zur externen Analyse von Jahresabschlusskennzahlen verwendet werden.

Da das RL-Kennzahlensystem von zwei Zielgrößen ausgeht, nämlich der Liquidität und dem Erfolg, entsteht eine **duale Kennzahlenhierarchie**, wodurch sich dieses System von den bisher vorgestellten unterscheidet. Durch die Konstruktion des Sonderteils, der aus empirisch ausgewählten und zusammenhängenden Kennzahlen besteht, erhält das System jene Flexibilität, die für Informationssysteme immer wieder gefordert, aber von streng gegliederten Kennzahlensystemen oft nur schwer erreicht wird. Gerade dieser Sonderteil ermöglicht Anpassungen des Kennzahlensystems an die jeweiligen Gegebenheiten. Damit wird ein Weg aufgezeigt, der von starren und standardisierten Kennzahlennormierungen zu einem anpassungsfähigen, offenen System führt.

---

[94] Vgl. Reichmann / Lachnit, 1976, S. 705 ff.

Hinsichtlich der Kennzahlensysteme wurden die wesentlichen Kritikpunkte bei der Behandlung des Du Pont-Systems genannt. Diese lassen sich auch auf die überwiegende Zahl der anderen Kennzahlensysteme übertragen. Es ist zwar grundsätzlich positiv zu beurteilen, dass die bei den Relationenanalysen kritisierte Reduktion der Wirkungsbeziehungen auf mehrere Ebenen aufgefächert wird, doch dadurch wird das Denken in strukturierten und damit festen Bahnen gefördert. Der Analytiker, der an den Gebrauch von ein und demselben Kennzahlensystem gewöhnt ist, wird - je länger er sich damit beschäftigt - die vorgezeichneten Wirkungszusammenhänge auch in der Realität nachzuvollziehen versuchen. Er verliert die kritische Distanz zum Modell, wodurch Fehlbeurteilungen möglich werden. Hauptproblem eines jeden Kennzahlensystems ist es auch, im Rahmen einer Spitzenkennzahl letztendlich das Unternehmensziel bzw. Analyseziel festlegen zu wollen.

5.2.3 Vergleichsinstrumente

Eine Beurteilung der durch Aufbereitung und Auswertung ermittelten Sachverhalte ist ohne Vergleichstatbestände nicht möglich. Der durch die ersten beiden Schritte erreichte Informationsvorsprung bedeutet nicht automatisch einen Interpretationsvorsprung. Die Vergleichsinstrumente sind **notwendiger Bestandteil** des bilanzanalytischen Instrumentariums.

Im Wesentlichen lassen sich folgende **drei Grundtypen** der Vergleichsinstrumente unterscheiden, der Zeitvergleich, der Objektvergleich und der Planvergleich.

1. Zeitvergleich
Im Rahmen eines Zeitvergleichs wird ein Sachverhalt mit demjenigen früherer Perioden verglichen. Dadurch können Entwicklungen und auch das Entwicklungstempo sichtbar gemacht werden.

Der Zeitvergleich kann als Zeitpunkt- oder Zeitraumvergleich durchgeführt werden. Beim Zeitraumvergleich ist ein besonderes Augenmerk auf die Periodenabgrenzung zu richten. Man läuft ansonsten Gefahr, wirtschaftlich zusammenhängende Perioden sachlogisch zu zerschneiden. Auch wenn sich dieses Problem immer stellt (es sei denn man würde die Lebensdauer des Unternehmens als Periode wählen), ist die Informationsbeschränkung bei der jeweiligen Periodenwahl zu berücksichtigen. Die Länge des Vergleichszeitraumes wird einerseits von der Frist der Kontrollbedürfnisse und andererseits von der Möglichkeit der Datenerfassung bzw. des damit verbundenen Arbeitsaufwandes bestimmt.

Für den externen Analytiker wird in der Regel nur ein Jahresvergleich bzw. ein Halbjahresvergleich über die Zwischenbilanz möglich sein. Weitergehende Informationen sind ihm nicht verfügbar. Doch selbst bei internen Analysen werden die Vergleichsmöglichkeiten von der Ausgestaltung des Rechnungswesens determiniert. So setzt die Erstellung eines kurzfristigen Liquiditätsplans leistungsfähige Hard- und Software voraus, um die notwendige Transformation der Daten der Finanzbuchhaltung in eine Ein- und Auszahlungsrechnung mit der notwendigen Genauigkeit durchzuführen. Für eine Liquiditätsanalyse sind die Zahlen der Buchhaltung regelmäßig unbrauchbar, da systembedingt die liquiditätswirksamen Ein- und Auszahlungen nicht zeitgerecht dargestellt werden können.

Die Aussagen des Zeitpunktvergleichs sind häufig durch stichtagsbedingte Besonderheiten geprägt. So muss bei der Durchführung nicht nur darauf geachtet werden, dass die Zeitpunkte grundsätzlich vergleichbar sind, es müssen auch mögliche Störeinflüsse erkannt und bei der Beurteilung berücksichtigt werden.

Die Monate Juli und Dezember sind bei einem Lebkuchenhersteller nicht ohne weiteres vergleichbar. Die festgestellten Abweichungen können zwar als saisonale Schwankungen qualifiziert werden, das Umsatzwachstum des zweiten Halbjahres lässt jedoch kaum Aussagen über die wirtschaftliche Lage des Unternehmens zu. Auch bei Kenntnis der Besonderheiten des Betriebs müssen die Rahmenbedingungen mit in die Beurteilung einbezogen werden. Unterstellt man realistischerweise, dass der Lebkuchenhersteller in der „Nebensaison" Speiseeis herstellt, kann sich ein zu kalter Sommer negativ im Ergebnis niederschlagen.

Je mehr von einem reinen Zeitpunkt- zu einem Zeitraumvergleich übergegangen wird, desto mehr sind auch konjunkturelle Schwankungen, die z.B. inflationäre Wirkungen mit sich bringen können, und insbesondere Veränderungen der Rechnungslegungsnormen zu beachten.

Der wesentliche Vorteil des Zeitvergleichs besteht in der Vergleichbarkeit der Zahlenwerte, wenn sich am Entstehungsmodus der Zahlen nichts geändert hat. Finden Strukturveränderungen statt, so können diese nur über Umrechnungen bzw. Umbewertungen berücksichtigt werden. Diesen Verfahren ist allerdings - abgesehen vom im Einzelfall immensen Aufwand - in der Regel nur wenig Erfolg beschieden. Da die Veränderungen oft nur schwer zu quantifizieren sind und darüber hinaus dem externen Analytiker die notwendigen internen Informationen zur Umrechnung kaum zur Verfügung stehen werden, sollten Veränderungen bei der eigentlichen Beurteilung berücksichtigt bzw. kommentiert werden.

Ein weiterer Vorteil ist die ausgesprochen einfache Handhabung des Verfahrens. Da es nicht unbedingt der Bildung von Verhältniszahlen bedarf, sondern auch Einzelpositionen in eine solche Analyse eingehen können, ist eine Zeitpunktanalyse zumindest als erste Orientierung über die ökonomischen Rahmenbedingungen sehr gut geeignet. Die relative Einfachheit in der Anwendung darf selbstverständlich nicht zu einer unbesorgten bzw. unkritischen Verwendung führen. So ist neben den oben erwähnten Umständen auch zu beachten, dass die Vergleichswerte keinerlei Rückschlüsse auf die Vor- oder Nachteilhaftigkeit der errechneten Werte zulassen. Wenn der Analytiker die aktuellen Werte der Unternehmung mit denen der Vorjahre vergleicht, misst er unter Umständen den Betrieb an seiner eigenen Mittelmäßigkeit. Je schlechter die Vorjahre, desto eher wird aus einem ausgeglichenen Ergebnis auf eine ausgeprägte Erfolgssituation geschlossen. Ob der

Rückgang der Personalkosten um 10 % positiv zu beurteilen ist, oder ob weitere Senkungen möglich gewesen wären, kann nur im Vergleich zu anderen Betrieben erkannt werden. Nur der Betriebsvergleich kann hier Informationen zur relativen Stellung des Unternehmens geben.

2. Objektvergleich

Die beschriebene Problematik des Zeitvergleichs macht es notwendig, nicht nur andere Perioden, sondern auch andere Objekte in einen Vergleich miteinzubeziehen. Im Rahmen eines solchen Objektvergleichs werden zwei Sachverhalte hinsichtlich ihrer Gemeinsamkeiten und Unterschiede miteinander verglichen, und am Grad der Abweichung wird der zu analysierende Sachverhalt beurteilt.

Trotz grundsätzlich einfacher Handhabung muss sichergestellt sein, dass die zu vergleichenden Sachverhalte auch tatsächlich vergleichbar sind. Vergleicht man im Rahmen eines internen Vergleichs verschiedene Abteilungen miteinander, so ist eben diese Verschiedenheit zu beachten. Ein Kostenvergleich zwischen Verwaltung und Produktionsbereich ist ebenso wenig sinnvoll wie ein Vergleich der erwirtschafteten Erträge von Interner Revision und Außendienst.

Die zu vergleichenden Sachverhalte müssen dem Analytiker in ihrer Struktur bekannt sein; insofern ist es im Rahmen der externen Bilanzanalyse wenig sinnvoll, lediglich zwei Betriebe miteinander vergleichen zu wollen.

Neben diesen konstruktionsbedingten Mängeln sind jedoch auch die theoretischen Restriktionen des Betriebs- bzw. Branchenvergleichs zu beachten. Andernfalls läuft der Analytiker nicht nur Gefahr, „Schlendrian mit Schlendrian" zu vergleichen, sondern darüber hinaus auch noch „Äpfel mit Birnen".

Aus diesem Grund greift man im Rahmen des externen Objektvergleichs auf die Durchschnittswerte von Betrieben der gleichen Branche, Größe oder Region zurück. Diese Merkmale determinieren mutmaßlich typische Strukturen, und die Extremwerte der eingehenden Datenreihen werden geglättet. Allerdings wird auch die „Vorbildfunktion" der Daten geschmälert. Extremwerte können auf wirtschaftlich vorteilhaftes Verhalten zurückzuführen sein und damit Anreizwirkung für den zu vergleichenden Betrieb haben. Durch die Nivellierung gehen Besonderheiten in der „Mittelmäßigkeit" unter. Auch die Daten wirtschaftlich weniger erfolgreicher Betriebe gehen in die Berechnung ein und drücken damit den Standard nach unten. Der Branchendurchschnitt als Vorteilhaftigkeitskriterium ist damit stets auf seine Berechtigung hin zu überprüfen.

Unabhängig von seiner Vorgehensweise muss der Analytiker stets Informationen über die Verteilung der Einzelwerte in der Grundgesamtheit besitzen. Ist ihm die Streuung der Einzelwerte um den Durchschnittswert nicht bekannt, so kann er die Qualität des Durchschnitts nicht einschätzen. Oder salopp formuliert, genauso wenig wie zwei Kranke in einem Bett einen Gesunden ergeben, ergeben ein Kranker und ein Gesunder einen Genesenden. Das Erreichen von Branchendurchschnittswerten bedeutet also nicht immer ein besonderes Gütesiegel, im Gegenteil, es kann wirtschaftlich unvernünftig sein.

Die Branchenzugehörigkeit führt nicht immer zu typischen Strukturen. Nach den Ergebnissen empirischer Untersuchungen ist dies der Ausnahmefall. Nur im Bau- bzw. Chemie-Bereich konnten Durchschnittswerte als Ausdruck ähnlicher Strukturen festgestellt werden.

Die Aussagefähigkeit von Betriebsvergleichen ist von zwei weiteren Faktoren abhängig. Erstens muss eine terminologische Einheitlichkeit gefunden werden. Bei unterschiedlichen Betrieben bzw. Branchen müssen die Werte nicht nur gleich bezeichnet, sondern auch gleich berechnet werden. Die materielle und formelle Vergleichbarkeit der Daten soll gewährleisten, dass auch die Datenbasis vergleichbar ist. Dazu sind die Einflüsse unterschiedlicher Rechnungslegungsnormen zu eliminieren, oder - wo dies nicht möglich ist - deren Auswirkungen zu quantifizieren.

Zweitens muss die datenermittelnde Stelle unabhängig sein. Ansonsten besteht die Gefahr, durch einseitige Gewichtung bzw. einseitige Auswahl Werte auf die gewünschte Größe „hinzutrimmen".

Anstelle realwirtschaftlicher Sachverhalte können auch Modelltypen als Vergleichsobjekte dienen. Diese Bemühungen fanden in der Formulierung sogenannter Bilanz- oder Finanzierungsregeln ihren Niederschlag. Ausgehend von theoretischen Überlegungen wurden so für wünschenswert gehaltene Bilanzrelationen vermeintlich allgemein gültig formuliert. Diese Regeln gehen von einem gegebenen Kapitalbedarf aus und stellen Grundsätze darüber auf, welche Finanzierungsmittel zur Deckung des Kapitalbedarfs herangezogen werden sollen. Es werden also keine Aussagen über die Höhe, sondern über die Zusammensetzung des Kapitals gemacht. Die beiden bekanntesten Regeln sind die **vertikale Kapitalstrukturregel**, die auf die Zusammensetzung des Kapitals abstellt, und die **horizontale Kapital- und Vermögensstrukturregel**, die als goldene Finanzierungsregel bzw. goldene Bankregel die Struktur von Aktiva und Passiva beschreibt.

Die vertikale Kapitalstrukturregel besagt, dass das Verhältnis von Eigen- zu Fremdkapital einen bestimmten Wert nicht unterschreiten darf. Sie entspricht in der Konstruktion dem bilanziellen Verschuldungsgrad. Üblicherweise wird ein 1:1 Verhältnis gefordert, da die Eigentümer eines Unternehmens mindestens ebensoviel zur Finanzierung beizutragen haben wie die Gläubiger. Aus der Sicht der Gläubiger ist diese Argumentation sicherlich einleuchtend, da deren Risiko mit wachsendem Eigenkapitalanteil sinkt. Aus der Sicht des Unternehmens muss dies nicht immer sinnvoll sein. Mit dem Eigenkapitalanteil wächst zwar die Möglichkeit, weitere Eigen- oder Fremdkapitalquellen zu erschließen, gleichzeitig sinkt jedoch - ceteris paribus - die Rentabilität des Eigenkapitals. Auch die steuerliche Belastung lässt hohe Eigenkapitalbeträge nur selten entstehen. Die Höhe der Eigenkapitalquote kann nur im konkreten Einzelfall beurteilt werden. Dem externen Analytiker fehlen dazu allerdings die Informationen.

Die goldene Finanzierungsregel besagt, dass sich Kapital und Vermögen in ihrer Fristigkeit entsprechen müssen. Dieser Grundsatz soll unter Beachtung der Rückzahlungsverpflichtung jederzeit die Zahlungsbereitschaft des Betriebs und damit die Liquidität sichern. Dies glückt nur, wenn

- die investierten Kapitalbeträge voll über den Umsatzprozess freigesetzt werden,
- eine Prolongation oder Substitution der Kapitalbeträge möglich ist und
- alle fälligen Ausgaben aus dem laufenden Umsatzprozess getätigt werden können.

Die goldene Bilanzregel besagt, dass das Anlagevermögen langfristig finanziert werden soll. Die Praxis scheint diese Regel zu befolgen. Hier wird weitgehend eine Fristentsprechung dahingehend angestrebt, dass langfristig gebundenes Vermögen mit langfristig zur Verfügung stehendem Kapital finanziert werden soll. Über die Art der Finanzierung, d.h., ob Eigen- oder Fremdkapital herangezogen wird, entscheiden andere Faktoren, wie Lage am Kapitalmarkt oder Unternehmensziele hinsichtlich Rentabilität und Unabhängigkeit.

Goldene Finanz- und Bilanzregel können sich widersprechen. Ein Dienstleistungsbetrieb verfügt naturgemäß nur über wenig Anlagevermögen, könnte somit die fristenkongruente Finanzierung durch Eigenkapital niedrig halten. Die Finanzierungsregel verlangt nun aber einen Anteil von etwa 50 %. Dies würde eine unrentable Überkapitalisierung des Betriebs bedeuten.

Die genannten Regeln, die vor allem zur **Bonitätsbeurteilung** eingesetzt werden, sind zwar aus theoretischer Sicht schon längere Zeit umstritten, erfreuen sich aber in der Praxis auch heute noch außerordentlicher Beliebtheit. Für die Kreditgeber stellt die Bilanzrelation ein einfaches Instrument zur Beurteilung der Bilanz eines Kreditnachfragers durch exakt vorgegebene und klar strukturierte Rechenschritte dar. Für den Kreditnehmer hat dies ebenfalls eine Arbeitserleichterung zur Folge: Ihm sind die Kennzahlen, die der Kreditgeber bildet, von vornherein bekannt. Er wird also alles daran setzen, die gewünschten Bilanzrelationen auch vorweisen zu können. Dazu werden die bilanzpolitischen Gestaltungsmöglichkeiten z.T. bis an die Grenze ausgeschöpft.

So sind am Ende beide zufrieden: Der Kreditgeber weist aufgrund der gebildeten Kennzahlen seine Bemühungen um die Bonitätsbeurteilung nach und verweist - mit Blick auf die errechneten Werte - auf die nachgewiesene Bonität des Kreditnehmers. Der Kreditnehmer seinerseits hat auch allen Grund zur Zufriedenheit. Das Wissen um den Inhalt der Bilanzregeln eröffnet für ihn die Möglichkeit, die gewünschten Verhaltensweisen vorwegzunehmen und so in den Genuss des Kredits zu kommen.

Die Kritik an dieser Verhaltensweise kleidet von Wysocki in den Vergleich vom **wirtschaftlichen Spiel**.[95] Den so genannten goldenen Bilanzregeln kommt mit steigendem Bekanntheitsgrad nur noch der **Charakter von Spielregeln** zu. Wollen Spieler, also Kreditnehmer, am wirtschaftlichen Spiel teilnehmen, so müssen sie diese Spielregeln, d.h. die Bilanzregeln, einhalten bzw. vorweisen. Diese Verhaltensweise ist die Grundvoraussetzung für die Teilnahme. Doch wie im Sport garantiert das bloße Einhalten dieser Spielregeln noch lange nicht den ersten Platz. Es entbehrt damit jeder Begründung, vom Einhalten bestimmter Bilanzrelationen auf die wirtschaftliche Realität schließen zu wollen.

---

[95] Vgl. von Wysocki, 1962, S. 5 ff.

3. Planvergleich

Im Rahmen eines Planvergleichs dienen die am Anfang der Periode ermittelten Werte als Vergleichsgrößen für die tatsächlich erreichten Werte am Ende der Periode. Besondere Bedeutung kommt dem Planvergleich bei der Beurteilung von Ergebnissen bzw. Einsatzwerten zu. Üblicherweise werden die Vergleichswerte der betrieblichen Planung entnommen. Mitunter wird auch ein Rückgriff auf die Unternehmensziele gefordert, wenn Planwerte fehlen. Dies dürfte wegen der Zielpluralität und der auftretenden Ziel-konflikte jedoch nur in Ausnahmefällen möglich sein.

Der Planvergleich vermag wesentlich aussagefähigere Ergebnisse zu liefern, als etwa der Zeit- oder Objektvergleich. Ein besonderer Vorteil liegt darin, dass nicht abgeschlossene Sachverhalte ex-post beurteilt werden, sondern durch eine simultane Überwachung steuernd in den Prozess eingegriffen werden kann. Dies setzt besondere Sorgfalt bei der Durchführung des Vergleichs voraus. So muss sichergestellt sein, dass die zu vergleichenden Werte auch während der Planperiode strukturgleich ermittelt werden können. Ferner muss eine „Ceteris-paribus-Annahme" dergestalt getroffen werden, dass mit Ausnahme der zu analysierenden Faktorrelationen alle Rahmendaten unverändert bleiben. Um bei einem Lebkuchenhersteller die Auswirkungen von Rationalisierungsinvestitionen auf die Produktivität analysieren zu können, müsste von einem unveränderten Produktionsprogramm ausgegangen werden. Andernfalls würden veränderte Faktorkombinationen falsch gedeutet werden.

Die bisherigen Ausführungen haben gezeigt, dass die Bilanzanalyse bei aller Sorgfalt nur im Ausnahmefall klare und eindeutige Aussagen über die wirtschaftliche Lage eines Unternehmens zulässt. Dies liegt zum Teil in der Natur des Jahresabschlusses begründet. Zwischen den tatsächlichen Verhältnissen und deren Abbildung im Jahresabschluss besteht eine mehrwertige Beziehung. Es handelt sich also nicht nur um eine Art Spiegelung der Realität, sondern um eine vielfältig beeinflusste Abbildung. Diese Reduktion ist auch mit einem ausgefeilten Analyseinstrumentarium nie vollständig möglich.

Die Bilanzanalyse ist für sich genommen nur wenig aussagefähig. Sie kann gewisse Tendenzen aufzeigen; zur tiefergehenden Analyse sind jedoch weitere Informationen notwendig. Der Bilanzanalyse kommt daher nicht nur eine Analysefunktion, sondern vor allem eine **Indikatorfunktion** zu. Indem sie die im Jahresabschluss abgebildete wirtschaftliche Lage analysiert, indiziert sie die tatsächlichen Verhältnisse. Erst das Wissen um diese **natürliche Restriktion** erlaubt es, die Bilanzanalyse als aussagefähiges Instrument einzusetzen.

Um von den Ergebnissen der Bilanzanalyse auf die tatsächlichen Verhältnisse schließen zu können, ist es notwendig, Hypothesen über den Zusammenhang von Jahresabschluss-zahlen und tatsächlichen Verhältnissen zu formulieren. So weist Schneider darauf hin, dass aus Zahlen des Jahresabschlusses nur dann mehr herausgeholt werden kann, als bei der Aufstellung des Jahresabschlusses hineingesteckt wurde, wenn Hypothesen formuliert werden, die beispielsweise den Zusammenhang von Kapitalstruktur und Insolvenzrisiko beschreiben. „Erst eine solche Finanzierungshypothese rechtfertigt praktische Folgerungen aus einer Bilanzanalyse".[96]

5.2.4 Neuere Ansätze der Bilanzanalyse

Die traditionelle Bilanzanalyse mit der Entwicklung von Kennzahlen kann einige Fragen nicht beantworten:

So existieren keine Sollwerte, die anzeigen, ob es sich um ein gesundes oder ein wirtschaftlich angeschlagenes Unternehmen handelt. Die Kennzahlen liefern auch keine frühzeitigen Hinweise auf negative Entwicklungen, zumal die einzelnen Kennzahlenwerte unterschiedliche Beurteilungen zulassen und nicht zu einem Gesamtindikator verbunden werden. Zum anderen stehen die einzelnen Kennzahlen isoliert und unverknüpft nebeneinander.

Mit Hilfe der **Diskriminanzanalyse** will man deshalb Krisenanzeichen früh erkennen und damit zu einer Abgrenzung von gescheiterten und gesunden Unternehmen kommen. Die Bewertung soll überschneidungsfrei vorgenommen werden können. Der Ansatz der Diskriminanzanalyse erfolgt in folgenden Schritten: Zunächst muss eine Stichprobe der gescheiterten Unternehmen gewählt werden. Zu dieser Testgruppe der gescheiterten Unternehmen werden nun ökonomische Zwillinge in der Form gesucht, dass vergleichbare Unternehmen nach Größe, Branche und Rechtsform ausgewählt werden, die noch am Wirtschaftsleben teilnehmen. Über die „Gesundheit" dieser Unternehmen können keine Aussagen gemacht werden. Im nächsten Schritt werden geeignete Kennzahlen gesucht, die eine deutliche Trennung zwischen den beiden Gruppen erlauben. Dazu wird das Bilanzmaterial der letzten fünf Jahre herangezogen. In einem nächsten Schritt werden die Kennzahlen kombiniert, bis eine befriedigende Trennung der Datenmassen gescheiterter Unternehmen von denen der gesunden Unternehmen möglich ist. Damit soll eine umfassende Diagnose der vorliegenden Unternehmen gelingen. Die sich aus der Kombination der Kennzahlen ergebende Abgrenzung wird als **Diskriminanzfunktion** bezeichnet. Diese Diskriminanzfunktion wird nun im nächsten Schritt auch auf neue Unternehmen für Prognosezwecke angewandt. Mit der Vorgehensweise und den Ergebnissen der statistischen Insolvenzdiagnose befasst sich intensiv auch Hauschildt.

■ Entwicklung der Diskriminanzanalyse

Die ersten empirischen Untersuchungen zum Thema „Insolvenzprognose" befassten sich mit dem Vergleich von Werten, die für solvente und insolvente Unternehmen ermittelt wurden. Dadurch sollten signifikante Abweichungen, die zur Entwicklung von Frühwarnindikatoren dienen konnten, ermittelt werden. Die erste bedeutende Untersuchung dieser Art wurde von Smith und Winakor im Jahre 1935 durchgeführt. Sie behandelten eine Stichprobe von 183 Unternehmen, die in der Periode von 1923 bis 1931 in finanzielle Schwierigkeiten geraten waren. Sie analysierten für jeden Betrieb die Entwicklung

---

[96] Schneider, 1989, S. 636.

der Werte von 21 Kennzahlen in den letzten zehn Jahren vor der Insolvenz und schlossen daraus, dass die besten Frühindikatoren für eine drohende Insolvenz die Kennzahlen Working Capital / Summe der Aktiva und Eigenkapital / Fremdkapital sind. Aus der Beobachtung, dass manche Kennzahlen über die gesamte 10-Jahresperiode ständig sinkende Werte annahmen, folgerten Smith und Winakor, dass sich die Kennzahlenwerte kranker Betriebe wesentlich von denen gesunder Unternehmen unterscheiden und dies mehrere Jahre vor dem Konkurseintritt.

Im selben Jahr hat Fitzpatrick eine andere Methode angewendet, die im Bereich der Firmenauswahl den heutigen Analysen immer noch zu Grunde liegt. Er bildete eine Stichprobe von 21 insolventen Unternehmen und versuchte für jeden dieser Betriebe eine Art ökonomischen Zwilling aufzutreiben, der keine Zahlungsschwierigkeiten hatte. Er beobachtete an Hand dieser 21 Unternehmenspaare die Entwicklung von 13 Kennzahlen über eine Periode von drei bis fünf Jahren vor dem jeweiligen Konkurseintritt und schloss daraus, dass die besten Frühindikatoren einer negativen Entwicklung die Kennzahlen Nettogewinn / Eigenkapital und Eigenkapital / Fremdkapital sind.

Eine breitere Untersuchung wurde von Merwin im Jahre 1942 an Hand einer sehr großen Stichprobe von 939 Unternehmen durchgeführt. 200 dieser Betriebe hatten zwischen 1936 und 1939 aus verschiedenen Gründen Konkurs anmelden müssen und der Rest der Stichprobe bestand aus gesunden Firmen derselben Wirtschaftszweige. Mit der Hilfe von Diagrammen, die er für jeden Wirtschaftszweig erstellte, verglich Merwin die Entwicklung von vielen Kennzahlen der kranken und der gesunden Unternehmen, jeweils über Perioden von sechs Jahren vor der Insolvenz. Aus diesen Untersuchungen folgerte er, dass drei Kennzahlen zur Prognose von Insolvenzen besonders gut geeignet sind:

- Working Capital / Summe der Aktiva,
- Umlaufvermögen / kurzfristige Verbindlichkeiten,
- Eigenkapital / Fremdkapital.

Der erste Versuch, eine streng wissenschaftliche Methode zur Prognose von Unternehmensinsolvenzen mit Hilfe von Kennzahlen zu entwickeln, wurde im Jahre 1966 von Beaver unternommen. Zu diesem Zweck bildete er eine Stichprobe von 79 größeren Unternehmen, die alle in der Periode von 1954 bis 1964 insolvent wurden. Er paarte jede dieser Firmen mit einem vergleichbaren Betrieb (Bilanzsumme, Wirtschaftszweig), der in derselben Periode gesund geblieben war und verglich ihre Entwicklungen in den letzten fünf Jahren vor der Insolvenz an Hand von 30 Kennzahlen. Beavers Beitrag liegt nicht nur in der erstmaligen Benutzung ausgereifter statistischer Verfahren, welche die Behandlung von größeren Datenmengen erlauben, sondern auch darin, dass er zusätzlich zu den Daten der Jahresabschlüsse auch Ergebnisse von Kapitalflussrechnungen zur Bildung seiner Kennzahlen heranzog.

Jede einzelne Kennzahl wurde folgendermaßen auf ihre **Trennfähigkeit** untersucht. Mit Hilfe von Grafiken wurden die Kennzahlenmittelwerte aller insolventen Unternehmen mit denen der Gruppe von solventen Unternehmen verglichen. Die typische Trompetenform dieser Grafiken zeigt, dass sich manche Kennzahlenmittelwerte der kranken Firmen in den letzten Jahren vor dem Zusammenbruch zunehmend stärker von denselben Mittelwerten bei vergleichbaren gesunden Betrieben unterscheiden.

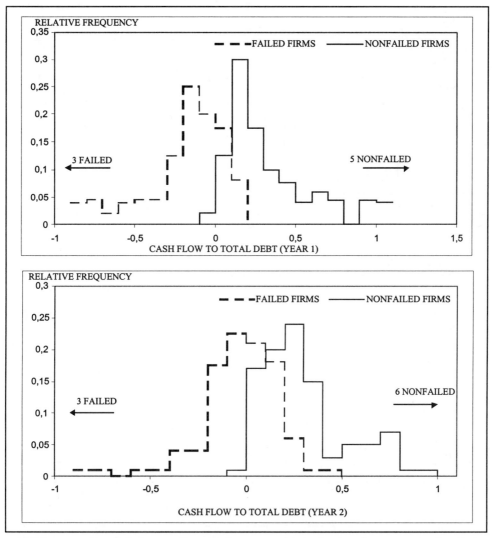

Abbildung 32: Häufigkeitsverteilungen der Kennzahl Cash Flow / gesamte Verbindlich-keiten in einzelnen Jahren vor der Insolvenz I[97]

---

[97] Beaver, 1966, S. 92 - 94.

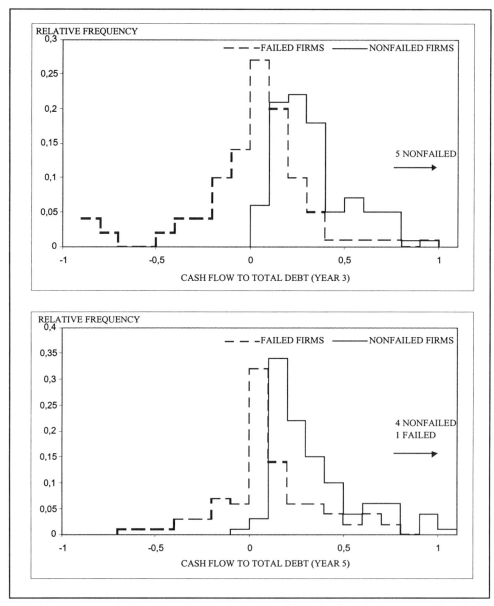

Abbildung 33: Häufigkeitsverteilungen der Kennzahl Cash Flow / gesamte Verbindlichkeiten in einzelnen Jahren vor der Insolvenz II[98]

[98] Beaver, 1966, S. 92 - 94.

Da eine solche Profilanalyse keine Angaben über die Streuung der Kennzahlenwerte und die Mittelwerte beider Gruppen enthält und deswegen keine Beurteilung über die Trennfähigkeit der einzelnen Kennzahlen zulässt, hat Beaver zusätzlich in den einzelnen Jahren vor der Insolvenz die Häufigkeitsverteilung der Kennzahlenwerte in beiden Gruppen untersucht. Obwohl der Überschneidungsbereich der Kennzahlenwerte beider Gruppen manchmal recht groß blieb, konnten für manche Kennzahlen zumindest in den drei letzten Jahren vor dem Zusammenbruch deutliche Unterschiede zwischen den Verteilungen bei den insolventen und bei den gesunden Betrieben festgestellt werden. In einem letzten Schritt ermittelte Beaver mittels des techotomischen Klassifikationstestes (**univariate Diskriminanzanalyse**) für jede Kennzahl den optimalen **Trennwert** (Cut-of-Point), der die beste ex post-Klassifikation der Unternehmen in ihre tatsächlichen Ursprungsgruppen gewährleistete. Je nach dem verfolgten Ziel kann dieser Trennwert unterschiedlich ausfallen und zwar in Abhängigkeit von dem relativen Wert, dem man den Fehlern erster Art (insolvente Unternehmen werden als solvent klassifiziert) und zweiter Art (solvente Unternehmen werden als insolvent klassifiziert) beimisst. Auf diese Weise kam er zu dem Schluss, dass folgende sechs Zahlen eine hohe prognostische Trennfähigkeit besitzen:

- Cash Flow / Fremdkapital,
- Reingewinn / Gesamtkapital,
- Fremdkapital / Gesamtkapital
- Working Capital / Gesamtkapital,
- Umlaufvermögen / kurzfristiges Fremdkapital,
- Bald verfügbare Geldmittel minus kurzfristiges Fremdkapital / Betriebsaufwendungen vor Abschreibung.

Einige Schwächen haften jedoch dem vorgeschlagenen Prognosemodell an. Der Trennwert, welcher die genannte Zielsetzung am besten erfüllt, fällt in den einzelnen Jahren vor dem Zusammenbruch jeweils anders aus. Da ein potenzieller Anwender des Verfahrens aber den eventuellen zukünftigen Insolvenzzeitpunkt des zu untersuchenden Betriebes nicht kennt, bleibt ihm der relevante Trennwert ebenfalls unbekannt. Zweitens ist die zugrundeliegende Stichprobe nicht sehr umfangreich und enthält meistens nur ein Unternehmenspaar pro Wirtschaftszweig. Man kann also bezweifeln, dass die Studie in allen Fällen repräsentativ genug ist. Drittens liegt die größte Schwäche des Modells in der Benutzung der univariaten Diskriminanzanalyse, welche das Problem der Interdependenzen zwischen den einzelnen Kennzahlen nicht berücksichtigt.

Trotz der genannten Schwächen gilt die Untersuchung von Beaver als der erste systematische Versuch, ein zusammenhängendes Verfahren zur Erstellung von Insolvenzprognosen zu entwickeln.

Die beschriebene univariate Diskriminanzanalyse weist eine Reihe von **Mängeln** auf.

1. Durch die Betrachtung der einzelnen Kennzahlen können auch nur Teilaspekte des Jahresabschlusses abgebildet werden.

2. Da die Kennzahlen unverknüpft bleiben, werden auch die Beziehungen zwischen den Kennzahlen vernachlässigt.

3. Die Aussagen aus den einzelnen gewonnenen Kennzahlen führen zu unterschiedlichen Ergebnissen, so dass es dem Anwender überlassen bleibt, wie er zu einem Gesamturteil gelangt.

■ **Multivariate Verfahren**

Mit Hilfe der multivariaten Diskriminanzanalyse sollen die verschiedenen Kennzahlen zu einer einzigen Gesamtbeurteilung zusammengefasst werden. Diese Methode wurde im Bereich der Erstellung von Insolvenzprognosen auf Grund bilanzanalytischer Kennzahlen erstmals im Jahre 1968 von Altman herangezogen.

Das Verfahren besteht darin, die gewogene Funktion von mehreren Kennzahlen zu ermitteln, welche die bestmögliche Trennung zwischen den solventen und den insolventen Firmen gewährleistet. Die **Diskriminanzfunktion** entsteht durch die Gewichtung mehrerer Kennzahlen, die dann additiv zu einer Gesamtkennzahl (Z) zusammengefasst werden. Die Berechnung dieses sogenannten Z-Wertes für jedes Unternehmen stellt eine Art Gesamtnote dar, welche die **Insolvenzgefahr** ausdrückt. Die beste Diskriminanzfunktion ist also diejenige, für welche sich die Z-Werte der kranken Firmen am meisten von denen der gesunden Betriebe unterscheiden und die demzufolge die eindeutigste Klassifikation der betrachteten Unternehmen an Hand eines vorher empirisch zu ermittelnden Z-Trennwertes zulässt. Die allgemeine Form einer linearen Diskriminanzfunktion lautet:

$$Z = -a_0 + a_1 * x_1 + a_2 * x_2 + \ldots\ldots + a_n * x_n$$

Mit: a_0 = absolutes Glied

a_i = Gewichtungsfaktoren (i = 1 bis n)

x_i = Einzelkennzahlen (i = 1 bis n)

n = Zahl der einbezogenen Kennzahlen

Der Zweck der Diskriminanzanalyse besteht darin, die Einzelkennzahlen und ihre Gewichtungsfaktoren, welche die oben geschilderte Zielsetzung am besten erfüllen, zu ermitteln. Dazu müssen die Ergebnisse, die mit allen möglichen linearen Kennzahlenkombinationen erreicht werden, verglichen werden. Dies ist jedoch mit einem außerordentlich hohen Rechenzeitaufwand verbunden, der nur mit Hilfe von Kompromisslösungen reduziert werden kann. Einerseits muss man den Katalog der zu überprüfenden Kennzahlen so klein wie möglich halten und andererseits ist man gezwungen, zur Ermittlung der Diskriminanzfunktion auf mathematische Nährungsverfahren, die geringere Rechenzeiten benötigen, zurückzugreifen. Zur Auswahl des zu untersuchenden Kennzahlenkataloges können ebenfalls Erkenntnisse aus den durchgeführten Analysen herangezogen werden.

Der letzte Schritt einer Diskriminanzanalyse besteht in der Ermittlung des optimalen Z-Trennwertes, dessen Lage von der Zielsetzung abhängt. Sollen die Fehler erster Art so gering wie möglich gehalten werden, liegt der optimale Z-Trennwert ganz anders, als wenn die Fehler zweiter Art zu minimieren sind. Die Wirkungsweise der multivariaten

Diskriminanzanalyse soll anhand der nachfolgenden Abbildungen 34 und 35 aufgezeigt werden.

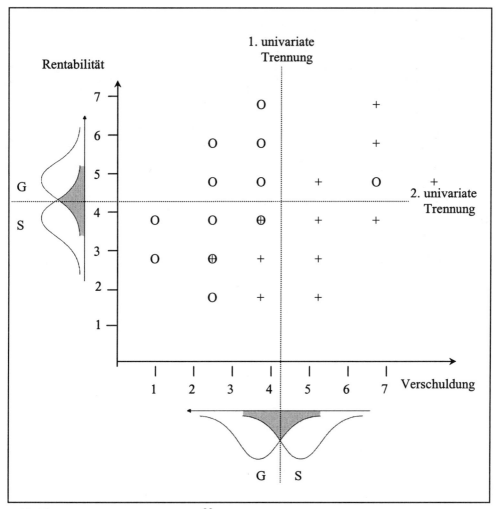

Abbildung 34: Univariate Trennung[99]

---

[99] Vgl. Baetge / Niehaus, 1989, S. 149.

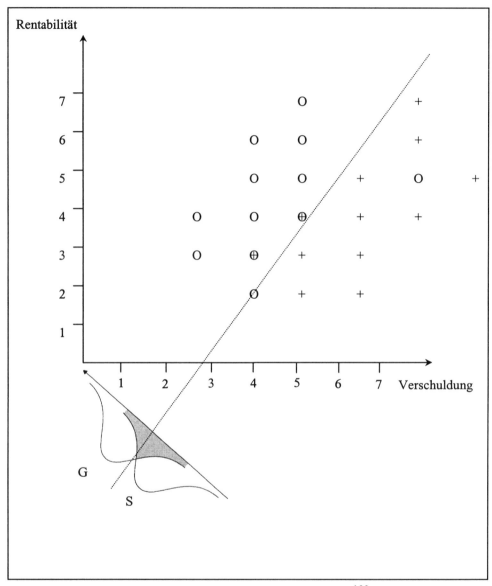

Abbildung 35: Graphische Ermittlung der Diskriminanzfunktion[100]

---

[100] Vgl. Baetge / Niehaus, 1989, S. 151.

Gegeben ist eine Reihe von Unternehmen, die in der Abbildung nach Rentabilität und Verschuldungsgrad abgetragen wurden. Erfolgt nun eine Abgrenzung hinsichtlich eines Kriteriums, gelingt nicht eine umfassende Zuordnung nach solventen und insolventen Unternehmen. Durch eine **doppelte Trennung** kann die Zuordnung der Unternehmen erheblich verbessert werden. Es werden nun beide Kennzahlen zu einer Diskriminanzfunktion zusammengefasst, bis eine optimale Trennung des vorhandenen Datenbestandes möglich ist.

Die multivariate Diskriminanzanalyse hat eine Reihe von Voraussetzungen zu erfüllen. Dazu gehören zwei statistische Voraussetzungen, nämlich die Normalverteilung der Kennzahlen und die Varianz-Homogenitäts-Annahme, d.h. Gleichheit der Varianz-Kovarianz-Matrizen. Das bedeutet, dass die Varianzen der Kennzahlen bei guten und schlechten Unternehmen gleich hoch sein müssen. Diese statistischen Voraussetzungen werden üblicherweise nicht erfüllt. Dennoch wird die MDA nach wie vor angewandt, da dieses Verfahren als robust gilt.

Die weiteren Voraussetzungen bestehen darin, dass trennfähige Kennzahlen und unabhängige Kennzahlen vorliegen müssen. **Trennfähige Kennzahlen** bedeutet, dass die Kennzahlenwerte im Zeitablauf zu einer durchgängigen Abgrenzung zwischen dem solventen und dem insolventen Unternehmen kommen müssen. Die **Unabhängigkeit** der Kennzahlen lässt sich nicht ohne weiteres erreichen, da sie aus gleichen oder ähnlichen Größen im Zähler und im Nenner gebildet werden. Dennoch sollte das Bestreben darin bestehen, möglichst unabhängige Kennzahlen einzubeziehen.

Die multivariate Diskriminanzanalyse wird in einigen Punkten kritisiert. Der erste Kritikpunkt bezieht sich auf die **Theoriedefizite** zur Erklärung von Unternehmenskrisen. Danach gibt es keine Theorie zur Insolvenz. Die Diskriminanzanalyse liefert damit nur einen empirisch gewonnenen Sollwert für insolvente Unternehmen in der Vergangenheit. Ursachen der Insolvenz oder gar Maßnahmen und Möglichkeiten zur Sanierung zeigen diese Größen nicht auf. Ein weiterer Kritikpunkt bezieht sich darauf, dass die Diskriminanzanalyse nicht manipulationsrobust ist. Die ermittelten Kennzahlen unterliegen der Bilanzpolitik, so dass mit entsprechenden Maßnahmen eine wirtschaftliche Verschlechterung über Jahre aus der Bilanz herausgehalten werden kann. Damit würde auch eine Diskriminanzanalyse die wirtschaftliche Schwäche zu spät signalisieren. Ferner bezieht sich die Kritik auf die EDV-Gläubigkeit. Die durch die Diskriminanzanalyse ermittelten Werte werden häufig nicht mehr hinterfragt.

■ Künstliche Neuronale Netze

Die Künstlichen Neuronalen Netze (KNN) sind eine Weiterentwicklung der multivariaten Diskriminanzanalyse. Es handelt sich dabei um parallel arbeitende Systeme. Sie bestehen aus relativ einfachen Grundelementen, den **Neuronen** bzw. **Processing Elements** (PE), die eintreffende Signale summieren und entsprechend ihrem inneren Zustand und ihrer Übertragungsfunktion ein Ausgangssignal erzeugen und an andere Neuronen verändert weitergeben. Das „Verarbeitungswissen" wird in Künstlichen Neuronalen Netzen durch die Verbindungsgewichtungen zwischen den Processing Elements abgebildet.

Künstliche Neuronale Netze werden nicht programmiert, sondern trainiert. Jedem Neuron (Knoten) und jeder Verbindung (Kante) ist ein Wert zugeordnet (Aktivierungspotenzial A bei Neuronen, Gewicht G bei Kanten). In Netzstrukturen können Neuronen einer von drei Schichten zugeordnet werden: Eingangs-, Zwischen- und Ausgangsschicht.

Die Neuronalen Netze werden trainiert. In der **Lernphase** werden Gewichte und ggf. Neuronenparameter aufgrund eines festzulegenden Algorithmus (Lernregel) geändert, um zu bestimmten Eingangssignalen passende Ausgangssignale zu erhalten. Das Lernen geschieht aufgrund der Lernregel schrittweise (Ein Schritt nimmt je Gewicht / Parameter maximal eine Änderung vor.). Die Lernregel bezieht entweder das am Ausgang anzulegende Sollsignal zum anliegenden Eingangssignal ein (Lernen mit Lehrer) bzw. beachtet qualitative Korrekturvorgaben (Lernen mit Bewerter) oder arbeitet ohne von außen beigesteuerte Sollvorgaben (selbstorganisierende Netze). In der **Arbeitsphase** wird ein Eingangssignal angelegt. Die Gewichte und Parameter sind aus der vorhergehenden Lernphase eingestellt und bleiben konstant und das KNN liefert an den Ausgangsneuronen Signale als Arbeitsergebnis der KNN-Aktivität.

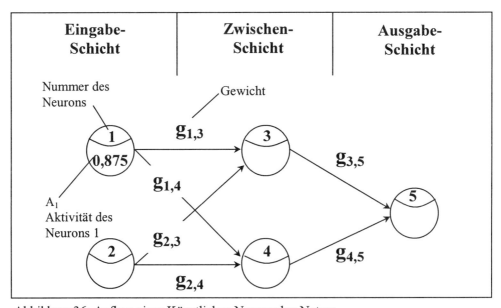

Abbildung 36: Aufbau eines Künstlichen Neuronalen Netzes

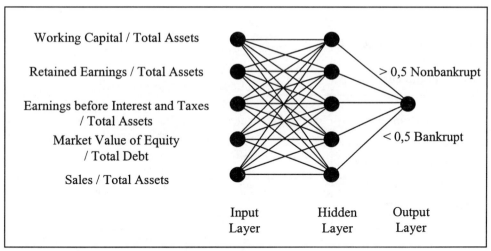

Abbildung 37: Verwendete Kennzahlen (KNN)[101]

In neuerer Zeit ist eine Fülle von Ansätzen zur Bonitätsbeurteilung behandelt worden. Das Baetge-Bilanz-Rating® BP-14, bei dem es sich um ein Künstliches Neuronales Netz handelt, hat in Deutschland weite Verbreitung gefunden. Es umfasst 14 Kennzahlen, die acht Bereichen zuzuordnen sind (Tabelle 45). Die Kennzahlen werden zu einem Bilanzbonitätsindex verdichtet.[102]

---

[101] Odom / Sharda, 1990.

[102] Vgl. Baetge, 1998, S. 579.

Kennzahl	Definition
Kapitalbindungsdauer 1	(Akzepte + Verbindlichkeiten aus Lieferungen und Leistungen) x 360 / Gesamtleistung
Kapitalbindungsdauer 2	(Akzepte + Verbindlichkeiten aus Lieferungen und Leistungen) x 360 / Umsatz
Kapitalbindung	Kurzfristige Bankverbindlichkeiten + kurzfristige Verbindlichkeiten aus Lieferungen und Leistungen + Akzepte + kurzfristige sonstige Verbindlichkeiten / Umsatz
Fremdkapitalquote	Kurzfristiges Fremdkapital – Erhaltene Anzahlungen / Bilanzsumme
Fremdkapitalstruktur	Verbindlichkeiten aus Lieferungen + Leistungen + Akzepte + Bankverbindlichkeiten / Fremdkapital – Erhaltene Anzahlungen
Eigenkapitalquote 1	Wirtschaftliches Eigenkapital – Immaterielle Vermögensgegenstände / Bilanzsumme – Immaterielle Vermögensgegenstände – Flüssige Mittel – Grundstücke und Bauten
Eigenkapitalquote 2	Wirtschaftliches Eigenkapital + Rückstellungen / Bilanzsumme – Flüssige Mittel – Grundstücke und Bauten
Finanzkraft 1	Ertragswirtschaftlicher Cash Flow / Fremdkapital – Erhaltene Anzahlungen
Finanzkraft 2	Ertragswirtschaftlicher Cash Flow / Kurzfristiges Fremdkapital + Mittelfristiges Fremdkapital – Erhaltene Anzahlungen
Anlagendeckungsgrad	Wirtschaftliches Eigenkapital / Sachanlagevermögen – Grundstücke und Bauten
Umsatzrentabilität	Ordentliches Betriebsergebnis / Umsatz
Cash Flow1-Return-on-Investment	Ertragswirtschaftlicher Cash Flow
Cash Flow2-Return-on-Investment	Ertragswirtschaftlicher Cash Flow + Zuführung zu den Pensionsrückstellungen / Bilanzsumme
Personalaufwandsquote	Personalaufwand / Gesamtleistung

Tabelle 45: Baetge-Bilanz-Rating®[103]

■ **Scoring Modelle**

Ein weiteres Verfahren zur Beurteilung von Unternehmen besteht in den Scoring-Verfahren. Dabei wird aus der Aggregierung von Kennzahlen ein **Gesamtindex** ermittelt, der Aussagen über die Solidität der Finanzierung, die Rentabilität des eingesetzten Kapitals und über das Wachstumspotenzial erlaubt.

---

[103] Vgl. http://www.baetge.de.

Ein Beispiel für ein Scoring Verfahren ist das von Reinhart Schmidt entwickelte **RSW-Verfahren**.[104] RSW steht dabei für Rendite (R), Sicherheit (S) und Wachstum (W). Im Rahmen des RSW-Verfahren werden sechs Kennzahlen ausgewählt, die nach der Bereinigung der Jahresabschlüsse ermittelt werden. Für die Beurteilung der Rendite werden die beiden Kennzahlen Gesamtkapitalrentabilität vor Steuern des laufenden und des vorhergehenden Jahres herangezogen. Zur Beurteilung der Sicherheit dienen die Kennzahlen Eigenkapitalquote und Liquiditätsquote. Das Wachstum wird abgebildet über den Fixed-Assets-Faktor und den Börsenwertfaktor. Diese Kennzahlen werden zu einem Gesamt-Score zusammengezogen, wobei die beiden Rentabilitätskennzahlen doppelt gewichtet werden.

An diesem Verfahren kann kritisiert werden, dass die Bestimmung der Kennzahlen und ihrer Komponenten subjektiv erfolgt und dass die Gewichtung der verschiedenen Größen ebenfalls subjektiv vorgenommen wird. Allerdings ist je nach der Zwecksetzung der Bilanzanalyse eine Gewichtung nach Rentabilität, Sicherheit und Wachstumspotenzial möglich.

Die allgemeinen Schwachstellen des Jahresabschlusses schlagen indessen auch auf die Analyse durch, auch wenn eine Bereinigung der Jahresabschlussdaten erfolgt. Wie für alle Verfahren der Bilanzanalyse gilt auch bei den Scoring-Modellen als Kritik, dass gestaltende Bilanzpolitik nicht bereinigt werden kann und damit das Bilanzbild verzerrt.

---

[104] Schmidt / Wilhelm, 1987, S. 233 ff.

5.3 Konzernrechnungslegung und Bilanzanalyse

5.3.1 Bilanzanalyse im Konzern

5.3.1.1 Grundlagen des Konzernabschlusses

Der Verflechtungsgrad der Wirtschaft nimmt deutlich zu. Die Analyse einer Einzelbilanz verliert an Bedeutung, wenn das Unternehmen Teil einer größeren wirtschaftlichen Einheit - dem Konzern - ist. Die Analyse von Konzernabschlüssen wird erheblich an Bedeutung gewinnen. Von den größeren Gesellschaften erhält man ohnehin nur noch den Konzernabschluss; der Einzelabschluss wird nur auf ausdrücklichen Wunsch ausgegeben.

Um die **Besonderheiten** der Konzernbilanzanalyse zu verstehen, sollen zunächst der Konzern abgegrenzt und dann die Maßnahmen beschrieben werden, die für die Erstellung der Konzernbilanz erforderlich sind. Bereits an dieser Stelle soll aber schon deutlich werden, welche Funktion der Konzernabschluss erfüllt und welche Einsichten der Bilanzanalytiker gewinnen will.

▓ **Aufgaben des Konzernabschlusses**

Der Konzernabschluss bezieht sich auf die **wirtschaftliche Einheit** Konzern, der wie eine rechtliche Einheit behandelt wird. Im § 297 III S. 1 HGB heißt es: „Im Konzernabschluß ist die Vermögens-, Finanz- und Ertragslage der einbezogenen Unternehmen so darzustellen, als ob diese Unternehmen insgesamt ein einziges Unternehmen wären."

Für diese wirtschaftliche Einheit ist ein Konzernabschluss aufzustellen, der unter Beachtung der Grundsätze ordnungsmäßiger Buchführung ein den tatsächlichen Verhältnissen entsprechendes Bild der Vermögens-, Finanz- und Ertragslage des Konzerns zu vermitteln hat (§ 297 II S. 2 HGB). Diese Formulierung ist fast identisch mit § 264 II S. 1 HGB, der für den Einzelabschluss von Kapitalgesellschaften gilt.

Der Konzernabschluss ersetzt nicht die Einzelabschlüsse, er ist vielmehr ein **zusätzliches und selbstständiges Informationsinstrument**. Die rechtlich selbstständigen Konzernunternehmen - Mutter- wie Tochtergesellschaften - haben nach wie vor einen Einzelabschluss nach den für sie geltenden Vorschriften aufzustellen, wenn keine Eingliederung der Unternehmen vorliegt. Die wesentlichen Unterschiede zum Einzelabschluss bestehen aber darin, dass der Konzernabschluss **nicht Grundlage**

– der Gewinnverteilung,
– der Besteuerung sowie
– von Gläubigeransprüchen ist und
– nicht der Feststellung durch Vorstand und Aufsichtsrat oder Hauptversammlung bedarf.

Für verflochtene Unternehmen ist eine Beurteilung aus dem Einzelabschluss nicht mehr möglich. Zwar wurde bei den Finanzanlagen, den Forderungen und den Verbindlichkeiten ein gesonderter Ausweis für verbundene Unternehmen vorgesehen. Auch ist im Anhang der Anteilsbesitz zu verzeichnen und Name und Sitz des entsprechenden Mutterunternehmens anzugeben. Durch die Einbindung in einen Konzern entstehen jedoch Verflechtungen und Transaktionen, die von der Konzernspitze gelenkt werden können. So sind Einflussnahmen auf das Produktionsprogramm, den Lieferungs- und Leistungsaustausch sowie die Kapital- und Kreditvergabe möglich. Daraus können Gewinnverlagerungen, Liquiditätsverschiebungen und Vermögensumschichtungen erfolgen, ohne dass Bilanzierungsvorschriften für den Einzelabschluss verletzt werden. Ebenso ist eine Verfälschung der Gewinnlage der einzelnen Konzernunternehmen durch bewusst oder unbewusst unangemessen gestaltete Transferpreise möglich.

Der Konzernabschluss ist als Einzelabschluss für die wirtschaftliche Einheit Konzern zu verstehen. Er liefert damit nicht zusätzliche Informationen für die einbezogenen Konzernunternehmen, sondern nur über die Gesamtheit der Unternehmen. Diese Information ist zunächst an die Aktionäre der Obergesellschaft gerichtet. Aber auch die Minderheitsaktionäre der Tochtergesellschaften sowie deren Gläubiger und Arbeitnehmer erhalten zusätzliche Informationen, mit denen sie eine bessere Würdigung der sie betreffenden Einzelunternehmen vornehmen können. Der Konzernabschluss dient damit dem Gläubiger- und Aktionärsschutz bei den Einzelgesellschaften.

Der Konzernabschluss hat darüber hinaus aber auch eine eigenständige Informationsfunktion. Sie besteht in der Dokumentation der wirtschaftlichen Machtballung in Konzernen für die Öffentlichkeit. Dieser Funktion muss der Konzernabschluss durch die Abgrenzung des Konsolidierungskreises, der Konsolidierung sowie der Berichterstattung genügen.

Der **Analytiker der Konzernbilanz** möchte - wie beim Einzelabschluss auch - die wirtschaftliche Lage - hier des Konzerns - beurteilen. Diese wirtschaftliche Lage lässt sich nur über die Teillagen erschließen. Diese Teillagen sind aber durch die Wertekonglomerate gekennzeichnet. Das hat besondere Auswirkungen auf die Vermögenslage. Die Finanz- und die Ertragslage werden auch bei einem Konglomerat Aussagen erlauben. Insgesamt kann dann ein Urteil abgegeben werden, wenn der Konzern in seinem Bestand nur geringen Veränderungen unterliegt. Ein Zeitvergleich signalisiert Verbesserungen oder Verschlechterungen gegenüber dem Vorjahr. Diese Aussage ist in den wenigsten Fällen möglich, da z.T. erhebliche Veränderungen über Kauf und Verkauf von Unternehmen und Unternehmensanteilen im Konzern entstehen, ohne dass die sich daraus ergebenden Änderungen kenntlich zu machen sind. Es muss zwar eine Vergleichbarkeit gegenüber dem Vorjahr hergestellt werden, sie erlaubt aber nicht Schlüsse darüber, ob sich die Teillagen durch die Veränderungen verbessert oder verschlechtert haben. Wesentliche Größen, für die sich der Analytiker interessiert, sind Cash Flow, Ergebnis nach DVFA und die Eigenkapitalquote. Besondere Bedeutung haben wertorientierte Kennzahlen im Konzernabschluss gewonnen, ebenso wie die Kapitalflussrechnung und die

Segmentberichterstattung, die von börsennotierten Gesellschaften aufzustellen sind. Alle drei Instrumente werden noch speziell behandelt.

Der **Konzernbegriff** ist ein wirschaftlicher, nicht ein rechtlicher Begriff. Der Konzern ist zunächst kein Rechtsgebilde, sondern ein Tatbestand, der sich aus einer bestimmten Gestaltung zwischen mindestens zwei Unternehmen ergibt. Während in früheren Definitionen die finanzielle Verknüpfung in den Vordergrund gestellt oder aber auch zur notwendigen Bedingung gemacht wurde, hat sich in der neueren Literatur eindeutig eine Verlagerung zum **Kriterium der einheitlichen Leitung** ergeben. So wird betont, dass einzig und allein die einheitliche Leitung von ausschlaggebender Bedeutung sei. Wesentlicher Bestandteil des Konzernbegriffs ist die **wirtschaftliche Einheit bei formal rechtlicher Vielheit** und Selbstständigkeit.

Das HGB enthält keine Begriffsbestimmung des Konzerns. Die Definition des Konzerns erfolgt indirekt durch die Regelung der Aufstellungspflicht (§ 290 HGB), durch die Abgrenzung des Konsolidierungskreises (§ 294 HGB), durch die Abgrenzung der verbundenen Unternehmen (§ 271 II HGB) sowie die Fiktion der rechtlichen Einheit (§ 297 III HGB). Dort finden sich die Begriffe „Mutterunternehmen" und „Tochterunternehmen".

Nach § 290 HGB liegt ein **Mutterunternehmen** vor, wenn ein Unternehmen eine einheitliche Leitung ausübt oder die rechtliche Möglichkeit besitzt, auf ein anderes Unternehmen einen beherrschenden Einfluss auszuüben. Damit hat das HGB die einheitliche Leitung des theoretischen und aktienrechtlichen Konzernbegriffs in § 290 I HGB übernommen. Zusätzlich wird noch eine Beteiligung gefordert. Im Zweifel setzt das bei Kapitalgesellschaften eine Beteiligung von mehr als 20 % voraus. Ein **faktischer Konzern** ohne kapitalmäßige Verflechtung im Sinne des Aktiengesetzes ist damit nach HGB **nicht** zur Aufstellung eines Konzernabschlusses verpflichtet. Die Abgrenzung nach § 290 I HGB unterscheidet sich vom § 18 AktG und vom § 11 PublG durch die geforderte Beteiligung.

§ 290 II HGB geht vom **Control-Konzept** aus, d.h., wenn eine der drei dort genannten rechtlichen Möglichkeiten der Ausübung eines beherrschenden Einflusses durch die Mutter- auf die Tochtergesellschaft vorliegt, ist ein Konzernabschluss zu erstellen.

In den beiden Konzernabgrenzungen nach § 290 I und II HGB bestehen grundsätzliche Unterschiede, wenn auch die praktische Auswirkung gering sein mag.[105]

Nach § 271 II HGB handelt es sich um Konzernunternehmen, wenn sie nach den Vorschriften über die Vollkonsolidierung nach den §§ 290 ff. HGB einzubeziehen wären, unabhängig davon, ob sie tatsächlich einbezogen werden oder nicht und ob das Mutterunternehmen einen Konzernabschluss aufstellt oder nicht. Damit ist der Begriff unabhängig von der tatsächlichen Einbeziehung nach den §§ 294-296 HGB und von der Konzerngröße, da es nicht darauf ankommt, ob der Konzernabschluss aufgestellt wird oder wegen der Unterschreitung der Größenmerkmale nach § 293 HGB entfällt.

---

[105] Vgl. Jonas, 1986, S. 36.

Dieser Begriff ist auch rechtsformunabhängig, da Tochterunternehmen nach § 294 HGB unabhängig von ihrer Rechtsform einzubeziehen sind, wenn die Muttergesellschaft eine Kapitalgesellschaft ist.

Abzugrenzen ist der Konzernbegriff von den **Gemeinschaftsunternehmen** nach § 310 HGB und den **assoziierten Unternehmen** nach § 311 HGB. Bei beiden handelt es sich nicht um Konzernunternehmen. Gemeinschaftsunternehmen werden mit einem oder mehreren wirtschaftlich selbständigen Unternehmen geleitet. Sie dürfen quotal konsolidiert werden. Assoziierte Unternehmen unterliegen einem maßgeblichen Einfluss. Zudem besteht an ihnen eine Beteiligung nach § 271 I HGB. Für sie ist die Equity-Methode als Konsolidierungsverfahren vorgesehen.

Nach § 290 HGB sind Mutterunternehmen, auch wenn die übrigen Voraussetzungen erfüllt sind, nur dann zur Erstellung eines Konzernabschlusses verpflichtet, wenn sie die Rechtsform der AG / KGaA, der GmbH oder der Kapitalgesellschaft & Co. (§ 264 a I HGB) aufweisen und im Inland ihren Sitz haben. Die Rechtsformen der Tochterunternehmen sind unerheblich. Alle Tochtergesellschaften, auch die Auslandstöchter, sind einzubeziehen. Eine weitergehende Regelung, einen Konzernabschluss auch dann zu erstellen, wenn das Mutterunternehmen keine Kapitalgesellschaft ist, sich aber unter den Konzerntöchtern eine Kapitalgesellschaft befindet, wurde nicht in das HGB aufgenommen. Hier käme nur eine Verpflichtung nach dem PublG in Frage.

Sowohl Tochterunternehmen als auch Gemeinschaftsunternehmen sowie assoziierte Unternehmen fließen in den Konzernabschluss ein. Sie werden aber mit unterschiedlichen Techniken konsolidiert.

- **Tochterunternehmen**: Vollkonsolidierung. Der Beteiligungsbuchwert der Mutter wird mit dem anteiligen Eigenkapital der Tochter verrechnet. Entstehende Unterschiedsbeträge sind den stillen Reserven oder stillen Lasten zuzurechnen. Die Restgröße bildet den Goodwill oder einen negativen Geschäftswert. Die Vermögensgegenstände und Schulden der Tochter werden dann - nach einer Reihe von Anpassungen - in den Konzernabschluss übernommen.

- **Gemeinschaftsunternehmen**: Quotenkonsolidierung. Die Bilanz des Gemeinschaftsunternehmens wird zunächst quotal, d.h. nach der Anteilshöhe des Konzerns, angepasst. Dann erfolgt wieder die Verrechnung des Beteiligungsbuchwertes mit dem anteiligen Eigenkapital. Die Vermögensgegenstände und Schulden gehen quotal in den Konzernabschluss ein. Die Quotenkonsolidierung ist ein Wahlrecht. Es kann für Gemeinschaftsunternehmen auch die Equity-Methode gewählt werden.

- **Assoziierte Unternehmen**: Equity-Methode. Bei der Equity-Methode wird ebenfalls ein Unterschiedsbetrag zwischen Beteiligungsbuchwert und anteiligem Eigenkapital ermittelt. In die Konzernbilanz fließen aber nicht Vermögensgegenstände und Schulden ein, sondern der Beteiligungsbuchwert, der um die Gewinne oder Verluste des assoziierten Unternehmens angepasst wird.

Damit umfasst die Konzernbilanz sehr unterschiedliche Werte:

- Die Abschlusswerte der **Tochterunternehmen** werden in voller Höhe in den Konzernabschluss übernommen.

- Die Abschlusswerte der **Gemeinschaftsunternehmen** gehen nur quotal in den Konzernabschluss ein.

- Die Abschlusswerte der **assoziierten Unternehmen** werden im Konzernabschluss „at equity" in einer Position berücksichtigt.

Dieses „Wertekonglomerat" erschließt sich nur schwer einer sinnvollen Interpretation und beeinflusst den Aussagewert des Konzernabschlusses ganz wesentlich. Die Konzernabschlusswerte werden in der Regel in einer einzigen Spalte ausgewiesen, sodass der Analytiker nicht weiß, woher die Werte stammen. Ob und in welchem Umfang es sich bei den ausgewiesenen Werten um Konzern-, Gemeinschafts- oder Equity-Anteile handelt, ist für den Analytiker nicht erkennbar. Die Wahl der Einbeziehungsmethode beeinflusst alle wichtigen Bilanzkennzahlen. Je nach Anwendung einer der drei Techniken wird die gleiche Vermögens-, Kapital-, Aufwands- oder Ertragsgröße unterschiedlich hoch im Konzernabschluss ausgewiesen.

Mit Hilfe dieser Methoden soll den unterschiedlichen Konzernaktivitäten Rechnung getragen werden. Dies hätte in letzter Konsequenz auch erfordert, dass diese Konzernaktivitäten im Konzernabschluss erkennbar sind. Nur dadurch kann der externe Analytiker die oben erwähnten Einflüsse abschätzen. § 313 II HGB schreibt zwar für den Konzernanhang die Angabe der Tochterunternehmen, Gemeinschaftsunternehmen bzw. assoziierten Unternehmen vor. Zum Teil beziehen sich Unternehmen jedoch auf den § 313 IV HGB. Dieser ermöglicht es dem Konzern, die Aufstellung seines Anteilsbesitzes anderweitig zu hinterlegen. Im Anhang wird dann auf diese Hinterlegung, beispielsweise beim Amtsgericht, verwiesen. Es ist ohne Weiteres nachvollziehbar, dass diese Vorgehensweise nicht dazu geeignet ist, einen den tatsächlichen Verhältnissen entsprechenden Einblick in die Vermögens-, Finanz- und Ertragslage des Konzerns zu vermitteln.

Bezüglich der **Bestandteile** des Konzernabschlusses bestehen gegenüber dem Einzelabschluss zunächst keine Besonderheiten:

Der Konzernabschluss besteht aus Konzernbilanz, Konzern-GuV und Konzernanhang. Sie bilden eine Einheit (§ 297 I HGB). Diese Formulierung stimmt mit der in § 264 I S. 1 HGB zum Einzelabschluss von Kapitalgesellschaften getroffenen Regelung überein. Die Gliederung der Bilanz und der Gewinn- und Verlustrechnung erfolgt entsprechend der des Einzelabschlusses großer Kapitalgesellschaften. Hinzu kommt der Konzernlagebericht (§ 315 HGB), welcher Geschäftsverlauf und Lage des Konzerns so darzustellen hat, dass ein den tatsächlichen Verhältnissen entsprechendes Bild vermittelt wird. Mit der Einführung des KonTraG wurde der § 297 I HGB zur Anpassung an internationale Standards ergänzt: „Die gesetzlichen Vertreter eines börsennotierten Mutterunternehmens haben den Konzernanhang um eine Kapitalflussrechnung und eine Segmentberichterstattung zu erweitern" (§ 297 I S. 2 HGB).

Da die Tochterunternehmen unabhängig von ihrer Größe und Rechtsform unter Berücksichtigung der Vorschriften der §§ 295, 296 HGB einzubeziehen sind, können abweichende Gliederungen der Einzelabschlüsse vorliegen bzw. es kann von den Erleichterungen für kleine und mittlere Kapitalgesellschaften Gebrauch gemacht worden sein. Einzelkaufleute und Personengesellschaften sind weder zur Aufstellung noch zur Offenlegung eines Anhangs nach HGB verpflichtet. § 294 III HGB stattet das Mutterunternehmen mit dem Recht aus, alle Aufklärungen und Nachweise von dem Tochterunternehmen verlangen zu können, die für die Konzernrechnungslegung erforderlich sind.

Die in den Konzernabschluss einzubeziehenden Unternehmen sind nicht identisch mit den Konzernunternehmen des § 290 HGB. Dies ergibt sich einmal aus dem Konsolidierungsverbot des § 295 und den Konsolidierungswahlrechten des § 296 HGB und zum anderen aus der Einbeziehung von Gemeinschaftsunternehmen nach § 310 HGB.

Dem Wertekonglomerat stehen damit keine verbesserten Instrumente zum Einblick bereit. Nur die Kapitalflussrechnung und die Segmentberichterstattung liefern weitere Informationen. Da in der Konzernbilanz die Wahlrechte neu ausgeübt werden dürfen, ist auch ein Vergleich der Gesamtheit der Einzelbilanzen mit der Konzernbilanz nicht möglich.

■ Mutter-Tochter-Verhältnis

Das HGB verlangt ein Mutter-Tochter-Verhältnis zwischen den Gesellschaften. Diese beiden Begriffe finden sich ausschließlich in den Vorschriften zur Konzernrechnungslegung. Begriffe wie herrschendes Unternehmen, Obergesellschaft, Konzernspitze, Dachgesellschaft und Holding einerseits sowie abhängiges Unternehmen und Untergesellschaft andererseits, die sich zum Teil im Aktiengesetz finden, enthält das HGB nicht.

Ein Mutter-Tochter-Verhältnis liegt vor, wenn ein Tochterunternehmen unter der einheitlichen Leitung eines Mutterunternehmens steht (§ 290 I HGB), oder wenn das Mutterunternehmen die rechtliche Möglichkeit besitzt, auf ein anderes Unternehmen einen beherrschenden Einfluss auszuüben (§ 290 II HGB) und zwar entweder durch

-   die Mehrheit der Stimmrechte der Gesellschafter,
-   das Recht der Organbestellung und -abberufung,
-   einen Beherrschungsvertrag oder aufgrund einer Satzungsbestimmung des Tochterunternehmens.

In dieser Regelung kommt die Absicht zum Ausdruck, alle Unternehmen in den Konzernabschluss einzubeziehen, die nach weltweit herrschender Auffassung der wirtschaftlichen Einheit Konzern zugerechnet werden.

Nach HGB ist ein Mutterunternehmen jede zur Aufstellung eines Konzernabschlusses verpflichtete inländische Kapitalgesellschaft oder auch jede Unternehmung, die einen befreienden Konzernabschluss aufstellen kann. Tochterunternehmen sind alle Unternehmen, die grundsätzlich in den Konzernabschluss eines Mutterunternehmens einzubeziehen sind, auch wenn sie durch Ausübung von Wahlrechten (§ 296 HGB) oder Berücksichtigung von Verboten (§ 295 HGB) tatsächlich nicht einbezogen werden.

■ **Verpflichtung zur Konzernrechnungslegung**

Der Konzern ist nicht rechtsfähig. Er kann deshalb nicht selbst Träger von Rechten und Pflichten sein. Werden vom Gesetzgeber bestimmte Rechtsfolgen an den Konzern geknüpft, richten sich diese an einzelne Konzerngesellschaften. Ein Unternehmen ist zur Aufstellung eines konsolidierten Abschlusses und eines konsolidierten Lageberichtes verpflichtet, wenn es wegen der Art der Beziehungen zu einem anderen Unternehmen Mutterunternehmen und das andere Tochterunternehmen ist und das Mutterunternehmen an der Konzernspitze steht. Die Verpflichtung zur Konzernrechnungslegung bezieht sich damit auf das Mutterunternehmen, wenn die weiteren Voraussetzungen nach HGB vorliegen. Die Verpflichtung besteht für die gesetzlichen Vertreter der Muttergesellschaft.

Der Konzernabschluss wird damit von der Konzernspitze und den Interessen der Vorstände des Mutterunternehmens oder der Holding bestimmt. Damit stehen Ziele wie Gewinnsteigerung, Umsatzwachstum, Eigenkapitalquote und Börsenkurs im Vordergrund. Sachverhaltsgestaltungen (Kauf und Verkauf) sowie Bilanzierungs- und Bewertungspolitik sind auf diese Ziele ausgerichtet. Die Information der Bilanzadressaten bleibt dahinter z.T. zurück.

5.3.1.2 Vorbereitende Maßnahmen für die Erstellung des Konzernabschlusses

Das HGB erlaubt den Konzernen zum einen eine neue und eigenständige Bilanzpolitik gegenüber den Einzelabschlüssen. Zum anderen wird eine Vereinheitlichung der Bilanzierung und Bewertung verlangt. Aus der Handelsbilanz I, dem Einzelabschluss des Einzelunternehmens, entsteht so eine **Handelsbilanz II**, die in den Konzernabschluss einfließt.

Als **Korrekturposten** im Rahmen der Angleichung der Handelsbilanzen I kommen grundsätzlich in Frage:[106]

1. Gliederung nach § 298 I i.V.m. § 266 HGB,
2. Bilanzansatz nach § 300 HGB,
3. Bewertung nach § 308 HGB,
4. Währungsumrechnung nach § 298 I i.V.m. § 244 HGB.

Zu 1.:
Die Anpassung von Gliederungen inländischer Unternehmen ist eher von untergeordneter Bedeutung. Hier sind die Gliederungsvorschriften für große Kapitalgesellschaften anzuwenden. Dagegen kann es bei der Anpassung von Gliederungen ausländischer Unternehmen zu bedeutenden Veränderungen kommen.

Zu 2.:
Beim Bilanzansatz gilt das Mengengerüst der HB I für die Erstellung der HB II. Hier kann es zu Korrekturen aufgrund der Aufführung von Positionen kommen, die nicht bi-

---

[106] Vgl. IDW, 2000, S. 994.

lanzierungsfähig nach dem Gesetz des Mutterunternehmens sind, aber in den Einzelabschlüssen bilanziert werden dürfen oder müssen. Umgekehrt kann in der HB II ein Bilanzansatzwahlrecht oder sogar eine Ansatzpflicht bestehen, auch wenn im Einzelabschluss eine Aufführung aufgrund der gesetzlichen Regelungen untersagt war.

Fraglich ist, ob das Vollständigkeitsgebot i.V.m. der gesetzlich fixierten Einheitstheorie soweit geht, dass auch andere Posten, die unter bestimmten Voraussetzungen in Einzelabschlüssen zu bilden gewesen wären, tatsächlich aber nicht gebildet wurden, für den Konzernabschluss nachzuholen sind.

Ansatzkorrekturen können ebenso aus den unterschiedlichen Regelungen des HGB und des PublG bedingt sein. Schließlich besteht für den Bilanzersteller mit der HB II erneut die Möglichkeit, Bilanzpolitik zu betreiben. Das kann zu neuen Ansätzen in der HB II führen, da auf Konzernebene andere Ziele verfolgt werden als im Rahmen der Einzelabschlusserstellung. So ist z.T. festzustellen, dass in der Einzelbilanz der Jahresüberschuss möglichst niedrig und im Konzernabschluss möglichst hoch ausgewiesen werden soll.

Zu 3.:
Maßstab für die HB II sind die nach dem Recht der Muttergesellschaft geltenden Regelungen. Anpassungen erfolgen hier beispielsweise im Bereich der Abschreibungen oder der Konzernherstellungskosten.

Zu 4.:
Die Währungsumrechnung soll die Erstellung des Gesamtabschlusses in einer Währung gewährleisten und muss deshalb die Verschiedenheit der Währungen beseitigen.

Die HB II stellt eine **statistische Bilanz** dar, die weder festgestellt, gebilligt noch veröffentlicht wird. Es besteht jedoch eine Prüfungspflicht. Die HB II umfasst allerdings noch keine Konsolidierung. Beide Sachverhalte sind deutlich voneinander zu trennen, auch wenn sich die Maßnahmen zum Teil auf die gleichen Gegebenheiten beziehen. Während die HB II die Anpassung der Einzelbilanzen verfolgt, geht es bei den Konsolidierungsmaßnahmen insbesondere um die Ermittlung des konsolidierungspflichtigen Kapitals.

Die Vereinheitlichung in der HB II verbessert den Einblick in die wirtschaftliche Lage des Konzerns, gestattet aber den Bilanzierenden dennoch, Wahlrechte auszuschöpfen. Eine Vereinheitlichung der Bilanzierung und Bewertung kann nur soweit gehen, als sie auch im Einzelabschluss greifen würde. So können neben einer Reihe von Ausnahmeregelungen auch Unterschiede in den Funktionen der Vermögensgegenstände zu einer unterschiedlichen Bewertung führen.

Zur Vereinheitlichung gehören auch die Bilanzstichtage. Der Gesetzgeber hat im HGB (§ 299 HGB) eine ganze Reihe von unterschiedlichen Stichtagen aufgeführt. In der Praxis hat sich aber gezeigt, dass davon nicht Gebrauch gemacht wird und der Stichtag des Mutterunternehmens gewählt wird.

Nach HGB gilt das **Weltabschlussprinzip**, d.h., alle Tochterunternehmen sind in den Konzernabschluss einzubeziehen. Allerdings sieht das HGB eine Reihe von Sonderregelungen vor. Dazu gehört das **Einbeziehungsverbot** nach § 295 HGB für Tochterun ternehmen, wenn ihre Tätigkeit derart von der Tätigkeit der anderen Konzernunternehmen abweicht, dass durch die Einbeziehung die Darstellung der Vermögens-, Finanz- und Ertragslage des Konzerns gefährdet wird. Diese Vorschrift ist restriktiv auszulegen. Nach heutiger Auffassung fallen nur noch rechtlich selbstständige gemeinnützige Unterstützungskassen des Konzerns darunter. Über die Nichteinbeziehung ist im Anhang zu berichten. Deshalb sollte der Bilanzanalytiker sehr sorgfältig den Anhang durchsehen, da z.T. auch andere Gesellschaften nicht einbezogen werden.

Neben dem Einbeziehungsverbot enthält das HGB (§ 296 HGB) einige **Einbeziehungswahlrechte**. Es handelt sich um:

1. Beschränkungen in der Ausübung der Rechte des Mutterunternehmens (§ 296 I Nr. 1 HGB)

Das Einbeziehungswahlrecht steht in sachlichem Zusammenhang mit dem Control-Konzept. Ebenso wie diese Konzeption, bei der die Aufstellungspflicht für den Konzernabschluss weitgehend von juristischen Kriterien abhängig ist, stellt auch das Wahlrecht auf die Beschränkung der Rechte und nicht nur auf die Beeinträchtigung ihrer tatsächlichen Durchführung ab. Der nach § 290 II HGB ausgeweitete Konsolidierungskreis kann durch das Einbeziehungswahlrecht auf den Bereich der Leitungsmacht reduziert werden (sachgerecht wäre dafür aber ein Konsolidierungsverbot gewesen). Beschränkungen der Rechte umfassen Vermögen und / oder die Geschäftsführung. Die Beschränkungen müssen sich auf Gesamtvermögen und / oder auf wesentliche Teile der Geschäftsführung beziehen.[107]

Niehus nennt dazu folgende Fälle:[108]

– Dividenden können wegen Devisenbeschränkung nicht überwiesen werden.

– Das Vermögen fließt im Falle einer Liquidation nicht den Gesellschaftern zu.

– Die Geschäftsführung des Tochterunternehmens ist nach dem Recht des jeweiligen Staates nicht absetzbar.

– Erweiterungsinvestitionen dürfen nur mit Mitteln aus dem betreffendem Land getätigt werden.

– Darlehen können nicht zurückgezahlt werden.

Beschränkungen nach § 296 I Nr. 1 HGB können tatsächlicher Art (politische, wirtschaftspolitische Verhältnisse) sein oder auf gesellschaftsrechtlicher oder vertraglicher Grundlage beruhen.

Tatsächliche Beschränkungen der Vermögensrechte können im Inland für gemeinnützige betriebliche Einrichtungen unterstellt werden. Für Auslandstöchter wäre eine solche Beschränkung dann gegeben, wenn das Vermögen nicht in ein anderes Land transferiert werden darf oder eine Verstaatlichung droht bzw. tatsächlich durchgeführt wird.

---

[107] Vgl. IDW, 2000, S. 966.
[108] Vgl. Niehus, 1984, S. 1791.

Tatsächliche Beschränkungen der Geschäftsführung liegen vor, wenn bei Auslandstöchtern kein Einfluss auf die Geschäftsführung ausgeübt werden darf. Vereinbarte Beschränkungen sind insoweit denkbar, als die Verfügung über wesentliche Teile des Vermögens oder wichtige Geschäftsführungsmaßnahmen in den Unternehmensverträgen an Einstimmigkeits- oder Vetoklauseln gebunden sind.

Durch die Nennung der Kriterien „erhebliche und andauernde Beschränkung" und „nachhaltige Beeinträchtigung" wird deutlich, dass ein strenger Maßstab bei der Inanspruchnahme dieses Konsolidierungswahlrechtes angewandt werden muss.[109]

Als erhebliche Beschränkung sind solche Einflüsse aufzufassen, die der Konzernleitung eine sinnvolle Einfügung des Tochterunternehmens in die Konzernpolitik unmöglich machen.[110] Die Frage der Einbeziehung sollte davon abhängig gemacht werden, ob die Eingriffe eine einheitliche Leitung durch das Mutterunternehmen verhindern.[111] Die andauernde Beschränkung muss sich nicht auf mehrere Geschäftsjahre erstrecken. Es genügt, wenn sie während des Geschäftsjahres vorlag und bis zur Aufstellung des Konzernabschlusses fortbestand.[112]

Eine nachhaltige Beeinträchtigung ist dann zu unterstellen, wenn durch Einzelmaßnahmen der Konzernmutter keine Beseitigung dieser Beeinträchtigung zu erzielen ist.

2. Kriterium der wirtschaftlichen Rechnungslegung (§ 296 I Nr. 2 HGB)

Dieses Konsolidierungswahlrecht ergibt sich bei „unverhältnismäßig hohen Kosten" oder „unverhältnismäßiger Verzögerung".

Dieser Grundsatz beruht auf dem Gesichtspunkt, dass zwischen den Kosten einer Informationsrechnung und dem Nutzen der durch sie vermittelten Informationen ein angemessenes Verhältnis bestehen muss.

Biener / Schatzmann[113] nehmen dazu folgende Präzisierung vor: Nur dann kann von unverhältnismäßig hohen Kosten gesprochen werden, wenn sie in einem deutlich erkennbaren Missverhältnis zu den Kosten für die Aufstellung des Konzernabschlusses insgesamt und der sich aus der Einbeziehung des Unternehmens in den Konzernabschluss ergebenden Verbesserung der Aussagekraft des Konzernabschlusses stehen. Die unverhältnismäßige Verzögerung ergibt sich daraus, dass wegen des Fehlens der erforderlichen Angaben der Konzernabschluss nicht fristgerecht aufgestellt werden kann und die Publizität der Konzernrechnungslegung unter der Verzögerung stärker leidet, als unter dem Verzicht auf die Einbeziehung des entsprechenden Unternehmens. Dies kann der Fall sein, wenn ein Unternehmen während des Geschäftsjahres Konzernunternehmen geworden ist, sein Rechnungswesen aber noch nicht umgestellt wurde (Wahlrecht nur innerhalb der Integrationsphase).

---

[109] Vgl. Maas / Schruff, 1986, S. 209.

[110] Vgl. von Wysocki / Wohlgemuth, 1986, S. 86.

[111] Vgl. IDW, 1985, S. 191.

[112] Vgl. Biener / Schatzmann, 1983, S. 25.

[113] Vgl. Biener / Schatzmann, 1983, S. 26.

Ursachen für zeitliche Verzögerungen müssen außergewöhnliche Ereignisse oder Katastrophenfälle sein, denn Mängel im innerkonzernlichen Informationssystem rechtfertigen die Nichteinbeziehung eines Tochterunternehmens grundsätzlich nicht.[114] Einer Nichteinbeziehung steht auf der anderen Seite der Grundsatz der Vollständigkeit des Konzernabschlusses gegenüber. An die Voraussetzungen für die Inanspruchnahme dieses Konsolidierungswahlrechtes müssen deshalb hohe Anforderungen gestellt werden.[115] Eine sinnvolle Anwendung dieser Vorschrift erscheint dann gegeben, wenn die Tochterunternehmen im Laufe des Geschäftsjahres erworben wurden und die Umstellung und Organisation des Rechnungswesens noch nicht abgeschlossen ist.

3. Kriterium der Weiterveräußerung (§ 296 I Nr. 3 HGB)

Von der Einbeziehung kann abgesehen werden, wenn ein sonst ständig wechselnder Konsolidierungskreis die Vergleichbarkeit für den Außenstehenden erschwert. Diese Regelung ist im Hinblick auf das Control-Konzept erforderlich, um den Konsolidierungskreis auf die wirtschaftliche Einheit Konzern zu beschränken. Für Kreditinstitute ist eine solche Weiterveräußerung zu unterstellen, wenn sie die Anteile erwerben, um sie auf dem Kapitalmarkt zu platzieren.

Die Weiterveräußerung muss ernsthaft betrieben werden.[116] Anhaltspunkte sind Verkaufsverhandlungen, das Einschalten von Maklern, Beschlüsse des Vorstandes und Anweisungen an die entsprechenden Abteilungen. Ein eindeutiger Nachweis wird erbracht, wenn die Anteile zum Zeitpunkt der Aufstellung des Konzernabschlusses bereits veräußert sind.

Die Anteile müssen ausschließlich zum Zwecke der Weiterveräußerung gehalten werden. Kurzfristige Einflussnahme, z.B. auf die Zusammensetzung des Aufsichtsrates, gestattet keine Inanspruchnahme dieses Wahlrechts.[117] Wenn nur ein Teil der Anteile zur Weiterveräußerung gehalten wird, kann lediglich dann ein Einbeziehungswahlrecht vorliegen, wenn die restlichen Anteile für sich allein keine Konsolidierungspflicht auslösen.

4. Kriterium der untergeordneten Bedeutung (§ 296 II HGB)

Dieses Wahlrecht entspricht dem allgemein anerkannten Grundsatz der *Materiality* bzw. Wesentlichkeit der Rechnungslegung.

Für die Abgrenzung des Begriffes „untergeordnete Bedeutung" sind starre Verhältniszahlen oder einzelne Bilanzpositionen ungeeignet, da sie den vom Gesetz vorgesehenen flexiblen Regelungen widersprechen.[118]

---

[114] Vgl. von Wysocki / Wohlgemuth, 1986, S. 88.

[115] Vgl. Sahner / Sauermann, 1998, Rn. 14 zu § 296 HGB.

[116] Vgl. Biener / Berneke, 1986, S. 317.

[117] Vgl. Albrecht, 2001, Rn. 17 zu § 296 HGB.

[118] Vgl. Adler / Düring / Schmaltz, 2001, Rn. 31 zu § 296 HGB.

Bei dieser Frage ist vielmehr eine Gesamtbetrachtung erforderlich. Die Bedeutung der Tochterunternehmen für die Vermögens-, Finanz- und Ertragslage muss an ihrer wirtschaftlichen Funktion im Gesamtkonzept gemessen werden. Beispiele für eine Einbeziehung unabhängig von ihrer Bedeutung für Bilanzposition und Bilanzsumme sind:

- Zwischenerfolge könnten sonst nicht eliminiert werden,

- unternehmenstypische Funktionen würden nicht einbezogen,

- Verluste von Forschungs- und Entwicklungsunternehmen fänden keine Berücksichtigung im Konzernabschluss.

Wenn mehrere Tochterunternehmen von untergeordneter Bedeutung sind, ist festzustellen, ob auch die Gesamtheit dieser Tochtergesellschaften von untergeordneter Bedeutung ist. Sofern durch ihren Ausschluss insgesamt die Aussagekraft leidet, sind diese nicht von untergeordneter Bedeutung.

Diese Regelungen mögen im Einzelfall begründet sein, erschweren aber dem Bilanzanalytiker den Einblick in den Konzernabschluss. Auch hier gilt es wieder, eine sorgfältige Durchsicht des Anhangs vorzunehmen, um die Art und den Umfang der nicht einbezogenen Unternehmen zu ermitteln. Dazu sollte ggf. der Einzelabschluss herangezogen werden.

Im Weiteren sind die **Konsolidierungsmaßnahmen** durchzuführen. Von entscheidender Bedeutung ist dabei die Kapitalkonsolidierung bei der erstmaligen Einbeziehung.

5.3.1.3 Konsolidierungsmaßnahmen

▓ Kapitalkonsolidierung

Bei der Kapitalkonsolidierung werden die Anteile an den Tochterunternehmen, die in die Konsolidierung einbezogen werden, mit deren anteiligen Eigenkapital verrechnet. Alle Anteile an den einbezogenen Tochterunternehmen werden konsolidiert, unabhängig davon, ob sie vom Mutterunternehmen oder vom einbezogenen Tochterunternehmen gehalten werden.

Durch die Kapitalkonsolidierung werden **Kapitalverflechtungen** zwischen den Konzernunternehmen, die zu Doppelerfassungen führen, **eliminiert**. Die Kapitalkonsolidierung ist damit Ausfluss der Einheitstheorie, da diese kapitalmäßigen Verflechtungen in einer rechtlichen Einheit nicht bestehen würden.

Das HGB sieht in § 301 HGB für die Einbeziehung von Tochterunternehmen - neben der unter bestimmten Voraussetzungen erlaubten Interessenzusammenführungsmethode nach § 302 HGB - die Kapitalkonsolidierung nach der **Erwerbsmethode** vor.

Im Rahmen der Kapitalkonsolidierung nach der Erwerbsmethode (Purchase-Methode) wird die Maßgeblichkeit der Einzelbilanz des Tochterunternehmens für die Konzernbilanz aufgehoben.

In der Konzernbilanz ist das Tochterunternehmen mit seinen Vermögensgegenständen, Schulden, Rechnungsabgrenzungsposten, Bilanzierungshilfen und Sonderposten sowie etwaigen Unterschiedsbeträgen anzusetzen. Diese Positionen werden für die Konzernbilanz nach Ansatz (§ 300 HGB) und Bewertung (§ 308 HGB) vereinheitlicht und neu bestimmt. Die Anpassung der Bilanzinhalte und -werte geschieht nach dem Grundsatz der Fiktion der rechtlichen Einheit. Bei der Erwerbsmethode wird unterstellt, dass die Vermögensgegenstände und Schulden des Tochterunternehmens durch den Konzern einzeln angeschafft wurden. Aufgrund dieser Fiktion bezieht man nicht die Buchwerte, sondern die Anschaffungswerte der Einzelpositionen der übernommenen Tochtergesellschaft in die Konsolidierung ein.

Werden diese Korrekturen vollständig vorgenommen, verändert sich das Eigenkapital des Tochterunternehmens. Dabei hält der deutsche Gesetzgeber am Anschaffungswertprinzip fest. Die tatsächlichen Anschaffungskosten der Tochtergesellschaft bilden die Obergrenze für die Korrekturen der Vermögenswerte und Schulden.

In § 301 HGB wird den Unternehmen die Wahl gelassen, ob sie die Kapitalkonsolidierung nach der Buchwert- oder der Neubewertungsmethode durchführen. Bei der **Buchwertmethode** wird die Beteiligung der Mutterunternehmung mit dem auf diesen Anteil entfallenden Betrag des Eigenkapitals des Tochterunternehmens verrechnet. Das Eigenkapital ist mit dem Betrag anzusetzen, der dem Buchwert der Vermögensgegenstände und Schulden entspricht. Ein sich ergebender Unterschiedsbetrag wird verwendet, um das Vermögen und die Schulden aus der Einzelbilanz des Tochterunternehmens im Rahmen der Erstkonsolidierung gemäß dem Anschaffungskostenprinzip zu korrigieren.

Bei der **Neubewertungsmethode** wird das Eigenkapital des Tochterunternehmens vor Aufrechnung gegen die Beteiligung neu bewertet, wobei das neubewertete anteilige Eigenkapital den Anschaffungswert der Beteiligung nicht überschreiten darf. Die Zuordnung stiller Reserven erfolgt damit in der Einzelbilanz des Tochterunternehmens und wird von dort in den konsolidierten Abschluss übernommen.

Der wesentliche Unterschied zwischen den beiden Methoden zeigt sich, wenn Minderheiten an der Tochtergesellschaft beteiligt sind. Bei der Neubewertungsmethode werden die stillen Reserven insgesamt aufgedeckt, also auch mit dem Anteil, der auf die Minderheitsgesellschafter entfällt. Bei der Buchwertmethode erfolgen die Korrekturen nur entsprechend den Anteilen der konsolidierten Unternehmen an dem Tochterunternehmen. Damit führen die beiden Methoden zum gleichen Ergebnis, wenn die Konzernunternehmen eine hundertprozentige Beteiligung an diesem Tochterunternehmen halten.

Der sich ergebende Unterschiedsbetrag ist hinsichtlich seiner Ursachen zu analysieren. Dabei wird sich im Normalfall ein aktiver Unterschiedsbetrag ergeben, ein passiver Unterschiedsbetrag ist aber möglich. Ein **aktiver Unterschiedsbetrag** aus der Konsolidierung ist im Rahmen der Erstkonsolidierung erfolgsneutral. In den Folgekonsolidierungen ergibt sich die Erfolgswirksamkeit aus der Wirkung der Abschreibungen auf die Neubewertungen und den Geschäfts- und Firmenwert.

Die Behandlung des Unterschiedsbetrages erfolgt in zwei Stufen. Zunächst sind die stillen Reserven und ggf. die stillen Lasten zu bedienen. Der verbleibende Restbetrag wird als Goodwill ausgewiesen. Unter den Aspekten Bilanzpolitik-Bilanzanalyse sind zwei Gesichtspunkte von Bedeutung:

1. Das HGB schreibt nicht konkret vor, wie die Bewertung der Vermögensgegenstände und Schulden erfolgen sollte. Hier gelten die allgemeinen Bewertungsvorschriften. In diesem Rahmen kann - insbesondere wenn der Unterschiedsbetrag nicht für alle stillen Reserven reicht - erhebliche Bilanzpolitik bei der Zuordnung betrieben werden.

2. Das HGB eröffnet den Bilanzierenden erhebliche Spielräume bei der Behandlung des Goodwill (§ 309 HGB). Neben der pauschalen ist die planmäßige Abschreibung vorgesehen und eine ergebnisneutrale Verrechnung mit den Rücklagen. Welche Auswirkungen sich daraus auf das Konzernergebnis und das Konzerneigenkapital ergeben, zeigt das nachfolgende Beispiel.

Eine Tochter des Hoechst-Konzern kauft am 28.06.1995 für 7,1 Mrd. US $ 71 % der Anteile von Marian Merell. Im Rahmen der Kapitalkonsolidierung entstand ein Geschäftswert von 8,1 Mrd. DM, der über 20 Jahre abgeschrieben wird. Der Jahresüberschuss des Hoechst-Konzern betrug 1995 DM 2.245 Mio.

Bilanzpolitische Möglichkeiten	Aktivierung / Abschreibung über 4 Jahre (§ 309 I S. 1 HGB) in Mio. DM	Aktivierung / Abschreibung über 20 Jahre (§ 309 I S. 2 HGB) in Mio. DM	Erfolgsneutrale Verrechnung mit den Rücklagen (§ 309 I S. 3 HGB) in Mio. DM
Ergebnisbelastung	2.025	405	-
Jahresüberschuss	625	2.245	2.650
Eigenkapital	13.883	15.503	7.808
Eigenkapitalrendite	4,5 %	14,5 %	33,9 %

Tabelle 46: Bilanzpolitischer Spielraum beim Geschäfts- oder Firmenwert

Die Möglichkeit der ergebnisneutralen Verrechnung mit dem Eigenkapital ist in der Vergangenheit heftig kritisiert worden. International gibt es keine entsprechenden Regelungen. IAS sieht die Aktivierung des Geschäftswertes und die planmäßige Abschreibung über maximal 20 Jahre zwingend vor.

US-GAAP hat für die Behandlung des Goodwill eine neue Regelung getroffen. Danach ist der Goodwill zu aktivieren. Eine planmäßige Abschreibung ist nicht vorgesehen. Es kommt nur eine außerplanmäßige Abschreibung - der *impairment test* - in Frage. Danach ist jährlich zu prüfen, ob der Goodwill noch werthaltig ist. Durch dieses Vorgehen werden die Ergebnisse der Konzerne durch die fehlende planmäßige Abschreibung - um ca. 10-15 % höher ausfallen. Zum anderen können durch einen *impairment test* Sonderabschreibungen in Millionenhöhe auftreten. Die Konzernergebnisse unterliegen damit größeren Schwankungen.

Die Zuordnung eines **passivischen Unterschiedsbetrages** hängt wesentlich von dessen Begründung bzw. von den Zukunftsaussichten des Unternehmens ab. Ist die Entstehung eines passivischen Unterschiedsbetrages darauf zurückzuführen, dass für den Anteil weniger bezahlt wurde als er tatsächlich wert ist (*lucky buy*), so ist der passivische Unterschiedsbetrag dem bilanzanalytischen Eigenkapital zuzuschlagen. Werden in ihm jedoch pessimistische Zukunftserwartungen ausgedrückt, die bereits im Kaufpreis berücksichtigt wurden, so ist dieser Unterschiedsbetrag dem Fremdkapital zuzuordnen. Diese Zuordnungsmöglichkeit sollte bei der externen Konzernbilanzanalyse gewählt werden. Da dem Analytiker die für die endgültige Beurteilung notwendigen internen Informationen nicht zugänglich sind, spricht das bilanzanalytische Vorsichtsprinzip für diese Vorgehensweise.

Anteile anderer Gesellschafter sind bilanzanalytisch Eigenkapitalbestandteile. Anteile am Verlust haben als negative Eigenkapitalbestandteile bereits den Anteil dieser Gesellschafter gekürzt. Bei den Anteilen am Gewinn handelt es sich um kurzfristiges Fremdkapital, da die Ausschüttung unterstellt wird.

Bei der Konsolidierung von **Gemeinschaftsunternehmen** ist ebenfalls ein aktivischer Unterschiedsbetrag mit dem Eigenkapital zu saldieren, während ein passivischer Unterschiedsbetrag Fremdkapital darstellt.

Bei der Konsolidierung von **assoziierten Unternehmen** im Rahmen der Buchwertmethode haben die stillen Reserven in den Wertansätzen der assoziierten Unternehmen und der Geschäfts- oder Firmenwert eine besondere Bedeutung. Sie können allerdings in der Bilanzanalyse nicht ermittelt werden, da weder betragsmäßige Angaben gefordert sind, noch auf freiwilliger Basis irgendwelche Informationen über deren Größenordnung vermittelt werden. Ein Unterschiedsbetrag ist darüber hinaus nur bei der erstmaligen Konsolidierung in der Konzernbilanz zu vermerken oder im Konzernanhang anzugeben.

■ **Zwischenergebniseliminierung**

Auch die **Zwischenergebniseliminierung** muss bilanzanalytisch berücksichtigt werden. Die Zwischenergebniseliminierung dient lediglich dazu, die Fiktion der rechtlichen und wirtschaftlichen Einheit auch im Konzernabschluss abzubilden. Die Einheitstheorie verlangt, dass Gewinne und Verluste nur dann als realisiert gelten, wenn sie gegenüber konzernfremden Unternehmen erzielt werden. Die Eliminierung von so genannten Zwischengewinnen bzw. Zwischenverlusten beeinflusst das Ergebnis des Konzerns, ohne dass diese tatsächlich zu einer Erhöhung oder Verminderung des Ergebnisses geführt hätten. Die wirtschaftliche Einheit Konzern hat einen solchen Gewinn oder Verlust nicht realisiert und wird ihn auch nicht realisieren. Der Konzernjahreserfolg wird nur um die Veränderung der Zwischengewinne bzw. Zwischenverluste gegenüber dem Vorjahr korrigiert. Deshalb müssen dem Jahresüberschuss aus der Konzern-GuV nicht nur die neu entstandenen Zwischenverluste aus der vergangenen Periode hinzugezählt, sondern auch die aus Vorperioden stammenden und in der Abrechnungsperiode abgebauten Zwischenverluste müssen abgezogen werden. Bei Zwischengewinnen ist umgekehrt vorzugehen. Hier wird deutlich, dass der Analytiker ohne Informationen über die in den Vorjahren vorgenommenen Zwischenergebniseliminierungen diese Einflüsse nicht beurteilen kann. Werden die Erträge in den Ergebnisvortrag eingestellt oder auch mit den Gewinnrücklagen verrechnet, so sind die Korrekturen im Konzernabschluss nicht erkennbar.

■ **Schuldenkonsolidierung**

Im Rahmen der **Schuldenkonsolidierung** können sich Aufrechnungsdifferenzen beispielsweise aus der unterschiedlichen Umrechnung von Fremdwährungsforderungen und Fremdwährungsverbindlichkeiten, aus unverzinslich oder niedrig verzinslich gewährten Darlehen oder Rückstellungen ergeben, denen kein entsprechender Aktivposten gegenübersteht. Wie bei der Zwischenergebniseliminierung darf auch hier nicht die Gesamtaufrechnungsdifferenz, sondern nur deren Veränderung gegenüber dem Vorjahr auf den Konzernjahresüberschuss Einfluss nehmen. Diese Differenz ist entweder in den Ergebnisvortrag einzustellen oder aber im Rahmen eines eigenen Ausgleichspostens auszuweisen. Ferner besteht die Möglichkeit der Verrechnung mit den Gewinnrücklagen. Im Falle eines eigenen Ausgleichspostens wird eine passivische Differenz dem Eigenkapital hinzugefügt, eine aktivische hingegen mit dem Eigenkapital saldiert. Im Falle der Einstellung in den Ergebnisvortrag oder der Verrechnung mit den Gewinnrücklagen ergeben sich keine weiteren Aufbereitungsnotwendigkeiten.

■ **Aufwands- und Ertragskonsolidierung**

Durch die **Aufwands- und Ertragskonsolidierung** soll erreicht werden, dass der Konzern wie ein einheitliches Unternehmen eine Gewinn- und Verlustrechnung aufstellt. Konsequenterweise führt dies dazu, dass bei den Gewinn- und Verlustrechnungen der einbezogenen Unternehmen die aus konzerninternen Vorgängen resultierenden Aufwendungen und Erträge miteinander verrechnet werden müssen. Auch Ergebnisübernahmen von konsolidierten Konzernunternehmen müssen berücksichtigt werden. Bei Beteiligungserträgen gilt es den Konzernerfolg im Jahr der Vereinnahmung des Gewinns entsprechend zu mindern. Andernfalls würde bei zeitverschobener Vereinnahmung der gleiche Ertrag im Jahr der Entstehung und im Jahr der Vereinnahmung in der aufsummierten Gewinn- und Verlustrechnung ausgewiesen werden. Aus Konzernsicht ist jedoch nur der Ausweis im Jahr der Entstehung zulässig. Mit der Anzahl der Konzernstufen verschärft sich dieses Problem. Hier könnte der Konzernerfolg gleich mehrfach verfälscht werden. Die Beteiligungserträge sind entweder in den Ergebnisvortrag einzustellen, oder es werden die Rücklagen des Konzerns als Gegenposten gewählt. Denkbar wäre auch ein eigener Abschlussposten für vereinnahmte Vorjahresergebnisse oder ein Ausgleichsposten aus der Erfolgskonsolidierung. Der Untersuchung dieser Positionen ist bei der Konzernbilanzanalyse erhöhte Aufmerksamkeit zu schenken. Sie sind dem Eigenkapital des Konzerns zuzuordnen, handelt es sich doch um „Quasi-Thesaurierungen", d.h. um Gewinngrößen, die den Konzernbereich noch nicht verlassen haben.

■ **Währungsumrechnung**

Die **Währungsumrechnung** führt durch die Veränderung der Wechselkurse zwischen zwei Bilanzstichtagen sowie durch die Verwendung unterschiedlicher Kurse zwangsläufig zu Differenzen bei der Umrechnung der Abschlusspositionen. Die Differenzen werden entweder in den Ergebnisvortrag, in spezifische Posten der Erfolgsrechnung oder aber in die Rücklagen eingestellt. Denkbar wäre aber auch ein eigener Ausgleichsposten aus der Währungsumrechnung in der Bilanz. In diesem Fall sollte ein aktivischer Abschlussposten mit dem Eigenkapital saldiert, ein passivischer Unterschiedsbetrag hingegen als Bestandteil des Eigenkapitals betrachtet werden.

Da im Konzernabschluss sowohl die primären **latenten Steuern** der Einzelabschlüsse als auch sekundäre latente Steuern aus der Konzernrechnungslegung erfasst werden müssen, können diese Positionen im Rahmen der Konzernrechnungslegung erhebliche Größenordnungen annehmen. Der Ausweis latenter Steuern erfolgt primär unter Abgrenzungsgesichtspunkten und dient nicht dem Ausweis echter Vermögens- oder Kapitalgrößen. Insofern sind die aktivischen latenten Steuern gegen das Eigenkapital aufzurechnen, passivische latente Steuern aus dem Fremdkapital zu eliminieren.

Der Konzerngewinn bzw. Konzernverlust ist nicht mit dem Bilanzgewinn bzw. Bilanzverlust eines Einzelunternehmens zu vergleichen. Der Konzerngewinn ist eine reine Rechengröße, die vor allem durch die Konsolidierungsmaßnahmen beeinflusst wurde. Da die auf die anderen Gesellschafter entfallenden Ergebnisanteile schon eliminiert wurden, stellt der Konzerngewinn keine Größe dar, die auf die gesamte Einheit Konzern bezogen werden könnte. Der Konzerngewinn wird auch nicht als Ausschüttungsbetrag den Konzern verlassen und damit als kurzfristiges Fremdkapital zu behandeln sein. Es ist eine differenzierte Vorgehensweise erforderlich. Die Ausschüttung des Mutterunternehmens ist als kurzfristiges Fremdkapital zu betrachten, da dieser Betrag den Konzernbereich verlässt. Die auf die anderen Gesellschafter entfallenden Gewinnanteile verlassen ebenfalls den Konzern als Ausschüttungsbeträge - allerdings auf niedrigeren Konzernstufen. Diese Beträge sollten daher in voller Höhe dem kurzfristigen Fremdkapital zugerechnet werden. Die Frage nach der Existenzberechtigung der Konzerngewinngröße ist durchaus berechtigt. Bei der Analyse der Konzernertragslage sind in jedem Fall weitergehende Informationen und tiefergehende Analysen zum Konzerngewinn notwendig.

Diese Ausführungen zeigen, dass der **Schwierigkeitsgrad der Konzernabschlussanalyse** ungleich höher ist als der einer Einzelabschlussanalyse. Nicht nur das Analyseobjekt als solches wird komplexer, auch die Einflussmöglichkeiten sind vielgestaltiger. So ist insbesondere im Hinblick auf die Bilanzpolitik mit einer Vervielfachung der Einflussgrößen zu rechnen. Trotz bzw. gerade wegen dieser Probleme bleibt die Bilanzanalyse für die Untersuchung des Konzerns unentbehrlich. Noch stärker als bei der Analyse des Einzelabschlusses muss sich der Analytiker jedoch der Grenzen bewusst sein. Nur unter Einbeziehung weiterer Informationen, vor allem über die Bilanzpolitik, wird ihm eine zutreffende Beurteilung möglich sein.

5.3.2 Internationale Rechnungslegung

5.3.2.1 Grundlagen der internationalen Rechnungslegung

■ Rechnungslegungssysteme und Einflussfaktoren

Rechnungslegungssysteme sind komplexe Informationssysteme und umfassen als solche die Menge aller Rechnungslegungsnormen und -praktiken, welche die Ausgestaltung der externen Rechnungslegung beeinflussen. Sie bestehen aus einer Vielzahl von Instrumenten, wie z.B. Bilanzen, Gewinn- und Verlustrechnungen sowie Erläuterungen, wie z.B. Anhängen, Kapitalflussrechnungen, Segment- und Lageberichten.

Die weltweit verschiedenen Rechnungslegungssysteme sind das Ergebnis historischer Entwicklungsprozesse, die sich im Zusammenspiel der Interessen von Bilanzerstellern und Bilanzadressaten entwickelt haben. Die nationalen Rechnungslegungsvorschriften spiegeln daher als Teil einer umfassenden Bilanzkultur in der jeweiligen Gesellschaft die spezifischen politischen, geschichtlichen, wirtschaftlichen und sozialen Ausprägungen dieser Länder wieder. Als maßgebliche sozio-ökonomische Einflussfaktoren auf die Rechnungslegung lassen sich das Rechtssystem, das Steuersystem, die Eigentums- und Kapitalmarktstruktur, die Inflation und die Stellung des Berufsstandes der Wirtschaftsprüfer anführen.

Seit langem werden in der wissenschaftlichen Literatur Versuche unternommen, die in vielen Merkmalen unterschiedlichen nationalen Rechnungslegungssysteme sinnvoll zu klassifizieren. Ziel aller Klassifikationsansätze ist es, die Rechnungslegungssysteme verschiedener Länder zu möglichst homogenen Gruppen zusammenzufassen, um so den Harmonisierungsgrad innerhalb dieser Gruppen zu ermitteln. Als Klassifikationskriterien können gemeinsame Rechtstraditionen, Wirtschaftsverfassungen, Kapitalmarktstrukturen und andere sozio-ökonomische Einflussfaktoren zu Grunde gelegt werden. Ein möglicher Ansatz geht von den beobachtbaren Rechnungslegungspraktiken in westlichen Industrieländern aus. Auf der ersten Ebene eines solchen Ansatzes wird zunächst festgestellt, ob ein Rechnungslegungssystem mikro- oder makroökonomisch orientiert ist. Anschließend wird auf der zweiten Stufe untersucht, wer die Rechnungslegungsnormen maßgeblich beeinflusst. Hier kommen in Frage Theorie und Lehre, kaufmännische Praxis oder die Legislative. Die dritte Ebene schließlich unterscheidet zwischen britischer und US-amerikanischer (angloamerikanischer) Einflusszone einerseits und steuerlich bzw. handelsrechtlich (kontinentaleuropäisch) geprägter Gesetzgebung andererseits.

Insbesondere die Klassifizierung nach den zwei großen Hauptrichtungen von Rechnungslegungssystemen, dem investororientierten angloamerikanischen System, für das die US-GAAP als demonstrativer Vertreter stehen und dem gläubigerschutzorientierten kontinentaleuropäischen System, wie es sich im deutschen HGB niederschlägt, wird in der aktuellen Literatur vorrangig diskutiert. Tabelle 47 vergleicht die beiden Systeme.

	Kontinentaleuropäische Rechnungslegung	Angloamerikanische Rechnungslegung
Rechtssystem	Regulierung durch staatliche Institutionen (code law). Entwicklung der Rechnungslegungsnormen durch den Gesetzgeber.	Begrenzte Zahl gesetzlicher Regelungen. Induktive Ableitung von Rechtsgrundsätzen anhand von Rechtsfällen (case law). Entwicklung der Rechnungslegungsnormen durch privatrechtliche Gremien.
Steuersystem	Verknüpfung von handels- und steuerrechtlicher Rechnungslegung (Maßgeblichkeit bzw. umgekehrte Maßgeblichkeit).	Trennung von Handels- und Steuerrecht.
Finanzmarktorganisation	Finanzierung über Banken dominiert. Noch eher geringfügig ausgeprägte Aktienkultur.	Finanzierung über Kapitalmarkt dominiert. Ausgeprägte Aktienkultur.
Stellung des Berufsstandes	Kleiner Berufsstand. Geringer Einfluss auf Gesetzgebung.	Großer Berufsstand mit hohem Organisationsgrad. Starker Einfluss und Beteiligung am Normgebungsprozess.
Rechnungslegung	Entwicklung der Rechnungslegungsnormen zum Schutze der Handelspartner (Gläubigerschutzprinzip). Dominanz des Vorsichtsprinzips.	Entwicklung der Rechnungslegungsnormen zum Zwecke der Transparenz am Kapitalmarkt. Dominanz der Informationsfunktion (true and fair view).

Tabelle 47: Gegenüberstellung der kontinentaleuropäischen Rechnungslegung und der angloamerikanischen Rechnungslegung

■ Harmonisierungsbestrebungen

Die Bestrebungen zur Harmonisierung der Rechnungslegungssysteme innerhalb der EU gehen bereits auf die römischen Verträge aus dem Jahr 1957 zurück, in denen die Grundlage für einen engeren Zusammenschluss der europäischen Völker geschaffen wurde. Mit der Umsetzung der 4. (Einzelabschluss), 7. (Konzernabschluss) und 8. (Prüfung) EG-Richtlinie in nationales Recht wurde erstmals eine Angleichung zwischen den unterschiedlichen europäischen Rechnungslegungs- und Prüfungsvorschriften erreicht. Trotz dieser Harmonisierungsbestrebungen der europäischen Instanzen, insbesondere der EU-Kommission und der ihr zugeordneten Gremien (Kontaktausschuss und Forum für Rechnungslegung), bestehen in den einzelnen Mitgliedsländern der EU zahlreiche unterschiedliche Wahlrechte, die sich auf alle Grundsatzfragen der Bilanzierung beziehen.

Die in den vergangenen zehn Jahren wachsende Internationalisierung der Geschäftstätigkeiten und die zunehmende Verflechtung der Märkte, insbesondere der Finanz- und Kapitalmärkte, hat einen internationalen Harmonisierungsprozess der Rechnungslegung ausgelöst, der über die Grenzen der EU hinausgeht und einen Wandel der externen Rechnungslegung vom *„Financial Accounting"* zum *„Business Reporting"* bewirkt. Als Ursache dieser Internationalisierungs- und Globalisierungstendenzen lassen sich der technische Fortschritt, die freie und sekundenschnelle Verfügbarkeit von Informationen, die Konkurrenz der Wirtschaftsräume sowie das Streben nach wirtschaftlichem Fortschritt anführen.

Derzeit gibt es mit den IAS und den US-GAAP zwei international anerkannte und gegenseitig konkurrierende Rechnungslegungsstandards, an denen sich eine Neuausrichtung der nationalen Vorschriften orientieren kann. Insbesondere den vom IASB herausgegebenen IAS werden gute Chancen eingeräumt, zum künftigen Weltstandard der Rechnungslegung zu avancieren, da sie von einem supranationalen Standardsetter erlassen und von der weltweiten Vereinigung der Börsenaufsichtsbehörden (IOSCO) unterstützt werden. Aus diesem Grund präferiert insbesondere die EU-Kommission die Anwendung der IAS und die entsprechende Anpassung der EG-Richtlinien an das IAS-Regelwerk. Die breite Anwendbarkeit der IAS ist jedoch insofern eingeschränkt, als die amerikanische Börsenaufsichtsbehörde SEC, die eine bedeutende Stellung innerhalb der IOSCO einnimmt, von in- und ausländischen Unternehmen, die den bedeutenden amerikanischen Kapitalmarkt in Anspruch nehmen wollen, Abschlüsse nach US-GAAP verlangt. Mit einer Anerkennung der IAS durch die SEC würde der Weg für die IAS weltweit frei werden.

Die Chancen der US-GAAP, sich als weltweiter Rechnungslegungsstandard durchzusetzen, erscheinen zunächst einmal gering, da sie ohne jeglichen europäischen Einfluss von einem nationalen Standardsetter (FASB) erlassen werden und vorwiegend auf US-amerikanische Verhältnisse zugeschnitten sind. Es ist aber festzustellen, dass sich die IAS in den letzten Jahren zunehmend an den US-GAAP orientieren. Somit ist davon auszugehen, dass die notwendigen, internationalen Harmonisierungsbestrebungen der Rechnungslegung zumindest materiell eine weitgehende Anpassung an US-GAAP bewirken.

Der deutsche Gesetzgeber hat auf die internationalen Harmonisierungsbestrebungen im April 1998 reagiert und mit dem Kapitalaufnahmeerleichterungsgesetz (KapAEG) offiziell den Weg für die Anwendung internationaler Rechnungslegungsgrundsätze (IAS / US-GAAP) durch bösennotierte Unternehmen geebnet. Danach können börsennotierte Unternehmen unter den Voraussetzungen des § 292 a HGB von der Pflicht zur Aufstellung eines Konzernabschlusses nach HGB befreit werden, wenn sie ihren Konzernabschluss nach international anerkannten und mit der 7. EG-Richtlinie in Einklang stehenden Rechnungslegungsgrundsätzen, d.h. nach IAS oder US-GAAP, erstellen. Die EU-Kommission prüft, inwieweit die IAS-Richtlinien konform zu den EG-Richtlinien sind. Von daher ist eine Anpassung der Richtlinien zu erwarten, um den Anforderungen der IAS-Standards zu entsprechen.

Die Befreiungsmöglichkeit nach § 292 a HGB gilt nicht nur für im amtlichen Handel oder geregelten Markt notierte Unternehmen, sondern auch für die Teilnehmer des neuen Marktes, soweit sie einen Konzernabschluss erstellen. Ihre Bedeutung liegt insbesondere in der Einsparung von Kosten durch den Wegfall so genannter dualer und paralleler Abschlüsse, sowie in der Vermeidung verwirrender Effekte aus stark abweichenden Ergebnissen in unterschiedlichen Abschlüssen. Ebenfalls sind nach dem KapCoRiLiG Konzerngesellschaften von der Erstellung eines deutschen Konzernabschlusses befreit, wenn das Unternehmen einen organisierten Kapitalmarkt im Sinne des § 2 V Wertpapierhandelsgesetz in Anspruch nimmt (z.B. mit Genussschein oder Schuldverschreibungen). Dieser Markt muss jedoch von staatlich anerkannten Stellen geregelt oder überwacht werden.

Die Befreiungsvorschrift ist bis zum 31.12.2004 befristet, da eine Überarbeitung der deutschen Konzernrechnungslegungsvorschriften und deren Anpassung an internationale Entwicklungen vor dem Hintergrund der weltweiten Harmonisierung der Rechnungslegung in den nächsten Jahren notwendig wird. Aufgrund seiner reinen Informationsfunktion ist derzeit ausschließlich der Konzernabschluss Gegenstand aktueller Harmonisierungsbestrebungen. Der Einzelabschluss kommt für solche Zwecke auf Grund seiner Zahlungsbemessungsfunktion sowie dem Maßgeblichkeits- bzw. umgekehrten Maßgeblichkeitsprinzip in absehbarer Zeit nicht in Betracht. Dennoch ist davon auszugehen, dass in Zukunft ein Einfluss internationaler Rechnungslegungsgrundsätze auch auf den Einzelabschluss nicht ausbleibt, da das Nebeneinander von HGB-Einzelabschlüssen und IAS bzw. US-GAAP-Konzernabschlüssen nicht zur Informationsverbesserung für die Jahresabschlussadressaten beiträgt. Außerdem werden zukünftig auch nicht börsennotierte Unternehmen vor dem Hintergrund des weltweiten Wettbewerbs mit ausländischen Konkurrenten auf eine internationale Vergleichbarkeit der Rechnungslegungsdaten angewiesen sein.

■ Entscheidungskriterien für IAS und US-GAAP

Wichtigster Motor für die Harmonisierung der weltweiten Rechnungslegung ist die Internationalisierung der Kapitalmärkte. Der Wettbewerb um Kapital und die wachsende Bedeutung der Finanzierungskosten verlangt eine verstärkte Beachtung der Investoren und ihrer Informationsbedürfnisse, die sich im international verständlichen und vergleichbaren Jahresabschluss niederschlagen. Fraglich ist, ob die Harmonisierung der Rechnungslegung auf Seiten der rechnungslegenden Unternehmen lediglich im Interesse großer internationaler Konzerne („*global player*") oder auch im Interesse kleinerer und mittlerer Unternehmen (KMU) steht, die mit 99 % aller umsatzsteuerpflichtigen Unternehmen in Deutschland das ökonomische Geschehen wesentlich prägen. Bisher erfolgte die Deckung des Finanzmittelbedarfs der KMU überwiegend durch Selbstfinanzierung oder durch Fremdkapitalbeschaffung bei Hausbanken. Vor diesem Hintergrund wiegen die Vorteile einer gläubigerschutzorientierten handelsrechtlichen Rechnungslegung und der Kapitalerhaltungsfunktion des HGB-Abschlusses aus Sicht der KMU sicherlich höher, als die Vorteile einer investororientierten internationalen Rechnungslegung. Dieser Argumentation folgend ist die Internationalisierung der Rechnungslegungsnormen - insbesondere den handelsrechtlichen Einzelabschluss betreffend - für mittelständische Unternehmen weder erstrebenswert noch akzeptabel.

Als **Interessenten** an der internationalen Rechnungslegung kommen folgende Gruppen in Betracht:

– Investoren, Analysten, Gläubiger und Ratingagenturen,
– Internationale WP-Gesellschaften,
– Führung internationaler Konzerne,
– Konzernabschlussersteller.

International agierende Investoren, Analysten, Gläubiger und Ratingagenturen erhalten auf Basis eines nach internationalen Vorschriften erstellten Jahresabschlusses entscheidungsrelevante, international vergleichbare Informationen. Hierdurch erhöht sich der Kapitalmarktschutz, Informationsunsicherheit und Transaktionskosten sinken durch den Wegfall von Überleitungsrechnungen und eine wertorientierte Unternehmensführung im Sinne des Shareholder Value-Konzepts wird möglich.

Für internationale WP-Gesellschaften bedeutet die Internationalisierung der Rechnungslegung die Erhaltung ihres Einflusses auf die Gestaltung der Rechnungslegung. Des weiteren wird im Hinblick auf die weltweite Standardisierung die Komplexität der Arbeitsanforderungen reduziert, was mit Kostensenkungen bei den Abschlussprüfungen verbunden ist. Ein weiterer Vorteil besteht in der Erleichterung des grenzüberschreitenden Mitarbeitereinsatzes und der optimalen Auslastung der Kapazitäten.

Wichtigster Vorteil der Harmonisierung für die Führung internationaler Konzerne ist die Möglichkeit zur Überwindung der Konvergenz zwischen externem und internem Rechnungswesen. Das bedeutet, das Mutterunternehmen kann die Daten der externen Rechnungslegung zur internen Dokumentation, Planung, Kontrolle und Steuerung verwenden und damit das interne Rechnungswesen stärker am Konzept der wertorientierten Unternehmensführung im Sinne der Anteilseigner ausrichten. Voraussetzung für die Harmonisierung von externem und internem Berichtswesen ist die Verwendung eines geeigneten Instrumentariums, wie z.B. des Economic Value Added (EVA).

Für die Konzernabschlusssteller ist die Internationalisierung mit einer Vereinheitlichung der externen Rechnungslegung im Konzern und dadurch mit einer Reduzierung der Komplexität verbunden. Im Rahmen der Aufstellung von Konzernabschlüssen entstehen Zeit- und Kostenersparnisse durch den Wegfall umfassender Anpassungsmaßnahmen in der HB II. Darüber hinaus führt die Rechnungslegungsharmonisierung zur einheitlichen Bewertung der Vermögensgegenstände. Durch die Erfüllung der Börsenzulassungsvoraussetzungen im Inland und Ausland lassen sich zudem die Vorteile eines Börsenlistings realisieren. Im Mittelpunkt stehen dabei die Verbreiterung der Aktionärsstruktur, positive Anreize für Fremdkapitalgeber, die Erhöhung des Bekanntheitsgrades, höhere Attraktivität für Spitzenkräfte sowie der Einsatz von Mitarbeiterbeteiligungsmodellen. Als grundsätzliche Entscheidungskriterien für eine internationale Rechnungslegung sind folgende Punkte zu nennen:

1. Internationale Vergleichbarkeit,
2. Verknüpfung von internem und externem Rechnungswesen,
3. Informationsqualität,
4. Shareholder Value-Konzept.

Unterschiede zwischen einer IAS-Bilanzierung und einer US-GAAP-Bilanzierung ergeben sich aus den Zielen, wobei das strategische Ziel publizitätsfreudiger Unternehmen mit einer IAS-Bilanzierung erreicht wird, während das operative Ziel Notierung am US-amerikanischen Kapitalmarkt nur über eine US-GAAP-Bilanzierung möglich ist. Die beiden Rechnungslegungssysteme unterscheiden sich hinsichtlich der Regelungstiefe, die bei der US-GAAP-Bilanzierung sehr kasuistisch und weitgehend erfolgt, während bei IAS auch eine Reihe von Wahlrechten vorzufinden ist.

Derzeit ist eine Prognose über die Weiterentwicklung der internationalen Rechnungslegung nur schwer möglich. Die Unsicherheit spiegelt sich auch in den empirischen Untersuchungen wieder. Bei aller Diskrepanz besteht jedoch Einigkeit darüber, dass die Umstellung auf die internationale Rechnungslegung nicht als lästige Pflicht, sondern vielmehr als Chance empfunden wird. Die internationale Rechnungslegung ermöglicht eine investororientierte entscheidungsrelevante Informationsversorgung.

■ Rechnungslegung in der EU

Die EU-Kommission in Brüssel unterstützt die Einführung der IAS in Europa. Nach diesen Vorstellungen sollen alle börsennotierten Gesellschaften in der EU ihren Konzernabschluss zwingend nach IAS aufstellen. Den Nationalstaaten wird es dabei freigestellt, diese Regelung auf alle Kapitalgesellschaften zu erweitern.

Zur Zeit ist ein spezielles Verfahren zur Umsetzung der IAS in der EU in der Diskussion, das sog. **Komitologieverfahren**. Dieses Verfahren legt fest, dass über die Anwendung der IAS im Einzelnen die Kommission entscheidet. Sie wird dabei von einem „Regelungsausschuss auf dem Gebiet der Rechnungslegung" unterstützt, der sich aus Vertretern der Mitgliedstaaten zusammensetzt und dessen Vorsitz ein Vertreter der Kommission inne hat. Der Kommission gebührt alleiniges Vorschlagsrecht. Eine Ablehnung des Kommissionsvorschlages ist nur durch 70 % der Stimmen zu erreichen.

Im Ergebnis kommt es damit zu einer **Machtkonzentration** bei der EU-Kommission, die kritisch zu betrachten ist, da die Mitgliedstaaten ihre Befugnisse weitgehend abgeben.

5.3.2.2 Rechnungslegung nach IAS

■ Gründe für die Entwicklung der IAS

Die auf den internationalen Kapitalmärkten agierenden Investoren treffen ihre Anlageentscheidungen auf der Grundlage aussagefähiger Informationen über die kapitalnachfragenden Unternehmen. In diesem Zusammenhang hat der Jahresabschluss besondere Bedeutung. Die Beurteilung der Daten ist problematisch, wenn sie auf der Basis von Jahresabschlüssen getroffen werden muss, die nach nationalen Normen erstellt werden. Sie weisen nach Umfang, Qualität und den angewandten Bilanzierungsmethoden deutliche Unterschiede auf. Die fehlende Vergleichbarkeit der Jahresabschlüsse verlangt von den Investoren tiefgehende Kenntnisse der jeweiligen nationalen Bilanzierungsgewohnheiten. Auch für die berichterstattenden Unternehmen entstehen zusätzliche Kosten durch einen zweiten Jahresabschluss und Probleme für das interne Rechnungswesen. Das Management von Konzernen benötigt zur Steuerung der Geschäftstätigkeit produkt- und kundenbezogene Informationen. Diese Daten können jedoch nur aussagefähig sein, wenn sie konzernweit nach den gleichen Grundsätzen ermittelt und gebündelt werden. Während die Marktbarrieren durch Staatsverträge behoben wurden, führen Abweichungen der nationalen Rechnungslegungssysteme zu neuen Barrieren. Um diese zu überwinden, ist eine Harmonisierung der Rechnungslegung erforderlich, damit den potenziellen und aktuellen Kapitalgebern weltweit vergleichbare Informationen zur Verfügung stehen. Das Besondere der IAS besteht darin, dass die Jahresabschlüsse nach internationalen Standards erstellt werden. Durch die Einigung auf einen bestehenden Kern von Standards soll durch deren Befolgung zwischen den nationalen Abschlüssen zwar keine Einheitlichkeit, wohl aber eine **Vergleichbarkeit** erzielt werden. Trotz des erheblichen Aufwandes der Entwicklung eines internationalen Normensystems, der mit einer Harmonisierung verbunden ist, besteht hierbei jedoch die Möglichkeit, am Normsetzungsprozess teilzunehmen. So können auch die jeweiligen nationalen Rechnungslegungstraditionen einfließen. Darüber hinaus ist eine gewisse Flexibilität gewährleistet, die es den einzelnen Ländern erlaubt, den jeweiligen spezifischen Erfordernissen Rechnung zu tragen. Daher ist die Harmonisierung der Rechnungslegung zur Zeit der einzig wirklich gangbare Weg. Diese Harmonisierung soll durch den privatrechtlich organisierten International Accounting Standards Board (IASB) erreicht werden, dem zentralen Gremium der nunmehr seit Beginn des Jahres 2001 neu strukturierten IASC Foundation. Die Zielsetzung des IASB besteht darin, Rechnungslegungsbestimmungen, so genannte *Accounting Standards* zu erstellen und zu veröffentlichen sowie deren weltweite Akzeptanz und Beachtung zu fördern. Das zentrale Mittel zur Erreichung dieser Ziele sind die International Accounting Standards (IAS), die jeweils eine abgegrenzte Materie der Rechnungslegung zum Gegenstand haben. Im Zuge der Neuorganisation des IASC wurde beschlossen, die Standards zukünftig als International Financial Reporting Standards (IFRS) zu bezeichnen.

■ Entwicklung der IAS

Die Entwicklung der Rechnungslegungsnormen des IASC, der für die Entwicklung der Rechnungslegungsstandards zuständigen Vorgängerorganisation des IASB, erfolgte in mehreren zeitlichen Abschnitten. Im Zeitraum von 1973-1978 sind fast alle heute bestehenden Standards in ihrer ursprünglichen Form entstanden. Hierbei stand die konzeptionelle Behandlung der wesentlichen Problembereiche in einer für den Fachmann verständlichen Form im Vordergrund. Man wollte keine detaillierte Regelung einzelner Sachverhalte schaffen. Aus diesem Grund sind die IAS relativ offen gehalten, wobei mehr auf die Schaffung von Bewertungs- und Offenlegungsnormen als auf Gliederungsnormen geachtet wurde. Unbrauchbare oder wenig verbreitete Bilanzierungsmethoden wurden beseitigt. Da im IASC Organisationen aus verschiedenen Staaten mit unterschiedlichen Rechnungslegungssystemen aufeinander trafen und somit in einigen Bereichen auch konträre Auffassungen vorhanden waren, musste man Kompromisse eingehen. Analog dem Vorgehen bei den EG-Richtlinien sah man zahlreiche Wahlrechte vor, so dass die IAS dieser Zeit sowohl mit den EG-Richtlinien als auch den US-GAAP vereinbar waren. Aufgrund dieser Kompromisse waren die Harmonisierungsbestrebungen des IASC auch eher mit dem Stichwort „Additive Harmonisierung" zu charakterisieren. Insgesamt wurden 28 IAS herausgegeben, wovon aber bereits zwei Standards während dieses Zeitraum ersetzt wurden und IAS 15 in der Anwendung ausgesetzt wurde.

In die zweite Phase zwischen 1989 und 1993, die sich schon 1987 mit dem Eintritt der IOSCO in die Consultative Group des IASC abzeichnete, fielen die Ausarbeitung der konzeptionellen Rahmenbedingungen (*Framework*) und das comparability and improvement-Projekt. Von 1987 bis zum November 1993 hat das IASC im Rahmen des comparability and improvement-Projects 10 IAS (2, 8, 9, 11, 16, 18, 19, 21, 22, 23) revidiert. Unabhängig davon ist auch IAS 7 überarbeitet worden. Die in Folge dieses Projektes revidierten Standards sind wirksam seit dem 1.1.1995. Die Überarbeitung der Standards ist erfolgt, um die Vergleichbarkeit von Jahresabschlüssen auf Basis der IAS zu verbessern und um die Wahlrechte weitestgehend einzuschränken. Während vor der Überarbeitung in zahlreichen IAS mehr als zwei Methoden zugelassen waren, sind die wenigen noch bestehenden Optionen auf jeweils zwei beschränkt worden:

- das *benchmark treatment*
- das *allowed alternative treatment*

Dabei ist der als benchmark gekennzeichneten Alternative der Vorzug zu geben. Sollte das benchmark treatment einen Sachverhalt jedoch nicht angemessen abbilden, so ist auf das allowed alternative treatment zurückzugreifen. Unabhängig davon, welche der beiden Methoden angewendet wird, kann die Rechnungslegung IAS-konform sein. In einigen IAS werden bei Anwendung des allowed alternative treatment allerdings zusätzliche Angaben gefordert, um die Vergleichbarkeit mit der Benchmarkmethode herzustellen.

Im November 1994 billigte das Board die Neugestaltung von 18 IAS (reformated Standards). Dabei handelte es sich um formale Anpassungen derjenigen IAS, die nicht schon im Zusammenhang mit dem comparability and improvement-Projekts überarbeitet wurden. Die textlichen Anpassungen bei den reformated Standards waren redaktionell. Inhaltlich gab es keinerlei Veränderungen.

Der Zeitraum ab 1994 ist durch das Streben des IASC nach Anerkennung sämtlicher IAS durch die IOSCO gekennzeichnet. Trotz der Umsetzung des comparability Projekts blieb jedoch eine Anerkennung der IOSCO mit Ausnahme von IAS 7 aus. Die IOSCO beschloss, auf Empfehlung einzelner IAS zu verzichten und stattdessen ein verbessertes Konzept des IASC abzuwarten. Hierzu erarbeitete sie über die Realisierung der E 32 hinausgehend eine Liste in Form so genannter *Core Standards and Measurement*. Mit Blickrichtung hierauf verabschiedete der Board Ende 1994 einen Arbeitsplan, der Schrittweise diese Anforderungen erfüllen sollte. Als letzter Core Standard wurde im Dezember 1998 IAS 39 verabschiedet. Am 17.05.2000 empfahl die IOSCO schließlich ihren Mitgliedern die Anerkennung der IAS.

Neben der Abschaffung von Wahlrechten, der Vereinfachung der Regelungen und der Erläuterung einzelner Begriffe wird zukünftig insbesondere die Vereinheitlichung wesentlicher Unterschiede internationaler Regelungen - speziell IAS und US-GAAP - das Arbeitsprogramm bestimmen.

■ Normensystem und Normenhierarchie

Die IAS-Rechnungslegung besteht aus einem zweistufigen Regelwerk. Einem Framework und den einzelnen Standards. Diesen ist ein allgemeiner Einführungstext (Preface) vorangestellt, der auf die Zielsetzungen des IASB und das Verhältnis lokaler Rechtsnormen zu den Verlautbarungen des IASB eingeht.

Die Stellung des Preface in Bezug auf die IAS wird an keiner Stelle näher beschrieben und ist auch beim IASB selbst nicht präzise definiert. Obwohl im Rahmen der Ausführungen des Preface einzelne Aspekte des Frameworks und der Standards aufgegriffen werden, kann ihm daher bei der Anwendung und Auslegung der IASB-Norm keine Bedeutung beigemessen werden.

Das Framework, das sich eng an das Conceptual Framework des Financial Accounting Standard Board (FASB) der USA anlehnt, kann als theoretischer Unterbau der IAS-Rechnungslegung verstanden werden. Es dient in erster Linie als konzeptionelle Grundlage für die Entwicklung neuer Standards. Weiterhin fungiert es aber auch als Grundlage für die deduktive Ableitung von Bilanzierungsfragen, die nicht explizit in den IAS geregelt sind. Zudem werden dort die einzelnen Ziele der IAS-Rechnungslegung, die qualitativen Anforderungen an diese sowie Fragen der Bilanzierungsfähigkeit und der Gewinnrealisierung in allgemeiner Form geregelt. Dieses „Framework for the Preparation and Presentation of Financial Statements" wurde 1989 verabschiedet. Das Framework dient vor allem dazu, Schwierigkeiten bei der Entwicklung von IAS zu vermeiden und als Interpretationshilfe zu fungieren. Im Framework werden Ziele, Funktion und Grundprinzipien festgelegt. Die Rechnungslegung (Financial Statements) nach der Konzeption des IASB hat den Zweck, nützliche Informationen über die Vermögens-, Finanz- und Ertragslage des Unternehmens zu ermitteln, welche eine möglichst hohe Anzahl von Nutzern bei ihren wirtschaftlichen Entscheidungen unterstützt (*Decision Usefulness*). Wenngleich die Jahresabschlussinformationen allen Interessenten zugute kommen sollen, ist die im Framework vertretene Philosophie, dass sich die Informationen vor allem an den Interessen der Investoren ausrichtet. Es wird im Framework ausdrücklich betont, dass die Informationsbedürfnisse der Investoren auch diejenigen der meisten anderen Adressaten seien. Primäre Aufgabe der Rechnungslegung ist es daher, den Investor mit **entscheidungsrelevanten vergleichbaren Daten** auf der Suche nach der für ihn günstigsten Kapitalanlage zu unterstützen. Im Framework wird zwischen grundlegenden Annahmen (underlying assumptions), qualitativen Merkmalen (qualitative characteristics) und einschränkenden Merkmalen (constraints on relevant and reliable information) unterschieden.

Zu den **grundlegenden Annahmen** der Rechnungslegung zählen die folgenden Prinzipien: Grundsatz der Periodenabgrenzung (accrual basis), Grundsatz der Unternehmensfortführung (going concern), Grundsatz der Stetigkeit (consistency).

Die **qualitativen Merkmale** stellen die jeweiligen Anforderungen an den Jahresabschluss dar, die erfüllt sein müssen. Dazu gehören Verständlichkeit (understandability), Entscheidungsrelevanz (relevance), Zuverlässigkeit (reliability) Vergleichbarkeit (comparability). Der Relevanz und der Zuverlässigkeit sind als einschränkende Merkmale die folgenden Grenzen gesetzt: Zeitnähe (timeliness), Wirtschaftlichkeit (balance between benefit and costs), Abwägung von Zielkonflikten (balance between qualitative characteristics).

Die Beachtung der qualitativen Merkmale führt unter Berücksichtigung der Einschränkungen im Einklang mit den IAS zur angestrebten Fair Presentation. Neben dem Framework liegen nun insgesamt 41 IAS vor. Tabelle 48 gibt einen Überblick.

■ **Gründung und Mitglieder des IASC**

Das in London gegründete IASC war eine privatrechtliche Organisation nationaler Verbände von „Accountants" und Wirtschaftsprüfern in der Rechtsform eines Vereins. Es wurde am 29.06.1973 von Berufsorganisationen, von Experten des Rechnungswesens aus den neun Ländern Australien, Frankreich, Deutschland, Japan, Kanada, den Niederlanden, Mexiko, Großbritannien einschließlich Irland und den Vereinigten Staaten von Amerika gegründet.

Die Initiative ging hierbei vor allem von angelsächsischer Seite aus. Durch den Beitritt von Großbritannien zur EU im Jahre 1973 sah der britische Berufsverband seinen traditionell großen Einfluss auf die Rechnungslegung seines Landes schwinden. Heute gehören dem IASC 138 Mitglieder aus 112 Ländern an. Bei den Mitgliedern handelt es sich nicht um einzelne, natürliche Personen, sondern um die jeweiligen Berufsorganisationen. Deutschland ist durch die Wirtschaftsprüferkammer (WPK) und das Institut der Wirtschaftsprüfer in Deutschland (IDW) vertreten.

IAS 1	Presentation of Financial Statements
IAS 2	Inventories
IAS 3	No longer effective. Replaced by IAS 27 and IAS 28
IAS 4	Withdrawn. Replaced by IAS 16, 22 and 38
IAS 5	No longer effective. Replaced by IAS 1
IAS 6	No longer effective. Replaced by IAS 15
IAS 7	Cashflow Statements
IAS 8	Profit or Loss for the Period, Fundamental Errors and Changes in Accounting Policies
IAS 9	Research and Development Costs (will be superseded by IAS 38 effective 1.7.99)
IAS 10	Events after the Balance Sheet Date
IAS 11	Construction Contracts
IAS 12	Income Taxes
IAS 13	No longer effective. Replaced by IAS 1
IAS 14	Segment Reporting
IAS 15	Information Reflecting the Effects of Changing Prices
IAS 16	Property, Plant and Equipment
IAS 17	Leases
IAS 18	Revenue
IAS 19	Employee Benefits
IAS 20	Accounting for Government Grants and Disclosure of Government Assistance
IAS 21	The Effects of Changes in Foreign Exchange Rates
IAS 22	Business Combinations
IAS 23	Borrowing Costs
IAS 24	Related Party Disclosures
IAS 25	Accounting for Investments
IAS 26	Accounting and Reporting by Retirement Benefit Plans
IAS 27	Consolidated Financial Statements and Accounting for Investments in Subsidiaries
IAS 28	Accounting for Investments in Associates
IAS 29	Financial Reporting in Hyperinflationary Economies
IAS 30	Disclosures in the Financial Statements of Banks and Similar Financial Institutions
IAS 31	Financial Reporting of Interests in Joint Ventures
IAS 32	Financial Instruments: Disclosures and Presentation

IAS 33	Earnings per Share
IAS 34	Interim Financial Reporting
IAS 35	Discontinuing Operations (01.01.99)
IAS 36	Impairment of Assets (01.07.99)
IAS 37	Provisions, Contingent Liabilities and Contingent Assets
IAS 38	Intangible Assets
IAS 39	Financial Instruments: Recognition and Measurement
IAS 40	Investment Property
IAS 41	Agriculture

Tabelle 48: List of Current IASB Standards[119]

Aufgrund der seit 1982 gültigen Kooperationsvereinbarungen, den so genannten „Mutual Commitments" mit der International Federation of Accountants (IFAC), die für internationale Fragen im Bereich der Prüfung von Jahresabschlüssen zuständig ist, setzten sich die Mitglieder automatisch aus den Berufsständen zusammen, die der IFAC angehören. Beide Organisationen haben aber nicht nur identische Mitglieder, sondern das IASC und die IFAC arbeiten auch eng zusammen und unterstützen sich gegenseitig. So schlägt die IFAC z.B. fünf der 19 Trustees vor. Durch die Neuorganisation im Jahr 2001 hat sich das IASC jedoch organisatorisch von den Berufsständen gelöst.

In einer Mitgliederversammlung am 24.05.2000 wurde eine Satzungsänderung des IASC beschlossen, mit der einige grundlegende Änderungen, insbesondere im Hinblick auf die Organisation des IASC verbunden sind. Die Restrukturierung des IASC bedeutet auch eine Verselbständigung gegenüber der IFAC. Bisher stand das IASC gewissermaßen in der Trägerschaft dieser durch Wirtschaftsprüfer dominierten Organisation. Die Verselbstständigung gegenüber der IFAC unterstreicht zum einen die Bedeutung des IASC als internationaler Organisation, und stellt zum anderen sicher, dass auch in organisatorischer Hinsicht nicht einer einzigen Berufsgruppe eine dominante Stellung zukommt. Die neue Satzung tritt am 01.01.2001 in Kraft.

■ **Aufgaben und Ziele**

Wesentliche Aufgabe des IASB ist es, Rechnungslegungsregeln zu formulieren und zu veröffentlichen, deren weltweite Akzeptanz zu fördern sowie sich allgemein um die Verbesserung und Harmonisierung von Rechnungslegungsvorschriften zu bemühen. In der nunmehr überarbeiteten Satzung des IASB werden diese Ziele präzisiert und deutlich ambitionierter auf die Entwicklung eines hochwertigen Satzes globaler Rechnungslegungsstandards ausgerichtet, der dem Kriterium der *decision usefulness* Rechnung trägt. Ferner ist es ausdrückliche Zielsetzung des IASB, Konvergenz der nationalen Rechnungslegungsstandards mit den IAS zu erreichen. Die Standards entstehen im Rahmen eines internationalen Aushandlungsprozesses. Die Entwicklung selbst erfolgt im Rah-

---

[119] http://www.iasb.org.uk

men eines vorgegebenen Normsetzungs- und Vernehmungsverfahrens, dem *Due Process*. Dieses Verfahren stellt sicher, dass es sich bei den IAS um Standards hoher Qualität handelt, die sachgerechte Rechnungsmethoden unter bestimmten wirtschaftlichen Umständen verlangen.

Da der IASB eine private Organisation ist, hat es keine unmittelbare Möglichkeit, die von ihr erstellten Standards auf nationaler oder supranationaler Ebene durchzusetzen bzw. zwingend vorzuschreiben. Rechnungslegungsstandards besitzen gegenüber den lokalen bzw. nationalen Regelungsvorschriften keine „overriding"-Funktion. Es handelt sich dabei lediglich um Empfehlungen ohne Rechtskraft. Die Anwendbarkeit und Akzeptanz dieser Rechnungslegungsnormen ist neben den Börsenaufsichtsorganen von nationalen Gesetzgebern der Rechtsprechung und den Berufsvereinigungen abhängig, die über die Vereinbarkeit der Rechnungslegungsvorschriften mit den geltenden Rechts- und Prüfungsnormen befinden. Die einzelnen Mitgliedsorganisationen verpflichten sich nicht nur zur Veröffentlichung der IAS in ihrem Land, sondern auch zur Einflussnahme auf die jeweiligen normsetzenden Rechnungslegungsinstitutionen, damit sich diese in ihren Regelwerken an den IAS orientieren oder eine Übereinstimmung mit ihnen fördern.

■ Organisation

Beim IASC sind grundlegende strukturelle Veränderungen zu verzeichnen. Ziel der Umstrukturierung war es, die Entwicklung der internationalen Rechnungslegungsstandards einem unabhängigen und alle relevanten Interessengruppen repräsentierenden Gremium zu übertragen, um damit die allgemeine Akzeptanz des IASC als internationalen Standard Setter zu gewährleisten. Um die geschilderten Aufgaben bewältigen zu können, besitzt das IASC eine mehrteilige Organisationsstruktur. Durch die Satzungsänderung wurden bisherige Aufgaben und Entscheidungskompetenzen innerhalb der Struktur neu gebündelt und teilweise neuen Organen zugewiesen. Grundlage der Neustruktur ist nunmehr eine unabhängige Stiftung mit 19 Trustees als Trägerorganisation des International Accounting Standards Board (IASB). Daneben existiert das Standing Interpretations Committee und der Standards Advisory Council. Bei den Trustees handelt es sich um ein übergeordnetes Nominierungs- und Aufsichtsorgan. Gelenkt wird das IASC vom Board, welches künftig aus 14 Mitgliedern besteht. Zwölf Mitglieder sind hauptberuflich tätig, zwei nebenberuflich. Der Board zeichnet für die gesamte fachliche Agenda und die Projektarbeiten verantwortlich. Er ist damit das Organ, das für den Beschluss von Entwürfen, von Standards und Interpretationen eigenverantwortlich zuständig ist. Der Board wird jedoch in seiner Tätigkeit durch Steering und Advisory Committees unterstützt. Die Mitglieder des Board werden von den Trustees ernannt, wobei die Auswahl so zu treffen ist, dass die Mitglieder die bestmögliche Kombination aus fachlichem Sachverstand und beruflichen Erfahrungen repräsentieren. Die Mitgliedschaft beträgt fünf Jahre, wobei eine einmalige Wiederwahl zulässig ist. Verschiedene Mitglieder des neuen Board übernehmen gleichzeitig eine Verbindungsfunktion zu den nationalen Standard Setters, so in Deutschland zum DRSC. Der von den Trustees ebenfalls zu bestimmende Chairman des Board fungiert neben seiner fachlichen Arbeit als Geschäftsführer des IASC. Durch die Neustruktur wurde im Interesse der Schaffung eines unabhängigen Expertengremiums als Standard Setter für die internationale Rechnungslegung das IASC organisatorisch von den nationalen Berufsorganisationen gelöst. Durch den neu gebildeten Standards Advisory Council soll aber einem breiteren, am Standard Setting interessierten Personenkreis die Möglichkeit geboten werden, dem Board und den Trustees fachliche Vorschläge zu unterbreiten. In diesem Gremium ist auch Deutschland durch seine Berufsangehörigen vertreten.

Die Neustrukturierung hat zur Folge, dass die nationalen Berufsorganisationen der Abschlussprüfer, die bisher gleichzeitig Mitglied von IFAC und IASC waren, ihren unmittelbaren Einfluss auf die Organisation und den Entwicklungsprozess der internationalen Rechnungslegungsstandards verlieren.

■ Finanzierung

Das IASC finanzierte sich vormals überwiegend aus Mitgliedsbeiträgen, dem Verkauf von Veröffentlichungen, Zuschüssen der IFAC sowie aus Spenden der Wirtschaft und von Organisationen, die an der Internationalisierung der Rechnungslegung interessiert sind. Im Jahr 1995 wurden z.B. 41 % der Gesamteinnahmen in Höhe von ca. 1,5 Mio. £ aus den Mitgliedsbeiträgen und Zuwendungen der IFAC erzielt. Aus dem Verkauf von Publikationen resultieren 32 % und aus allgemeinen oder projektbezogenen Spenden sowie sonstigen Einnahmen 27 % der Gesamtsumme. Diese Spenden rührten vorwiegend aus Geldern internationaler Wirtschaftsprüfungsgesellschaften, Banken sowie multinationalen Unternehmen und Organisationen. Das so erzielte Budget des IASC wurde vorwiegend für das Sekretariat, Reisetätigkeiten, Promotion-Aktivitäten und Veröffentlichungen verwendet.

Eine eingesetzte Strategy Working Party schätzt, dass sich der Haushalt der IASC Foundation aufgrund der Restrukturierung deutlich erhöhen wird. Hierfür ist zu prüfen, wie eine verbesserte Finanzierung auszugestalten ist. Grundprinzip der Finanzierung der IASC Foundation soll es sein, dass die Nutznießer der Arbeit des IASB (z.B. Investoren, Börsen, Wirtschaftsprüfungsgesellschaften, multinationale Unternehmen, sowie nationale Standardsetter und Regierungen) auch seine Kosten tragen. Zuständig für die Finanzierungsangelegenheiten sind die Trustees.

Weitere Pflichtbestandteile der IAS-Rechnungslegung sind die 25 Interpretationen des *Standing Interpretations Committee* (SIC).

Das Standing Interpretations Committee (SIC) wurde im Januar 1997 vom Board des IASC eingerichtet. Die Zielsetzung des SIC ist die möglichst zeitnahe Erörterung und Behandlung von Interpretations- und Anwendungsfragen zu bereits veröffentlichten IAS. Analog zu der Arbeit des EITF in den USA soll dieses Gremium eine flexible Handhabe gegen Fehlauslegungen der IAS ermöglichen, um so die weltweite Vergleichbarkeit von IAS-Abschlüssen zu verbessern. Die Interpretationen behandeln sowohl strittige Fragen im Anwendungsbereich bestehender IAS und dem Framework, die nur unbefriedigend in der Praxis umgesetzt werden, als auch neu auftretende Fragen bezüglich bestehender IAS, die bei deren Entwicklung noch nicht berücksichtigt werden konnten. Im Falle von Regelungslücken ist es Aufgabe des SIC, Empfehlungen zur Entwicklung neuer oder der Ergänzung bereits bestehender IAS zu geben. Das SIC behandelt nur Bilanzierungsprobleme von globaler Bedeutung und Praxisrelevanz. Einzelfragen, die nur für eine kleine Gruppe von Anwendern relevant sein könnten, sind nicht Gegenstand der Arbeit des SIC. Die Untersuchung der Sachverhalte erfolgt unter Beachtung der bestehenden IAS und des Framework. Die Entwicklung von SIC-Interpretationen im Rahmen dieser Untersuchungen erfolgt in enger Zusammenarbeit mit nationalen Standardsettern.

Das SIC setzt sich aus zwölf stimmberechtigten Mitgliedern aus verschiedenen Ländern zusammen, die von den Trustees ernannt werden. Unter den Mitgliedern sind Vertreter des Berufsstandes der Wirtschaftsprüfer, der Wirtschaft, ein Hochschullehrer und ein Finanzanalyst. An den bis Mai 2000 nicht-öffentlichen Sitzungen des SIC, die in der Regel viermal jährlich stattfinden, nehmen jeweils ein Vertreter der IOSCO und der Europäischen Kommission sowie zwei Board-Mitglieder als Beobachter teil.

Das SIC verabschiedet einen Entwurf einer Interpretation (SIC-D), sofern sich nicht mehr als drei der stimmberechtigten Mitglieder dagegen aussprechen. Im Allgemeinen ist eine Frist von zwei Monaten zur Stellungnahme zu Entwürfen durch die Öffentlichkeit vorgesehen. Mitarbeitern des IASC ist es aufgrund interner Richtlinien nicht gestattet, Stellungnahmen abzugeben. Die Veröffentlichung einer endgültigen SIC-Interpretation erfolgt nach Beschluss des Board mit Dreiviertelmehrheit.

Das im Gegensatz zum Due Process für IAS verkürzte Verfahren bis zur Verabschiedung einer SIC-Interpretation ermöglicht dem IASB, relativ zeitnah eine autorisierte Anweisung zur Behandlung von Problemen im Bereich der Rechnungslegung anzubieten.

Die Interpretationen des SIC stehen gemäß IAS 1.11 (revised 1997) gleichrangig neben den IAS und sind verbindlich anzuwenden.

Bislang sind 25 SIC-Interpretationen sowie zwei Entwürfe veröffentlicht. Der Zeitpunkt des verbindlichen Inkrafttretens der verabschiedeten Standards ist unterschiedlich festgelegt.

5.3.2.3 Rechnungslegung nach US-GAAP

■ Common Law als Rechtsgrundlage in den USA

Das US-amerikanische Rechtsdenken unterscheidet sich grundlegend von dem in Deutschland. Es ist geprägt vom so genannten Common Law, welches als zentrale Rechtsquelle die von Richtern vorgenommene Rechtsprechung sieht. Im Gegensatz zum deutschen Rechtssystem, dem so genannten Code Law oder Civil Law System stellen somit in den USA nicht legislativ entwickelte Gesetze, sondern Einzelfall bezogene Gerichtsentscheidungen (Case Law) die rechtliche Grundlage dar. Im Common Law werden die Rechtsprinzipien also nicht, wie dies in Deutschland üblich ist, durch deduktives Vorgehen aus Gesetzen abgeleitet und durch Subsumtion auf den Einzelfall übertragen, sondern sie ergeben sich durch induktive Ermittlung.

Der Grundgedanke dieses Rechtsverständnisses spiegelt sich auch im Bereich der externen Rechnungslegung wider. In den USA gibt es im Unterschied zu Deutschland keine einheitliche, die Rechnungslegung betreffende kodifizierte Rechtsquelle. Es sind zwar gesetzliche Bestimmungen zur Rechnungslegung sowohl auf Staats- als auch auf Bundesebene (z. B. Securities Act von 1933 und Securities Change Act von 1934) vorhanden. Der Großteil der Rechnungslegungsnormen ergibt sich jedoch aus dem so genannten „Unwritten Law" sprich Case Law. Die Normempfindung erfolgt somit auf Grund des Einflusses des Common Law-Gedankens kasuistisch, pragmatisch und situationsbezogen.

Der weitaus größte Teil der Vorschriften wurde im Wechselspiel zwischen den wirtschaftsprüfenden Berufsverbänden (AICPA), der berufsständischen Fachorganisation (FASB) - die seit 1973 für die Verabschiedung von Rechnungslegungsnormen zuständig ist, um die Funktionsfähigkeit des Kapitalmarktes bezüglich der Unternehmensberichterstattung optimal zu gewährleisten - und der amerikanischen Börsenaufsichtsbehörde (SEC) entwickelt. Statt kurzer Paragraphen, die mit Hilfe von Rechtsurteilen, Kommentaren und Kenntnissen der Bilanzierungstheorie deduktiv und auf den Einzelfall angewendet werden können, werden somit in den USA analog zum US-Rechtssystem Problembereiche oder gar Einzelfälle von den Regelungsinstitutionen aufgegriffen und detailliert behandelt. Dies führt dazu, dass ein schnelles und flexibles Vorgehen bei aktuellen Problemen gewährleistet ist. Allerdings enthält dieses kasuistische Regelungssystem auch häufig Inkonsistenzen, die auf die zu unterschiedlichen Zeitpunkten - bei eventuell unterschiedlicher personeller Besetzung der Regelungsinstitutionen - erlassenen Vorschriften zurückzuführen sind. Des weiteren nimmt die traditionell große Bedeutung des Kapitalmarktes bei der Unternehmensfinanzierung maßgeblichen Einfluss auf die amerikanische Rechnungslegung. Da in den USA im Gegensatz zu Deutschland die Finanzierung über den Kapitalmarkt eine außerordentlich große Bedeutung besitzt, was sich unter anderem in den hohen Eigenkapitalquoten amerikanischer Konzerne niederschlägt, sind die Regelungen in erster Linie auf den Investor zugeschnitten, die Gläubigerinteressen stehen dagegen dahinter zurück. In den USA spielen traditionell der öffentliche Kapitalmarkt und damit anonyme Kapitalgeber eine wesentliche Rolle. Hinzu kommt, dass die US-amerikanische Rechnungslegung stark durch die Börsenaufsicht geprägt ist.

Dies bedeutet allerdings nicht, dass sich die Rechnungslegung in einem normen- oder rechtsleeren Raum vollzieht, sondern es besteht auch in den USA ein gut funktionierendes Regelungssystem. Die Gesamtheit aller zu diesem Regelungssystem gehörenden Normen und Grundsätzen stellen die *Generally Accepted Accounting Principles* (GAAP) dar.

■ US-amerikanische Generally Accepted Accounting Principles

Im Unterschied zu Deutschland spielt der Gesetzgeber in den USA bei der Schaffung von Vorschriften zur Rechnungslegung nur eine untergeordnete Rolle. Die Ausarbeitung der Rechnungslegungsgrundsätze (*Standard Setting*) findet ausschließlich im Privatsektor (Private Standard Setter) statt und obliegt seit 1973 dem vom American Institute of Certified Public Accountants (AICPA) als private Stiftung errichteten Fachausschuss zur Rechnungslegung, dem so genannten *Financial Accounting Standards Board* (FASB).

Neben dem FASB nehmen aber auch weiterhin das AICPA und die Börsenaufsichtsbehörde (SEC) Einfluss auf die Gestaltung der Rechnungslegung.

Im Unterschied zu den Vorschriften des HGB besitzen die US-GAAP formal keine Gesetzeskraft. Sie erhalten ihre rechtliche Verbindlichkeit jedoch dadurch, dass sie pflichtgemäßer Bestandteil des Testats eines Wirtschaftsprüfers (Certified Public Accountant, CPA) sind. US-amerikanische Unternehmen können einen uneingeschränkten (Unqualified) Bestätigungsvermerk des Wirtschaftsprüfers nur erlangen, wenn die Rechnungslegung in Übereinstimmung mit den US-GAAP erfolgt. Eine Abweichung von den US-GAAP würde zu einem eingeschränkten Testat führen und hätte gravierende Nachteile für den Bilanzersteller, vor allem bei der Kapitalbeschaffung. Zum einen ruft ein eingeschränktes Testat bei den Jahresabschlussadressaten Skepsis hervor, zum anderen akzeptiert die SEC, abgesehen von wenigen Ausnahmen, nur einen uneingeschränkt testierten Jahresabschluss für die Erfüllung der von ihr im Rahmen der Wertpapieraufsicht auferlegten Berichtspflicht. Aufgrund dieser Tatsache ist jeder Bilanzierende, der der Aufsicht der SEC unterliegt oder aus einem anderen Grund einen Jahresabschluss zur Vorlage gegenüber Dritten benötigt, faktisch an die Einhaltung der US-GAAP genauso gebunden, als wenn diese Gesetzesnormen wären. Die US-GAAP gelten somit nicht wie die GoB gemäß § 243 I HGB für alle Vollkaufleute, sondern besitzen nur verpflichtende Wirkung für Unternehmen, die einer Prüfungspflicht unterliegen oder sich einer solchen freiwillig unterziehen. Für nicht börsennotierte Unternehmen kann eine faktische Verpflichtung, z.B. auf Verlangen einer Bank bei Kreditvergabe zu einer GAAP konformen Jahresabschlusserstellung entstehen. Eine gesetzliche Verpflichtung besteht aber nicht.

Obwohl die US-GAAP das Fundament der amerikanischen Bilanzierungspraxis darstellen, existiert keine eindeutige und einheitliche Begriffsdefinition. Es handelt sich folglich, wie bei den deutschen GoB, um einen unbestimmten Rechtsbegriff. Konkretisierungsversuche sind in der Vergangenheit von verschiedener Seite vorgenommen worden, ohne allerdings allgemeine Anerkennung gefunden zu haben. Den meisten dieser Definitionsversuche ist gemeinsam, dass die US-GAAP als ein Regelungssystem zu verstehen sind, dass auf praktizierte Rechnungslegungsverfahren abstellt. Hinzu kommt, dass Rechnungslegungsverfahren nur als GAAP gelten können, wenn sie die Anerkennung der maßgeblichen Institutionen (vor allem der SEC) als verbindliche Normen, den so genannten *substantial authoritative support* besitzen und darüber hinaus allgemein anerkannt und weit verbreitet sind (*generally accepted*).

Einigkeit besteht in der Literatur darüber, dass die US-GAAP aufgrund der konkreten Form ihrer Entstehung unterschieden werden in *promulgated GAAP* und *non-promulgated GAAP*. Promulgated GAAP sind formelle Verfahrensregeln, die von den autorisierten Institutionen im Rahmen ihrer offiziellen Verlautbarungen veröffentlicht werden. Hierzu zählen die „Statements of Financial Accounting Standards" (SFAS) und die „Interpretations" des FASB, welches seit 1973 als Nachfolger des „Committee on Accounting Procedure" (CAP) und des „Accounting Principles Board" (APB) Träger der Autorität ist, Rechnungslegungsstandards verbindlich zu formulieren. Mit den „Accounting Research Bulletins" (ARB) des CAP und den „APB-Opinions" gehören auch Veröffentlichungen dieser Vorgängerorganisationen des FASB zu den promulgated GAAP, soweit sie nicht in der Folgezeit aufgehoben wurden. Non-promulgated GAAP sind dagegen informelle nur durch praktische Übung entstandene GAAP. Im Einzelfall ist vom Wirtschaftsprüfer zu entscheiden, ob eine konkrete Rechnungslegungspraktik zu diesen informellen GAAP zu zählen ist. Mehrfach von Wirtschaftsprüfern akzeptierte und testierte Rechnungslegungspraktiken besitzen allgemeine Anerkennung sowie den substantial authoritative support und gehören somit zu den non-promulgated GAAP. Die pragmatische und fallbezogene Entwicklung der GAAP besitzt den Vorteil, dass das Regelungssystem flexibel bleibt. Gleichzeitig birgt sie jedoch den Nachteil in sich, dass das Regelungssystem aufgrund der vielen Einzelregelungen unübersichtlich und wegen der laufenden Änderungen und inhaltlichen Anpassungen an die jeweils herrschende Auffassung teilweise unpraktikabel ist.

Inhaltlich lassen sich die Bestandteile der GAAP hierarchisch in fünf Gruppen ordnen, wie im **House of GAAP** dargestellt, das auf ein Fundament von Basic Principles bzw. übergeordneten Rechnungslegungsgrundsätzen aufbaut (vgl. Abbildung 38).

Zu den Vorschriften der ersten Ebene, den so genannten GAAP im engeren Sinne, zählen diejenigen offiziellen Verlautbarungen des FASB (mit Ausnahme der SFAC) bzw. seiner Vorgängerorganisationen, die den offiziellen standard setting processs durchlaufen haben, wie etwa die Statements and Interpretations des FASB, APB-Opinions and Accounting Research Bulletins (ARB) des AICPA. Hierzu können auch die SEC-Verlautbarungen zum Bereich der Rechnungslegung gezählt werden. Diese Vorschriften, die den promulgated-GAAP entsprechen, besitzen konkreten Verpflichtungscharakter, d.h. sie sind von sämtlichen börsennotierten Unternehmen zu befolgen und eine Missachtung muss ggf. vom Abschlussprüfer sanktioniert werden. Denn gemäß Rule 203 des Code of Professional Conduct des AICPA darf ein Abschlussprüfer einen uneingeschränkten Bestätigungsvermerk nur dann erteilen, wenn der Jahresabschluss den Verlautbarungen der GAAP im engeren Sinne entspricht. Außerdem sind diese Verlautbarungen für die bei der SEC einzureichenden Abschlüsse maßgeblich und genießen damit einen „*authoritative support*". Über die GAAP im engeren Sinne hinaus, gibt es noch eine Fülle von Verlautbarungen und Empfehlungen, die zwar nicht der Rule 203 unterliegen, aber dennoch eine gewisse Bindungswirkung entfalten. Die GAAP im weiteren Sinne werden dann herangezogen, wenn die Lösung eines Rechnungslegungsproblems mit Hilfe der GAAP im engeren Sinne nicht möglich ist. Falls also die Behandlung eines Sachverhaltes nicht durch eine Verlautbarung der ersten Stufe der so genannten Verpflichtungsebene gedeckt ist bzw. das Bilanzierungsproblem mit Hilfe dieser Verlautbarungen nicht hinreichend gelöst werden kann, finden die anderen GAAP-Quellen Anwendung. Dabei ist grundsätzlich der Quelle in der höheren Kategorie Folge zu leisten, sofern nicht die Anwendung einer niederrangigen Regel den Geschäftsvorfall besser darstellt. Zu den GAAP im weiteren Sinne gehören neben den GAAP im engeren Sinne die Verlautbarungen von AICPA und FASB im Rahmen der Empfehlungsebene (Industry Audit and Accounting Guides, Statements of Position and Accounting Interpretations des AICPA sowie Technical Bulletins und EITF-Consensus Positions des FASB), die faktisch ähnliche Relevanz besitzen wie die US-GAAP im engeren Sinne, allgemein anerkannte Rechnungslegungspraktiken (prevalent industry practices) und in letzter Instanz sowohl alle übrigen rechnungslegungsbezogenen Verlautbarungen als auch die in der Rechnungslegungsliteratur zum Ausdruck kommende herrschende Meinung.

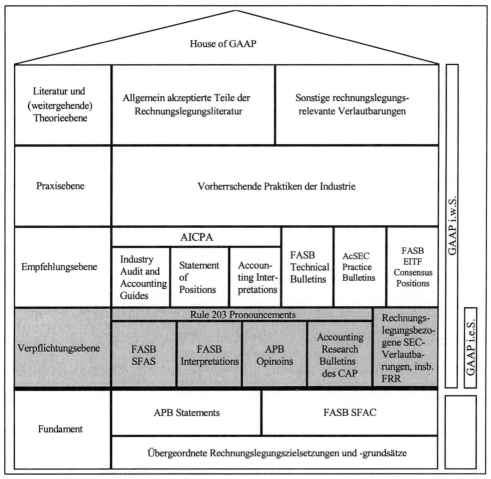

Abbildung 38: House of GAAP[120]

Als Fundament des House of GAAP, dessen Verbindlichkeitscharakter in der GAAP-Hierarchie immer noch ungeklärt ist, fungieren übergeordnete Rechnungslegungsgrundsätze, die teilweise in den APB-Statements und insbesondere in den SFAC des FASB ihren Niederschlag gefunden haben.

---

[120] Pellens, 1999, S. 123.

Um der Auslegung des Begriffes GAAP einen theoretischen Rahmen zu geben, wurde vom FASB in den Jahren 1976-1986 ein Conceptual Framework of Financial Accounting erarbeitet, das sich aus sechs aufeinander aufbauenden Statements of Financial Accounting Concepts (SFAC) zusammensetzt und eine umfassende Ausprägung der amerikanischen Rechnungslegungskonzeption darstellt. Mit diesem Konzept zum Framework wurde der Versuch unternommen, Grundlagen einer Rechnungslegungstheorie zu entwickeln, die ähnlich einer Verfassung für das gesamte Rechnungswesen den Rahmen für die detaillierten Einzelregelungen abstecken soll. Obwohl bis heute keine solche verbindliche Grundlagentheorie geschaffen wurde, ist es dem FASB mit dem Conceptual Framework dennoch gelungen, eine umfangreiche und theoretisch fundierte Rahmenverlautbarung zu erlassen. Dabei darf allerdings nicht verkannt werden, dass das Conceptual Framework keinen direkten Bestandteil der Generally Accepted Accounting Principles bildet und im Hinblick auf seine Anwendung lediglich einen sehr geringen Verbindlichkeitsgrad aufweist und somit die SFAC nur eine geringe Autorität besitzen. Insbesondere sind die Abschlussprüfer auch nicht aufgefordert, für die Umsetzung dieser Vorstellungen in der geprüften Rechnungslegung Sorge zu tragen, da die Concept-Statements nicht der Rule 203 des AICPA unterliegen und somit den Rechnungslegenden nicht unmittelbar binden.

Dennoch gibt das Framework einen Großteil der Bilanzierungspraxis wieder. Es lässt sich im US-amerikanischen Normensystem als theoretische Grundlage für die Ausgestaltung noch ungeregelter Rechnungslegungsfragen und für die Ausübung von Ermessensspielräumen bereits geregelter Rechnungslegungsbereiche verstehen. Da es in den USA an einem gesetzlichen Bezugssystem fehlt, hat hier der FASB seine Vorstellung im Hinblick auf Adressaten, Zweck und Grundsätze der Rechnungslegung dargestellt, die in Zweifelsfällen auch Anhaltspunkte für die Auslegung der einzelnen Standards bieten und zur Lückenausfüllung heranzuziehen sind, soweit keine Einzelfallregelungen vorliegen. Das Conceptual Framework dient gleichzeitig als Leitlinie für das FASB bei der Entwicklung neuer Standards und somit auch als Deduktionsbasis für zukünftige Standards. Das **Conceptual Framework** enthält sieben Statements, von denen derzeit jedoch nur sechs Gültigkeit besitzen:

SFAC No. 1 beschreibt als Ziel der Rechnungslegung die Vermittlung von entscheidungsrelevanten Daten für Investoren, Gläubiger und sonstige Nutzer von Jahresabschlüssen (Decision Usefulness).

SFAC No. 2 erläutert die qualitativen Anforderungen, die an die Daten des Rechnungswesens gestellt werden. Die Daten müssen relevant im Sinne von entscheidungsbeeinflussend (Relevance) sein. Zudem müssen die Daten zuverlässig im Sinne von wahr, intersubjektiv nachprüfbar und hinsichtlich ihrer Darstellung neutral sein (Reliability). Untergeordnete Qualitätsanforderungen sind die Vergleichbarkeit im Zeitablauf und zwischen Unternehmen (Comparability, Consistency).

SFAC No. 3, das durch SAFC No. 6 abgelöst wurde, nennt die Bestandteile des Financial Accounting.

SFAC No. 4 behandelt die Ziele der Rechnungslegung gemeinnütziger Unternehmen.

SFAC No. 5 nennt und definiert die Ansatz- und Bewertungsvorschriften.

SFAC No. 6 erläutert die Bestandteile des Financial Accounting. Diese Bestandteile sind Vermögensgegenstände (Assets), Schulden (Liabilities) und das nach Herkunft und Verwendung gegliederte Eigenkapital (Equity) sowie Aufwendungen (Expenses) und Erträge (Revenues), Gewinne (Gains) und Verluste (Losses).

SFAC No. 7 erläutert Grundsätze der Barwertermittlung für Bilanzierungszwecke. Mit diesem SFAC zur Ermittlung bilanzieller Wertansätze durch Diskontierung erwarteter Zahlungen trägt das FASB zur Öffnung des externen Rechnungswesens für finanzierungstheoretische Konzeptionen bei.

Dieses theoretische Gerüst der Rechnungslegung wird in der Literatur häufig als eine dreistufige Pyramide dargestellt (vgl. Abbildung 39).

■ **Basisgrundsätze der US-GAAP**

Die zentralen Grundsätze der US-amerikanischen Rechnungslegung sind im so genannten „Conceptual Framework" zusammengefasst. Da sie gleichermaßen sowohl für den Einzel- wie auch den Konzernabschluss gelten, existieren in den USA keine speziellen Konzernrechnungslegungsgrundsätze. Allerdings gibt es einige Standards, die sich ausschließlich mit der Aufstellung von Konzernabschlüssen befassen.

Der Grundsatz der Fair Presentation stellt die alles überragende Generalnorm, das „overriding principle" der US-amerikanischen Rechnungslegung dar. Er fordert die wahrheitsgemäße Darstellung der wirtschaftlichen Lage des bilanzierenden Unternehmens. Aus der Zielsetzung der Rechnungslegung (Decision Usefulness) lassen sich die Qualitative Characteristics of Accounting Information, also die von der Rechnungslegung eines erwerbswirtschaftlichen Unternehmens zu erfüllenden Anforderungen ableiten. Im Mittelpunkt stehen dabei die entscheidungsbezogenen Kriterien der Relevance und der Reliability. Relevante Rechnungslegungsdaten müssen aktuell (Timeliness) und voraussagetauglich (Predictive Value) sein und dem Benutzer die Überprüfung und Korrektur der getroffenen Entscheidung ermöglichen (Feedback Value). Das Merkmal der Verlässlichkeit verlangt messbare (Representation Faithfulness), objektive (Verifiability) und neutrale (Neutrality) Rechnungslegungsdaten. Weitere Kriterien sind die Vergleichbarkeit (Comparability) und die darin einbezogene Stetigkeit (Consistency). Diese Anforderungen werden durch die Grundsätze Wirtschaftlichkeit (Costs and benefits) sowie Wesentlichkeit (Materiality) relativiert. Danach muss der Nutzen einer Information größer sein, als die mit der Berichterstattung verbundenen Kosten. Außerdem sind im Jahresabschluss nur solche Informationen zu berücksichtigen, die geeignet sind, die Entscheidungsfindung einer Person zu beeinflussen (Decision Usefulness). Dabei existieren keine allgemeinen, sondern für einzelne Rechnungslegungsstandards genau festgelegte Wesentlichkeitsgrenzen. Weitere Bilanzierungs- und Bewertungsgrundsätze bestehen im going concern principle, durch das die Unternehmensfortführung unterstellt wird. Das accrual principle regelt nach SFAC No. 6 die korrekte Ermittlung der wirtschaftlichen Leistung (Gewinn) auf Basis periodisierter Aufwendungen und Erträge und nicht an Hand von Ein- und Auszahlungen.

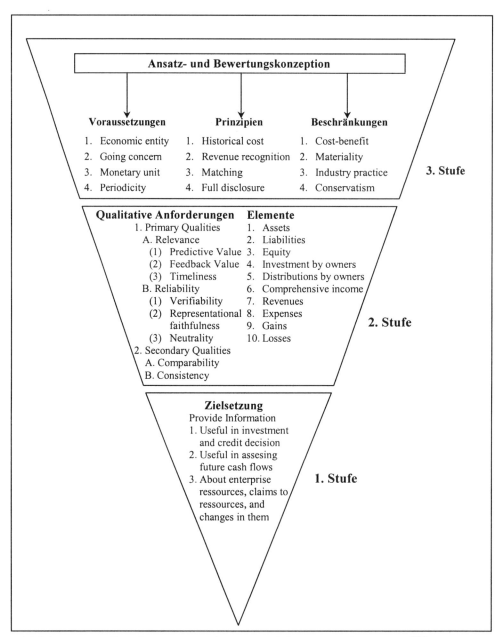

Abbildung 39: Aufbau des Conceptual Framework for Financial Reporting[121]

---

[121] Kieso, 1998, S. 51.

Trotz der Festschreibung des Grundsatzes der Vorsicht (Conservatism) in SFAC No. 2 wird diesem aus der Gläubigerschutzfunktion der Rechnungslegung abgeleiteten Prinzip in den USA wenig Bedeutung beigemessen.

Der Grundsatz der Einzelbewertung ist nicht gesondert erwähnt. Aus ARB No. 43 Chapter 4, Paragraph 5 lässt sich aber ableiten, dass für die richtige und sinnvolle Ermittlung des Periodenergebnisses neben der grundsätzlichen Einzelbewertung auch summarische Gruppenbewertungen möglich sind.

Der Grundsatz der „Substance over form" wirkt in zwei Richtungen. Zum einen besagt er, dass zur Abbildung eines Sachverhaltes nicht die rechtliche Gestaltung, sondern die wirtschaftliche Wirkung maßgeblich ist. Zum anderen wirkt dieser Grundsatz aber auch auf die formale Ausgestaltung des Jahresabschlusses, indem nicht die Form der Darstellung, sondern die Information als solche entscheidend ist.

5.3.2.4 Aufgaben und Organisation des Deutschen Rechnungslegungs Standards Committee (DRSC)

■ Entstehungsgeschichte des DRSC

In Deutschland gab es vor 1998 keine zentrale Institution, die sich ausschließlich und allgemeinverbindlich mit Rechnungslegungsvorschriften befasst hat. Ende der siebziger Jahre wurden im Zusammenhang mit der Transformation der 4. EG-Richtlinie in deutsches Recht alternative Formen der Rechnungslegungsnormsetzung erörtert. 1997 verstärkte sich der Ruf nach einem deutschen Standard Setter, der vor allem im International Accounting Standards Board (IASB) deutsche Interessen wirksam vertreten sollte. Grund hierfür war die zunehmende Bedeutung der internationalen Kapitalmärkte für deutsche Konzerne.

Mit Einführung des Gesetzes zur Kontrolle und Transparenz im Unternehmensbereich (KonTraG), in Kraft getreten am 01.05.1998, wurde ein fünfter Abschnitt des HGB mit den §§ 342 und 342 a HGB eingeführt. Diese Paragraphen regeln die Einrichtung eines privaten Rechnungslegungsgremiums (§ 342 HGB) oder eines öffentlich-rechtlichen Rechnungslegungsbeirats beim Bundesministerium der Justiz (§ 342 a HGB). Damit wollte der Gesetzgeber die Möglichkeiten für eine stärkere Annäherung der deutschen Rechnungslegungsvorschriften an internationale Grundsätze eröffnen und eine größere Flexibilität für die Weiterentwicklung der Rechnungslegung und ihre schnellere Anpassung an neue Erfordernisse gewährleisten. Das private Rechnungslegungsgremium soll die Entwicklung der Rechnungslegungsgrundsätze als Selbstverwaltungsaufgabe vorantreiben.

Nach § 342 I HGB kann das Bundesministerium der Justiz eine privatrechtlich organisierte Einrichtung durch Vertrag anerkennen. Damit unterbleibt nach § 342 IX HGB die Bildung eines Rechnungslegungsbeirats. Als deutscher Standard Setter wurde das **Deutsche Rechnungslegungs Standards Committee** (DRSC) geschaffen. Mit Vertrag vom 03.09.1998 wurde das DRSC vom Bundesministerium der Justiz anerkannt. Das DRSC hat ein unabhängiges Standardisierungsgremium einzurichten und auf dieses die Aufgaben des § 342 I HGB zu übertragen.

■ Aufgaben des DRSC

Die Aufgaben des DRSC sind gem. § 2 der Satzung:

- die Entwicklung von Empfehlungen (Standards) zur Anwendung der Grundsätze über die Konzernrechnungslegung,
- die Zusammenarbeit mit dem IASB und anderen Standardisierungsgremien,
- die Beratung bei der Gesetzgebung auf nationaler und zwischenstaatlicher Ebene, insbesondere zu Rechnungslegungsvorschriften und
- die Förderung der Forschung auf diesen Gebieten

■ Organisation des DRSC

Mitglieder des DRSC können gemäß § 4 der Satzung sein:

- jede natürliche Person, die aufgrund erkennbarer Qualifikation oder Erfahrung auf dem Gebiet der Rechnungslegung den Zielen des Vereins nahesteht,
- Unternehmen (einschließlich freiberuflicher Vereinigungen), sofern die Ausübung der Mitgliedschaft einer natürlichen Person obliegt, die als Rechnungsleger Mitglied sein könnte.

Das DRSC besteht aus den **Organen** (§ 6 der Satzung) und den **Gremien** (§§ 9, 10 der Satzung).

Die **Organe** des DRSC sind:

- der Vorstand (§ 7),
- der Verwaltungsrat (§ 8) und
- die Mitgliederversammlung (§ 11).

Die **Gremien** des DRSC sind.

- der Standardisierungsrat (§ 9) und
- der Konsultationsrat (§ 10).

Der **Standardisierungsrat** führt die Bezeichnung „Deutscher Standardardisierungsrat (DSR)". Der Träger des DSR ist das DRSC. Die Aufgaben des DSR sind:

- die Förderung internationaler Standardisierungsgremien,
- die Bestellung der deutschen Vertreter und
- die Erteilung der Weisungen an diese Personen,
- die in § 342 I HGB genannten Aufgaben:
  1. § 342 I Nr. 1 HGB: Die Entwicklung von Empfehlungen (Standards) zur Anwendung der Grundsätze für die Konzernrechnungslegung,
  2. § 342 I Nr. 2 HGB: Die Beratung des Bundesministeriums der Justiz bei Gesetzgebungsvorhaben zu Rechnungslegungsvorschriften,

3. § 342 I Nr. 3 HGB: Die Vertretung der Bundesrepublik Deutschland in internationalen Standardisierungsgremien.

Die Mitglieder üben ihre Aufgaben unabhängig aus.

Die Beschlussfassung erfolgt mit der Mehrheit der Stimmen. Für die Wahl weiterer Mitglieder und bei der Verabschiedung der Standards ist eine Mehrheit von zwei Drittel der Mitglieder erforderlich.

Mitglied des **Konsultationsrats** kann jede Organisation werden, die als Berufs- oder Interessenvertretung von Rechnungslegern, Unternehmen oder Nutzern den Zwecken des Vereins nahesteht.

Mit dem Konsultationsrat wird den beteiligten Kreisen die Gelegenheit gegeben, dem Standardisierungsrat ihre Vorstellungen vor grundsätzlichen Entscheidungen unmittelbar vorzutragen.

■ **Verfahren für die Entwicklung und Verabschiedung der Rechnungslegungsstandards**

Im Standardisierungsvertrag vom 03.09.1998 ist in § 4 das Verfahren für die Entwicklung und Verabschiedung der Rechnungslegungsstandards festgelegt. Danach darf ein Standard nur verabschiedet werden, wenn

– zuvor ein Entwurf beschlossen und dieser mit einer Frist zur Stellungnahme von mindestens sechs Wochen veröffentlicht worden ist,

– die eingegangenen Stellungnahmen ausgewertet und die wesentlichen Einwendungen und Änderungsvorschläge in einer öffentlichen Sitzung erörtert worden sind und

– im Falle wesentlicher Änderungen des Entwurfs dieser nochmals mit einer Frist zur Stellungnahme von mindestens vier Wochen offen gelegt worden ist.

Die Standards dürfen nicht im Widerspruch zu Rechtsvorschriften stehen. Eine sinnvolle Weiterentwicklung der Grundsätze ordnungsmäßiger Buchführung ist damit nicht ausgeschlossen.

Gem. § 1 III des Standardisierungsvertrages macht der DRSC dem BMJ alle Entwürfe und verabschiedeten Standards bekannt. Dabei wird auch mitgeteilt, ob die Bekanntmachung der beschlossenen Standards durch das BMJ vorgeschlagen wird.

Zur Zeit liegen neun verabschiedete Standards und vier Entwürfe vor. Die Standards des DRSC orientieren sich deutlich an den IAS.

5.3.2.5 Auswirkungen internationaler Rechnungslegung auf Bilanzpolitik und Bilanzanalyse

■ **Ansätze zur Bilanzpolitik**

Die Vorschriften zu IAS und speziell US-GAAP gestatten eine Bilanzpolitik nur noch in sehr begrenztem Rahmen. Wenn die Unterschiede einer Bilanzierung zwischen IAS und HGB dennoch gering sind, kann das unterschiedliche Ursachen haben. Einmal ist denkbar, dass die HGB-Vorschriften - soweit dies möglich ist - im Sinne der IAS angewandt werden. Zum anderen können auch die Sachverhalte, die eine unterschiedliche Behandlung nach IAS und HGB erfahren, nicht oder nur geringfügig vorliegen. Ein weiterer Grund könnte auch darin bestehen, dass noch nicht mit dem nötigen Nachdruck auf die Einhaltung der IAS-Vorschriften hingewirkt wird.

Keine Rechnungslegungsvorschrift kann Sachverhaltsgestaltung als Instrument der Bilanzpolitik verhindern. Es könnte höchstens - wenn die Merkmale eindeutig abgegrenzt werden - eine Angabe darüber im Anhang verlangt werden. Von daher sind in den IAS und US-GAAP-Abschlüssen Sachverhaltsgestaltungen zur Bilanzgestaltung im gleichen Umfang wie in HGB-Bilanzen zu vermuten. Die neuen Ansätze dazu kommen offensichtlich aus den USA.

■ **Bilanzanalyse internationaler Abschlüsse**

Zumindest in der Zeit, in der sowohl HGB-, wie auch IAS- und US-GAAP-Abschlüsse vorliegen, bezieht sich die Bilanzanalyse im Wesentlichen darauf, die Unterschiede in den Abschlüssen herauszuarbeiten. Wenn die Unterschiede erkannt werden sollen, muss man die Unterschiede in der Rechnungslegung betrachten. Dies kann hier nur beispielhaft erfolgen. Bei diesen Rechnungslegungsunterschieden ist im Weiteren zu fragen, welche Auswirkungen sie auf das Eigenkapital und den Gewinn haben. Im Folgenden werden fünf Positionen verglichen.

Zunächst sollen die selbst erstellten **immateriellen Vermögensgegenstände** herausgegriffen werden. Für diese besteht nach HGB als Ausfluss des Vorsichtsprinzips ein Aktivierungsverbot. Es fehlen Marktpreise, die zu einer Objektivierung der Werte führen sollen. Nach den IAS sind fehlende Marktpreise nicht das ausschlaggebende Kriterium. Bei einem immateriellen Vermögensgegenstand handelt es sich um einen *„asset"*, einen Vermögenswert, aus welchem dem Unternehmen ein zukünftiger Nutzen zufließt. Es handelt sich dabei etwa um Software, Patente oder Copyrights des Anlagevermögens. Neben der grundsätzlichen Abgrenzung des „assets" sind noch Einzelangaben erforderlich, was im konkreten Fall zu aktivieren ist und für welche Positionen ein Aktivierungsverbot besteht. Voraussetzung für eine Aktivierung ist indessen die Marktreife.

Die Bewertung erfolgt zu Herstellungskosten, d.h., auch wenn ein Marktwert relativ präzise ermittelt werden kann, darf der immaterielle Vermögenswert nicht mit seinem Marktwert bewertet werden.

Bezüglich der Auswirkungen auf das Eigenkapital sowie den Jahreserfolg eines Unternehmens ist festzuhalten, dass durch die Aktivierung selbst erstellter immaterieller Vermögenswerte die Gewinn- und Verlustrechnung entlastet und das Eigenkapital gestärkt wird.

Hinsichtlich der **Bewertung von Wertpapieren** wird gem. HGB zwischen Wertpapieren im Umlaufvermögen sowie Wertpapieren im Anlagevermögen unterschieden. Im ersten Fall ist das strenge Niederstwertprinzip zu beachten, bei Wertpapieren des Anlagevermögens kommt dagegen das gemilderte Niederstwertprinzip zum Tragen.

Die IAS kennen eine weitere Unterteilung: Hier werden Wertpapiere abgegrenzt, die bis zu ihrer Endfälligkeit gehalten werden. Diese werden zu den fortgeführten Anschaffungskosten bewertet. Bei anderen Wertpapieren - hier sind jederzeit veräußerbare sowie zu Handelszwecken gehaltene Wertpapiere zu unterscheiden - erfolgt die Bewertung zum *fair value*, also zu Marktwerten. Hieraus ergibt sich folglich eine deutliche Abweichung von den Wertsansätzen im HGB.

Fraglich ist, wie die über die Anschaffungskosten hinausgehenden Werte zu behandeln sind. Zunächst können sie als Wertänderung am ruhenden Vermögen zu einem Korrekturposten im Eigenkapital führen. Es kann jedoch auch ein Schritt weitergegangen werden, indem von tatsächlichen Gewinnen gesprochen wird, demnach also eine erfolgswirksame Berücksichtigung über die GuV erfolgt.

Bei den jederzeit veräußerbaren Wertpapieren erfolgt die Bewertung zu Stichtagszeitwerten; Gewinn und Verlust aus der Neubewertung sind entweder im Periodenergebnis oder im Eigenkapital erfolgsneutral auszuweisen. Demnach liegt ein Wahlrecht für einen ergebniswirksamen oder einen ergebnisneutralen Ausweis vor.

Bei Wertpapieren, die zu Handelszwecken gehalten werden, sind Gewinne und Verluste, die aus einer Neubewertung resultieren, indessen stets erfolgswirksam zu behandeln.

Die Auswirkungen auf Eigenkapital und Jahreserfolg sind abhängig von der Entwicklung der Börsenkurse: Gestiegene Aktienkurse können zu erheblichen Wertgewinnen in den Unternehmen führen, während demgegenüber aus gesunkenen Börsenkursen bedeutende Verluste resultieren können. Eine Bilanzierung nach IAS führt demnach zu einer marktnahen Bewertung; die stillen Reserven werden offen gelegt und Verluste ausgewiesen. Der Bilanzleser gewinnt auf diese Weise ein zutreffenderes Bild von der wirtschaftlichen Lage des Unternehmens.

Beim **Sachanlagevermögen** ergeben sich keine gravierenden Unterschiede zwischen HGB und IAS. Bilanzierung und Bewertung sind weitgehend identisch. Allerdings kann nach IAS auch ein alternativer Ansatz gewählt werden. Das *„benchmark treatment"* führt zu fortgeführten Anschaffungs- und Herstellungskosten, während das *„allowed alternative treatment"* eine Neubewertung des Vermögens zum *fair value* ermöglicht. Voraussetzung hierfür ist, dass Anhaltspunkte für eine Wertänderung vorliegen und der neue Wert zuverlässig ermittelt werden kann.

Die Erfolgswirkung ist davon abhängig, ob in den Vorperioden bereits Abschreibungen vorgenommen wurden. Sofern in der Vorperiode keine Neubewertung stattgefunden hat und eine Aufwertung aufgrund einer Neubewertung in der Berichtsperiode eingetreten ist, so ist nach dem „*allowed alternative treatment*" eine erfolgsneutrale Einstellung der Beträge in die Neubewertungsrücklage vorzunehmen. Tabelle 49 verdeutlicht diese Zusammenhänge.

Berichtsperiode Vorperioden	Aufwertung auf Grund einer Neubewertung in der Berichtsperiode	Abwertung auf Grund einer Neubewertung in der Berichtsperiode
Keine Neubewertung in den Vorperioden	Erfolgsneutrale Einstellung der Beträge in eine Neubewertungsrücklage	Erfolgswirksam
Erfolgsneutrale Aufwertung aufgrund einer Neubewertung in den Vorperioden	Erfolgsneutrale Einstellung der Beträge in eine Neubewertungsrücklage	Erfolgsneutrale Behandlung, bis die in den Vorperioden vorgenommene Aufwertung kompensiert ist; Restbetrag erfolgswirksam
Erfolgswirksame Abwertung aufgrund einer Neubewertung in den Vorperioden	Erfolgswirksame Behandlung, bis die in den Vorperioden erfolgswirksam vorgenommene Abwertung kompensiert ist; Restbetrag erfolgsneutral	Erfolgswirksam

Tabelle 49: Erfolgsneutrale und erfolgswirksame Behandlung von Neubewertungsvorgängen im Sachanlagevermögen nach IAS[122]

Der Ansatz zu Vollkosten nach IAS führt zu einer Erhöhung des Ergebnisses sowie des Eigenkapitals, wenn nach HGB vom Teilkostenansatz Gebrauch gemacht wird. Beim alternativen Ansatz führt die Bildung einer Neubewertungsrücklage zur Erhöhung des Eigenkapitals. Eine positive Erfolgswirkung ergibt sich dann, wenn die Aufwertung eine in den Vorperioden vorgenommene Abwertung rückgängig macht.

Auch die **Bilanzierung langfristiger Fertigungsaufträge** ist ein Beispiel für Differenzen zwischen IAS und HGB. Nachdem das HGB an der Completed Contract-Methode festhält, ist grds. kein Ausweis von Teilgewinnen möglich, d.h., der Auftrag muss vollständig realisiert sein, um eine Erfolgswirkung zu erzielen. Demgegenüber verlangen die IAS die Percentage-of-Completion-Methode, sofern das Ergebnis des Fertigungsauftrags zuverlässig geschätzt werden kann.

Welcher Ansatz der „richtigere" ist, wird kontrovers diskutiert. In Deutschland wurde in der Vergangenheit immer wieder darauf hingewiesen, dass Gewährleistungsansprüche

---

[122] In Anlehnung an Reinhart, 1998, S. 322.

erst nach der vollständigen Realisierung eines Auftrages entstehen, der Gewinn aus einem langfristigen Auftrag demnach erst mit der endgültigen Realisierung feststehen kann. Andererseits führt die Anwendung der percentage of completion-Methode zu einer Glättung des Gewinnausweises bei Unternehmen der langfristiger Auftragsfertigung. Da Aufwand und Ertrag entsprechend dem Leistungsfortschritt dargestellt werden, wird eine bessere Darstellung der Vermögens- und Ertragslage möglich.

Pensionsrückstellungen machen bei deutschen Publikumsgesellschaften erhebliche Beträge aus. Gerade die Pensionsrückstellungen sind dabei eine Position, die bei einem Vergleich der Abschlüsse nach HGB und IAS bzw. US-GAAP zu erheblichen Unterschieden führt. Im Fall der Daimler Benz AG (US-GAAP) traten erhebliche Veränderungen auf, weil die Gehalts- und Rentensteigerungen marktgerecht und stichtagsbezogen berücksichtigt werden mussten unter Berücksichtigung langfristiger Trendannahmen. Ferner ist nicht von einem vorgegebenen Zinssatz, sondern von einem Kapitalmarktzins auszugehen.

Betrachtet man die Bilanzierung ausgewählter Gesellschaften (vgl. Tabellen 50 und 51), kommt man zu interessanten Feststellungen. So werden sehr unterschiedliche Annahmen hinsichtlich Zinssatz, Inflation oder Fluktuation getroffen.

Prämissen zu den Pensionsrückstellungen in Deutschland				
Beispiel	Bayer AG GJ 2000 IAS	RWE AG GJ 99 / 00 IAS	HVB AG GJ 1999 IAS	MAN B & W Diesel AG GJ 99 / 00
Zinssatz	6,5 %	6,0 %	6,0 %	6,5 %
Gehaltssteigerung	3,0 %	3,0 %	0-2,5 %	3,0 %
Rentensteigerungsrate	2,0 %	2,0 %	1,5 %	1,5 %
Fluktuation	2,0 %	k.A.	k.A.	k.A.

Tabelle 50: Prämissen zu den Pensionsrückstellungen in Deutschland

Prämissen zu den Pensionsrückstellungen international					
Beispiel	Bayer AG GJ 2000	RWE AG GJ 99/00	HVB AG GJ 1999	Dresdner Bank AG GJ 2000	Deutsche Bank AG GJ 1999	MAN B&W Diesel AG GJ 99/00
Zinssatz	3,0-7,3 %	6,0 %	6,0 %	6,0 %	4,5-7,8 %	6,5 %
Gehalts-steigerung	1,0-7,0 %	3,0 %	0-0,25 %	3,0 %	2,5-5,0 %	3,0 %
Renten-steigerungs-trend	1,0-4,5 %	2,0 %	1,5 %	2,0 %	0-2,8 %	1,5 %
Fluktuation	Erfah-rungswerte	k.A.	k.A.	k.A.	individuell bestimmt	k.A.

Tabelle 51: Prämissen zu den Pensionsrückstellungen international

In Deutschland ist hinsichtlich der Prämissen für die Pensionsrückstellungen noch eine gewisse Einheitlichkeit festzustellen. Der Zinssatz schwankt lediglich zwischen 6,0 und 6,5 % (man kann sich jedoch vorstellen, welche Hebelwirkung auch ein halber Prozentpunkt hat und in welchem Ausmaß an dieser Stelle Bilanzpolitik betrieben wird). Die Annahmen zu den Gehaltssteigerungen liegen bei den betrachteten Gesellschaften einheitlich bei 3,0 %, mit Ausnahme der HypoVereinsbank AG, die 0,0 bis 2,5 % angibt. Auch beim Rentensteigerungstrend sind die Unterschiede mit 0,5 % Abweichung relativ moderat. Bei den Annahmen zur Fluktuation findet man bei einer Reihe von Unternehmen keine Angaben.

Betrachtet man nun bei den ausgewählten Gesellschaften die Abschlüsse für den internationalen Bereich, so werden durchaus unterschiedliche Angaben gemacht. Bayer nennt bei den Pensionsrückstellungen einen Zinssatz von 3,0-7,3 %, demnach also eine große Spanne. Auch hinsichtlich der Gehaltssteigerung wird mit 1,0-7,0 % eine entsprechend große Bandbreite vorgegeben. Von einer einheitlichen Bilanzierung kann hier also - auch wenn man nur eine Branche betrachtet - keine Rede sein.

Zusammenfassend ist festzuhalten, dass bei den IAS die „**fair presentation**" im Vordergrund steht. Dies bedeutet einerseits einen realistischeren Gewinnausweis, zum anderen soll auf diese Weise eine Offenlegung der stillen Reserven erreicht werden.

Angesichts der Bilanzierungspraxis großer deutscher Unternehmen in der Vergangenheit (Bildung hoher stiller Reserven) sind die Änderungen, die sich aus einer Betonung der „fair presentation" ergeben, erheblich. Ziel der IAS ist es, wesentlich marktnähere und aktuellere Informationen zu vermitteln. Außerdem sollen vorhandene Risiken vollständig und richtig erfasst werden. Aus betriebswirtschaftlicher Sicht besteht ein weiterer Vorteil darin, dass bei den IAS keine fiskalischen Bilanzierungsvorschriften zur Anwendung kommen und dadurch ein wirtschaftlicherer Gewinnausweis möglich wird.

Insgesamt sind bei einer Bilanzierung nach IAS bzw. US-GAAP in der **Tendenz** ein höheres Eigenkapital sowie höhere Jahresergebnisse zu erwarten.

Eigenkapital der Daimler Benz AG nach HGB und US-GAAP		
Jahr	EK nach HGB	EK nach US-GAAP
1992	19.719	27.604
1993	18.145	26.281
1994	20.251	29.435
1995	13.842	22.860
1996	-	26.393
1997	-	35.085

Tabelle 52: Eigenkapital der Daimler Benz AG nach HGB und US-GAAP

Abschluss		Eigenkapitalquote	
		Nach Abzug immaterieller Vermögensgegenstände	Vor Abzug immaterieller Vermögensgegenstände
Walt Disney	09 / 90	38,6 %	43,5 %
VNU	12 / 90	27,7 %	36,9 %
Springer	06 / 91	22,9 %	27,5 %
	06 / 92	18,5 %	22,0 %
	06 / 93	20,2 %	23,3 %
Bertelsmann	06 / 91	10,6 %	27,6 %
	06 / 92	12,4 %	28,2 %
	06 / 93	13,2 %	28,2 %
The Dun & Bradstreet Corporation	12 / 91	14,2 %	43,9 %
	12 / 92	16,9 %	43,9 %
	12 / 93	−19,4 %	21,5 %
Hachette	12 / 90	−17,7 %	17,9 %
Reed International	03 / 91	−18,4 %	49,4 %
Thomson	12 / 90	−22,5 %	41,6 %
News Corp.	06 / 91	−26,7 %	39,1 %
Maxwell	03 / 91	−61,1 %	30,9 %
Time Warner	12 / 90	−69,0 %	24,9 %

Tabelle 53: Auswirkungen von IAS und US-GAAP auf die Eigenkapitalquoten von Medienkonzernen

5.4 Prozess und Inhalt der Bilanzanalyse

5.4.1 Informationsbeschaffung

Die Bilanzanalyse läuft nicht als ein stufenloser Vorgang ab, sondern als ein **strukturierter Prozess**. Der eigentlichen bilanzanalytischen Auswertung geht die Beschaffung der Ausgangsinformationen voraus. Neben dem handelsrechtlichen Jahresabschluss sind alle verfügbaren Informationen einzubeziehen.

Auch wenn die GmbH grundsätzlich dazu verpflichtet sind, ihre Jahresabschlüsse offen zu legen, so werden bei der GmbH Publizitätsraten zwischen 10 % und 30 % errechnet, wobei mit der Größe der Gesellschaft deren Publizitätsfreudigkeit zunimmt. Es wird sich erst noch in der Zukunft zeigen, welche Wirkung die „Jedermann-Klage" (§ 335 a HGB) auf die Offenlegungsquoten der Gesellschaften hat.

Doch selbst die Tatsache, dass offen gelegt wird, ist für den Analytiker noch kein Grund zur Freude. Eine genauere Untersuchung der eingereichten Unterlagen zeigt, dass diese Unterlagen häufig unvollständig sind und die an sie gerichteten Informationserfordernisse nicht befriedigen können. Dies hat zur Folge, dass aufgrund der mangelhaften Datenbasis bestimmte Sachverhalte des Geschäftsjahres nicht analysiert werden können und die Vergleichbarkeit durch Diskontinuitäten in Art und Umfang der Berichterstattung erschwert wird.

Die grundsätzliche Entscheidung über die Offenlegung scheint von der Größe des Unternehmens abzuhängen. Der Grad der Einblickgewährung hängt hingegen mit der konkreten wirtschaftlichen Situation des Unternehmens zusammen. Bei wirtschaftlich starken Unternehmen kann Konkurrenzangst dazu führen, restriktiv zu publizieren. Möchte das Unternehmen hingegen seine Kapitalbasis erweitern, wird es seinen ökonomischen Erfolg auch dokumentieren.

Eine ähnliche Praxis kann für verschuldete Unternehmen unterstellt werden. Eine starke Bankabhängigkeit wird man gegenüber Lieferanten, Kunden und Gläubigern eher verschweigen. Bewegt man sich jedoch von der Verschuldung in Richtung Überschuldung, so wird man diese Informationen geben, um den Vorwurf der Bilanzverschleierung zu entkräften bzw. nicht entstehen zu lassen. Den Vorwurf der Misswirtschaft muss sich die Geschäftsleitung ohnehin gefallen lassen.

Die Nutzung des Jahresabschlusses als Instrument einer aktiven Informationspolitik haben die Großunternehmen bereits erkannt. Allerdings wirkt sich diese Erkenntnis mehr in der formalen Gestaltung der Geschäftsberichte, als in deren materiellem Gehalt aus. Chancen, weitere Informationen zu bekommen, hat der einzelne Adressat in der Regel nicht. Mehr Möglichkeiten haben Institutionen, die das Verhalten der Anleger und Kapitalgeber nachweislich beeinflussen können.

Die Tatsache, dass nur wenige Abschlüsse vollständig offen gelegt werden, hat zu Bestrebungen geführt, zumindest die veröffentlichten Jahresabschlüsse möglichst komplett zu erfassen. Mit Hilfe von Datenbanken sollen die Abschlüsse standardisiert erfasst und einer Analyse zugänglich gemacht werden.

Dies können **Datenbanken** - zumindest theoretisch - leisten. Trotz dieser bestechenden Vorteile ist die praktische Nutzung von Datenbankinformationen im Rahmen der Bilanzanalyse noch verhältnismäßig gering. Dies wird sich ändern, wenn mehr Abschlüsse veröffentlicht werden und damit größere Vergleichsmöglichkeiten entstehen und ein einheitliches Erfassungsschema vorgegeben wird.

Deshalb wird der Einsatz von Datenbanken heute in erster Linie bei der Schaffung einer notwendigerweise großen Grundgesamtheit gewählt. Die Analyse eines einzelnen Betriebs mit Datenbanken ist regelmäßig von wenig Erfolg gekrönt. Entweder bieten die Datenbanken nur die identische Wiedergabe der Angaben im Bundesanzeiger, oder die Informationen werden so verkürzt wiedergegeben, dass eine tiefergehende Analyse nicht möglich ist.

Neben den vom Unternehmen veröffentlichten Daten können selbstverständlich alle anderen verfügbaren Informationen Eingang in die Analyse finden. Dies können Brancheninformationen oder Untersuchungen von Wirtschaftsforschungsinstituten sein. Eine wichtige Informationsquelle spielen auch die Daten der Deutschen Bundesbank, die jährlich veröffentlicht werden und die in ihrer derzeit aktuellsten Fassung die Grundlage der Ausführungen in den Abschnitten 5.4.4 bis 5.4.6 bilden.

Diese Daten werden aus Jahresabschlüssen gewonnen, die u.a. bei der Hereingabe von Wechselverpflichtungen eingereicht werden. Dies bedeutet zum einen, dass die Grundgesamtheit der analysierten Unternehmen sich jährlich verändern kann, zum anderen, dass Jahresabschlüsse auch rückwirkend berücksichtigt werden.

5.4.2 Aufbereitung der Datenbasis

In den wenigsten Fällen entspricht das der Analyse zugrunde liegende Material auch den Ansprüchen der Bilanzanalyse. Viele im Jahresabschluss ausgewiesene Positionen sind ohne materiellen Gehalt, korrespondieren zu Aktiva oder Passiva oder sind unter betriebswirtschaftlichen Gesichtspunkten falsch ausgewiesen. Dieser Umstand macht es notwendig, sowohl die Bilanz als auch die Gewinn- und Verlustrechnung den bilanzanalytischen Erfordernissen anzupassen. Aus der handelsrechtlichen Bilanz wird eine so genannte Strukturbilanz und aus der Gewinn- und Verlustrechnung soll die betriebswirtschaftliche Erfolgsermittlung abgeleitet werden.

Die **Erstellung einer Strukturbilanz** ist ein zweischneidiges Schwert. Der Vorteil der analysegerechten Straffung und Komprimierung der Informationen des Jahresabschlusses kann sich bei mangelnder Sorgfalt auf die Güte der gesamten Bilanzanalyse nachteilig auswirken.

Ebensowenig wie es die ideale Kennzahl schlechthin gibt, kann es auch keine allgemein verbindliche Form der Strukturbilanz geben. Eine mögliche und für den vorliegenden Fall am besten geeignete Ausgestaltung einer Strukturbilanz zeigen die Tabellen 54 und 55.[123]

Im bilanzanalytischen Anlagevermögen sind der **Geschäfts- oder Firmenwert** und die **Aufwendungen für die Ingangsetzung und Erweiterung des Geschäftsbetriebs** nicht enthalten.

Die Aktivierung von Ingangsetzungs- und Erweiterungsaufwendungen führt zum Ausweis einer bilanziellen Hilfsgröße. Diese entspricht keinem Vermögenswert und führt zu einem in Höhe des aktivierten Aufwands höher ausgewiesenen Eigenkapital. Anlagevermögen und Eigenkapital sind entsprechend zu kürzen. Auch der derivative Geschäfts- oder Firmenwert entspricht keinem Vermögensgegenstand. Seine Eliminierung und die entsprechende Korrektur des Eigenkapitals werden mit analoger Begründung durchgeführt. Bei wesentlichen Beträgen kann es sinnvoll sein, den Firmenwert vor der Verrechnung mit dem Eigenkapital auf seine Entstehungsursachen hin zu untersuchen.

Bei der Aufstellung der Strukturbilanz wurde davon ausgegangen, dass im Jahresabschluss die **erhaltenen Anzahlungen auf Bestellungen** gesondert auf der Passivseite angegeben und nicht, wie § 268 V S. 2 HGB es erlaubt, mit den Vorräten saldiert wurden. Diese Brutto-Methode ist aus bilanzanalytischer Sicht grundsätzlich zu bevorzugen. Wegen der latenten Rückzahlungspflicht der Anzahlung - z.B. im Falle der Nichtlieferung - würden Vermögenslage und Kapitalstruktur verzerrt werden. In der Praxis erfolgt aber üblicherweise die offene Absetzung von den Vorräten.

Die **eigenen Anteile** wurden mit der gem. § 272 IV HGB zu bildenden Rücklage für eigene Anteile verrechnet. Hinter dieser Vorgehensweise steht die Interpretation der eigenen Anteile als Rückgewährung gezeichneten Kapitals. Sind die eigenen Anteile jedoch als Mitarbeiterbeteiligung oder als Abfindung der Aktionäre für Nachteile aus einem Gewinnabführungs- oder Beherrschungsvertrag gem. § 305 AktG zu sehen, so stellen sie vollwertige Vermögensgegenstände dar. Hier wäre eine Eliminierung nicht sachgerecht.

Das **Disagio** entspricht keinem Vermögensgegenstand, sondern einer Verpflichtung des Betriebes, die zu keinem realen Vermögenswert korrespondiert. Konsequenterweise erfordert dies die Eliminierung des Disagios aus dem aktivischen Rechnungsabgrenzungsposten und eine entsprechende Kürzung des Eigenkapitals.

---

[123] Vgl. Küting, 1991, S. 1469 ff.

		Immaterielle Vermögensgegenstände Konzessionen, gewerbliche Schutzrechte und ähnliche Rechte und Werte sowie Lizenzen an solchen Rechten und Werten Geleistete Anzahlungen **Sachanlagen** Grundstücke, grundstücksgleiche Rechte und Bauten einschließlich der Bauten auf fremden Grundstücken Technische Anlagen und Maschinen Andere Anlagen, Betriebs- und Geschäftsausstattung Geleistete Anzahlungen und Anlagen im Bau **Finanzanlagen** Anteile an verbundenen Unternehmen Ausleihungen an verbundene Unternehmen Beteiligungen Ausleihungen an Unternehmen, mit denen ein Beteiligungsverhältnis besteht Wertpapiere des Anlagevermögens Sonstige Ausleihungen
Bilanzanalytisches Anlagevermögen		
Monetäres Umlaufvermögen		Forderungen und sonstige Vermögensgegenstände mit einer Restlaufzeit von unter einem Jahr Geleistete Anzahlungen auf Vorräte Anteile an verbundenen Unternehmen Sonstige Wertpapiere Aktive Rechnungsabgrenzungsposten ·/. Aktive latente Steuern ·/. Disagio
	Liquide Mittel	Kassenbestand, Bundesbankguthaben, Guthaben bei Kreditinstituten und Schecks
Bilanzanalytisches Umlaufvermögen		Forderungen und sonstige Vermögensgegenstände mit einer Restlaufzeit von über einem Jahr Roh-, Hilfs- und Betriebsstoffe Unfertige Erzeugnisse, unfertige Leistungen Fertige Erzeugnisse und Waren

Tabelle 54: Strukturbilanz - Aktivseite

Bilanzanalytisches Eigenkapital		Gezeichnetes Kapital
		·/. Nicht eingeforderte Einlagen
		Kapitalrücklage
		Gewinnrücklagen
		  Gesetzliche Rücklage
		  Satzungsmäßige Rücklage
		  Andere Gewinnrücklagen
		·/. Aufwendungen für die Ingangsetzung und Erweiterung des Geschäftsbetriebs
		·/. Aktivierter Geschäfts- oder Firmenwert
		·/. Aktive latente Steuern
		·/. Disagio
		Eigenkapitalanteil des Sonderpostens mit Rücklage anteil (50 %)
		+ / ·/. Bilanzgewinn, -verlust

	Langfristiges Fremdkapital	Verbindlichkeiten mit einer Restlaufzeit von über fünf Jahren Rückstellungen für Pensionen und ähnliche Verpflichtungen
	Mittelfristiges Fremdkapital	Verbindlichkeiten mit einer Restlaufzeit zwischen einem und fünf Jahren Fremdkapitalanteil des Sonderpostens mit Rücklageanteil (50 %)
	Kurzfristiges Fremdkapital	Anleihen Verbindlichkeiten mit einer Restlaufzeit von unter einem Jahr Steuerrückstellungen Sonstige Rückstellungen Passive Rechnungsabgrenzungsposten
Bilanzanalytisches Fremdkapital		

Tabelle 55: Strukturbilanz - Passivseite

Auch die aktivisch ausgewiesenen **latenten Steuern** sind keine Vermögensgegenstände im eigentlichen Sinne. Einen Zahlungsanspruch gegen den Staat enthalten sie nicht, sie sind insofern mit dem Eigenkapital zu saldieren.

Wird das Eigenkapital einer Kapitalgesellschaft nicht voll einbezahlt, so bezeichnet man die Differenz als „**ausstehende Einlagen**". Bei der bilanzanalytischen Würdigung dieser Position ist ihre **Doppelnatur** zu beachten: Soweit die ausstehenden Einlagen eingefordert sind, besitzen sie Forderungscharakter, andernfalls sind sie als Korrekturposten zum Eigenkapital zu betrachten und mit dem gezeichneten Kapital zu saldieren. In der vorliegenden Strukturbilanz wurde davon ausgegangen, dass sämtliche ausstehenden Einlagen nicht eingefordert sind; die Saldierung mit dem gezeichneten Kapital ist konsequent.

Ein Verzicht auf die Saldierung würde den Einblick in die Vermögens-, Finanz- und Ertragslage verfälschen, da diese Beträge dem Unternehmen faktisch nicht zur Verfügung stehen. Bezüglich des Ausweises steht dem Betrieb das Wahlrecht des § 272 I HGB offen, also die Wahl zwischen Brutto- und Netto-Ausweis. Aus der Sicht des Analytikers ist grundsätzlich die Brutto-Methode vorteilhafter: Zum einen könnte die Bezeichnung der Saldogröße aus gezeichnetem Kapital und nicht eingeforderten Einlagen als „eingefordertes Kapital" zu einer Missdeutung des Posteninhaltes führen, da hier bereits geleistete und lediglich eingeforderte Kapitalteile vermischt würden, zum anderen würde sich die Bilanzsumme bei der Brutto-Methode verringern. In den Fällen, in denen der Forderungscharakter der eingeforderten Einlagen zweifelhaft wird, z.B. bei mangelnder Solvenz der Anteilseigner, kann auch bei diesen Posten eine Saldierung mit dem gezeichneten Kapital sinnvoll sein.

Der Jahresabschluss kann in Abhängigkeit von der tatsächlichen Situation entweder nach vollständiger oder teilweiser Verwendung des Jahresergebnisses, aber auch ohne Berücksichtigung der Ergebnisverwendung aufgestellt werden (§ 268 I HGB). Bei einer Aufstellung vor Gewinnverwendung werden der Jahresüberschuss oder -fehlbetrag und der Gewinn- oder Verlustvortrag gesondert unter dem Eigenkapital ausgewiesen. Für Aktiengesellschaften ist die Bilanzerstellung nach teilweiser Ergebnisverwendung der übliche Fall, da die Dotierung von Rücklagen regelmäßig aufgrund gesetzlicher oder satzungsmäßiger Verpflichtungen stattfindet. Hier wird nur noch der Bilanzgewinn oder -verlust ausgewiesen. Wird die Bilanz nach vollständiger Ergebnisverwendung aufgestellt, gehen Jahresüberschuss und Ergebnisvortrag in den entsprechenden Bilanzpositionen auf, d.h. in den Rücklagen und den Verbindlichkeiten (Ausschüttungen an Gesellschafter). Um diese Bewegungen nachzuvollziehen, benötigt der Analytiker eine Gewinnverwendungsrechnung, die zumindest von der AG gem. § 158 I AktG im Anschluss an die Gewinn- und Verlustrechnung oder im Anhang publiziert werden muss. Für die GmbH besteht keine entsprechende Verpflichtung zur Offenlegung. Eine sachgerechte Zuordnung wird damit erschwert, wenn nicht unmöglich.

Der **Sonderposten mit Rücklageanteil** ist materiell ein Mischposten. Die steuerrechtlichen Mehrabschreibungen führen zu stillen Reserven, die bei ihrer späteren Auflösung besteuert werden. Aus Vereinfachungsgründen wird eine hälftige Zuordnung zum Eigenbzw. Fremdkapital vorgenommen.

Auch die Behandlung der **Aufwandsrückstellungen** verlangt eine differenzierte Beurteilung. Einerseits deuten die Voraussetzungen ihrer Bildung - Entstehung von Aufwand in der laufenden oder einer früheren Periode - auf eine Zuordnung zum Fremdkapital hin, andererseits haben sie den Charakter von reinen Innenverpflichtungen, auf deren Höhe und tatsächliche Inanspruchnahme das Unternehmen entscheidend Einfluss nehmen kann. Üblicherweise werden die Rückstellungen dem kurzfristigen Fremdkapital zugeordnet. Die Dispositionsfreiheit des Unternehmens hinsichtlich der Inanspruchnahme würde aber auch die Zuordnung zum Eigenkapital rechtfertigen. Eine allgemein gültige Handlungsempfehlung gibt es nicht. Hier sind Sachverstand und weitergehende Informationen des Analytikers gefordert, dem seine Aufgabe durch die restriktiven Erläuterungen im Anhang nicht gerade erleichtert wird. Werden die Einzelpositionen unter den „sonstigen Rückstellungen" nicht gesondert ausgewiesen, so sind - soweit die Rückstellungen einen nicht unerheblichen Umfang haben - gem. § 285 Nr. 12 HGB Angaben im Anhang notwendig. Die Mehrzahl der Unternehmen macht von dieser Möglichkeit Gebrauch und beschränkt sich auf rein verbale Angaben zum Umfang.

Die Erstellung einer Strukturbilanz zeigt erste Tendenzen auf und erlaubt entsprechende Wertungen. Das Ansetzen an der Handelsbilanz gewährleistet die Vergleichbarkeit. Bei der Aufbereitung der Daten sollte auf Umbewertungen verzichtet werden, denn nur so ist ein Objektvergleich uneingeschränkt möglich. Ist die gleichbleibende Abgrenzung der Positionen gewährleistet, kann man auch einen Zeitvergleich durchführen. Die Gliederung der Strukturbilanz soll weitere bilanzstrukturorientierte Analysen ermöglichen; tiefergehende Analysen (z.B. zu Substanz- und Kapitalerhaltung) sind darauf aufbauend möglich.

5.4.3 Grundsätze ordnungsmäßiger Bilanzanalyse

Die Fülle der bilanzanalytischen Instrumente macht es dem Analytiker nicht leicht, die konkrete Auswahlentscheidung zu treffen. Im Folgenden werden Grundsätze ordnungsmäßiger Bilanzanalyse dargestellt, von denen sich der Analytiker bei der Auswahl oder Konstruktion des jeweiligen Instruments leiten lassen sollte.

Der Grundsatz der **Richtigkeit** verlangt die Zweckentsprechung des Instruments zur Abbildung der bilanziellen Vermögens-, Finanz- und Ertragslage sowie eine Objektivität der Berechnung. Die Frage nach der Zweckentsprechung ist gleichbedeutend mit der Frage nach der Abbildungsfunktion eines Instruments. Diese kann es nur dann erfüllen, wenn eine sachliche und inhaltliche Kongruenz mit dem abzubildenden Merkmal der wirtschaftlichen Lage besteht. So ist die Relation von Anlage- zu Gesamtvermögen, die aus der Bilanz des vergangenen Geschäftsjahres gebildet wurde, zweckentsprechend zur Analyse der Vermögenslage am Stichtag. Zur Analyse der zukünftigen Ertragslage wäre sie dagegen nur beschränkt einsetzbar. Damit der Analyseadressat die Informationen auch optimal nutzen kann, muss ihm bekannt sein, wie die Kennzahl gebildet wurde, welche Prämissen der Berechnung zugrunde liegen und woher die Daten stammen.

Der Grundsatz der **Klarheit** verbietet einen mehrdeutigen und damit irreführenden Informationsgehalt des bilanzanalytischen Instruments. Der Analyseadressat kann um so eher auf die hinter dem Instrument stehenden realwirtschaftlichen Sachverhalte schließen, je eher die Bezeichnung und der rechnerische Aufbau diese treffen. Die Bezeichnung der Relation Anlage- zu Gesamtvermögen als „Anlagenintensität" kann dies leisten. Da sich mit dem Wert und dem Umfang des Anlagevermögens auch der Gesamtwert der Kennzahl ceteris paribus verändert, unterstreicht die rechnerische Beziehung die verbale Bezeichnung.

Die Beschaffung und Vermittlung aller für den Analyseadressaten wesentlichen Informationen verlangt der Grundsatz der **Vollständigkeit**. Der Analytiker muss aus der Fülle von Einzelinformationen die für den Adressaten wesentlichen isolieren und diese in einen neuen Zusammenhang stellen, um das dahinterstehende Gefüge der Bilanzpositionen sowie die Interdependenzen der Vermögens-, Finanz- und Ertragslage zu verdeutlichen. Empirisch festgestellte oder subjektiv vermutete Abhängigkeiten der Realität sind zumindest ansatzweise auch in der Analyse aufzuzeigen. Für die Auswahl und Konstruktion der bilanzanalytischen Instrumente bedeutet dies, dass ein Instrument durch seine kompatible Ausgestaltung und / oder die gezielte Variation seiner Bestandteile auch zur Analyse verbundener Merkmale geeignet sein sollte.

Die **Vergleichbarkeit** ist notwendige Voraussetzung der Bilanzanalyse und muss sowohl seitens der zu analysierenden Sachverhalte als auch hinsichtlich der bilanzanalytischen Instrumente gegeben sein. Ein Instrument entspricht dann dem Grundsatz der Vergleichbarkeit, wenn es - einen bezüglich des Analyseziels sinnvoll möglichen Vergleich unterstellt - in der dabei erforderlichen Anzahl von Ausprägungen gleich ermittelt und bezeichnet werden kann. Zeit- und Objektvergleich sind zumindest dann möglich, wenn die zu vergleichenden Daten dem Jahresabschluss entnommen wurden. Die gesetzlich normierten Ansatz- und Ausweispflichten tragen der unverzichtbaren Objektivierung Rechnung.

Eine in jeder Hinsicht optimale Informationsbeschaffung und -vermittlung kann unwirtschaftlich sein, sofern deren Kosten den eigentlichen Nutzen übersteigen. Der Grundsatz der **Wirtschaftlichkeit** dient als **Korrektiv** zu den dargestellten Grundsätzen. Die Forderung nach Wirtschaftlichkeit beschränkt die Möglichkeiten umfangreicher rechnerischer Herleitungen zur Verbesserung der Objektivität und ausführlicher verbaler Erläuterungen zur Optimierung der Klarheit. Die angestrebte vollständige Abbildung der wirtschaftlichen Lage reduziert sich auf jene Merkmale, die im Rahmen der herkömmlichen Bilanzanalyse ermittelt werden können. Eine weitere Einschränkung ergibt sich daraus, dass ausschließlich **wesentliche Informationen** gegeben und damit die Kosten der Analyseadressaten gesenkt werden.

5.4.4 Analyse und Beurteilung der Vermögenslage

Zur Analyse der Aktivseite der Bilanz sind die Kennzahlen der **Anlagen- und Umlaufintensität** geeignet. Ihre Ermittlung ist mit Kenntnis der Strukturbilanz und damit des Jahresabschlusses nachvollziehbar; Zeit- und Objektvergleich sind möglich. Um die Abbildung der verbal ausgedrückten „Intensität" zu unterstreichen, wird die im Mittelpunkt des Interesses stehende Größe im Zähler der Kennzahl aufgeführt. Der vermehrte Faktoreinsatz führt ceteris paribus zu einem steigenden Wert der Kennzahl und betont damit dessen intensivere Verwendung.

Nicht nur der absolute Bestand der einzelnen Positionen am Bilanzstichtag ist für die Beurteilung der wirtschaftlichen Lage entscheidend, sondern auch die Bindungsdauer der einzelnen Vermögenswerte. Da diese immer einen bestimmten Kapitalbetrag binden, erlaubt die Kenntnis der Umschlagshäufigkeit auch Rückschlüsse auf den Kapitalbedarf des Unternehmens. Neben der **Umschlagshäufigkeit des Anlage- und Umlaufvermögens** ist insbesondere das sogenannte **Kundenziel** von Interesse, das annähernd die Zeitspanne wiedergibt, in der ein fakturierter Betrag auch tatsächlich dem Unternehmen zufließt. Um Aufbau und Struktur des Anlagevermögens zu erkennen, werden Kennzahlen zur Analyse der **Investitions- und Abschreibungspolitik** gebildet. Diese Kennzahlen können grundsätzlich ineinander überführt werden und decken einen geschlossenen Analysebereich redundanzfrei ab. Die Ermittlung der Komponenten ist mit Hilfe des Anlagespiegels ohne weiteres möglich und auch für externe Analyseadressaten nachvollziehbar.

Die errechneten Ergebnisse können grundsätzlich über alle drei Vergleichsarten - **Zeit-, Objekt- oder Planvergleich** - beurteilt werden. Im Folgenden werden die wesentlichen Kennzahlen zur Analyse der Vermögenslage und deren Ausprägungen in der Wirtschaft dargestellt (Tabelle 56).

Kennzahlen zur Analyse der Vermögenslage	
Analyse der Vermögensintensität	– Anlagenintensität – Umlaufintensität
Analyse der Investitions- und Abschreibungspolitik	– Investitionsquote – Anlagenabnutzungsgrad – Abschreibungsquote
Analyse der Umsatzrelationen	– Umschlagshäufigkeit des Anlagevermögens – Umschlagsdauer des Vorratsvermögens – Kundenziel

Tabelle 56: Kennzahlen zur Analyse der Vermögenslage

Bezeichnung: Anlagenintensität
Formel / Recheneinheit: $\dfrac{\text{Anlagevermögen}}{\text{Gesamtvermögen}} \cdot 100$
Herkunft der Werte und Wertansatz: **Zähler**: Strukturbilanz **Nenner**: Strukturbilanz
Aussagekraft und Verwendungsmöglichkeiten: Kennzahl zur Beschreibung der Struktur des Vermögens. Über den Anteil des AV am GV lassen sich bedingt Schlüsse auf den Grad der Mechanisierung, Automatisierung, Kapitalintensität und der Konjunkturempfindlichkeit ziehen. Diese steigen i.d.R. mit zunehmender Anlagenintensität. Ferner sind Rückschlüsse auf die Kapazitätsauslastung möglich; ein sinkender Quotient kann auf eine verbesserte Nutzung des Anlagevermögens hindeuten und damit auf eine verbesserte Ertragslage. Die differenzierte Wahl des Zählers (Sach-, Finanzanlagevermögen) erlaubt tiefergehende Analysen. Die Anlagenintensität kann durch stille Reserven zu niedrig ausfallen, im Falle einer hohen Umschlagshäufigkeit des Umlaufvermögens, eines bedeutenden Umfangs des nichtbetriebsnotwendigen Vermögens oder hoher Grundstückswerte kann sie zu hohe Werte annehmen. Preisschwankungen, die den üblichen Rahmen überschreiten, können das Ergebnis verzerren. Bei Leasing ist zu beachten, bei wem die Vermögensgegenstände bilanziert sind. Im Zeitvergleich müssen Rationalisierungsbemühungen des Unternehmens berücksichtigt werden, ebenso die Investitions- und Abschreibungspolitik. Ein Betriebsvergleich ist nur sinnvoll, sofern es sich um branchengleiche Betriebe handelt, die auch in Produktionsprogramm und Fertigungstiefe vergleichbar sind.
Erweiterungsmöglichkeiten: Abschreibungs- und Investitionsquote Umlaufintensität, Anlagenabnutzungsgrad

Anlagenintensität in der deutschen Wirtschaft 1996 - 1998			
Wirtschaftsbereich	1996	1997	1998
Verarbeitendes Gewerbe	39,10	38,05	38,31
Ernährungsgewerbe	46,18	45,29	44,81
Textilgewerbe	30,88	29,91	30,70
Bekleidungsgewerbe	21,14	17,83	19,55
Holzgewerbe	39,62	39,22	38,67
Papiergewerbe	50,83	50,00	50,12
Verlags- und Druckgewerbe	38,50	37,73	38,00
Chemische Industrie	55,58	51,45	54,48
Gummi- und Kunststoffwaren	40,00	39,78	43,17
Glasgewerbe, Keramik, Steine und Erden	52,36	47,53	45,69
Metallerzeugung und -bearbeitung	46,36	43,69	42,04
Herstellung von Metallerzeugnissen	33,49	32,89	33,40
Maschinenbau	24,67	26,03	25,98
Elektrotechnik	31,94	32,49	32,26
Feinmechanik und Optik	26,70	27,93	29,96
Herstellung von Kraftwagen	42,82	42,31	40,80
Energie- und Wasserversorgung	58,34	60,57	60,72
Baugewerbe	16,24	16,82	17,31
Großhandel und Handelsvermittlung	20,71	21,01	21,94
Einzelhandel	25,68	25,70	25,51
Verkehr	58,80	58,10	60,25
Gesamtdurchschnitt	35,54	35,54	36,14

Bezeichnung:
Umlaufintensität

Formel / Recheneinheit:

$$\frac{\text{Umlaufvermögen}}{\text{Gesamtvermögen}} \cdot 100$$

Herkunft der Werte und Wertansatz:
Zähler: Strukturbilanz
Nenner: Strukturbilanz

Aussagekraft und Verwendungsmöglichkeiten:
Kennzahl zur Beschreibung der Struktur des Vermögens.

Die Umlaufintensität hat im Grunde die gleiche Aussagekraft wie die Anlagenintensität, das Umlaufvermögen steht jedoch im Vordergrund des analytischen Interesses.

Der Anteil des UV am GV kann Informationen über die Flexibilität des Unternehmens geben. Mit sinkender Fristigkeit des Vermögens steigt das Liquiditätspotenzial des Unternehmens und damit die Reaktionsfähigkeit auf Beschäftigungs- und Strukturänderungen. Ferner sinkt der Fixkostenanteil und damit das leistungswirtschaftliche Risiko. Tiefergehende Analysen sind durch die Analyse der Vorrats- oder Forderungsintensität möglich.

Die Umlaufintensität kann durch Vorratsaufbau oder Lagerfertigung zu hohe Werte annehmen, durch eine Lagerrationalisierung (just-in-time) sinken. In diesen Fällen wäre eine positive bzw. negative Beurteilung der Kennzahl nicht sachgerecht. Gegenüber Preisschwankungen ist die Kennzahl verhältnismäßig unempfindlich.

Im Zeitvergleich müssen die Marktbeziehungen in die Analyse einbezogen werden. Beim Betriebsvergleich sind die Branchenstrukturen, das Produktionsprogramm (Saisonbetriebe) und der Stand der logistischen Infrastruktur zu beachten.

Erweiterungsmöglichkeiten:
Umschlagsdauer des Vorratsvermögens
Vorrats-, Forderungsintensität

Umlaufintensität in der deutschen Wirtschaft 1996 - 1998			
Wirtschaftsbereich	1996	1997	1998
Verarbeitendes Gewerbe	60,90	61,94	61,69
Ernährungsgewerbe	53,67	54,71	55,25
Textilgewerbe	69,59	70,09	69,30
Bekleidungsgewerbe	79,67	81,40	80,45
Holzgewerbe	60,75	60,39	61,33
Papiergewerbe	49,45	50,26	50,12
Verlags- und Druckgewerbe	61,66	62,27	62,00
Chemische Industrie	44,47	48,51	45,48
Gummi- und Kunststoffwaren	59,76	60,44	57,03
Glasgewerbe, Keramik, Steine und Erden	47,64	52,64	54,47
Metallerzeugung und -bearbeitung	53,64	56,31	57,96
Herstellung von Metallerzeugnissen	66,51	67,11	66,60
Maschinenbau	75,38	74,02	74,02
Elektrotechnik	68,06	67,45	67,56
Feinmechanik und Optik	73,30	72,07	70,25
Herstellung von Kraftwagen	57,12	57,74	59,15
Energie- und Wasserversorgung	41,66	39,40	39,25
Baugewerbe	83,76	83,14	82,66
Großhandel und Handelsvermittlung	79,27	78,99	78,06
Einzelhandel	74,35	74,27	74,47
Verkehr	41,13	41,90	39,69
Gesamtdurchschnitt	64,46	64,46	63,86

| **Bezeichnung:** |
| Investitionsquote |

| **Formel / Recheneinheit:** |
| $$\frac{\text{Nettoinvestitionen des SachAV}}{\text{Anfangsbestand des SachAV}} \cdot 100$$ |

| **Herkunft der Werte und Wertansatz:** |
| **Zähler:** Zugänge - Abgänge zu Restbuchwerten, Anlagespiegel
Nenner: Vorjahreswerte der Bilanz oder Anlagespiegel |

| **Aussagekraft und Verwendungsmöglichkeiten:** |
| Kennzahl zur Beurteilung der Investitionspolitik des Unternehmens. |
| Die Investitionsquote misst das Investitionsvolumen am gegenwärtigen (Periodenbeginn) Anlagenbestand und sagt aus, wie sich letzterer durch Neuzugänge verändert hat. Das Investitionsvolumen gibt Aufschluss über Wachstumsbestrebungen des Unternehmens, da die Nettoinvestitionen den Umfang der zukünftigen Leistungserstellung determinieren. Je nach gewählter Bezugsgröße (Anlagen im Bau, Sachanlagevermögen, Grundstücke und Gebäude) sind in Verbindung mit Anhangangaben Aussagen über die Zukunftsvorsorge des Unternehmens möglich. Der Lagebericht sollte ergänzend auf Angaben zu Forschung und Entwicklung durchgesehen werden. |
| Die Kennzahl kann durch abschreibungsbedingtes Sinken des SachAV bei gleichbleibendem Investitionsvolumen zu hohe Werte annehmen. Echtes Wachstum ist nur dann anzunehmen, wenn über die Abschreibungsbeträge hinaus investiert wird. Um die Zukunftsvorsorge sachgerecht beurteilen zu können, müsste eine Aufteilung in Neu- und Ersatzinvestitionen möglich sein. Die Preisentwicklung kann die Relationen verzerren. |
| Aussagefähigkeit ist im Zeitvergleich gegeben, sofern Informationen über Umfang und Charakter der Investitionen verfügbar sind. Ein Betriebsvergleich ist nur bedingt möglich, da Wachstumsprozesse unternehmensindividuelle Vorgänge sind. |

| **Erweiterungsmöglichkeiten:** |
| Investitionsdeckung, Abschreibungsquote, Anlagenintensität |

Bezeichnung:
Anlagenabnutzungsgrad

Formel / Recheneinheit:

$$\frac{\text{Kumulierte Abschreibungen auf das SachAV}}{\text{SachAV zu historischen Anschaffungskosten}} \cdot 100$$

Herkunft der Werte und Wertansatz:
Zähler: Anlagespiegel
Nenner: Bilanz, Anlagespiegel

Aussagekraft und Verwendungsmöglichkeiten:
Kennzahl zur Beurteilung der Altersstruktur des Anlagevermögens.

Je höher der Anlagenabnutzungsgrad, desto höher ist das durchschnittliche Alter der Sachanlagen. Bei begrenzter Nutzungsdauer der Anlagen steigt damit der zukünftige Investitionsbedarf. Das Unternehmen lebt von seiner Substanz, zehrt diese u.U. auf. Der Investitionsdruck kann die künftige Finanz- und Ertragslage negativ beeinflussen.

Die Abschreibungen verteilen die Anschaffungs- und Herstellungskosten auf die Nutzungsperiode und entsprechen nicht unbedingt dem tatsächlichen Werteverzehr. Auch eine abgeschriebene Maschine kann im Unternehmen noch ertragbringend genutzt werden. Anlagenabgänge können zu höheren Werten führen, da die darauf entfallenden Abschreibungen zwar noch im Zähler enthalten sind, die Anlagen als solche jedoch nicht im Nenner.

Der Anlagenabnutzungsgrad kann sinnvoll für eine einperiodische Betrachtung eingesetzt werden, da er seiner Natur nach mehr eine Status-Beschreibung ist. Der Betriebsvergleich ist nur bei Unternehmen sinnvoll, die sich im gleichen „Reifestadium" befinden und nach Branche, Produktionsprogramm und Fertigungstiefe nahezu identisch sind.

Erweiterungsmöglichkeiten:
Investitionsquote, Abschreibungsquote, Anlagenintensität

Bezeichnung:
Abschreibungsquote

Formel / Recheneinheit:

$$\frac{\text{Abschreibungen auf das SachAV}}{\text{Buchwert des SachAV zu Beginn der Periode}} \cdot 100$$

Herkunft der Werte und Wertansatz:
Zähler: Gewinn- und Verlustrechnung, Anlagespiegel
Nenner: Bilanz, Anlagespiegel

Aussagekraft und Verwendungsmöglichkeiten:
Kennzahl zur Beurteilung der Abschreibungspolitik des Unternehmens.

Die Abschreibungsquote beschreibt die prozentuale Minderung der Buchwerte des Anlagevermögens durch die Abschreibungen des Geschäftsjahres. Ein steigender Wert deutet auf die Legung von stillen Reserven hin, ein fallender Wert auf deren Auflösung zugunsten des Gewinns. Dies kann Teil von Bestrebungen sein, den auszuweisenden Gewinn zu nivellieren und negative oder positive Entwicklungen zu verschleiern. Hierzu ist eine Ursachenanalyse der erkannten Entwicklungen notwendig, die für den externen Analytiker schwierig ist.

Um eine sachgerechte Beurteilung zu ermöglichen, muss bekannt sein, in welchem Umfang die vorgenommenen Abschreibungen vom üblichen Rahmen abweichen und inwieweit Sonderabschreibungen in Anspruch genommen wurden.

Im Zeitvergleich sind oben genannte Bestrebungen erkennbar, ebenso lässt sich erkennen, inwieweit die verdienten Abschreibungen auch wieder investiert wurden. Ein aussagefähiger Betriebsvergleich setzt weitgehende Identität der Faktorausstattung voraus.

Erweiterungsmöglichkeiten:
Anlagenabnutzungsgrad, Investitionsquote, Anlagenintensität

Abschreibungsquote in der deutschen Wirtschaft 1996 -1998			
Wirtschaftsbereich	1996	1997	1998
Verarbeitendes Gewerbe	25,05	25,05	24,99
Ernährungsgewerbe	22,06	21,52	20,48
Textilgewerbe	25,93	25,00	25,45
Bekleidungsgewerbe	22,22	25,00	23,53
Holzgewerbe	20,41	20,43	20,65
Papiergewerbe	19,44	20,27	18,56
Verlags- und Druckgewerbe	26,04	26,42	27,00
Chemische Industrie	25,76	27,93	26,39
Gummi- und Kunststoffwaren	26,56	26,28	24,32
Glasgewerbe, Keramik, Steine und Erden	22,38	22,43	22,22
Metallerzeugung und -bearbeitung	20,00	21,69	21,20
Herstellung von Metallerzeugnissen	25,43	24,51	24,45
Maschinenbau	25,24	24,43	24,73
Elektrotechnik	30,14	29,78	31,65
Feinmechanik und Optik	25,71	23,17	23,53
Herstellung von Kraftwagen	32,89	31,13	32,22
Energie- und Wasserversorgung	13,55	12,91	12,99
Baugewerbe	26,54	25,89	24,88
Großhandel und Handelsvermittlung	21,64	20,60	20,14
Einzelhandel	21,11	19,83	20,33
Verkehr	21,85	20,52	20,09
Gesamtdurchschnitt	21,94	21,52	21,36

Bezeichnung:
Umschlagshäufigkeit des Anlagevermögens

Formel / Recheneinheit:

$$\frac{\text{Abschreibungen auf AV + Abgänge zu Restbuchwerten}}{\text{Durchschnittlicher Bestand des AV zu AK bzw. HK oder Umsatzerlöse}} \cdot 100$$

Herkunft der Werte und Wertansatz:
Zähler: Anlagespiegel
Nenner: Bilanz oder GuV, Anlagespiegel

Aussagekraft und Verwendungsmöglichkeiten:

Durch die Gegenüberstellung von durchschnittlichem Bestand des Anlagevermögens und Abgängen soll gezeigt werden, in welcher Zeit das Anlagevermögen innerhalb des normalen Geschäftsgangs liquidierbar ist. Dabei wird unterstellt, dass die Abgänge auch tatsächlich über den Umsatz „verdient" werden. Je häufiger das Anlagevermögen umgeschlagen wird, desto öfter wird die entsprechende Position über den Umsatzprozess wieder „aufgefüllt".

Bei der Interpretation der Kennzahl muss die Annahme über die „verdienten" Abgänge stets auf ihre Berechtigung hin geprüft werden. Veränderungen der Fertigungsstruktur und des Produktionsprogramms müssen berücksichtigt werden. Nichtbetriebsnotwendiges Vermögen oder Grundstücke und Gebäude können den Wert der Kennzahl erheblich beeinflussen.

Im Zeitvergleich sind die Wertänderungen stets auf ihren realwirtschaftlichen Hintergrund zu prüfen. Ceteris paribus steigt mit der Umschlagshäufigkeit der Innenfinanzierungsspielraum. Im Betriebsvergleich muss nicht nur auf die Vergleichbarkeit der Branche geachtet werden, auch der Stand der Technologie und Veränderungen der Fertigungsstruktur sind zu berücksichtigen.

Erweiterungsmöglichkeiten:
Anlagenintensität, Anlagenabnutzungsgrad, Abschreibungsquote

Bezeichnung:
Umschlagsdauer des Vorratsvermögens

Formel / Recheneinheit:

$$\frac{\text{Durchschnittlicher Bestand des UV}}{\text{Umsatzerlöse}} \cdot 100$$

Herkunft der Werte und Wertansatz:
Zähler: Bilanz
Nenner: GuV

Aussagekraft und Verwendungsmöglichkeiten:

Die Kennzahl verdeutlicht, in welcher Zeit das Umlaufvermögen durch den Umsatzprozess umgeschlagen wird. Auch hier wird unterstellt, dass die Refinanzierung über den Umsatzprozess erfolgt. Das im Lager gebundene Kapital sollte so niedrig gehalten werden, wie es für die Aufrechterhaltung der Produktion erforderlich erscheint. Die Lagerhaltung muss dabei an die Umsatzentwicklung angepasst werden, da ein höherer Umsatz ceteris paribus auch höhere Lagerbestände erforderlich macht.

Es ist zu beachten, dass die Bestimmung der Losgröße nicht nur von der Dauer und der Höhe der Kapitalbindung abhängig ist, sondern auch von anderen Faktoren, wie den Kosten der einzelnen Bestellung, den Einstandspreisen etc. Das arithmetische Mittel der Stichtagswerte erlaubt nur sehr beschränkt Rückschlüsse auf die tatsächlichen unterjährigen Bestandsbewegungen; saisonale Schwankungen werden nicht berücksichtigt. Gerade das Vorratsvermögen ist kurz vor Jahresende Gegenstand bilanzpolitischer Maßnahmen.

Im Zeitvergleich lässt sich der Erfolg von Rationalisierungen in Lagerhaltung und Beschaffung erkennen, allerdings nur als Durchschnittsgröße für alle Vorräte. Im Betriebsvergleich können entsprechende Potenziale aufgezeigt werden, vorausgesetzt, es handelt sich um in Branche, Produktionsprogramm und Fertigungstiefe vergleichbare Betriebe. Auch der Standort muss bei der Beurteilung der Lagerhaltungspolitik berücksichtigt werden.

Erweiterungsmöglichkeiten:
Umlaufintensität, Vorratsintensität

| **Bezeichnung:** |
| Kundenziel |

| **Formel / Recheneinheit:** |
| $$\frac{\text{Durchschnittlicher Bestand an Warenforderungen}}{\text{Umsatzerlöse}} \cdot 365\,\text{Tage}$$ |

| **Herkunft der Werte und Wertansatz:** |
| **Zähler:** Bilanz, Anhang |
| **Nenner:** GuV |

| **Aussagekraft und Verwendungsmöglichkeiten** |
| Durch die Gegenüberstellung des durchschnittlichen Bestandes an Warenforderungen und der Umsatzerlöse ergibt sich die durchschnittliche Zeit, in der ein fakturierter Betrag tatsächlich eingeht. Die Liquidität des gesamten Unternehmens ist ganz erheblich von der Geldwerdungsdauer der Forderungen abhängig. So lange der Kunde nicht zahlt, ist das Unternehmen gezwungen, diesen Betrag selber zu finanzieren. Insbesondere dann, wenn die Verbindlichkeiten schnell, die Forderungen hingegen zögernd beglichen werden, kann eine Finanzierungslücke auftreten. |
| Ein langes Kundenziel deutet auf Mängel im Mahnwesen hin und auf eine schlechte Zahlungsmoral der Kunden. Unter Umständen ist die Untersuchung der Werthaltigkeit der Forderungen angebracht. Die bilanzpolitischen Beeinflussungsmöglichkeiten sind gering. |
| Das Kundenziel lässt sich nur für die Stichtage berechnen, sinnvoller wären wöchentliche oder zumindest monatliche Salden. Ein Rückschluss auf die Liquidität ist daher nur bedingt möglich. |
| Im Zeitvergleich sind saisonale oder konjunkturelle Einflüsse bei der Beurteilung zu beachten. Ebenso muss die Erschließung neuer Kundenkreise und Märkte berücksichtigt werden. Im Betriebsvergleich sind unterschiedliche Beschaffungs- und Absatzsituationen ebenso zu beachten wie der Stand des Mahn- und Kontrollwesens. |

| **Erweiterungsmöglichkeiten:** |
| Umschlagsdauer des UV, Umschlagsdauer des AV |

5.4.5 Analyse und Beurteilung der Finanzlage

Zur Analyse der Finanzierung sind die Kennzahlen der **Eigen- und Fremdkapitalquote** geeignet. Diese sind dazu angetan, eine erste Orientierung über Verfassung und strukturelle Veränderungen der Kapitalseite zu geben. Durch eine Division lassen sich beide Kennzahlen in den „Verschuldungsgrad" überführen, der die Aussagekraft beider Kennzahlen in sich vereint. Die Bezeichnung ist im Einzelfall auf ihre Berechtigung zu überprüfen, da sie in einer konkreten Anwendung zu falschen Assoziationen führen kann.

Deckungs- und Liquiditätsgrade sind Instrumente zur Analyse der bestandsorientierten Liquidität. Sie beschreiben das Verhältnis der - aufgrund „totaler Finanzierung" nur mutmaßlich - korrespondierenden Posten der Aktiv- und der Passivseite. Diese Kennzahlen ergänzen die Gesamtbeschreibung der Finanzierung mit Hilfe des Verschuldungsgrades durch weitere Informationen über den vertikalen Aufbau und den Einbezug von Posten verschiedener Geldwerdungsdauer.

Zur Analyse der Herkunft und der Verwendung liquider Mittel in der vergangenen Periode sind der **Cash Flow** und die **Kapitalflussrechnung** geeignet.

Der Begriff des Cash Flow wurde aus den USA übernommen und hat inzwischen einen festen Platz in der bilanzanalytischen Theorie und Praxis eingenommen. Dennoch ist die ihm zugrunde liegende Konzeption nicht allein dortigen Ursprungs. Bereits in den 50er-Jahren wurden auch in Deutschland Versuche unternommen, die Aussagefähigkeit von Gewinn und Jahresüberschuss durch die Ableitung eines „Umsatzüberschusses" zu erhöhen. Der Begriff „Cash Flow" wurde außerordentlich schnell übernommen und war in aller Munde, bevor eine einheitliche theoretische Konzeption und Systematik hätte entwickelt werden können. Bis heute hat sich keine einheitliche Auffassung bezüglich der Funktion und des Umfangs des Cash Flow herausgebildet.

Eine Übersetzung des englischen Begriffs ergibt zwei Bestandteile: Zum einen bedeutet „Cash" so viel wie Bargeld, Kassenhaltung, Liquidität, „Flow" lässt sich zum anderen in etwa mit „fließen" übersetzen. In einen deutschen Begriff überführt, ergibt sich ein „Kassenfluss" oder „Bargeldfluss". Folgt man dieser Übersetzung, so würde man unter dem „Cash Flow" einen ständigen Strom von Einnahmen und Ausgaben verstehen, der durch das Unternehmen hindurchgeht. Diesem Anspruch kann der im Rahmen der externen Bilanzanalyse aus dem Jahresabschluss berechnete Cash Flow nicht genügen. Die Gewinn- und Verlustrechnung ist eine Erfolgsrechnung aus Aufwendungen und Erträgen und nicht aus Einzahlungen und Auszahlungen.

Die Cash Flow-Analyse basiert auf reinem **Zahlungsdenken** und bezieht sich auf „Geldbewegungen". An der Gewinn- und Verlustrechnung ansetzend bereinigt man die Aufwendungen und Erträge um alle zahlungsunwirksamen Bewegungen. Dadurch erhält man als Saldogröße zumindest näherungsweise den tatsächlichen liquiden Zu- oder Abfluss. Da gerade die buchmäßigen Vermögensveränderungen (Abschreibungen, Rückstellungsbildung) den größten bilanzpolitischen Spielraum bieten, erhält man ferner eine von bilanzpolitischen Maßnahmen weitgehend unberührte Größe. Damit entspricht der

Cash Flow zwar genauso wenig wie Bilanzgewinn und Jahresüberschuss dem „tatsächlichen" Gewinn des Unternehmens, er stellt jedoch eine genauere Maßgröße dar. Dies war auch der Hauptgrund dafür, dass sich der Cash Flow gerade bei den Aktien- und Finanzanalytikern außerordentlich großer Beliebtheit erfreute.

In den 60er-Jahren begann in Deutschland die Diskussion um den für Aktienanalysen zweckmäßigsten Gewinnbegriff. Der „Gewinn je Aktie" als Bestandteil des Kurs-Gewinn-Verhältnisses (Preis je Aktie / Gewinn je Aktie) ist für die Bewertung einer Kapitalanlage entscheidend. Dabei ging es nicht um die Ermittlung des „wahren" und „richtigen" Gewinns, sondern vielmehr um die Entwicklung eines praxisbezogenen Maßstabs, der sowohl im Zeit- als auch im Betriebsvergleich einsetzbar ist. So wurde erstmals im Jahre 1968 im Auftrag der Deutschen Vereinigung für Finanzanalyse und Anlageberatung e.V. (DVFA) eine „Empfehlung zur Bildung eines einheitlichen Gewinnbegriffs zur Erleichterung der vergleichenden Aktienbeurteilung" veröffentlicht.[124] Später wurde dies als „Ergebnis nach DVFA" bezeichnet. Bis 1988 wurden insgesamt fünf Fassungen entwickelt, die in ihren beiden letzten Versionen das neue Bilanzrecht berücksichtigten.

Auch die Schmalenbach-Gesellschaft (SG) veröffentlichte 1988 eine Empfehlung zur Ermittlung eines Ergebnisses je Aktie. Die SG wollte sich auf diese Weise „an der Diskussion um die Entwicklung eines aussagefähigen Ergebnisses je Aktie nach neuem Bilanzrecht beteiligen, sich aber nicht in einen Gegensatz zur DVFA bringen."[125]

Die Kollision der Konzepte war indessen unausweichlich, da beide einen unterschiedlichen Ansatz haben. Das „Ergebnis nach DVFA" wurde von Vertretern der Kreditinstitute und Kapitalanlagegesellschaften entwickelt, wobei das Hauptaugenmerk auf der Eignung für den Betriebsvergleich lag. Die SG, vertreten durch Hochschullehrer und Unternehmen, betonte hingegen die Unternehmensindividualität. Um die Irritationen, die das Nebeneinander von zwei Konzeptionen verursachte, zu beenden, verabschiedeten beide Gremien im Jahre 1990 eine gemeinsame Stellungnahme, in der das „Ergebnis je Aktie nach DVFA / SG" vorgestellt wurde.

Diese Kennzahl gilt als wichtigstes Instrument zur Beurteilung von Unternehmen und Aktien. Kurz gesagt handelt es sich dabei um das bereinigte Ergebnis der handelsbilanziellen Erfolgsrechnung, bezogen auf eine Aktie (Bereinigtes Ergebnis / Zahl der Aktien). Der Konzernabschluss wird dabei als Ausgangspunkt der Ergebnisermittlung gewählt und um alle Sondereinflüsse bereinigt. Als grundsätzlich bereinigungswürdige Sondereinflüsse sind „außerordentliche", „ungewöhnliche" und „dispositionsbedingte" Aufwendungen und Erträge zu verstehen.

---

[124] Vgl. Küting / Bender, 1992, S. 2.
[125] Busse von Colbe, 1989, S. 210.

Außerordentliche Positionen fallen außerhalb der gewöhnlichen Geschäftstätigkeit der Kapitalgesellschaft und selten an. Sie sind im Wesentlichen deckungsgleich mit den außerordentlichen Erträgen und Aufwendungen der Gewinn- und Verlustrechnung. Unterschiede können in den Fällen auftreten, in denen unwesentliche Beträge zwar nicht in das Ergebnis nach DFVA / SG aufgenommen, aber dennoch in der Gewinn- und Verlustrechnung ausgewiesen werden. Der handelsbilanzielle Ausweis in der entsprechenden GuV-Position muss nicht immer ausreichen, um eine entsprechende Zuordnung vornehmen zu können. Für eine sachgerechte Abgrenzung benötigt der Analytiker weitere Informationen.

Ungewöhnliche Erträge und Aufwendungen sind weniger genau bestimmbar und erfüllen nicht die „außerordentlichen" Kriterien der „Ungewöhnlichkeit und Seltenheit". Ungewöhnliche Positionen sind vielmehr der Art und Höhe nach unregelmäßig anfallende Beträge, die innerhalb des Ergebnisses der gewöhnlichen Geschäftstätigkeit ausgewiesen werden. Wann dies anzunehmen ist, kann nur im Einzelfall entschieden werden. Auch hier ist der Analytiker auf die Informationen des Unternehmens angewiesen. Dies gilt um so mehr, als die Ungewöhnlichkeit aus Sicht des Konzerns und nicht des Einzelunternehmens zu beurteilen ist.

Bei der Bereinigung um **dispositionsbedingte Aufwendungen und Erträge** werden die erfolgswirksamen Auswirkungen der Ausübung von Ansatz- und Bewertungswahlrechten rückgängig gemacht. Dadurch soll eine einheitliche Ausübung unterstellt und die Vergleichbarkeit erreicht werden. Da sich nicht alle Entscheidungen, insbesondere die Ermessensspielräume, vereinheitlichen lassen, wird vereinzelt auf steuerliche Vorschriften zurückgegriffen.

Bereits diese kurzen Ausführungen zu den notwendigen Bereinigungen verdeutlichen, dass eine rein externe Aktienanalyse kaum möglich ist. Die Qualität des „Ergebnisses nach DFVA / SG" hängt maßgeblich von der Informationspolitik des Unternehmens und der Sachkenntnis des Analytikers ab. Gerade die Abhängigkeit von Informationen des Unternehmens kann dazu führen, dass der Analytiker den Zweckoptimismus des Managements unkritisch teilt. Auch wenn die Analyseabteilungen der Großbanken weitgehend als rechtlich selbstständige Abteilungen geführt werden, so wird kein Analytiker die Konsortialführerschaft seines Stammhauses bei der Bewertung von Neuemissionen vergessen. Die Marktreaktion auf entsprechend schlechte Nachrichten ist dafür umso heftiger.

Neben diesem grundsätzlichen Problem treten auch Schwierigkeiten bei der technischen Durchführung der Berechnungen und Bereinigungen auf. So zeigt die Untersuchung der Bereinigungsempfehlungen zu den einzelnen handelsbilanziellen Positionen, dass die unterschiedlichen Sichtweisen der ursprünglichen Konzepte auch noch in der scheinbaren „Kompromisslösung" durchschlagen. So ist die Bereinigung um außerordentliche Positionen zwar im Sinne einer zwischenbetrieblichen Vergleichbarkeit, beeinträchtigt aber die Möglichkeit des Zeitvergleichs.

Tabelle 57 enthält ein Beispiel für die Ergebnisermittlung nach DVFA / SG.

Ergebniskomponenten	Bemerkungen / Beispiele
Jahresergebnis laut GuV	
+ / − Zu- und Absetzungen	
+ / − außerordentliche Aufwendungen und Erträge laut GuV	− Aufgabe / Veräußerung eines Unternehmensbereiches oder wesentlichen Teilbetriebes − Enteignungen − Katastrophenfälle, außergewöhnliche Schadensfälle − Sanierungsmaßnahmen − Einmalige staatliche Subventionen
+ / − im betrieblichen Ergebnis enthaltene ungewöhnliche Aufwendungen und Erträge	Es sind Sondereinflüsse zu bereinigen, die in ihrer ergebnismäßigen Auswirkung eine ungewöhnliche Größenordnung bei gleichzeitiger Seltenheit aufweisen. Nicht zu eliminieren sind z.B.: − Erträge aus der Auflösung von Rückstellungen − Erträge / Verluste aus Anlagenabgang − Verluste aus der Veräußerung von Wertpapieren des Umlaufvermögens − Außerplanmäßige Abschreibungen − Steuererstattungen und Steueraufwand für frühere Jahre
+ / − dispositionsbedingte Aufwendungen und Erträge	Zur besseren Vergleichbarkeit der Ertragskraft sind Anpassungen im Bereich der Bilanzierungs- und Bewertungswahlrechte nötig. − Eliminierung der Bildung und Auflösung von Aufwandsrückstellungen nach § 249 II HGB − Fiktive Aktivierung und ergebniswirksame Verteilung über die Laufzeit eines betragsmäßig wesentlichen Disagios bzw. von Ingangsetzungs- und Erweiterungsaufwendungen Verzicht auf ergebniswirksame Eliminierung z.B. bei: − Teilwertabschreibungen auf Sachanlagen − Abschreibungen auf Finanzanlagen
+ / − Veränderungen steuerlicher Sonderposten	Berücksichtigung der allein auf steuerrechtliche Vorschriften zurückzuführenden Ergebnisveränderungen − Folgekorrekturen beim Sachanlagevermögen
+ / − Ertragsteuerkorrekturen	Kürzung des Ergebnisses um den Steuerminderaufwand eines Verlustvortrages

+ / – fiktive Ertragsteuern auf Zu- und Absetzungen	Berücksichtigung nur bei tatsächlicher Erhöhung oder Verminderung des Jahresergebnisses
= „Kernergebnis"	Spiegelt das erwirtschaftete Ergebnis besser wider als das ausgewiesene Jahresergebnis. Es ist eine zutreffendere Beurteilung der zukünftigen Ertragslage möglich.
/ Anzahl der dividendenberechtigten Aktien	(durchschnittlich dividendenberechtigtes Grundkapital – eigene Aktien) / Nominalwert einer Aktie
= Ergebnis je Aktie	Durchschnittswert. Für sich gesehen sehr begrenzt aussagefähig.

Tabelle 57: Ergebnisermittlung nach DVFA / SG

Der **Cash Flow** kann sowohl **direkt**, als auch **indirekt** aus der Gewinn- und Verlustrechnung abgeleitet werden.

Indirekt erhält man den Cash Flow aus der Addition bzw. Subtraktion der mutmaßlich zahlungsunwirksamen Positionen zum bzw. vom Jahresüberschuss oder -fehlbetrag.

Die direkte Methode bestimmt den Cash Flow als Saldogröße liquider Aufwendungen und Erträge; zahlungsunwirksame Vorgänge finden sich in dieser Art der Berechnung überhaupt nicht. Grundsätzlich führen beide Methoden zum selben Ergebnis.

In der Praxis ist die indirekte Methode am weitesten verbreitet, was sich jedoch weniger aus der Aussagefähigkeit, als vielmehr aus der Einfachheit der Berechnung erklären lässt. Will man die Herkunft und Struktur liquider Zu- und Abflüsse analysieren, so ist die direkte Methode eindeutig vorteilhafter.

Dem externen Bilanzanalytiker wird es kaum möglich sein, die Zahlungswirksamkeit der Aufwands- und Ertragspositionen zweifelsfrei zu bestimmen. Unter Einbeziehung der Anhangangaben sind hier die einzelnen Positionen zu prüfen. Aus dem Materialaufwand sollten diejenigen Beträge ausgeschieden werden, die lediglich zu einer Erhöhung der Verbindlichkeiten geführt haben; der Personalaufwand ist um die betragsmäßige Erhöhung der Rückstellungen für Pensionen und ähnliche Verpflichtungen zu reduzieren. Besondere Sorgfalt ist auch auf die Zuordnung der sonstigen sowie der außerordentlichen Aufwendungen und Erträge zu verwenden.

Bei der Analyse der Finanzlage interessieren den **Analytiker** folgende Bereiche

1. Ist das Anlagevermögen und das langfristig gebundene Umlaufvermögen durch Eigenkapital und langfristiges Fremdkapital gedeckt? Die Antwort auf diese Frage versucht man über die **Deckungsgrade A und B** zu finden. Eine bilanzielle Abgrenzung des langfristig gebundenen Umlaufvermögens (d.h. der eisernen Bestände) gibt es nicht. Zum Teil wird mit der Annahme gearbeitet, dass ein Drittel des Umlaufvermögens langfristig gebunden ist.

2. Wesentliche Veränderungen können sich im Umlaufvermögen ergeben. Hier „atmet" das Unternehmen, d.h., es reagiert auf Veränderungen der Auftragseingänge. Diese

Bedarfsschwankungen verlangen nach genügend großen finanziellen Reserven. Zur Ermittlung dienen - mit entsprechenden Einschränkungen - die **Liquiditätsgrade**, aber auch das Working capital.

3. Die Verschuldung eines Unternehmens muss zu seiner Finanzkraft in einem angemessenen Verhältnis stehen. Dafür werden Kennzahlen herangezogen, welche die **Entschuldungsdauer** messen, wie z.B. Verbindlichkeiten zu Cash Flow.

4. Verfügt das Unternehmen über ausreichend Eigenkapital, um die Haftungs- und Finanzierungsfunktion übernehmen zu können? Zur Beurteilung dieser Frage wird die **Eigenkapitalquote** ermittelt.

Neben dem Cash Flow versuchen auch **Bewegungsbilanzen und Kapitalflussrechnungen** die dynamischen Aspekte der Finanzlage zu analysieren. Die Bewegungsbilanz kann als Grundform der Kapitalflussrechnung aufgefasst werden und wird als Bestandsgrößenrechnung durch den Vergleich von Bilanzwerten an aufeinanderfolgenden Stichtagen ermittelt. Die Minderung von Aktiva (Verkauf von Anlagevermögen) wird ebenso wie die Zunahme von Passiva (Kreditaufnahme) als Mittelherkunft interpretiert, die Erhöhung der Aktiva (Investition) und die Minderung von Passiva (Kredittilgung) als Mittelverwendung (vgl. Tabelle 58).

Mittelverwendung	Mittelherkunft
Aktivmehrung Passivminderung	Aktivminderung Passivmehrung
$A^+ \;+\; P^- \;=\; A^- \;+\; P^+$	

Tabelle 58: Grundschema einer Bewegungsbilanz

Die Aussagefähigkeit einer Bewegungsbilanz ist eingeschränkt, da es nur zum Ausweis der durch sämtliche Zu- und Abgänge der jeweiligen Bilanzposition bewirkten Bestandsdifferenzen kommt. Die Abbildung der finanziellen Bewegungen bleibt damit unvollständig. Die Interpretation der Bestandsminderungen und -erhöhungen als Mittelverwendung oder -entstehung würde z.B. auch einen gesunkenen Bilanzgewinn als Mittelherkunft deuten.

Was unter einer **Kapitalflussrechnung** zu verstehen ist, wird in der Literatur nicht einheitlich definiert; eine Übersicht gibt Schoppen.[126] Die weitere Auffassung geht davon aus, daß eine Kapitalflussrechnung die Zu- und Abflüsse von Finanzmitteln innerhalb eines Geschäftsjahres zeigt; insofern wäre auch eine Bewegungsbilanz als Kapitalflussrechnung zu bezeichnen. Andere sehen hingegen in der Ausgliederung eines Fonds das konstitutive Merkmal einer Kapitalflussrechnung. Letztere Definition soll den folgenden Ausführungen zugrunde liegen (Tabelle 59).

---

[126] Vgl. Schoppen, 1982, S. 59 f.

Fondsmittelverwendung	Fondsmittelherkunft
Zunahme der nicht zum Fonds gehörenden Aktiva Abnahme der nicht zum Fonds gehörenden Passiva	Abnahme der nicht zum Fonds gehörenden Aktiva Zunahme der nicht zum Fonds gehörenden Passiva
$\Delta F = A_{nf}^{+} + P_{nf}^{-} - (A_{nf}^{-} + P_{nf}^{+})$	

Tabelle 59: Grundschema einer Kapitalflussrechnung

ΔF = Fondsmittelzu- oder -abnahme

A_{nf} = nicht zum Fonds gehörende Aktiva

P_{nf} = nicht zum Fonds gehörende Passiva

■ Ziele und Aufgaben der Kapitalflussrechnung

Bei der Kapitalflussrechnung handelt es sich um eine **Bewegungsrechnung**, in der für einen bestimmten Zeitraum Herkunft und Verwendung verschiedener liquiditätswirksamer Mittel (Geld, Güter oder Leistungen) dargestellt werden. Man kann sie als **dritte Jahresrechnung** bezeichnen, da sie eine sinnvolle Ergänzung der Bilanz (Vermögenslage) und der Gewinn- und Verlustrechnung (Ertragslage) darstellt und ein **eigenständiges Instrument** zur Darstellung der Finanzlage ist.

Man unterscheidet retrospektive und prospektive Kapitalflussrechnung. Im Gegensatz zur **retrospektiven** Kapitalflussrechnung, die mit bereits getätigten Umsätzen vergangener Perioden rechnet, verwendet die **prospektive** Kapitalflussrechnung Planzahlen künftiger Perioden.

Die **Zielsetzungen** der Kapitalflussrechnung bestehen in:

- Der Beurteilung der Fähigkeit des Unternehmens, künftige positive Geldflüsse zu generieren.

- Der Beurteilung der Fähigkeit des Unternehmens, seine Verbindlichkeiten und Dividenden zu zahlen und den Bedarf externer Finanzierungsquellen festzustellen.

- Dem Verständnis der Unterschiede zwischen Jahresüberschuss und Bewegung der Zahlungsmittelbestände. Damit wird ein Indikator für die Qualität der Jahresabschlüsse geliefert.

- Dem Verständnis der Auswirkungen der Investitions- und Finanzierungstätigkeiten auf die Finanzlage des Unternehmens.

■ **Bestandteile der Kapitalflussrechnung**

Die Kapitalflussrechnung setzt sich aus **drei Bestandteilen** zusammen

   Cash Flow aus laufender Geschäftstätigkeit

   Cash Flow aus Investitionstätigkeit

   Cash Flow aus Finanzierungstätigkeit

  = **Veränderung des Finanzmittelfonds**

Der **Finanzmittelfonds** wird eng abgegrenzt im Sinne von Zahlungsmitteln und Zahlungsmitteläquivalenten. Der operative Cash Flow enthält damit ausschließlich Zahlungen und keine zahlungsnahen Erfolgsgrößen.

Unter einem **Fonds** wird die Zusammenfassung bestimmter Aktiv- und / oder diesen fristensymmetrisch zuordenbarer Passivkonten zu einer buchhalterischen Einheit verstanden. Je nach Abgrenzung des einzelnen Fonds können diese von rein liquiden Größen wie Bargeld bis zum gesamten Umlaufvermögen (gekürzt um die entsprechenden Passiva) Positionen unterschiedlicher Geldwerdungsdauer enthalten. Dieser Fonds gilt als Finanzmittelbestand, der durch fondswirksame Investitionen und Desinvestitionen verändert wird. Diese Veränderung der Gegenbestände wird in einer sogenannten Ursachenrechnung zusammengefaßt. Die Wahl des Fondstyps determiniert den Umfang der Ursachenrechnung, d.h. die dort einbezogenen Bestände (vgl. Tabelle 60).

Die Bezugnahme auf die **Bilanzkonten** schränkt jedoch die Aussagefähigkeit ein. Zum einen werden Mittelherkunft und -verwendung durch fondsneutrale Umschichtungen verzerrt, da Aktiv- oder Passivtausch zu einer Aufblähung der jeweiligen Bewegungen führen; zum anderen werden auch fondsneutrale Bewertungsmaßnahmen als Mittelherkunft oder -verwendung interpretiert. Um dies zu vermeiden, müssen die Bilanzpositionen entweder durch die jeweiligen Kontenumsätze ersetzt oder die GuV in die Kapitalflussrechnung einbezogen werden.

Durch die **Einbeziehung der Kontenumsätze** wird aus der Kapitalflussrechnung eine Rechnung auf Basis von echten Bewegungsgrößen. Eine exakte Bereinigung um die fondsneutralen Bewertungs-, Investitions- oder Desinvestitionsbuchungen ist allerdings nur dann möglich, wenn jedem einzelnen Gegenbestandskonto alle korrespondierenden Gegenkonten gegenübergestellt werden könnten. Dies ist im Rahmen einer externen Analyse nicht möglich, da die Kontenauflösung nur für das Anlagevermögen nach Maßgabe der Angaben im Anlagespiegel möglich ist. Die Aussagemängel der Bestandsrechnung können damit nur zum Teil beseitigt werden. Die Einbeziehung der GuV ersetzt im Grunde den Bilanzgewinn durch die ihn verursachenden Aufwendungen und Erträge, die Rücklagenbewegungen sowie die Gewinnverwendung des Vorjahres. Buchungstechnisch saldieren sich damit alle erfolgswirksamen gegen bestandsinterne bzw. fondsneutrale Buchungen.

Bilanzpositionen	Fondstypen			
	Brutto-Fonds		Netto-Fonds	
	Geldfonds	Fonds der flüssigen Mittel	Fonds, bald netto verfügbar	Fonds des Reinumlaufvermögens
+ Kasse, Bank-, Postscheckguthaben	X	X	X	X
+ Leicht veräußerbare Wertpapiere		X	X	X
+ Kurzfristige Forderungen und sonstige Vermögensgegenstände			X	X
+ Vorräte				X
+ Aktivische RAP				X
./. Kurzfristige Verbindlichkeiten			X	X
./. Kurzfristige Rückstellungen			X	X
./. Passivische RAP				X

Tabelle 60: Fondstypen

Abbildung 40 zeigt die Entwicklungsschritte zum **Cash Flow Statement**.

International hat sich ein einheitlicher Standard zur Kapitalflussrechnung herausgebildet. Insofern sind die Unterschiede zwischen der Kapitalflussrechnung nach DRS 2, den IAS und den SFAS nur noch relativ gering. Im Folgenden soll das Schema des DRS vorgestellt werden.

Der **Cash Flow aus laufender Geschäftstätigkeit** kann sowohl nach der direkten wie auch nach der indirekten Methode ermittelt werden. Die **direkte Methode** knüpft unmittelbar an den Zahlungsvorgängen an und umfasst die in Tabelle 61 aufgeführten Positionen:

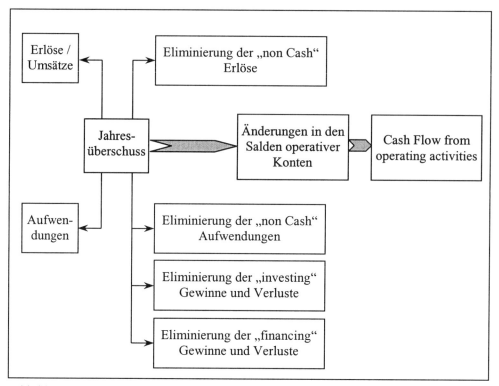

Abbildung 40: Entwicklungsschritte zum Cash Flow Statement

1.		Einzahlungen von Kunden für den Verkauf von Erzeugnissen, Waren und Dienstleistungen
2.	–	Auszahlungen an Lieferanten und Beschäftigte
3.	+	Sonstige Einzahlungen, die nicht der Investitions- oder Finanzierungstätigkeit zuzuordnen sind
4.	–	Sonstige Auszahlungen, die nicht der Investitions- oder Finanzierungstätigkeit zuzuordnen sind
5.	+/–	Ein- und Auszahlungen aus außerordentlichen Posten
6.	=	**Cash Flow aus laufender Geschäftstätigkeit**

Tabelle 61: Direkte Methode zur Darstellung des Cash Flow aus laufender Geschäftstätigkeit

Bei der **indirekten Methode** wird vom Jahresüberschuss ausgegangen und in einer Überleitungsrechnung werden Korrekturen durchgeführt, die auf die Liquiditätswirkung dieser Positionen abzielen (vgl. Tabelle 62).

1.		Periodenergebnis (einschließlich Ergebnisanteilen von Minderheitsgesellschaftern) vor außerordentlichen Posten
2.	+/–	Abschreibungen / Zuschreibungen bei Gegenständen des Anlagevermögens
3.	+/–	Zunahme / Abnahme der Rückstellungen
4.	+/–	Sonstige zahlungsunwirksame Aufwendungen / Erträge (z.B. Abschreibungen auf aktiviertes Disagio)
5.	–/+	Gewinn / Verlust aus dem Abgang von Gegenständen des Anlagevermögens
6.	–/+	Zunahme/ Abnahme der Vorräte, der Forderungen aus Lieferungen und Leistungen sowie anderer Aktiva, die nicht der Investitions- oder Finanzierungstätigkeit zuzuordnen sind
7.	+/–	Zunahme/ Abnahme der Verbindlichkeiten aus Lieferungen und Leistungen sowie anderer Passiva, die nicht der Investitions- oder Finanzierungstätigkeit zuzuordnen sind
8.	+/–	Ein- und Auszahlungen aus außerordentlichen Posten
9.	=	**Cash Flows aus der laufenden Geschäftstätigkeit**

Tabelle 62: Indirekte Methode zur Darstellung des Cash Flow aus laufender Geschäftstätigkeit

Der zweite Bereich umfasst den **Cash Flow aus Investitionstätigkeit**. Die Darstellung erfolgt unterteilt nach den Arten des Anlagevermögens (vgl. Tabelle 63)

Der **Cash Flow aus Finanzierungstätigkeit** wird, wie in Tabelle 64 verdeutlicht, nach Eigenkapital- und Fremdkapitalpositionen gegliedert.

1.		Einzahlungen aus Abgängen von Gegenständen des Sachanlagevermögens
2.	+	Einzahlungen aus Abgängen von Gegenständen des immateriellen Anlagevermögens
3.	–	Auszahlungen für Investitionen in das Sachanlagevermögen
4.	–	Auszahlungen für Investitionen in das immaterielle Anlagevermögen
5.	+	Einzahlungen aus Abgängen von Gegenständen des Finanzanlagevermögens
6.	–	Auszahlungen für Investitionen in das Finanzanlagevermögen
7.	+	Einzahlungen aus dem Verkauf von konsolidierten Unternehmen und sonstigen Geschäftseinheiten
8.	–	Auszahlungen aus dem Erwerb von konsolidierten Unternehmen und sonstigen Geschäftseinheiten
9.	+	Einzahlungen aufgrund von Finanzmittelanlagen im Rahmen der Finanzdisposition
10.	–	Auszahlungen aufgrund von Finanzmittelanlagen im Rahmen der Finanzdisposition
11.	=	**Cash Flow aus Investitionstätigkeit**

Tabelle 63: Gliederung des Cash Flow aus der Investitionstätigkeit

1.		Einzahlungen aus Eigenkapitalzuführungen (Kapitalerhöhungen, Verkauf eigener Anteile, etc.)
2.	–	Auszahlungen an Unternehmenseigner und Minderheitsgesellschafter (Dividenden, Erwerb eigener Anteile, Eigenkapitalrückzahlungen, andere Ausschüttungen)
3.	+	Einzahlungen aus der Begebung von Anleihen und der Aufnahme von (Finanz-) Krediten
4.	–	Auszahlungen aus der Tilgung von Anleihen und (Finanz-) Krediten
5.	=	**Cash Flow aus Finanzierungstätigkeit**

Tabelle 64: Gliederung des Cash Flow aus der Finanzierungstätigkeit

Die **Fondsveränderungsrechnung** umfasst die Veränderung der Fondsmittel aus den behandelten Bereichen. Hinzu kommt der Anfangsbestand der Fondsmittel. Daraus ergibt sich der Endbestand des Finanzmittelfonds. Ausschließlich Zahlungsmittel und Zahlungsmitteläquivalente sind in den Fonds aufzunehmen. Sie dürfen nur minimalen Wertänderungen und unbedeutenden Einlöserisiken unterliegen.

Zu den **Zahlungsmitteln** gehören der Kassenbestand, Schecks und Bundesbankguthaben sowie Guthaben bei Kreditinstituten als täglich fällige Sichteinlage. Kennzeichen der **Zahlungsmitteläquivalente** sind die Merkmale Liquiditätsreserve und Restlaufzeit von drei Monaten. Der DRS 2 sieht als Wahlrecht vor, dass jederzeit fällige Bankverbindlichkeiten (Konto-Korrentkonto) von den aktiven Beständen abgesetzt werden können. Der Ausweis erfolgt dann als Netto-Liquidität. Bewertungsänderungen sind ebenso wie Änderungen bei Fremdwährungen in einem gesonderten Posten auszuweisen, wobei die beiden Posten zusammengefasst werden können.

Zinseinnahmen und -ausgaben sowie Dividendeneinnahmen und andere übernommene Ergebnisse werden dem Cash Flow aus laufender Geschäftstätigkeit zugerechnet. Die Dividendenausgaben sind beim Cash Flow aus Finanzierungstätigkeit gesondert auszuweisen. Der DRS 2 sieht dazu allerdings Wahlmöglichkeiten vor. So können Zins- und Dividendeneinnahmen bei der Investitionstätigkeit, Zinsausgaben bei der Finanzierungstätigkeit und aktivierte Zinsen bei der Investitionstätigkeit ausgewiesen werden.

Ertragsteuern werden dem Bereich „laufende Geschäftstätigkeit" zugeordnet und der Erwerb und Verkauf von Unternehmen dem Bereich „Investitionstätigkeit".

■ **Bilanzpolitik und Bilanzanalyse bezüglich der Kapitalflussrechnung**

Durch die relativ genaue Umschreibung der Positionen sind die Möglichkeiten der Bilanzpolitik beschränkt. Die Wahlrechte des DRS 2 können allerdings ausgeschöpft werden was die Zurechnung zu den Bereichen betrifft und den Ausweis als Brutto- oder Netto-Liquidität. Allerdings können Sondereinflüsse, z.B. aus einem außerordentlichen Ergebnis, insbesondere durch die steuerlichen Effekte dazu führen, dass ein Externer die Zahlen nicht nachvollziehen kann, zumal häufig Anhangsangaben zu den einzelnen Posten fehlen.

Durch Sachverhaltsgestaltungen können ebenfalls Verschiebungen erreicht werden. Wenn z.B. der Verkauf von Immobilien und Gesellschaften, die bisher bei der Investitionstätigkeit ausgewiesen wurden, zum Geschäftszweig „Asset-Management" erklärt werden, erfolgt ihr Ausweis im operativen Ergebnis. Dadurch können zwischen diesen Bereichen erhebliche Veränderungen eintreten.

Die Bilanzanalyse bezüglich der Kapitalflussrechnung bezieht sich im ersten Schritt auf die **Vorzeichen der Ergebnisse** aus den einzelnen Bereichen. Üblicherweise wird ein positives Vorzeichen bei den Cash Flows aus laufender Geschäftstätigkeit erwartet. Der Cash Flow aus Investitionstätigkeit ist üblicherweise negativ. Hier deutet ein positives Vorzeichen auf erhebliche Verkäufe beim Anlagevermögen hin. Das Vorzeichen beim Cash Flow aus Finanzierungstätigkeit wird negativ sein, wenn finanzielle Mittel aufgenommen werden und positiv bei einer Rückzahlung.

Im zweiten Schritt einer Bilanzanalyse bietet es sich an, **Kennzahlen zur Innenfinan-zierungskraft und zur Verschuldungsfähigkeit** zu bilden.[127]

Kennzahlen zur Innenfinanzierungskraft setzen den Cash Flow aus Investitionstätigkeit und den Cash Flow aus laufender Geschäftstätigkeit in Beziehung. Diese Größe wird als **Investitionsgrad** bezeichnet.

$$\text{Investitionsgrad} = \frac{\text{Cash Flow aus Investitionstätigkeit}}{\text{Cash Flow aus laufender Geschäftstätigkeit}}$$

Ein Kennzahlenwert unter 100 % zeigt an, dass neben der Finanzierung der Investitionen noch ein Cash Flow zur Schuldentilgung bzw. zur Dividendenzahlung zur Verfügung steht.

Ein Kennzahlenwert über 100 % zeigt auf, dass über die Abschreibungen hinaus inves-tiert wird, d.h., das Unternehmen wächst. Allerdings sollte bei diesen Betrachtungen pa-rallel dazu das Verhältnis Investitionen zu Abschreibungen betrachtet werden. Unter Si-cherheitsaspekten ist eine möglichst große innere Investitionsdeckung anzustreben.

Für die Beurteilung der Verschuldungsfähigkeit ist der **dynamische Verschuldungs-grad** zu ermitteln.

$$\text{Dynamischer Verschuldungsgrad} = \frac{\text{Netto - Finanzschulden}}{\text{Cash Flow aus laufender Geschäftstätigkeit}}$$

Mit dieser Kennzahl wird ermittelt, in wievielen Jahren die Finanzverbindlichkeiten durch den Cash Flow getilgt werden. Diese Kennzahl kann insbesondere im Zeitver-gleich als Krisenindikator dienen, wenn sich zeigt, dass die Entschuldungsdauer perma-nent zunimmt.

Entscheidend ist die Abgrenzung der Netto-Finanzschulden. Dazu werden die Anleihen, die Verbindlichkeiten gegenüber Kreditinstituten sowie Schuldschein- und sonstige Darlehen gerechnet. Abgesetzt davon werden die Zahlungsmittel. Bei dieser Kennzahl ist zu berücksichtigen, dass folgende Annahmen zugrunde liegen:

- Verwendung des Cash Flow nur für die Schulden.
- Cash Flow bleibt über die Jahre gleich.
- Die Höhe der Verbindlichkeiten ändert sich nicht.

---

[127] Vgl. Coenenberg, 2001, S. 317 - 318.

Kennzahlen zur Analyse der Finanzlage	
Analyse der Liquidität	– Deckungsgrad A – Deckungsgrad B – Liquidität 1. Grades – Liquidität 2. Grades – Liquidität 3. Grades – Cash Flow
Analyse der Finanzierung	– Verschuldungsgrad
Instrumente zur Analyse der Finanzlage	– Bewegungsbilanz – Kapitalflussrechnung – Ergebnis nach DVFA / SG

Tabelle 65: Kennzahlen zur Analyse der Finanzlage

Bezeichnung:
Deckungsgrad A

Formel / Recheneinheit:

$$\frac{\text{Eigenkapital}}{\text{Anlagevermögen}} \cdot 100$$

Herkunft der Werte und Wertansatz:
Zähler: Strukturbilanz
Nenner: Strukturbilanz

Aussagekraft und Verwendungsmöglichkeiten
Kennzahl zur Analyse der statischen Liquidität.

Der Deckungsrad A verdeutlicht, in welchem Umfang das AV durch das EK finanziert ist und inwieweit dem Grundsatz der fristenkongruenten Finanzierung entsprochen wird. Dies wird weniger aus Gründen der tatsächlichen Liquidität angestrebt, als vielmehr, um die Kreditwürdigkeit zu signalisieren.

Durch Leasing-Verträge kann die Kennzahl zu hohe Werte annehmen. Nichtbetriebsnotwendiges Vermögen und bedeutende Grundstückswerte senken deren Wert. Da das AV hauptsächlich über den Umsatzprozess finanziert wird, müssen zukünftige Einzahlungen und Auszahlungen analysiert werden, um den künftigen Finanzierungsspielraum und damit die Vorteilhaftigkeit des Deckungsgrades abschätzen zu können.

Der Zeitvergleich lässt erkennen, inwieweit das Unternehmen seine Bilanzrelationen pflegt und es ihm insofern gelingt „den Schein zu wahren". Der Betriebsvergleich ist nur eingeschränkt möglich; die Branchenzugehörigkeit determiniert Umfang und Art des AV, die Rechtsform und die Eigentumsverhältnisse das EK.

Erweiterungsmöglichkeiten:
Deckungsgrad B, Liquiditätsgrade, Kapitalflussrechnung

Deckungsgrad A in der deutschen Wirtschaft 1996 - 1998			
Wirtschaftsbereich	1996	1997	1998
Verarbeitendes Gewerbe	60,38	63,20	64,17
Ernährungsgewerbe	43,66	46,85	45,84
Textilgewerbe	68,66	71,88	75,71
Bekleidungsgewerbe	88,46	113,04	107,69
Holzgewerbe	26,67	25,00	21,21
Papiergewerbe	47,28	51,58	55,09
Verlags- und Druckgewerbe	39,02	41,46	40,03
Chemische Industrie	69,26	70,79	64,55
Gummi- und Kunststoffwaren	56,71	60,34	53,67
Glasgewerbe, Keramik, Steine und Erden	47,74	49,63	52,80
Metallerzeugung und -bearbeitung	58,70	68,44	73,68
Herstellung von Metallerzeugnissen	50,97	50,00	50,15
Maschinenbau	82,11	81,98	92,32
Elektrotechnik	76,02	79,36	79,12
Feinmechanik und Optik	75,51	83,19	78,17
Herstellung von Kraftwagen	55,14	56,86	66,55
Energie- und Wasserversorgung	42,29	40,31	40,59
Baugewerbe	35,43	29,74	29,64
Großhandel und Handelsvermittlung	70,21	71,95	70,99
Einzelhandel	11,21	12,32	13,82
Verkehr	23,75	27,53	28,17
Gesamtdurchschnitt	50,09	51,26	51,65

Bezeichnung:
Deckungsgrad B

Formel / Recheneinheit:

$$\frac{\text{Eigenkapital} + \text{langfristiges Fremdkapital}}{\text{Anlagevermögen}} \cdot 100$$

Herkunft der Werte und Wertansatz:
Zähler: Strukturbilanz
Nenner: Strukturbilanz

Aussagekraft und Verwendungsmöglichkeiten:
Kennzahl zur Analyse der statischen Liquidität.

Der Zähler umfasst zusätzlich zum EK auch das langfristige Fremdkapital, um dessen eigenkapitalähnlichem Charakter Rechnung zu tragen. Da auch das langfristige Fremdkapital dem Unternehmen langfristig zur Verfügung steht, kann es zur fristenkongruenten Finanzierung herangezogen werden.

Grundsätzlich sollte der Wert der Kennzahl über 100 % liegen, da ein „Bodensatz" des UV langfristig gebunden ist und entsprechend finanziert werden sollte. Bei einer weiteren Modifikation der Kennzahl wird mit dieser Argumentation zum AV etwa 1/3 des UV hinzugerechnet.

Die Betrachtung berücksichtigt nicht die Finanzierung aus dem Umsatzprozess. Bezüglich der übrigen Einschränkungen der Aussagefähigkeit und der Vergleichbarkeit gelten die Ausführungen zum Deckungsgrad A.

Erweiterungsmöglichkeiten:
Deckungsgrad A, Liquiditätsgrade, Kapitalflussrechnung

Deckungsgrad B in der deutschen Wirtschaft 1996 - 1998			
Wirtschaftsbereich	1996	1997	1998
Verarbeitendes Gewerbe	123,27	127,62	128,49
Ernährungsgewerbe	101,28	103,94	106,66
Textilgewerbe	159,70	160,94	162,86
Bekleidungsgewerbe	196,15	234,78	215,38
Holzgewerbe	112,38	114,00	114,14
Papiergewerbe	111,41	115,26	115,28
Verlags- und Druckgewerbe	122,36	126,42	124,81
Chemische Industrie	111,73	116,10	106,74
Gummi- und Kunststoffwaren	121,34	121,79	116,06
Glasgewerbe, Keramik, Steine und Erden	98,06	105,56	111,89
Metallerzeugung und -bearbeitung	124,23	130,56	138,25
Herstellung von Metallerzeugnissen	133,15	136,33	134,63
Maschinenbau	164,43	158,41	170,75
Elektrotechnik	148,18	146,59	147,32
Feinmechanik und Optik	188,78	187,39	175,35
Herstellung von Kraftwagen	107,61	117,35	128,67
Energie- und Wasserversorgung	83,54	79,79	80,93
Baugewerbe	125,20	124,85	125,69
Großhandel und Handelsvermittlung	157,37	155,80	154,59
Einzelhandel	127,91	128,63	128,43
Verkehr	86,48	86,47	85,38
Gesamtdurchschnitt	116,62	117,83	118,13

Bezeichnung:
Liquidität 1. Grades

Formel/Recheneinheit:

$$\frac{\text{Liquide Mittel}}{\text{Kurzfristiges Fremdkapital}} \cdot 100$$

Herkunft der Werte und Wertansatz:
Zähler: Strukturbilanz
Nenner: Strukturbilanz

Aussagekraft und Verwendungsmöglichkeiten:
Kennzahl zur Analyse der statischen Liquidität.

Die Liquidität 1. Grades drückt aus, wieviel Prozent der im Nenner aufgeführten Zahlungsverpflichtungen durch liquide Mittel gedeckt sind. Diese Relation soll Aussagen darüber ermöglichen, inwieweit das Unternehmen seinen Zahlungsverpflichtungen fristgerecht nachkommen kann. Damit beschreibt der Liquiditätsgrad die Grundvoraussetzung unternehmerischen Handelns.

Die Aussagefähigkeit dieses „Taschen-Status" ist beschränkt, da die Zahlungsfähigkeit zu jeder Zeit und nicht nur am Bilanzstichtag gewährleistet sein muss. Die Zahlungsfähigkeit muss das Unternehmen als Ganzes aufrechterhalten, es kann somit nur eine, unteilbare Liquidität geben und keine partielle Liquidität. Zu hohe Liquiditätshaltung geht zu Lasten der Rentabilität. Die ausschließliche Berücksichtigung der Zahlungsmittel ist zur Beurteilung der Liquidität nicht ausreichend.

Im Zeitvergleich erlaubt die Einhaltung der für wünschenswert gehaltenen Relationen als Kreditwürdigkeitskriterium einen Rückschluss auf die Qualität der Finanzplanung und die potenzielle Liquidität des Unternehmens. Ein Betriebsvergleich kann nur Verhaltensmuster aufzeigen, erlaubt jedoch nicht die relative Beurteilung der Zahlungsfähigkeit eines Unternehmens.

Erweiterungsmöglichkeiten:
Liquidität 2. und 3. Grades, Deckungsgrade, Cash Flow

Liquidität 1. Grades in der deutschen Wirtschaft 1996 - 1998			
Wirtschaftsbereich	1996	1997	1998
Verarbeitendes Gewerbe	13,44	15,08	12,58
Ernährungsgewerbe	7,99	9,93	9,68
Textilgewerbe	10,75	9,57	10,31
Bekleidungsgewerbe	10,94	10,61	8,70
Holzgewerbe	8,53	7,94	8,59
Papiergewerbe	13,60	16,54	18,44
Verlags- und Druckgewerbe	17,05	17,87	20,14
Chemische Industrie	14,14	13,95	6,39
Gummi- und Kunststoffwaren	11,90	13,37	10,24
Glasgewerbe, Keramik, Steine und Erden	16,28	19,34	15,19
Metallerzeugung und -bearbeitung	9,63	8,41	12,20
Herstellung von Metallerzeugnissen	12,27	12,03	11,18
Maschinenbau	10,83	12,00	13,34
Elektrotechnik	9,13	8,46	8,45
Feinmechanik und Optik	12,77	12,90	12,57
Herstellung von Kraftwagen	28,33	39,62	32,88
Energie- und Wasserversorgung	22,62	15,10	13,24
Baugewerbe	9,51	8,62	8,80
Großhandel und Handelsvermittlung	9,48	9,41	8,96
Einzelhandel	7,38	6,96	6,21
Verkehr	15,34	17,81	12,92
Gesamtdurchschnitt	11,54	11,83	10,42

Bezeichnung:
Liquidität 2. Grades

Formel / Recheneinheit:

$$\frac{\text{Monetäres Umlaufvermögen}}{\text{Kurzfristiges Fremdkapital}} \cdot 100$$

Herkunft der Werte und Wertansatz:
Zähler: Strukturbilanz
Nenner: Strukturbilanz

Aussagekraft und Verwendungsmöglichkeiten:
Kennzahl zur Analyse der statischen Liquidität.

Die Liquidität 2. Grades drückt aus, wieviel Prozent der im Nenner aufgeführten Zahlungsverpflichtungen durch liquide Mittel und im Schuldentilgungszeitraum liquidierbare Mittel gedeckt sind. Neben den liquiden Mitteln werden auch „geldnahe" Vermögensteile zur Bedienung von Verbindlichkeiten herangezogen. Durch den Einbezug weiterer „geldnaher" Vermögensteile wird die Zahlungsfähigkeit auf eine breitere Basis gestellt.

Es gelten grundsätzlich die gleichen Einwände bezüglich der fehlenden Kausalität zwischen Bilanzrelationen und tatsächlicher Liquidität. Die „geldnahen" Vermögensteile entsprechen nicht unbedingt in gleicher Höhe liquiden Mitteln: Wertpapiere haben eine bestimmte Laufzeit oder erzielen andere Verkaufswerte als zum Bilanzstichtag, Forderungen können uneinbringlich werden, die Veräußerung von Anteilen an verbundenen Unternehmen kann mit der Unternehmenspolitik kollidieren.

Im Zeitvergleich lässt sich weniger die Liquidität als vielmehr die „Bilanzpflege" beurteilen. Auch der Betriebsvergleich ist aus diesem Grund nur beschränkt aussagefähig.

Erweiterungsmöglichkeiten:
Liquidität 1. und 3. Grades, Deckungsgrade, Cash Flow

| **Bezeichnung:** |
| Liquidität 3. Grades |

| **Formel / Recheneinheit:** |
| $$\frac{\text{Umlaufvermögen}}{\text{Kurzfristiges Fremdkapital}} \cdot 100$$ |

| **Herkunft der Werte und Wertansatz:** |
| **Zähler:** Strukturbilanz |
| **Nenner:** Strukturbilanz |

| **Aussagekraft und Verwendungsmöglichkeiten:** |
| Kennzahl zur Analyse der statischen Liquidität. |
| Die Liquidität 3. Grades drückt aus, wieviel Prozent der im Nenner aufgeführten Zahlungsverpflichtungen durch liquide Mittel und „geldnahe" Vermögensteile gedeckt sind, zu denen auch die Vorräte gezählt werden. Dies trägt dem Umstand Rechnung, dass auch diese kurzfristig liquidiert und zur Bedienung von Zahlungsverpflichtungen herangezogen werden können. Diese Kennzahl ist aufgrund ihrer Beliebtheit bei amerikanischen Kreditinstituten auch als „Banker's rule" bekannt oder als „2:1-Regel". Durch Erweiterung des Nenners zum mittelfristigen Fremdkapital erhält man das „Working capital", das auch als Differenz zwischen dem Wert des Zählers und dem des Nenners errechnet werden kann. |
| Abgesehen vom Abbau von Überbeständen gefährdet die Liquidierung der Vorräte die laufende Geschäftstätigkeit und kann insofern nur das letzte Mittel der Liquiditätsbeschaffung sein. Ein bestimmter Prozentsatz der Vorräte (eiserner Bestand) muss dem Produktionsprozess zur Verfügung stehen. |
| Bezüglich des Zeit- und Betriebsvergleichs gelten die Ausführungen zur Liquidität 1. und 2. Grades. |

| **Erweiterungsmöglichkeiten:** |
| Liquidität 1. und 2. Grades, Deckungsgrade, Cash Flow |

Liquidität 3. Grades in der deutschen Wirtschaft 1996 - 1998			
Wirtschaftsbereich	1996	1997	1998
Verarbeitendes Gewerbe	161,09	164,40	162,57
Ernährungsgewerbe	123,13	126,82	129,37
Textilgewerbe	162,37	159,57	162,89
Bekleidungsgewerbe	153,13	157,58	155,07
Holzgewerbe	124,81	122,22	122,66
Papiergewerbe	143,20	150,39	153,19
Verlags- und Druckgewerbe	149,24	154,37	151,44
Chemische Industrie	170,52	169,24	144,58
Gummi- und Kunststoffwaren	145,83	145,45	140,49
Glasgewerbe, Keramik, Steine und Erden	131,16	141,04	143,88
Metallerzeugung und -bearbeitung	181,28	180,84	191,71
Herstellung von Metallerzeugnissen	143,46	144,34	143,66
Maschinenbau	164,44	164,10	174,92
Elektrotechnik	193,20	185,45	183,61
Feinmechanik und Optik	190,78	198,06	190,29
Herstellung von Kraftwagen	189,92	223,85	239,23
Energie- und Wasserversorgung	220,58	195,07	196,73
Baugewerbe	117,59	117,59	116,88
Großhandel und Handelsvermittlung	129,53	129,33	129,74
Einzelhandel	120,76	120,98	120,96
Verkehr	106,18	110,25	113,42
Gesamtdurchschnitt	142,97	143,94	143,59

Bezeichnung:
Cash Flow

Formel / Recheneinheit:
GuV (Pos. Nr. 1, + / − 2, 3, 4, 9, 10, 11) − (5, 6, 8, 13, 18, 19)

Herkunft der Werte und Wertansatz:
GuV

Aussagekraft und Verwendungsmöglichkeiten:

Der Cash Flow gibt als Saldogröße von mutmaßlich liquiden Aufwendungen und Erträgen den liquiden Mittelzu- oder -abfluss in der abgelaufenen Periode an.

Der Cash Flow dient neben dem Bilanzgewinn und dem Jahresüberschuss als Gradmesser des wirtschaftlichen Erfolgs, speziell des Innenfinanzierungspotenzials. Er zeigt an, welche Mittel aus dem Umsatzprozess erwirtschaftet wurden und für Investitionen, Schuldentilgung, Gewinnausschüttung oder zur Stärkung der Liquiditätsreservehaltung zur Verfügung stehen bzw. während des Geschäftsjahres zur Verfügung standen. Im Gegensatz zu Bilanzgewinn und Jahresüberschuss ist er gegen bilanzpolitische Maßnahmen verhältnismäßig unempfindlich.

Der Cash Flow kann konstruktionsbedingt nur solche liquiden Mittel abbilden, die sich über erfolgswirksame Buchungen des Geschäftsjahres in der GuV niedergeschlagen haben. Anlagenverkäufe oder sonstige Umschichtungen des Vermögens gehen nicht oder nur zu einem geringen Teil ein. Der Cash Flow wird nicht angespart und repräsentiert keinen am Ende der Periode frei verfügbaren Geldbetrag. Er wurde vielmehr reinvestiert, zur Schuldentilgung verwendet oder wird als Gewinn ausgeschüttet. Die Höhe des Cash Flow kann also nur darüber Auskunft geben, in welcher Höhe entsprechende Mittel erwirtschaftet wurden; seine Struktur gibt Auskunft über deren Quellen.

Im Zeitvergleich sind Veränderungen des Innenfinanzierungsspielraums erkennbar und indizieren damit eine in Zukunft notwendige Fremdfinanzierung. Im Betriebsvergleich ist die unterschiedliche Vermögens- und Kapitalstruktur der Betriebe zu beachten.

Erweiterungsmöglichkeiten:
Bewegungsbilanz, Kapitalflussrechnung

| **Bezeichnung:** |
| Verschuldungsgrad |

Formel / Recheneinheit:

$$\frac{\text{Fremdkapital}}{\text{Eigenkapital}} \cdot 100$$

Herkunft der Werte und Wertansatz:
Zähler: Strukturbilanz
Nenner: Strukturbilanz

Aussagekraft und Verwendungsmöglichkeiten:
Kennzahl zur Analyse der Kapitalstruktur bzw. der Finanzierung.

Der Verschuldungsgrad gibt die Relation zwischen Fremdkapital und Eigenkapital wieder. Damit kommt der Anspannungsgrad der Finanzwirtschaft zum Ausdruck, der sich aus der Kapitalstruktur für zusätzliche Kapitalaufbringungsmöglichkeiten ergibt. Mit steigendem Wert der Kennzahl wächst die Abhängigkeit von FK-Gebern und sinkt die Möglichkeit, zusätzliche Kapitalquellen zu erschließen.

Die Verwendung des Verschuldungsgrades als Vorteilhaftigkeitskriterium setzt die Kenntnis der optimalen Kapitalstruktur voraus. Darüber hinaus ist auch die Ertragslage zu beachten: Je geringer das Ertragsrisiko ist, desto eher wird man einen hohen Fremdkapitalanteil in Kauf nehmen und desto eher lassen sich weitere Kapitalquellen erschließen. Im Hinblick auf die Rentabilität kann ein zu hoher EK-Anteil sogar negativ beurteilt werden.

Im Zeitvergleich muss stets die gesamte Entwicklung des Unternehmens berücksichtigt werden. Neben der Ertragslage determinieren vor allem die Eigentumsverhältnisse die Kapitalstruktur. Die Festlegung des Finanzierungsverhältnisses erfolgt im Rahmen des finanzwirtschaftlichen Unternehmenskonzeptes und kann nicht allgemeingültig definiert werden; ein Betriebsvergleich ist nur wenig aussagefähig.

Erweiterungsmöglichkeiten:
Deckungsgrade, Rentabilität des GK, EK, FK

Verschuldungsgrad in der deutschen Wirtschaft 1996 - 1998			
Wirtschaftsbereich	1996	1997	1998
Verarbeitendes Gewerbe	323	315	306
Ernährungsgewerbe	395	371	387
Textilgewerbe	372	363	332
Bekleidungsgewerbe	439	392	375
Holzgewerbe	843	916	1115
Papiergewerbe	316	288	262
Verlags- und Druckgewerbe	558	533	546
Chemische Industrie	159	174	184
Gummi- und Kunststoffwaren	341	316	332
Glasgewerbe, Keramik, Steine und Erden	299	324	315
Metallerzeugung und -bearbeitung	267	234	222
Herstellung von Metallerzeugnissen	485	507	497
Maschinenbau	393	368	317
Elektrotechnik	312	288	289
Feinmechanik und Optik	395	330	327
Herstellung von Kraftwagen	322	315	267
Energie- und Wasserversorgung	298	302	299
Baugewerbe	1637	1898	1845
Großhandel und Handelsvermittlung	587	560	541
Einzelhandel	3367	3049	2725
Verkehr	612	520	485
Gesamtdurchschnitt	460	447	434

5.4.6 Analyse und Beurteilung der Ertragslage

Die Analyse der Ertragslage erfolgt in den drei Schritten: **betragsmäßige** Erfolgsanalyse, **strukturelle** Erfolgsanalyse und **Rentabilitätsanalyse.**

Auch hier kann der Cash Flow eingesetzt werden, um eine Bewegung des erwirtschafteten Erfolges zu indizieren, die im Jahresabschluss möglicherweise erst mit Verzögerung oder aber überhaupt nicht reflektiert wird. Die Komponenten und die Faktoren, die den in der vergangenen Periode erwirtschafteten Erfolg beeinflusst haben, kann eine **Erfolgsquellenanalyse** zeigen. Die regelmäßig betriebswirtschaftlich unbefriedigende Erfolgsspaltung der Gewinn- und Verlustrechnung kann durch weitere Strukturierung in ihrer Aussagefähigkeit verbessert werden.

Eine erste Orientierung über die **Ertragsstruktur** kann die Aufgliederung der Umsatzerlöse im Anhang ermöglichen. Gem. § 285 Nr. 4 HGB sind dort die Umsatzerlöse nach Tätigkeitsbereichen, geographisch bestimmten Märkten oder typischen Erzeugnissen aufzugliedern.

Bei der Analyse der Aufwandsstruktur können grundsätzlich alle Aufwandsarten einbezogen werden. Es erscheint jedoch zweckmäßig, sich auf die wesentlichen Aufwandsgrößen zu beschränken und die **Material- und Personalintensität** in die Betrachtung einzubeziehen. Die Abschreibungen wurden bereits bei der Analyse der Vermögenslage untersucht.

Da die absoluten Erfolgsgrößen für sich genommen wenig aussagefähig sind, muss das dazu eingesetzte Faktorpotenzial berücksichtigt werden. Kennzahlen zur Rentabilität stellen diese Verbindung her.

Kennzahlen zur Analyse der Ertragslage	
Betragsmäßige Erfolgsanalyse	– Cash Flow
Strukturelle Erfolgsanalyse	– Materialintensität
	– Personalintensität
	– Betriebsergebnis
	– Finanz- und Verbunderfolg
	– Außerordentliches Ergebnis
Analyse der Rentabilität	– Rentabilität des Eigenkapitals
	– Rentabilität des Fremdkapitals
	– Rentabilität des Gesamtkapitals
	– Umsatzrentabilität

Tabelle 66: Kennzahlen zur Analyse der Ertragslage

Bezeichnung:
Cash Flow

Formel / Recheneinheit:
GuV (Pos. Nr. 1, + / − 2, 3, 4, 9, 10, 11) − (5, 6, 8, 13, 18, 19)

Herkunft der Werte und Wertansatz:
GuV

Aussagekraft und Verwendungsmöglichkeiten:
Instrument zur betragsmäßigen Analyse der Erfolgslage.

Der Cash Flow gibt als Saldogröße von mutmaßlich liquiden Aufwendungen und Erträgen den liquiden Mittelzu- oder -abfluss in der abgelaufenen Periode an. Der Cash Flow dient neben dem Bilanzgewinn und dem Jahresüberschuss als Gradmesser des wirtschaftlichen Erfolges. Im Vergleich zu diesen beiden Größen ist er verhältnismäßig unempfindlich gegen bilanzpolitische Maßnahmen.

Abschreibungen und Rückstellungsbildung stellen echten Aufwand dar. Ihre Vernachlässigung bei der Berechnung des Cash Flow führt zu einer zu positiven Darstellung der Ertragslage. Allenfalls „Mehr-Abschreibungen" oder ungewöhnlich hohe Rückstellungszuführungen dürften eliminiert werden.

Cash Flow und Jahresüberschuss können sich in Jahren hoher Investitionen und Abschreibungen gegenläufig entwickeln. Hier treten Interpretationsschwierigkeiten auf, da keine der beiden Größen der „richtigere" Erfolgsmaßstab sein kann. Der Cash Flow als Erfolgsmaßstab ist damit nicht anstatt, sondern neben Bilanzgewinn und Jahresüberschuss zu verwenden.

Im Zeitvergleich sind nur im Verbund mit anderen bilanzanalytischen Instrumenten Aussagen zur Erfolgslage möglich. Im Betriebsvergleich ist die unterschiedliche Vermögens- und Kapitalstruktur der Betriebe zu beachten, die für die Höhe und die Struktur des Cash Flow bedeutend ist.

Erweiterungsmöglichkeiten:
Bewegungsbilanz, Kapitalflussrechnung

| Bezeichnung: |
| Materialintensität |

| Formel / Recheneinheit: |
| $\dfrac{\text{Materialaufwand}}{\text{Umsatzerlöse}} \cdot 100$ |

| Herkunft der Werte und Wertansatz: |
| **Zähler:** GuV Position Nr. 5 |
| **Nenner:** GuV Position Nr. 1, unter Umständen 2, 3 |

| Aussagekraft und Verwendungsmöglichkeiten: |
| Kennzahl zur strukturellen Erfolgsanalyse. |
| Die Materialintensität gibt an, welche Rolle der Materialaufwand bei der Leistungserstellung spielt und damit Auskunft über die im Unternehmen herrschenden Faktoreinsatzverhältnisse. Je höher die Materialintensität, desto höher ist der Prozentsatz der zugekauften Teile und desto geringer ist die Fertigungstiefe. Damit sind Rückschlüsse auf mögliche Synergiepotenziale und die Flexibilität in Absatz und Produktion möglich. Mit steigender Materialintensität wächst auch die Anfälligkeit gegenüber Wert- oder Mengenschwankungen der Einsatzfaktoren. |
| Branche und Produktionsprogramm determinieren die Fertigungstiefe, die nur in bestimmten Bandbreiten veränderbar ist. Zur Beurteilung der Fertigungstiefe sind zusätzliche qualitative Informationen notwendig. Es muss auf die Substituierbarkeit der Faktoren und damit auf die gesamte Aufwandsstruktur geachtet werden. |
| Der Zeitvergleich kann Aussagen über den Erfolg von Umstrukturierungen des Produktionsprozesses geben. Der Betriebsvergleich zwischen Unternehmen der gleichen Branche lässt Schlüsse auf die relative technologische Stellung des Unternehmens zu. |

| Erweiterungsmöglichkeiten: |
| Personalintensität, Rentabilitäten, Anlagenintensität, Umlaufintensität |

Materialintensität in der deutschen Wirtschaft 1996 - 1998			
Wirtschaftsbereich	1996	1997	1998
Verarbeitendes Gewerbe	53,41	53,98	54,52
Ernährungsgewerbe	62,71	63,77	63,30
Textilgewerbe	55,52	56,60	57,33
Bekleidungsgewerbe	61,36	63,10	63,21
Holzgewerbe	53,20	54,46	55,13
Papiergewerbe	52,29	53,18	52,58
Verlags- und Druckgewerbe	40,64	40,28	41,16
Chemische Industrie	48,83	48,55	48,62
Gummi- und Kunststoffwaren	50,69	51,72	52,26
Glasgewerbe, Keramik, Steine und Erden	44,27	44,59	44,28
Metallerzeugung und -bearbeitung	61,81	64,46	63,54
Herstellung von Metallerzeugnissen	47,41	46,30	46,89
Maschinenbau	51,85	50,76	51,92
Elektrotechnik	56,82	57,83	58,00
Feinmechanik und Optik	44,72	45,12	46,70
Herstellung von Kraftwagen	63,37	65,48	67,33
Energie- und Wasserversorgung	62,04	63,08	62,14
Baugewerbe	52,26	51,45	52,79
Großhandel und Handelsvermittlung	80,89	80,84	80,75
Einzelhandel	71,44	71,64	71,84
Verkehr	43,02	41,03	39,60
Gesamtdurchschnitt	62,79	62,89	62,97

| **Bezeichnung:** |
| Personalintensität |

| **Formel / Recheneinheit:** |
| $\dfrac{\text{Personalaufwand}}{\text{Umsatzerlöse}} \cdot 100$ |

| **Herkunft der Werte und Wertansatz:** |
| **Zähler:** GuV Position Nr. 6 |
| **Nenner:** GuV Position Nr. 1, unter Umständen 2, 3 |

| **Aussagekraft und Verwendungsmöglichkeiten:** |
| Kennzahl zur strukturellen Erfolgsanalyse. |
| Die Personalintensität gibt an, welche Rolle der Personalaufwand bei der Leistungserstellung spielt. Hieraus kann man auf die Sensibilität für Änderungen von Lohn- und Gehaltstarifen sowie für Erhöhungen der Sozialabgaben schließen. Ein sinkender Wert kann auf Rationalisierungsbemühungen hinweisen, ein steigender Wert auf eine verstärkte Ausbildung neuer Kräfte im Unternehmen, deren Leistungen noch nicht in den Umsatzprozess fließen. |
| Die Personalintensität ist ohne Informationen über die Produktivität der Beschäftigten und die Struktur des Personals wenig aussagefähig. Auch hier muss die Substituierbarkeit des Faktors Arbeit beachtet und nach den Hintergründen von Personalauf- oder -abbau gefragt werden. |
| Im Zeitvergleich kann der Erfolg der Personalpolitik des Unternehmens beurteilt werden, vorausgesetzt, diese ist dem Analytiker bekannt. Im Betriebsvergleich ist aufgrund der regionalen Unterschiede im Lohnniveau auch auf die räumliche Vergleichbarkeit der Unternehmen zu achten. |

| **Erweiterungsmöglichkeiten:** |
| Materialintensität, Anlagenintensität, Umlaufintensität |

Personalintensität in der deutschen Wirtschaft 1996 - 1998			
Wirtschaftsbereich	1996	1997	1998
Verarbeitendes Gewerbe	23,88	22,64	22,56
Ernährungsgewerbe	14,00	13,50	13,76
Textilgewerbe	26,24	24,80	24,42
Bekleidungsgewerbe	19,70	18,45	17,86
Holzgewerbe	26,26	25,40	24,83
Papiergewerbe	22,67	21,69	21,45
Verlags- und Druckgewerbe	31,02	30,91	30,78
Chemische Industrie	24,46	22,06	23,15
Gummi- und Kunststoffwaren	27,20	26,11	25,83
Glasgewerbe, Keramik, Steine und Erden	27,65	27,43	27,53
Metallerzeugung und -bearbeitung	23,52	21,64	21,91
Herstellung von Metallerzeugnissen	31,95	32,25	31,73
Maschinenbau	31,59	29,95	29,26
Elektrotechnik	29,03	27,27	26,06
Feinmechanik und Optik	35,51	34,46	34,01
Herstellung von Kraftwagen	22,60	20,51	19,43
Energie- und Wasserversorgung	14,56	13,99	15,03
Baugewerbe	34,87	33,72	34,16
Großhandel und Handelsvermittlung	8,39	8,45	8,66
Einzelhandel	13,17	12,95	12,76
Verkehr	29,29	29,83	29,29
Gesamtdurchschnitt	19,03	18,38	18,47

Bezeichnung:
Betriebsergebnis
Formel / Recheneinheit:
GuV Positionen (1, 2, 3, 5, 6, 7, 8, 19)
Herkunft der Werte und Wertansatz:
GuV
Aussagekraft und Verwendungsmöglichkeiten:
Kennzahl zur Erfolgsspaltung im Rahmen der strukturellen Erfolgsanalyse.
Das Betriebsergebnis umfasst die regelmäßig anfallenden Aufwendungen und Erträge aus der Erzeugung und dem Vertrieb der vom Unternehmen im Rahmen seiner Geschäftstätigkeit erzeugten und gelieferten Produkte. Es entspricht dem nachhaltigen Erfolg aus der Umsatztätigkeit.
Die Berechnung des Betriebsergebnisses verlangt besondere Sorgfalt bei der Abgrenzung der eingehenden Positionen, da unter Umständen betriebliche und betriebsfremde Komponenten vermischt sind. In Position 8 sind anhand der Anhangangaben die Liquidations- und Bewertungserfolge zu isolieren. Um die Nachhaltigkeit des Ergebnisses beurteilen zu können, sind bei diversifizierten Unternehmen Informationen über die Anteile der Sparten oder Produktlinien notwendig, die dem externen Analytiker regelmäßig nicht zur Verfügung stehen. Es handelt sich bei den einbezogenen Aufwendungen um aufwandsgleiche Kosten, nicht um kalkulatorische. Dies muss bei der Verwendung des Betriebsergebnisses als Vorteilhaftigkeitskriterium beachtet werden.
Im Zeitvergleich ist die Erfolgswirksamkeit struktureller Veränderungen im Produktions- und Absatzbereich zu erkennen. Da es sich um absolute Werte handelt, ist ein Betriebsvergleich nur eingeschränkt möglich. Sinnvoll ist der Vergleich mit einem bekannten Betrieb der unter Umständen Rationalisierungspotenziale im Prozess der Leistungserstellung aufzeigen kann.
Erweiterungsmöglichkeiten:
Anlagenintensität, Material- und Personalintensität
Finanz- und Verbunderfolg, außerordentliches Ergebnis, Cash Flow

Bezeichnung:
Finanz- und Verbunderfolg

Formel / Recheneinheit:
GuV Positionen (9, 10, 11, 12, 13)

Herkunft der Werte und Wertansatz:
GuV

Aussagekraft und Verwendungsmöglichkeiten:
Kennzahl zur strukturellen Erfolgsanalyse.

Der Finanz- und Verbunderfolg stellt den Teil des Gesamtergebnisses dar, der zwar auch nachhaltig erzielt werden kann, jedoch nicht aus der eigentlichen Umsatztätigkeit stammt. Hier handelt es sich überwiegend um Erträge aus Finanzinvestitionen, von denen die entsprechenden Aufwendungen abgezogen werden. Ferner handelt es sich um Erträge aus Gewinngemeinschaften und Ergebnisabführungsverträgen, d.h., um Ergebnisse, die aus der Einbindung des Unternehmens in einen Unternehmensverbund resultieren.

Diese Konzernbeziehungen verfälschen die Aussagefähigkeit des Finanz- und Verbunderfolgs. Wirtschaftliche Erfolge des Tochterunternehmens und konzernpolitisch begründete Ergebnisabführungen werden vermischt. Der Einzelabschluss ist damit ohne den zugehörigen Konzernabschluss nicht aussagefähig. Dies muss auch bei der betragsmäßigen Erfolgsanalyse und der Analyse der Finanzlage berücksichtigt werden.

Der Zeitvergleich kann die zunehmende Integration in einen Konzernverbund aufzeigen. Der Betriebsvergleich wird mit absoluten Werten durchgeführt und ist deswegen nur beschränkt aussagefähig. Sinnvoll kann der Vergleich von Unternehmen innerhalb des gleichen Konzernverbundes sein, der Gewinnverlagerungen im Konzern transparent machen kann.

Erweiterungsmöglichkeiten:
Betriebsergebnis, außerordentliches Ergebnis, Cash Flow
Anlagen- und Umlaufintensität

Bezeichnung:
Außerordentliches Ergebnis

Formel / Recheneinheit:
GuV Positionen (4, 15, 16)

Herkunft der Werte und Wertansatz:
GuV

Aussagekraft und Verwendungsmöglichkeiten:
Kennzahl zur strukturellen Erfolgsanalyse.

Das außerordentliche Ergebnis soll die unregelmäßig anfallenden, außergewöhnlichen und periodenfremden Erfolgskomponenten umfassen. Diese zeigen auf, in welchem Umfang das Gesamtergebnis des Unternehmens nicht nachhaltig und damit auch nur schwer prognosefähig ist. Die Zuordnung der sonstigen Erträge zum außerordentlichen Ergebnis ist in den Fällen angebracht, in denen die Anhangangaben keine genauere Zuordnung erlauben.

Die tatsächlich in die Kennzahl einbezogenen „außerordentlichen Erträge und Aufwendungen" enthalten nur Erfolgskomponenten, die als ungewöhnlich anzusehen sind. Da aperiodische Beträge, Liquidations- und Bewertungserfolge in anderen Positionen ausgewiesen werden, ist die Abbildung unvollständig. Die Saldierung beider Positionen kann dazu führen, dass negative Entwicklungen übersehen werden, da krisengefährdete Unternehmen hohe außerordentliche Aufwendungen haben und versuchen werden, ihren Ertragseinbruch durch außerordentliche Erträge zu kompensieren.

Im unsaldierten Zeitvergleich können Ergebniskorrekturen aufgezeigt werden und Besonderheiten der Periode (Anlagenabgänge) deutlich werden. Der Betriebsvergleich mit absoluten Werten ist nur beschränkt aussagefähig.

Erweiterungsmöglichkeiten:
Betriebsergebnis, Finanz- und Verbunderfolg, Cash Flow

Bezeichnung:
Rentabilität des Eigenkapitals

Formel / Recheneinheit:

$$\frac{\text{Jahresüberschuss}}{\text{Durchschnittlicher Bestand des EK}} \cdot 100$$

Herkunft der Werte und Wertansatz:
Zähler: Gewinn- und Verlustrechnung
Nenner: Bilanz, Strukturbilanz

Aussagekraft und Verwendungsmöglichkeiten:
Kennzahl zur Analyse der Rentabilität.

Die EK-Rentabilität zeigt die Verzinsung des Eigenkapitals und damit das Eigenkapitalrisiko. Sie ist eine der wichtigsten Kennzahlen für die unternehmerische Disposition und für die Kapitalverwendung. Ein Steigen der Kennzahl kann durch ein höheres Betriebsergebnis, geringeren EK-Einsatz oder geringere FK-Zinsen verursacht sein (Leverage-Effekt).

Die Vielzahl der Einflussmöglichkeiten macht eine genaue Ursachenanalyse notwendig, die dem externen Analytiker nur schwer möglich ist. Jahresfehlbeträge können durch den Cash Flow ersetzt werden, die Aussagefähigkeit der Kennzahl stößt durch einen zu kleinen Cash Flow jedoch an ihre logische Grenze. Die EK-Rentabilität hat mehr Informations- als Entscheidungscharakter, da die Gründe für unternehmerisches Engagement nicht nur in der Verzinsung des eingesetzten Kapitals liegen.

Der Zeitvergleich kann zeigen, inwieweit das Unternehmen unter dem Aspekt der Rentabilitätsmaximierung seine Kapitalstruktur optimieren kann. Der Betriebsvergleich sollte mit einem Jahresüberschuss vor Steuern durchgeführt werden, da nur so Steuervorteile aus Standort und Rechtsform oder unterschiedlichen Gewinnausschüttungspolitiken ausgeschaltet werden.

Erweiterungsmöglichkeiten:
Rentabilität des GK, FK

EK-Rentabilität in der deutschen Wirtschaft 1996 - 1998			
Wirtschaftsbereich	1996	1997	1998
Verarbeitendes Gewerbe	20,27	26,52	27,76
Ernährungsgewerbe	28,41	27,07	28,67
Textilgewerbe	14,89	26,09	28,28
Bekleidungsgewerbe	39,13	44,90	40,74
Holzgewerbe	28,07	41,51	43,48
Papiergewerbe	24,39	30,27	33,18
Verlags- und Druckgewerbe	52,46	61,62	59,22
Chemische Industrie	17,06	21,59	24,73
Gummi- und Kunststoffwaren	30,43	31,84	32,00
Glasgewerbe, Keramik, Steine und Erden	27,03	26,95	31,58
Metallerzeugung und -bearbeitung	10,43	14,81	21,63
Herstellung von Metallerzeugnissen	36,52	43,24	47,80
Maschinenbau	18,49	30,56	30,83
Elektrotechnik	15,41	20,67	10,82
Feinmechanik und Optik	25,71	25,43	22,86
Herstellung von Kraftwagen	16,32	18,26	24,05
Energie- und Wasserversorgung	23,12	26,42	28,50
Baugewerbe	25,95	26,99	46,62
Großhandel und Handelsvermittlung	26,52	31,59	29,21
Einzelhandel	130,94	166,21	133,33
Verkehr	4,46	9,16	29,45
Gesamtdurchschnitt	23,60	29,41	31,14

Bezeichnung:
Rentabilität des Fremdkapitals

Formel / Recheneinheit:

$$\frac{\text{FK - Zinsen}}{\text{Durchschnittlicher Bestand des Fremdkapitals}} \cdot 100$$

Herkunft der Werte und Wertansatz:
Zähler: Zinsaufwendungen aus der GuV-Position Nr. 13
Nenner: Bilanz

Aussagekraft und Verwendungsmöglichkeiten:

Die Rentabilität des Fremdkapitals gibt den mittleren Zins an, der für die Überlassung des Fremdkapitals zu zahlen ist. Dies ist insofern von Interesse, als regelmäßig nur vermutet werden kann, für welche Kapitalien wenig, keine oder zu viele Zinsen gezahlt werden. Weiter spielt die Verzinsung des Fremdkapitals für den Leverage-Effekt eine große Rolle und damit für die Frage nach dem optimalen Verschuldungsgrad.

Aus der Sicht des FK-Gebers kann die Kennzahl Aufschluss über die Angemessenheit der gewährten Konditionen geben. Liegt der zu zahlende Zins deutlich unter der durchschnittlichen Verzinsung, besteht unter Umständen noch Raum für Verhandlungen.

Für die Entscheidung über Art und Umfang der Fremdfinanzierung sind regelmäßig nicht nur die rein finanzielle Belastung ausschlaggebend, sondern auch die Konditionen bzgl. Unabhängigkeit, Tilgung sowie Laufzeit. Darüber gibt die Verzinsung des FK keine Auskunft. Die Vorbehalte gegenüber dem Versuch, den optimalen Anteil an FK bestimmen zu wollen, gelten auch hier. Eine klare Zuordnung der in der GuV ausgewiesenen Zinsen zum FK dürfte nur im Ausnahmefall möglich sein

Im Zeitvergleich sind veränderte Finanzierungsquellen zu berücksichtigen sowie die Lage am Geld- und Kreditmarkt. Im Betriebsvergleich ist auf die vergleichbare Kapitalstruktur zu achten.

Erweiterungsmöglichkeiten:
Rentabilität des EK, GK, Umsatzrentabilität

FK-Rentabilität in der deutschen Wirtschaft 1996 - 1998			
Wirtschaftsbereich	1996	1997	1998
Verarbeitendes Gewerbe	2,46	2,43	2,52
Ernährungsgewerbe	3,25	3,12	2,99
Textilgewerbe	3,36	3,55	3,50
Bekleidungsgewerbe	3,88	2,96	3,86
Holzgewerbe	4,27	4,30	4,32
Papiergewerbe	3,62	3,23	3,37
Verlags- und Druckgewerbe	3,52	3,15	3,24
Chemische Industrie	2,05	2,16	2,86
Gummi- und Kunststoffwaren	3,12	3,04	3,02
Glasgewerbe, Keramik, Steine und Erden	2,95	2,96	3,08
Metallerzeugung und -bearbeitung	2,37	2,34	2,53
Herstellung von Metallerzeugnissen	2,99	2,91	3,13
Maschinenbau	2,13	2,16	2,09
Elektrotechnik	2,27	2,51	2,42
Feinmechanik und Optik	2,82	2,91	2,61
Herstellung von Kraftwagen	1,33	1,47	1,51
Energie- und Wasserversorgung	1,40	1,37	1,44
Baugewerbe	2,11	2,14	2,20
Großhandel und Handelsvermittlung	3,25	3,11	3,19
Einzelhandel	4,20	4,00	4,02
Verkehr	3,75	3,61	3,51
Gesamtdurchschnitt	2,72	2,66	2,73

Bezeichnung:
Rentabilität des Gesamtkapitals

Formel / Recheneinheit:
$$\frac{\text{Jahresüberschuss } + \text{ FK - Zinsen}}{\text{Durchschnittlicher Wert des Gesamtkapitals}} \cdot 100$$

Herkunft der Werte und Wertansatz:
Zähler: GuV **Nenner:** Bilanz, Strukturbilanz

Aussagekraft und Verwendungsmöglichkeiten:
Kennzahl zur Analyse der Rentabilität. Die Gesamtkapitalrentabilität stellt den Erfolg des Unternehmens bezogen auf das eingesetzte Kapital - unabhängig von dessen Herkunft - dar. Je mehr Kapital benötigt wird, um eine bestimmte Rendite zu erzielen, desto höher ist das Kapitalrisiko. Bei der Beurteilung ist der Zusammenhang zur Umschlagshäufigkeit des Kapitals und der Umsatzrendite zu beachten. Die wesentlichen Bezugsgrößen des wirtschaftlichen Erfolgs des Unternehmens - Gewinn, Umsatz und Kapitaleinsatz - werden dadurch ausgedrückt. Die komprimierte Form der Information macht eine tiefere Analyse der Komponenten erforderlich. Eine hohe Rentabilität des Gesamtkapitals muss nicht immer vorteilhaft sein, da dies zu Lasten von Investitionen und der Zukunftsvorsorge gehen kann. Die Kennzahl hat damit mehr ergänzenden Charakter. Im Zeitvergleich lassen sich unter Einbezug der in die Kennzahl eingehenden Komponenten deren Auswirkungen auf die Rentabilität des GK erkennen. Im Rahmen des Betriebsvergleichs sollte auf den Jahresüberschuss vor Steuern zurückgegriffen werden, um die unterschiedlichen Rahmenbedingungen zu nivellieren.

Erweiterungsmöglichkeiten:
Rentabilität des EK, FK, Umsatzrentabilität

GK-Rentabilität in der deutschen Wirtschaft 1996 - 1998			
Wirtschaftsbereich	1996	1997	1998
Verarbeitendes Gewerbe	6,66	8,17	8,66
Ernährungsgewerbe	8,15	8,08	8,34
Textilgewerbe	5,78	8,35	9,05
Bekleidungsgewerbe	10,36	11,11	11,45
Holzgewerbe	6,84	8,08	7,84
Papiergewerbe	8,38	9,97	11,34
Verlags- und Druckgewerbe	10,49	12,08	11,87
Chemische Industrie	7,93	9,44	10,68
Gummi- und Kunststoffwaren	9,21	9,77	9,84
Glasgewerbe, Keramik, Steine und Erden	9,01	8,79	9,88
Metallerzeugung und -bearbeitung	4,54	5,90	8,35
Herstellung von Metallerzeugnissen	8,51	9,68	10,55
Maschinenbau	5,46	8,07	8,62
Elektrotechnik	5,53	7,06	4,58
Feinmechanik und Optik	7,34	7,82	7,33
Herstellung von Kraftwagen	4,97	5,47	7,28
Energie- und Wasserversorgung	6,80	7,50	8,06
Baugewerbe	3,51	3,47	4,45
Großhandel und Handelsvermittlung	6,60	7,33	7,18
Einzelhandel	8,18	8,90	8,34
Verkehr	3,83	4,42	7,77
Gesamtdurchschnitt	6,43	7,46	7,96

Bezeichnung:
Umsatzrentabilität

Formel / Recheneinheit:

$$\frac{\text{Jahresüberschuss}}{\text{Umsatzerlöse}} \cdot 100$$

Herkunft der Werte und Wertansatz:
Zähler: GuV
Nenner: GuV

Aussagekraft und Verwendungsmöglichkeiten:
Kennzahl zur Analyse der Rentabilität.

Die Umsatzrendite relativiert den absoluten Jahresüberschuss, indem sie ein Kausalverhältnis zwischen Gewinn und Umsatz unterstellt. Sie gibt Aufschluss über die Gewinnrate des Unternehmens. Der Wert der Kennzahl wird durch eine unterschiedliche Anlagenintensität und Kapitalstruktur nicht berührt. Die Umsatzrentabilität zeigt die Erfolgsentwicklung in Abhängigkeit von der Konjunkturlage durch die unterschiedliche Reaktion von Umsatz und Gewinn auf die veränderte Wirtschaftslage. Die Auswirkungen von preispolitischen Entscheidungen oder Rationalisierungsbestrebungen können analysiert werden.

Die unterstellte Kausalität zwischen Gewinn und Umsatz ist nicht gerechtfertigt, da der Jahresüberschuss auch Positionen enthält, die nicht mit der eigentlichen Leistungserstellung in Zusammenhang stehen. Die Schaffung von Erfolgspotenzialen, die das Jahresergebnis belasten, aber in zukünftigen Perioden zu Erfolgen führen, wird nicht berücksichtigt.

Im Zeitvergleich können die Auswirkungen von Veränderungen im Produktions- und Absatzbereich deutlich werden. Im Betriebsvergleich sollte auf den Jahresüberschuss vor Steuern zurückgegriffen werden, um die Vergleichbarkeit zu gewährleisten.

Erweiterungsmöglichkeiten:
Rentabilität des EK, GK, FK

Umsatzrendite in der deutschen Wirtschaft 1996 - 1998			
Wirtschaftsbereich	1996	1997	1998
Verarbeitendes Gewerbe	3,14	3,99	4,30
Ernährungsgewerbe	2,77	2,78	3,12
Textilgewerbe	1,93	3,23	3,60
Bekleidungsgewerbe	3,41	4,06	3,93
Holzgewerbe	1,83	2,52	2,28
Papiergewerbe	3,66	4,82	5,81
Verlags- und Druckgewerbe	4,28	5,34	5,37
Chemische Industrie	6,78	7,64	8,17
Gummi- und Kunststoffwaren	3,85	4,08	4,29
Glasgewerbe, Keramik, Steine und Erden	5,59	5,14	5,98
Metallerzeugung und -bearbeitung	1,90	2,65	4,31
Herstellung von Metallerzeugnissen	3,79	4,80	4,68
Maschinenbau	2,90	4,50	4,95
Elektrotechnik	3,13	4,05	2,24
Feinmechanik und Optik	3,45	3,91	4,06
Herstellung von Kraftwagen	2,15	2,29	3,26
Energie- und Wasserversorgung	8,65	9,56	10,74
Baugewerbe	1,31	1,23	1,98
Großhandel und Handelsvermittlung	1,44	1,74	1,72
Einzelhandel	1,63	1,94	1,75
Verkehr	0,46	1,02	3,69
Gesamtdurchschnitt	2,52	3,10	3,41

5.4.7 Segmentberichterstattung und wertorientierte Steuerungskonzepte im Rahmen der Bilanzanalyse

5.4.7.1 Segmentberichterstattung

Eine nach Bereichen differenzierte und strukturierte Veröffentlichung von quantitativen und meist auch qualitativen Informationen im Rahmen der Jahresabschlusspublizität von diversifizierten Unternehmen bzw. Konzernen bezeichnet man als Segmentbericterstattung. Die aggregierten Daten werden im Rahmen einer derartigen Berichterstattung aufgegliedert bzw. disaggregiert und den einzelnen Unternehmensbereichen zugeordnet.[128] Als Segment gilt dabei jeder isolierbare Bereich innerhalb einer diversifizierten Wirtschaftseinheit. Als Abgrenzungskriterien können verschiedene Merkmale in Frage kommen, z.B. Produkte und Produktgruppen, Geschäftszweige, Regionen etc.[129] Häufig unterliegen die Segmente abweichenden Wachstumsaussichten, Gewinnspannen, rechtlichen Rahmenbedingungen, Markt- und Wettbewerbsverhältnissen, und sind damit durch unterschiedliche Chancen und Risiken determiniert.[130]

Gerade bei umfangreichen Diversifikations- und Globalisierungsbestrebungen führt eine aggregierte Berichterstattung über unterschiedliche unternehmerische Tätigkeiten auf unterschiedlichen geographischen Märkten zu Informationsverlusten und -verzerrungen auf Seiten der Abschlussadressaten. Ohne die Aufgliederung der Jahresabschlussinformationen lassen sich die spezifischen Chancen und Risiken einzelner Unternehmensaktivitäten nicht erkennen, denn verschiedenartige Einflüsse auf das Erfolgspotenzial und damit die Zukunftsaussichten des Gesamtunternehmens werden nivelliert. Die einzelnen, spezifischen wirtschaftlichen Lagen der Segmente werden zu einer Lage des Gesamtunternehmens zusammengefasst, woraus für die Informationssituation der Adressaten insbesondere zwei nachteilige Effekte resultieren:[131]

– Die getrennte Beurteilung der Lage der einzelnen Segmente sowie deren Beitrag zur Gesamtlage des Unternehmens ist nicht möglich.

– Einzelne Segmente lassen sich mit ähnlichen Segmenten anderer Unternehmen nicht vergleichen.

Um die genannten Informationsnachteile zu vermeiden und zur Bereitstellung verlässlicher und entscheidungsrelevanter Informationen ist eine Berichterstattung auf Basis einzelner Segmente damit unabdingbar. Dies gilt insbesondere auf Konzernebene. Durch die Aggregation verursacht der Konzern automatisch Informationsdefizite, die durch Segmentierung der Unternehmensdaten als Zusatzinformationen ausgeglichen werden können.[132] Gerade für international agierende Konzerne, „deren Geschäftstätigkeit in

---

[128] Vgl. Pejic, 1998, S. 3.
[129] Vgl. Haase, 1998, S. 635.
[130] Vgl. Fey / Mujkanovic, 1999, S. 262.
[131] Vgl. Haller, 2000, S. 757.
[132] Vgl. Coenenberg, 2000, S. 770.

einem differenzierten Umfeld mit unterschiedlichen Währungs- und Wechselkursstrukturen, unterschiedlichen Wettbewerbsintensitäten und abweichenden Rechtsstrukturen abgewickelt wird"[133] ist dies von großer Relevanz.

Grundsätzlich besteht das zentrale Ziel der Segmentberichterstattung darin, durch die veröffentlichten Segmentdaten die Abschlussadressaten in die Lage zu versetzen (IAS 14, Objective):

– die bisherige Ertragskraft des Unternehmens besser zu verstehen,

– die Risiken und Erträge des Unternehmens besser einschätzen, und

– das gesamte Unternehmen sachgerechter beurteilen zu können.

Durch Kenntnis der Chancen und Risiken eines diversifizierten Unternehmens soll es den Jahresabschlussnutzern ermöglicht werden, die zukünftigen Zahlungsmittelzuflüsse in betrags- und zeitmäßiger Hinsicht sowie in Bezug auf ihre Eintrittswahrscheinlichkeit besser einschätzen zu können, als ihnen dies durch die alleinige Bereitstellung aggregierter Informationen möglich wäre.[134]

In der Vergangenheit wurde der segmentierten Berichterstattung in Deutschland lediglich eine untergeordnete Bedeutung beigemessen. Die gesetzlichen Anforderungen beschränkten sich ausschließlich auf eine Aufgliederung der Außenumsatzerlöse nach Tätigkeitsgebieten und geographisch bestimmten Märkten (§ 285 Nr. 4 bzw. § 314 I Nr. 3 HGB). Verglichen mit den internationalen Vorschriften (IAS 14, SFAS 131) zur Segmentberichterstattung, die eine Fülle von Segmentangaben fordern (vgl. hierzu auch Tabelle 67), waren diese Vorschriften des HGB als sehr rudimentär einzustufen. Die verstärkte Hinwendung zu einer kapitalmarktorientierten Rechnungslegung hat dazu geführt, dass nunmehr auch in Deutschland eine Angleichung an das international übliche Niveau der Segmentberichterstattung erfolgt ist, das eine verbesserte externe Unternehmensbeurteilung erlaubt.

Wenngleich seit der Umsetzung des Gesetzes zur Kontrolle und Transparenz im Unternehmensbereich (KonTraG) für gesetzliche Vertreter börsennotierter Mutterunternehmen verpflichtend vorgeschrieben ist, den Konzernanhang neben einer Kapitalflussrechnung auch um eine Segmentberichterstattung zu erweitern (§ 297 I S. 2 HGB), lässt der Gesetzgeber jedoch offen, wie nach seiner Vorstellung eine Berichterstattung nach Segmenten auszusehen hat. Die konkrete Ausgestaltung einer Segmentberichterstattung für börsennotierte Konzerne wurde dem Deutschen Rechnungslegungs Standards Committee (DRSC) übertragen. Als Ergebnis seiner Arbeit im Hinblick auf die Segmentberichterstattung hat das DRSC seine Vorstellungen über deren Ausgestaltung im Deutschen Rechnungslegungs Standard Nr. 3 (DRS 3) formuliert.

---

[133] Wollmert, 2000, S. 137.

[134] Vgl. Haller, 2000, S. 759.

Um die Zielsetzung der Segmentberichterstattung zu erfüllen, stehen sich im Wesentlichen zwei konzeptionelle Ansätze gegenüber: Der Management Approach und der Risk and Reward Approach. Nach dem **Risk and Reward Approach** werden die Segmente nach Risiko- und Chancenaspekten abgegrenzt. Demnach ist die Segmentabgrenzung nach dem Beitrag der verschiedenen Tätigkeitsbereiche bzw. Regionen zum Gesamterfolg des Unternehmens bzw. Konzerns und den damit verbundenen tätigkeits- bzw. regionenspezifischen Risiken vorzunehmen. Tätigkeitsbereiche oder geographische Regionen, die gleiche Chancen und Risiken hinsichtlich ihrer zukünftigen Entwicklung aufweisen, gilt es in einem Segment zusammenzufassen. Sie sind hingegen als separate Segmente auszuweisen, wenn sie voneinander unterschiedliche Risiken und Chancen erkennen lassen.[135] Demgegenüber knüpft nach dem Management Approach die externe Berichterstattung unmittelbar an das interne Berichtssystem an, d.h., sowohl die Segmentabgrenzung als auch die auszuweisenden Segmentdaten stimmen mit den intern verwendeten Definitionen überein.

Der **Management Approach** kommt sowohl in SFAS 131 und IAS 14 als auch in DRS 3 zum Tragen. Während er in SFAS 131 den alles dominierenden Ansatz darstellt, weisen DRS 3, insbesondere aber IAS 14 deutliche Züge des Risk and Reward Approach auf. Diese unterschiedliche Dominanz des Management Approach in den einzelnen Standards führt dazu, dass hinsichtlich der Segmentdefinition, den zugrundeliegenden Rechnungslegungsnormen sowie dem Umfang der berichtspflichtigen Größen durchaus Unterschiede existieren.[136] So fordert SFAS 131 in konsequenter Umsetzung des Management Approach, dass die Ermittlung der externen Segmentberichtsgrößen auf Basis der gleichen Rechnungslegungsnormen erfolgt, wie sie auch für die internen Steuerungsgrößen zugrunde gelegt werden. Dies auch dann, wenn die Ermittlung interner Größen von den Vorschriften der externen Rechnungslegung abweicht. IAS 14 und DRS 3 fordern hingegen, den Segmentberichtsgrößen diejenigen Rechnungslegungsgrundsätze zugrunde zu legen, die auch für den gesamten Konzernabschluss Gültigkeit besitzen.

Diese konzeptionellen Unterschiede sind auch für die externe Bilanzanalyse von besonderer Bedeutung. Bei Anwendung des Management Approach ist von der Offenlegung jener Daten auszugehen, die für Managementzwecke als entscheidungsnützlich angesehen werden.[137] Damit erlangt der Bilanzleser Einblicke in das Rechnungswesen und dessen Qualität. Er erhält darüber Aufschluss, wie das Unternehmen intern in ergebnisgenerierende Bereiche aufgeteilt und anhand welcher Daten es im Wesentlichen gesteuert wird. Überdies lässt sich argumentieren, dass die vom Management getroffenen Entscheidungen in ihren Auswirkungen ex post segmentspezifisch besser analysier- und bewertbar sind.[138] Gleichzeitig ist aber auch zu bedenken, dass der Bilanzanalytiker verstärkt mit dem Instrumentarium des internen Rechungswesens vertraut sein muss, damit

---

[135] Vgl. Benecke, 2000, S. 177.

[136] Vgl. Hahn, 2000, S. 674.

[137] Vgl. Küting / Weber, 2000, S. 250.

[138] Vgl. Haller, 2000, S. 797.

eine sachgerechte Interpretation der Segmentdaten gelingt.[139] Unterstützt wird der Analytiker dabei jedoch durch verpflichtende Erläuterungen zur Ermittlung der Segmentdaten und eine Überleitungsrechnung, die für die wesentlichen Berichtsgrößen eine Überleitung auf die jeweilige, im Gesamtabschluss ausgewiesene, Größe vorsieht.

IAS 14 und DRS 3 weisen aus Sicht der externen Bilanzanalyse den Vorteil auf, dass die Berichtsgrößen für das Gesamtunternehmen und die Segmente auf einer einheitlichen Rechnungslegungsnorm basieren. Dies erlaubt einen besseren Abgleich der Segmentgrößen mit den entsprechenden aggregierten Werten des Gesamtabschlusses. Auch ein zwischenbetrieblicher Vergleich gelingt tendenziell besser als beim Management Approach, wenn das Vergleichunternehmen nach den gleichen Rechnungslegungsnormen bilanziert. Zweifelsohne gilt es jedoch einzuräumen, dass zahlreiche Bilanzierungs- und Bewertungswahlrechte sowie Spielräume bei der Segmentabgrenzung den Objektvergleich ohnehin sehr erschweren.

Tabelle 67 zeigt die umfangreichen Angabepflichten nach SFAS 131, IAS 14 und DRS 3 im Überblick.

Insbesondere bei SFAS 131 aber auch bei DRS 3 wird deutlich, dass einige Berichtsgrößen - getreu dem Management Approach - nur dann in den Segmentbericht aufzunehmen sind, wenn diese auch im Rahmen der internen Steuerung und Führung Verwendung finden. Hinzuweisen ist zudem auf eine Besonderheit des IAS 14. Dieser Standard unterscheidet zwischen den sog. primären und sekundären Segmenten, die sich hinsichtlich des Umfangs der verpflichtenden Segmentangaben deutlich voneinander unterscheiden. Resultieren die Chancen und Risiken im Wesentlichen aus unterschiedlichen Produkten bzw. Dienstleistungen, so bilden diese die primären Segmente. Sind Risiken und Chancen hingegen in der Hauptsache durch die Tätigkeiten in den unterschiedlichen geographischen Regionen geprägt, dann stellen diese Segmente die Primärsegmente dar. Im Normalfall gibt die interne Organisations- und Berichtstruktur eines Unternehmens Aufschluss darüber, welche Segmente als primäre und welche als sekundäre Segmente zu klassifizieren sind.

Nach IAS 14, SFAS 131 und DRS 3 sind u.a. Angaben zu Segmentergebnissen, Segmentumsätzen, Segmentvermögen sowie zu Investitionen und Abschreibungen auf Segmentebene zu machen. Diese Informationen eröffnen dem externen Bilanzanalytiker eine Reihe von Analysemöglichkeiten. Zum einen gelingt eine verbesserte Erfolgsquellenanalyse, zum anderen besteht durch die segmentierten Daten die Möglichkeit zur disaggregierten Analyse von Aufwands- und Ertragsstrukturen sowie der Rentabilität. Zahlreiche Unternehmen präsentieren zudem auf freiwilliger Basis auch wertorientierte Steuerungskennzahlen und deren Komponenten auf Segmentebene.[140]

---

[139] Vgl. Hahn, 2000, S. 690.
[140] Vgl. Küting / Weber, 2000, S. 249.

Berichtsgrößen pro Segment	SFAS 131	IAS 14	DRS 3
Umsatz mit externen Kunden	○	●●	●
Umsatz mit anderen Segmenten	○	●	●
Segmentergebnis	●	●	●
Segmentvermögen	○	●●	●
Segmentschulden	–	●	●
Segmentinvestitionen	○	●●	●
Equity-Beteiligungen	○	●	●
Zinsertrag	○	–	○
Zinsaufwand	○	–	○
Abschreibungen	○	●	○
Ergebnis aus Equity-Beteiligungen	○	●	○
Außerordentliche Erträge / Aufwendungen	○	–	–
Ertragsteueraufwand oder -ertrag	○	–	○
Nicht liquiditätswirksame Aufwendungen	○	●	○
Dominante Kunden	●	–	●
Segmentbildung und -zusammensetzung	●	●●	●
Methoden zur Ermittlung der Segmentdaten	●	–	●
Arten von Produkten bzw. Dienstleistungen	●	●●	●
Erläuterungen des Verrechnungspreissystems	●	●	●
Erläuterungen bei Durchbrechung der Stetigkeit	●	●●	●
Überleitung auf aggregierte Daten	●	●	●
Vorjahreszahlen	●	●	●

● = Angabepflicht (bei IAS 14 bezogen auf das primäre Berichtsformat)

●● = Angabepflicht sowohl für das primäre als auch für das sekundäre Berichtsformat

○ = Angabe nur notwendig, soweit die jeweiligen Positionen Bestandteile der
ausgewiesenen Segmentergebnisse bzw. -vermögenswerte sind.

– = Keine Angabepflicht

Tabelle 67: Angabepflichten im Rahmen der Segmentberichterstattung nach SFAS 131,
IAS 14 und DRS 3

Die Pflichtangaben der hier betrachteten Standards lassen sich insbesondere für die
Kennzahlenbildung im Rahmen der erfolgswirtschaftlichen Segmentanalyse nutzen. Die
Angabe der segmentierten Umsätze erlaubt eine Einschätzung des Anteils des Segments
am gesamten Geschäftsvolumen des Unternehmens bzw. Konzerns. Erreicht wird, dass
der im Vergleich zu einem Unternehmen mit homogener Produktpalette wenig aussagefähige globale Begriff der Umsatzerlöse an Aussagekraft gewinnt. Dies gilt zum einen
für die Segmentierung nach Tätigkeitsgebieten. So kann die Kompensation von im Rahmen des Diversifikationsprozesses auftretenden gegenläufigen Veränderungen durch Zu-

sammenfassung von expandierenden und rückläufigen Umsatzerlösträgern vermieden werden. Zum anderen hat die Umsatzaufgliederung auch für die geographische Segmentierung Bedeutung, denn mit der Internationalisierung der Umsatzerzielung gehen zusätzliche Risiken einher, die der Bilanzanalytiker mit einer derartigen Aufgliederung zumindest leichter abzuschätzen vermag. Struktur und Bedeutung existierender Chancen und Risiken in den einzelnen Aktivitätsbereichen eines diversifizierten Unternehmens sollen transparenter gemacht werden und dadurch eine präzisere Einschätzung der Lage und des Entwicklungspotenzials des Unternehmens erlauben.[141] Der Ausweis des operativen Segmentergebnisses dient dazu, Höhe und zeitliche Stabilität des betrieblichen Erfolgsstroms zu beurteilen. Zudem liefert er Anhaltspunkte zur Abschätzung des leistungswirtschaftlichen Risikos der Gesellschaft, denn das Risiko eines Ertragsausfalls lässt sich nur dann abschätzen, wenn offen gelegt wird, aus welchen Geschäftsbereichen die Ergebnisse stammen. Wird das operative Segmentergebnis zum Segmentvermögen in Beziehung gesetzt, so lassen sich zudem Segmentgesamtkapitalrentabilitäten ermitteln.

Auf Grundlage der Angabepflichten gelingt auch die Ermittlung eines vereinfachten Segment-Cash Flow, der sich unter Berücksichtigung der anzugebenden Investitionen in das langfristige Segmentvermögen - zumindest näherungsweise - auch zu einem Segment-Free Cash Flow weiterentwickeln lässt.[142]

Überdies gestatten die Angabepflichten dem externen Bilanzanalytiker eine Investitions- und Finanzierungsanalyse einzelner Segmente. Für die Analyse der Investitionspolitik auf Segmentebene kann bspw. die Wachstumsquote des Segments (Segmentinvestitionen / Segmentabschreibungen) ermittelt werden. Ein Kennzahlenwert größer 1 signalisiert dabei eine wachstumsorientierte Investitionspolitik für das betreffende Segment. Das Verhältnis von Segmentinvestitionen zu Segment-Cash Flow (Investitionsgrad) gibt Aufschluss über die Innenfinanzierungskraft des Segments. Ein Kennzahlenwert kleiner 1 gibt an, dass die Investitionen in vollem Umfang aus der Innenfinanzierung gedeckt sind und darüber hinaus ein frei verfügbarer Cash Flow verbleibt. Mit Hilfe der Wachstumsquote und dem Investitionsgrad vermag der externe Bilanzanalytiker eine Einteilung der Segmente in die aus der Portfoliobetrachtung bekannten Nachwuchs-, Star- und Cash-Segmente vorzunehmen.[143]

5.4.7.2 Wertorientierte Steuerungskonzepte

Die Notwendigkeit wertorientierter Steuerungskonzepte ergibt sich aus den Unzulänglichkeiten der bisherigen Formen der Erfolgsmessung.

Die dynamischen Erfolgskonzepte, die Wachstum und Marktanteil als Determinanten des Unternehmenserfolgs sehen, sind einseitig, weil sie die Finanzierungsseite vernachlässigen und zum anderen z.T. unabhängig vom betriebswirtschaftlichen Erfolg gesehen werden.

---

[141] Vgl. Busse von Colbe / Seeberg, 1999, S. 176 f.

[142] Vgl. Coenenberg, 2000, S. 995 f.

[143] Vgl. Coenenberg / Mattner, 2000, S. 1833.

Der Kapitalmarkt und die Analysten wollen deshalb eine Größe zur Messung, aber auch zur Steuerung von Unternehmen heranziehen, die den „richtigen" Erfolgsbeitrag misst. In der Zwischenzeit sind eine Vielzahl an Konzeptionen entstanden. Hier sollen drei Konzepte behandelt werden, die eine relativ weite Verbreitung in der Praxis gefunden haben:

- Shareholder Value Ansatz von Rappaport
- EVA-Ansatz von Stern / Stewart
- CFROI-Ansatz der Boston Consulting Group

Ein Konzept zur wertorientierten Steuerung muss folgende Anforderungen erfüllen:

- Es soll möglichst nicht zu manipulieren sein.
- Es soll Risikopräferenzen berücksichtigen.
- Es soll Zeitpräferenzen berücksichtigen.
- Es soll sich an den Investor als Adressaten richten.

Der Investor fordert

- eine angemessene Verzinsung seines Kapitals,
- offene Kommunikation und Informationsweitergabe,
- eine Rechnungslegung nach internationalen Standards.

Die wertorientierten Konzepte zielen darauf ab, den Unternehmenswert für den Anteilseigner zu maximieren. Die erwartete Verzinsung richtet sich nach der Verzinsung alternativer Anlagemöglichkeiten unter Berücksichtigung des Risikos.

■ **Die Idee der wertorientierten Steuerung**

Allen Konzepten der wertorientierten Steuerung ist gemeinsam, dass die Steuerung über die Kapitalkosten erfolgt. Eine Investition ist nur dann sinnvoll, wenn sie mindestens die Kapitalkosten erwirtschaftet. Die Ermittlung der Kapitalkosten erfolgt nach dem WACC-Ansatz (Weighted Average Cost of Capital). Es werden damit die gewichteten Kapitalkosten zu Grunde gelegt, die sich aus den Eigenkapitalkosten und den Fremdkapitalkosten ergeben.

■ **Das Shareholder Value Netzwerk**

In den letzten Jahren hat durch die zunehmende Bedeutung institutioneller Anleger eine starke Machtverschiebung vom Management zu den Kapitalgebern stattgefunden. Vor dem Hintergrund des zunehmenden Einflusses der Anteilseigner gewinnt die Wertsteigerung des Unternehmens, insbesondere im Hinblick auf die Schaffung von Aktionärsnutzen oder Shareholder Value, an Bedeutung. Die Interessen der Shareholder stehen im Vordergrund, die in der Regel auf das Erreichen eines möglichst hohen Unternehmenswertes und eine hohe Gewinnausschüttung gerichtet sind.

■ **Die Bewertungskomponenten des Shareholder Value**

Die Steigerung des Unternehmenswertes erfolgt regelmäßig über **Werttreiber**, welche mit der Zielsetzung des Unternehmens, Werte zu schaffen, in enger Verbindung stehen.

Dazu sind im Shareholder Value Netzwerk die entscheidenden Werttreiber und deren Wirkungen auf den Shareholder Value darzustellen (Abbildung 41).

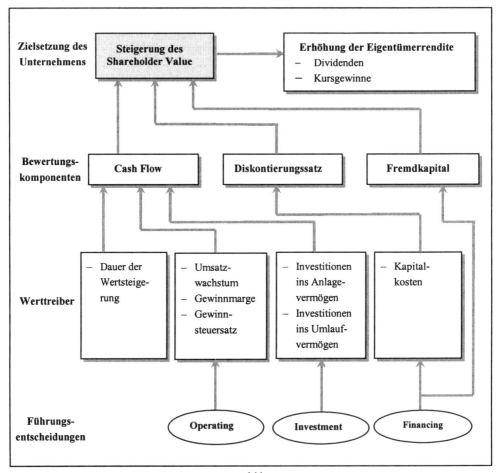

Abbildung 41: Shareholder Value Netzwerk[144]

Die Schaffung des Shareholder Value setzt sich nach Rappaport aus **drei Bewertungskomponenten** zusammen:

1. **Der Free Cash Flow**

    Die erste Bewertungskomponente, der Free Cash Flow, wird durch die Werttreiber Umsatzwachstum, betriebliche Gewinnmarge, Gewinnsteuersatz, Investitionen ins Umlauf- und Anlagevermögen sowie Dauer der Wertsteigerung beeinflusst. Der

---

[144] Vgl. Rappaport, 1999, S. 68.

Free Cash Flow stellt damit jene Bewertungskomponente dar, die einerseits auf operative Entscheidungen des laufenden Geschäftes wie Leistungsprogramm, Preispolitik, Werbung, Vertrieb und Kundendienst und andererseits auf Investitionsentscheidungen, wie z.b. größere Lagerbestände und Kapazitätserweiterungen zurückzuführen ist. Die Dauer der Wertsteigerung gibt dabei an, über wie viele Jahre eine Investition voraussichtlich eine Rendite erzielen wird, die den Kapitalkostensatz übersteigt.

2. **Der Kapitalisierungszinssatz**
   Bei der Kapitalisierung wird ein geplanter Ertrag auf den heutigen Wert abgezinst. Der Kapitalisierungszinssatz wird durch den Werttreiber Kapitalkosten beeinflusst, der von Finanzierungsentscheidungen, Geschäftsrisiko sowie der Wahl geeigneter Finanzierungsinstrumente abhängt.

3. **Der Marktwert des Fremdkapitals**
   Um den Shareholder Value zu erhalten, wird die letzte Bewertungskomponente, der Marktwert des Fremdkapitals, vom Unternehmensgesamtwert subtrahiert.

Um die maximale Steigerung des Shareholder Value zu erreichen, sind jene Werttreiber zu ermitteln, welche die größtmögliche Hebelwirkung auf den Unternehmenswert erzeugen. Durch das Arbeiten mit **Sensitivitätsanalysen** unter verschiedenen getroffenen Annahmen, kann festgestellt werden, welche Werttreiber die größte Wertsteigerung bewirken. Im Einklang mit der Unternehmensphilosophie und dem Leitbild einer Unternehmung kann schließlich unter Ausrichtung an den Werttreibern und aufbauend auf die Erkenntnisse der Sensitivitätsanalysen eine klar definierte wertorientierte Strategie entwickelt werden, die zur Steigerung des Unternehmenswertes beiträgt.

Für die Ermittlung des ökonomischen Erfolges sollte eine Größe herangezogen werden, welche die Veränderung der Ressourcennutzung und die Performance des Unternehmens abbilden kann. Auch eine Analyse der Einflussgrößen zur Steuerung des ökonomischen Erfolgs sollte mit dieser Größe möglich sein.

■ **Der Economic Value Added**

Die Methode des EVA stellt die periodenbezogene Differenz zwischen dem durch das eingesetzte Kapital erwirtschafteten Gewinn (net operating profit after tax = NOPAT) und den mit dem Kapitaleinsatz verbundenen Kosten auf Basis des WACC in den Mittelpunkt. Dabei wird der Kapitaleinsatz aus dem betriebsnotwendigen Vermögen (Net Operating Assets = NOA) abgeleitet.

$$EVA = NOPAT - (NOA \times WACC)$$

Sowohl der NOPAT als auch der NOA sind so anzupassen, dass die „betriebswirtschaftlich richtigen" Werte gegenübergestellt werden.

Da der EVA den periodischen und über die Kapitalkosten hinausgehenden Gewinn ohne einen Bezug zu Zukunftserwartungen misst, ist die Ermittlung einfacher als bei Rappaport. Jedoch besteht bei der Verwendung des EVA als **Erfolgsgröße** - ähnlich wie bei traditionellen Periodenerfolgsgrößen - der Nachteil der ausschließlichen Perioden- und

Vergangenheitsorientierung und damit die Gefahr einer Manipulation durch Maximierung der kurzfristig erzielbaren Erfolge zu Lasten zukünftig erzielbarer Erfolge. So führt die Verlängerung einer der Investition zugrunde gelegten Nutzungsdauer zu geringeren Abschreibungen pro Periode, die durch die positive Beeinflussung des EVA ein Nichterreichen von Zielen verschleiern können. Daher sind insbesondere bei der Ermittlung der periodischen Erfolge auf Basis des EVA alle relevanten Werttreiber einer Abweichungsermittlung zu unterziehen, um darauf aufbauend eine detaillierte Abweichungsanalyse durchführen zu können. Als vorteilhaft kann dabei die Möglichkeit der unmittelbaren Ableitung aller die EVA-Größen beeinflussenden Werttreiber angesehen werden. Die Kritik an der Vernachlässigung der Dauer der Wertsteigerung durch die einperiodige Betrachtungsweise und die damit verbundene Manipulierbarkeit kann dadurch entkräftet werden, dass die für die Erzielung zukünftiger Erfolge wichtigen Größen und Werttreiber kontrolliert werden. Als Vorteil des EVA wird die Ableitung aus den Zahlen des Jahresabschlusses gesehen, die eine ganze Reihe von Anpassungen durchlaufen (Abbildung 42).

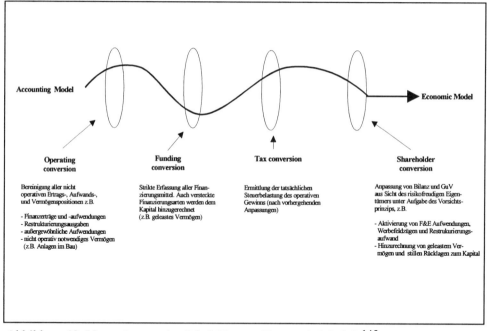

Abbildung 42: Vom „Accounting Model" zum „Economic Model"[145]

---

[145] Vgl. Hostettler, 1995, S. 311.

Insbesondere wird jedoch das Abstellen auf die Buchwerte des investierten Kapitals und das Unterlassen des Einbezugs der Nutzungsdauer und des Alters des Anlagevermögens kritisiert.

■ CFROI

Der Cash Flow Return on Investment ist eine Cash Flow-orientierte Rentabilitätskennzahl, die sich aus dem Verhältnis des Brutto Cash Flow abzüglich der ökonomischen Abschreibung und der dafür innerhalb einer Periode eingesetzten Brutto-Kapitalbasis ergibt. Der hier als Brutto-Cash Flow bezeichnete Wert stellt eine Konvertierung von Buchhaltungsdaten in reale operative Geldflüsse auf Basis einer Gesamtkapitalbetrachtung dar.

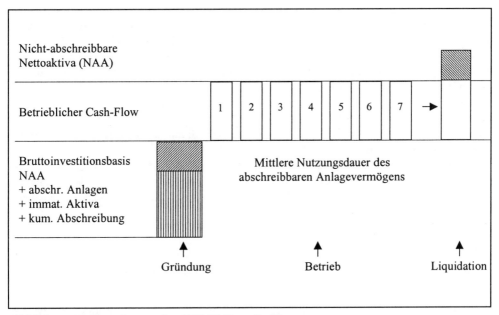

Abbildung 43: Berechnung des CFROI über die Phasen

Die ökonomischen Abschreibungen beinhalten jenen Betrag, der jährlich verzinslich für eine Rückgewinnung des eingesetzten Kapitals der abschreibbaren Aktiva erwirtschaftet werden muss. Das Ergebnis aus der Differenz der erstgenannten Größen wird zur Brutto-Kapitalbasis ins Verhältnis gesetzt, die das zum Zeitpunkt der Ermittlung in das Unternehmen investierte Kapital abzüglich der unverzinslichen Verbindlichkeiten umfaßt. Dabei wird das investierte Kapital mit den historischen Anschaffungskosten angesetzt. Um die in der Vergangenheit getätigten Investitionen mit dem in der Ermittlungsperiode generierten Brutto-Cash Flow vergleichbar zu machen, erfolgt zusätzlich eine Inflationsanpassung. Die mit dem Ansatz der historischen Anschaffungskosten verbundene Eliminierung des Einflusses unterschiedlicher Abschreibungspolitiken sowie die Berücksichtigung von Inflation gelten als Vorteil des Cash Flow ROI.

Der auf diese Weise errechnete Ist-Wert wird den Kapitalkosten gegenüber gestellt, um zu prüfen, ob die erforderliche Mindestrendite in der Periode erwirtschaftet wurde. Bei der alleinigen Berücksichtigung dieses Kriteriums kann es jedoch zu Fehlinterpretationen der Rentabilität kommen. Werden etwa die ermittelten Kapitalkosten aufgrund eines vergangenheitsorientierten β-Faktors zu niedrig angesetzt, so kann ein über den Kapitalkosten liegender Cash Flow ROI das Unternehmen als rentabel erscheinen lassen, obwohl dies in Wirklichkeit nicht der Fall ist. Daher ist die periodische Überprüfung der Kapitalkosten, insbesondere der Eigenkapitalkosten, von besonderer Bedeutung. Um feststellen zu können, ob die Rentabilität des Unternehmens lediglich durch niedrige Kapitalkosten erreicht wurde oder ob zusätzlich Werttreiber generiert wurden, müsste dem Cash Flow ROI außerdem eine periodisch zu erreichende Zielgröße gegenübergestellt werden. Über einen Einbezug der Veränderung der Kapitalbasis als Plan- und Ist-Größe wird die Aussagekraft der Kennzahl gesteigert. Durch eine Aufspaltung des Cash Flow ROI in seine Komponenten kann darauf aufbauend eine aussagefähige Abweichungsanalyse durchgeführt werden. Eine umfassende Aussage über eine periodische oder auch überperiodische Wertschaffung ist mittels Rentabilitätsmaß jedoch nicht möglich, da aufgrund der völligen Ausblendung von Zukunftsaspekten und damit des Einflusses der Dauer der Wertsteigerung auch hier die Gefahr der Manipulation kurzfristiger Erfolge ohne Auswirkungen auf eine nachhaltige Unternehmenswertsteigerung besteht. So können über die Anbindung an den Perioden-Cash Flow Kumulationen von Zahlungsströmen, etwa bei Umsatzlegung eines langfristigen Projektes als rentabilitätssteigernd eingeschätzt werden, ohne dass eine langfristige Wirkung auf den Unternehmenswert vorliegt.

■ Der Cash Value Added

Neben dem Cash Flow ROI als relatives Performance-Maß kann durch die ergänzende Berechnung des Cash Value Added der absolute Wertzuwachs einer Periode ermittelt werden.

Der Cash Value Added stellt dabei eine Cash Flow-orientierte Variante des EVA-Konzeptes dar. Durch die Verwendung des Cash Flow ROI auf der einen Seite und der Brutto-Investitionsbasis auf der anderen Seite, ist das Konzept des Cash Value Added jedoch frei von buchhalterischen Verzerrungen. Der CVA berechnet sich als Absolutbetrag aus der Differenz von Brutto Cash Flow, ökonomischer Abschreibung und Capital Charge, die sich wiederum aus dem Produkt von Kapitalkosten und Bruttokapitalbasis ergibt. Durch die Gegenüberstellung eines Soll-Wertes mit dem Ist-Cash Value Added kann eine Aussage über das Erreichen des absoluten periodischen Wertzuwachses getroffen werden. Der Vorteil gegenüber dem Rentabilitätsvergleich liegt im Einbezug der absoluten Beträge, wodurch eine Einschätzung der Wesentlichkeit bei Abweichung ermöglicht wird. Auf Basis der absoluten Höhe der Abweichungen kann unter Berücksichtigung des Ermittlungsaufwandes eine Entscheidung über die Tiefe der Abweichungsanalyse getroffen werden. Als Vorteil der Methodik des Cash Value Added gilt

der Einbezug der Brutto-Kapitalbasis, da sich die im Zeitablauf veränderbaren Rest-
buchwerte hierdurch nicht auf den Wertbeitrag einer Periode auswirken und eine Veränderung des CVA ausschließlich mit tatsächlichen operativen Wertveränderungen begründet werden kann. Die gleichermaßen anwendbare Kritik des Periodenbezuges kann,
ebenso wie bei der Ausführung zum EVA, durch die Analyse der für zukünftige Erfolge
wichtigen Werttreiber entkräftet werden. Jedoch erhöht sich auch hier wiederum die
Komplexität der Erfolgsermittlung.

5.4.8   Berichterstattung über die Durchführung und die Ergebnisse der Bilanzanalyse

Die Berichterstattung über die Bilanzanalyse soll deren Durchführung und Ergebnisse
dokumentieren. Insbesondere in den Fällen, in denen Analytiker und Analyseadressat
nicht identisch sind, müssen die Aufbereitung der Datenbasis, die Durchführung der
Analysen und die Beurteilung der Ergebnisse transparent gemacht werden. Da Kennzahlen keine Information an sich enthalten, sondern immer kontextabhängig interpretiert
werden, ist hier besondere Sorgfalt geboten. Dies bezieht sich zum einen auf die inhaltliche Komponente (**materielle Berichterstattung**), zum anderen auf die Art und Weise
der Darstellung (**formelle Berichterstattung**).

Bei der Bemessung des **Inhalts des Analyseberichts** sind folgende Punkte zu beachten:

- Dem Berichtsempfänger ist die Systematik der handelsrechtlichen Rechnungslegung
  nicht bekannt,

- der Berichtsempfänger weiß nicht um die Grenzen der Aussagefähigkeit von Bilanzanalysen,

- der Berichtsempfänger erwartet widerspruchsfreie und klare Aussagen zur wirtschaftlichen Lage des Unternehmens, wobei

- der Analytiker sein Urteil nur unter Unsicherheit fällen kann.

Je nach Wissensstand des Berichtsempfängers sollten einige grundsätzliche Ausführungen zur Datenbasis am Anfang des Analyseberichts stehen. An dieser Stelle kann auf
grundsätzliche Aussagemängel der Bilanzanalyse hingewiesen, sowie auf Umfang, Qualität und Aufbereitung des Jahresabschlusses eingegangen werden. Stehen zu Ver-
gleichszwecken noch andere Daten zur Verfügung - etwa Branchendaten oder Abschlüsse anderer Unternehmen - so ist über deren Herkunft und Validität zu berichten.

Nach diesem mehr allgemeinen Teil, kann das zu analysierende Unternehmen verbal
dargestellt werden. Hier sollten zum einen die Rahmendaten des Unternehmens aufge-
zählt werden wie Branche, Alter, Eigentümerstruktur usw. Ferner kann bereits an dieser
Stelle auf Besonderheiten hingewiesen werden, die sich zwar in den rechnerischen Ergebnissen der Bilanzanalyse niederschlagen, nicht jedoch in die Beurteilung eingehen.

Dies können Umwandlungen sein, Standortverlagerungen, Veränderungen im Produktionsprogramm, saisonale oder gesamtwirtschaftliche Einflüsse.

Die Ergebnisse der Bilanzanalyse beruhen zwar auf Daten vergangener Perioden, sollen aber den Schluß auf die zukünftige Entwicklung des Unternehmens ermöglichen. Diese **prospektive Beurteilung der wirtschaftlichen Lage** ist naturgemäß mit vielen Unsicherheiten verbunden, die der Analytiker mit dem Setzen von bestimmten Prämissen bewältigen muß. Eine Prognose der Umsatzerlöse ist nur unter Annahmen über die Entwicklung der Absatzmärkte möglich, die Beurteilung der Kapitalstruktur erfordert eine Einschätzung des zukünftigen Zinsniveaus. Auf der anderen Seite erwartet der Berichtsempfänger aber eindeutige und widerspruchsfreie Aussagen zur wirtschaftlichen Lage. Realität und Anspruch lassen sich nur dann in Einklang bringen, wenn dem Adressaten die gesetzten Prämissen auch unmißverständlich mitgeteilt werden. Diese schnüren wie ein Korsett die ansonsten notwendigen Bandbreitenangaben zu handhabbaren und begründbaren Größen.

Da die errechneten Kennzahlenwerte - für sich genommen - wenig aussagefähig sind, müssen auch die zur Beurteilung herangezogenen Vergleichsgrößen aufgeführt werden. Hier ist auch zu begründen, warum eine bestimmte Differenz als „nachteilig" oder „vorteilhaft" beurteilt wurde. Dies ist sicherlich einer der schwierigsten Abschnitte, da der Analytiker an dieser Stelle mehr als sonst „aus dem Bauch heraus" urteilt. Diese subjektiven Entscheidungen entziehen sich naturgemäß einer objektiven Nachprüfung. Dennoch sollte dem Berichtsadressaten der Beurteilungsprozeß so transparent wie möglich gemacht werden. Zum einen erhält der Berichtsadressat dadurch die Möglichkeit, sich vom Sachverstand des Analytikers ein Bild zu machen und damit die Qualität der gesamten Bilanzanalyse einzuschätzen, zum anderen wird der Analytiker zu einer permanenten Selbstkontrolle veranlaßt. Indem letzterer die Herleitung der Urteilsgrundlagen und die Ableitung des Urteils so objektiv wie möglich nachzeichnet, wiederholt er geistig den gesamten Prozeß der Bilanzanalyse, hinterfragt Annahmen und Prämissen und kann so Sprünge und Schwachstellen in seiner Argumentation feststellen und beheben. Dies dient nicht nur der Urteilsqualität, sondern schärft auch den analytischen Sachverstand.

Bei der **formellen Gestaltung** des Analyseberichts muß zunächst die formale Struktur des bilanzanalytischen Prozesses beachtet werden. Es handelt sich dabei um einen Prozess, der dadurch gekennzeichnet ist, dass

- aus einer Vielzahl von Teilinformationen, die in unterschiedlicher Weise miteinander verknüpft sind, ein Urteil gebildet wird, das die Informationen nach verschiedenen Kriterien integriert,

- eine Komplexitätsreduktion dahingehend vorgenommen wird, dass der Jahresabschluss zunächst über Einzelkennzahlen atomisiert und durch Kennzahlensysteme strukturiert wird, um später über Teilurteile auf ein Gesamturteil, nämlich die Beurteilung der wirtschaftlichen Lage, reduziert zu werden.

Für den Adressaten muß dieser Weg durch die formale Gestaltung der Analyse so nachvollziehbar wie möglich gemacht werden. Auch die Beachtung der Grundsätze ordnungsmäßiger Bilanzanalyse - deren Schwerpunkt auf der materiellen Gestaltung der Analyse liegt - kann nicht verhindern, dass sich der Berichtsempfänger im „Dschungel der Kennzahlen" verirrt und die Ergebnisse, da er deren Validität nicht beurteilen kann, für ihn nutzlos sind.

Dieser **Differenzierung** (Zergliederung des Jahresabschlusses) **und Integration** (Ableitung von Teilurteilen, Zusammenfassung von Teilurteilen zum Gesamturteil) muss durch eine stufenweise Berichterstattung Rechnung getragen werden. Neue Erkenntnisse sind zu dokumentieren, überflüssige oder nebensächliche Informationen sind als solche zu bezeichnen und aus der Analyse zu entfernen. Ein gangbarer Weg sind hier sogenannte Baumdiagramme. Auch wenn sich der konkrete Analysefall einer solchen Darstellung verschließen mag, so kann doch die Struktur dieser Diagramme als Leitlinie der formalen Gestaltung dienen.

Soll die Durchführung einer Bilanzanalyse kein Einzelfall bleiben, empfiehlt es sich, entsprechende Berichtsformulare zu entwickeln und die **Berichterstattung** weitgehend zu **standardisieren.** Dies ermöglicht nicht nur den Vergleich unterschiedlicher Einzelanalysen, es wird auch der Inhalt der Bilanzanalyse von der Person des Analytikers abgekoppelt und damit intersubjektiv nachprüfbar.

Grundsätzlich ist bei jedem Analysebericht die Person des Berichtsempfängers zu beachten. Je mehr Sachverstand dieser besitzt, desto geringer wird der Umfang der notwendigen Zusatzinformationen sein, der gesamte Bericht kann in diesem Fall kürzer ausfallen bzw. sich allein auf die Darstellung der Ergebnisse beschränken.

Quellenverzeichnis

Literaturverzeichnis

Adler, Hans / **Düring**, Walther / **Schmaltz**, Kurt: Rechnungslegung und Prüfung der Unternehmen, Kommentar zum HGB, AktG, GmbHG, PublG nach den Vorschriften des Bilanzrichtlinien-Gesetzes, bearbeitet von Forster, Karl-Heinz u.a., 6. Auflage, Stuttgart 2001.

Albrecht, Werner, § 296 HGB, in: Hofbauer, Max ; Kupsch, Peter (Hrsg.): Bonner Handbuch Rechnungslegung, Band 2, 2. Auflage, Stand: März 2001.

Altman, Edward I.: Financial Ratios, Discriminant Analysis and the Prediction of Corporate Bankruptcy, in: JoF 1968, S. 598 - 609.

American Management Association (Hrsg.): Executive Comitee Control Charts, in: AMA Management Bulletin, Nr. 6 / 1960.

Baetge, Jörg / **Huß**, Michael / **Niehaus**, Hans-Jürgen: Die statistische Auswertung von Jahresabschlüssen zur Informationsgewinnung bei der Abschlußprüfung, in: WPg 22 / 1986, S. 605 - 613.

Baetge, Jörg / **Niehaus**, Hans-Jürgen: Moderne Verfahren der Jahresabschlußanalyse, in: Baetge, Jörg (Hrsg.): Bilanzanalyse und Bilanzpolitik: Vorträge und Diskussionen zum neuen Recht, S. 139 - 174, Düsseldorf 1989.

Baetge, Jörg / **Fröhlich**, Martin: § 318 HGB, in: Küting, Karlheinz; Weber, Claus-Peter (Hrsg.): Handbuch der Rechnungslegung: Kommentar zur Bilanzierung und Prüfung, 3. Auflage, Stuttgart 1990, S. 1909 - 1962.

Baetge, Jörg / **Beuter**, Hubert B. / **Feidicker**, Markus: Kreditwürdigkeitsprüfung mit Diskriminanzanalyse, in: WPg 24 / 1992, S. 749 - 761.

Baetge, Jörg / **Schlösser**, Julia: In-substance defeasance, in: Castan, Edgar u.a. (Hrsg.): Beck'sches Handbuch der Rechnungslegung, Band I, München 1997, B 701.

Baetge, Jörg: Bilanzanalyse, Düsseldorf 1998.

Baetge, Jörg: Bilanzen, 5. Auflage, Düsseldorf 2001.

Bea, Franz Xaver / **Dichtl**, Erwin / **Schweitzer**, Marcell: Allgemeine Betriebswirtschaftslehre, Band 1: Grundfragen, 8. Auflage, Stuttgart 2000.

Beaver, William: Financial Ratios as Predictors of Failure, in: Empirical Research in
Accounting: Selected Studies, Beilage zu JoAR 1966, S. 71 - 111.

Benecke, Birka: Internationale Rechnungslegung und Management Approach - Bilanzierung derivativer Finanzinstrumente und Segmentberichterstattung, Wiesbaden
2000.

Berens, Wolfgang / **Hoffjan**, Andreas: Jahresabschlußpolitische Sachverhaltsgestaltungen, in: WISU 10 / 99, S. 1282 - 1294.

Biener, Herbert / **Schatzmann**, Jürgen: Konzern-Rechnungslegung, Düsseldorf 1983.

Biener, Herbert / **Berneke**, Wilhelm: Bilanzrichtlinien-Gesetz, Düsseldorf 1986.

Bridts, Christian: Zwischenberichtspublizität, Düsseldorf 1990.

Buchner, Robert: Grundzüge der Finanzanalyse, München 1981.

Buchner, Robert: Rechnungslegung und Prüfung der Kapitalgesellschaft, 3. Auflage,
Stuttgart 1996.

Büschgen, Hans E.: Das kleine Börsen-Lexikon, 22. Auflage, Düsseldorf 2001.

Busse von Colbe, Walther / **Seeberg**, Thomas (Hrsg.): Vereinbarkeit internationaler
Konzernrechnungslegung mit handelsrechtlichen Grundsätzen - Empfehlungen
des Arbeitskreises „Externe Unternehmensrechnung" der Schmalenbach-
Gesellschaft - Deutsche Gesellschaft für Betriebswirtschaft e.V., ZfbF Sonderheft
43, 2. Auflage, Düsseldorf / Frankfurt a.M. 1999.

Busse von Colbe, Walther: Ergebnis je Aktie - Zu den Empfehlungen eines Arbeitskreises der Schmalenbach-Gesellschaft - DGfB, in: Coenenberg, Adolf (Hrsg.): Bilanzanalyse nach neuem Recht, S. 209 - 221, Landsberg 1989.

Coenenberg, Adolf G. / **Edeltraud**, Günther: Ertragslage, Prüfung der, in: Coenenberg, Adolf G.; v. Wysocki, Klaus (Hrsg.): Handwörterbuch der Revision, 2. Auflage, Stuttgart 1992, Sp. 476 - 488.

Coenenberg, Adolf G. / **Mattner**, Gerhard R.: Segment- und Wertberichterstattung in der Jahresabschlussanalyse - das Beispiel Siemens, in: BB 2000, S. 1827 - 1834.

Coenenberg, Adolf G.: Jahresabschluß und Jahresabschlußanalyse, 17. Auflage, Landsberg / Lech 2000.

Coenenberg, Adolf: Kapitalflussrechnung als Instrument der Bilanzanalyse, in: Der Schweizer Treuhänder 4 / 2001, S. 311 - 320.

Dearden, John: The case against ROI control, in: HBR 1969, S. 124 - 135.

Farny, Dieter: Versicherungsbetriebslehre, 2. Auflage, Karlsruhe 1995.

Federmann, Rudolf: Bilanzierung nach Handelsrecht und Steuerrecht, 11. Auflage, Berlin 2000.

Fey, Gerd / **Mujkanovic**, Robin: Segmentberichterstattung im internationalen Umfeld, in: DBW 1999, S. 261 - 275.

Finsterer, Hans / **Gulden**, Marcus: Basel II verlangt Alternativen - Private Equity und Mezzanine - Mittel für den Mittelstand, in: Kreditpraxis 2001, S. 10 - 13.

Freericks, Wolfgang : Bilanzierungsfähigkeit und Bilanzierungspflicht in Handels- und Steuerbilanz, Köln 1976.

Gälweiler, Aloys: Determinanten des Zeithorizontes in der Unternehmensplanung, in: Hahn, Dietger und Taylor, Bernard (Hrsg.): Strategische Unternehmensplanung - Strategische Unternehmensführung, 8. Auflage, Heidelberg 1999, S. 385 - 402.

Gräfer, Horst: Bilanzanalyse, 8. Auflage, Herne / Berlin 2001.

Haase, Klaus Dittmar: Segment-Rechnung, in: Busse von Colbe, Walther (Hrsg.): Lexikon des Rechnungswesens: Handbuch der Bilanzierung und Prüfung, der Erlös-, Finanz-, Investitions- und Kostenrechnung, 4. Auflage, München / Wien 1998, S. 635 - 638.

Hahn, Klaus: Ausgestaltung und Aussage der Segmentberichterstattung nach § 297 Abs. 1 HGB, in: Lachnit, Laurenz / Freidank, Carl-Christian (Hrsg.): Investororientierte Unternehmenspublizität - Neue Entwicklungen von Rechnungslegung, Prüfung und Jahresabschlussanalyse, Wiesbaden 2000, S. 667 - 697.

Haller, Axel: Segmentberichterstattung, in: Haller, Axel / Raffournier, Bernard / Walton, Peter (Hrsg.): Unternehmenspublizität im internationalen Wettbewerb, Stuttgart 2000, S. 755 - 805.

Hauschildt, Jürgen: Vorgehensweise und Ergebnisse der statistischen Insolvenzdiagnose, in: Hauschildt, Jürgen (Hrsg.): Krisendiagnose durch Bilanzanalyse, 2. Auflage, Köln 2000, S. 115 - 134.

Heidemann, Otto: Entscheidungskriterien für die Rechtsformwahl unter besonderer Berücksichtigung des Steuersenkungsgesetzes - Teil I, in: INF 23 / 2000, S. 716 - 722.

Heigl, Anton: Umweltschutz, in: Chmielewicz, Klaus; Schweitzer, Marcell (Hrsg.): Handwörterbuch des Rechnungswesens, 3. Auflage, Stuttgart 1993, Sp. 1960 - 1969.

Hilke, Wolfgang: Bilanzpolitik, 5. Auflage, Wiesbaden 2000.

Hostettler, Stephan: „Economic Value Added" als neues Führungsinstrument, in: Der Schweizer Treuhänder 4 / 1995, S. 307 - 315.

IDW / HFA: Stellungnahme 2 / 1975: Zur Berücksichtigung der Substanzerhaltung bei der Ermittlung des Jahresergebnisses, in: WPg 22 / 1975, S. 614 - 616.

IDW: Zweite Stellungnahme zur Transformation der 7. EG-Richtlinie, in WPg 1985, S. 189 - 194.

IDW / SABI: Stellungnahme 3 / 1986: Zur Darstellung der Finanzlage i.S.v. § 264 Abs. 2 HGB, in: WPg 23 / 1986, S. 670 - 671.

IDW (Hrsg.): Wirtschaftsprüfer-Handbuch 2000, Handbuch für Rechnungslegung, Prüfung und Beratung Band I, 12. Auflage, Düsseldorf 2000.

Jonas, Heinrich: Der Konzernabschluß. Grundlagen und Anwendung in der Praxis nach neuem Handelsrecht, Stuttgart 1986.

Kieso, Donald E.: Intermediate Accounting, 9th ed. 1998.

Korth, Hans-Michael: Die Darstellung der wirtschaftlichen Lage im Bericht über die aktienrechtliche Jahresabschlußprüfung, Münster 1976.

Korth, Michael: Rechtsformvergleich nach der Unternehmenssteuerreform, in: DSWR 12 / 2000, S. 322 - 328.

Krehl, Harald: Kennzahlen der klassischen Bilanzanalyse - nicht auf Krisendiagnosen zugeschnitten, in: Hauschildt, Jürgen (Hrsg.): Krisendiagnose durch Bilanzanalyse, Köln 2000, S. 17 - 40.

Krehl, Harald: Rating, Bonitätsbeurteilung und Kreditkosten - Was ist dran an Basel II?, in: DSWR 2001, S. 264 - 265.

Krystek, Ulrich: Statistische Jahresabschlußanalysen - rückwärts in die Zukunft, in: Kreditpraxis 2 / 1989, S. 15 - 18.

Küting, Karlheinz: Aufbereitungsmaßnahmen im Rahmen der Bilanzanalyse, in: DStR 44 / 1991, S. 1468 - 1474.

Küting, Karlheinz / **Bender**, Jürgen: Das Ergebnis je Aktie nach DVFA / SG, Beilage 16 zu BB 30 / 1992.

Küting, Karlheinz / **Pfuhl**, Joerg: Bilanzanalytische Auswertung der D-Mark-eröffnungsbilanzen, in: Beilage 12 zu BB 19 / 1992, S. 1 - 16.

Küting, Karlheinz / **Weber**, Claus-Peter: Bilanzanalyse. Lehrbuch zur Beurteilung von Einzel- und Konzernabschlüssen, Stuttgart 2000.

Lachnit, Laurenz: Systemorientierte Jahresabschlußanalyse, Wiesbaden 1979.

Leffson, Ulrich: Bilanzanalyse, 3. Auflage, Stuttgart 1984.

Löhnert, Peter: Shareholder Value: Reflexion der Adaptionsmöglichkeiten in Deutschland; eine Untersuchung unter Berücksichtigung strategischer Implikationen, München 1996.

Ludewig, Rainer: Möglichkeiten der verdeckten Bilanzpolitik für Kapitalgesellschaften auf der Grundlage des neuen Rechts, in: ZfB 4 / 1987, S. 426 - 433.

Maas, Ulrich / **Schruff**, Wienand: Der Konzernabschluß nach neuem Recht, in: WPg 1986, S. 201 - 210 und S. 237 - 246.

Mattes, Helmut: Securitization, in: Enzyklopädie der Betriebswirtschaftslehre, Band 6, Handwörterbuch des Bank- und Finanzwesens, 2. Auflage, Stuttgart 1995, Sp. 1702 - 1709.

Mertens, Peter / Borkowski, Volker / Geis, Wolfgang: Betriebliche Expertensystem-Anwendungen, 3. Auflage, Berlin 1993.

Niehus, Rudolf: Neues Konzernrecht für die GmbH - Einige Anmerkungen zu den „Formulierungen" eines Konzernbilanzgesetzes, in: DB 1984, S. 1789 - 1794.

Odom / Sharda, in: Institute of Electrical and Electronics Engineers Inc. / International Neural Network Society (Hrsg.): International Joint Conference on Neural Networks, 1990, S. 163 - 176.

Oerke, Marc: Ad-Hoc-Mitteilungen und deutscher Aktienmarkt: Marktreaktion auf Informationen, Wiesbaden 1999.

Peemöller, Volker H. / **Hüttche**, Tobias: Auswirkungen des D-Markbilanzgesetzes auf die Bilanzanalyse, Düsseldorf 1992.

Pejic, Philip: Segmentberichterstattung im externen Jahresabschluß, Wiesbaden 1998.

Pellens, Bernhard: Internationale Rechnungslegung, 3. Auflage, Stuttgart 1999.

Peters, Thomas J. / **Waterman**, Robert H.: Auf der Suche nach Spitzenleistungen, 8. Auflage, Landsberg am Lech 2000.

Pfleger, Günter: Die neue Praxis der Bilanzpolitik, 4. Auflage, Freiburg 1991.

Rappaport, Alfred: Shareholder Value: Ein Handbuch für Manager und Investoren, 2. Auflage, Stuttgart 1999.

Reichmann, Thomas: Controlling mit Kennzahlen und Managementberichten: Grundlagen einer systemgestützten Controlling-Konzeption, 5. Auflage, München 1997.

Reichmann, Thomas / **Lachnit**, Laurenz: Planung, Steuerung und Kontrolle mit Hilfe von Kennzahlen, in: ZfbF 12 / 1976, S. 705 - 723.

Reinhart, Alexander: Die Auswirkungen der Rechnungslegung nach International Accounting Standards auf die erfolgswirtschaftliche Abschlußanalyse von deutschen Jahresabschlüssen, Frankfurt 1998.

Sahner, Friedhelm / **Sauermann**, Kai, § 296 HGB in: Küting, Karlheinz; Weber, Claus-Peter (Hrsg.): Handbuch der Konzernrechnungslegung: Kommentar zur Bilanzierung und Prüfung, 2. Auflage, Stuttgart 1998.

Scheffler, Wolfram: Besteuerung von Unternehmen, Band II: Steuerbilanz und Vermögensaufstellung, Heidelberg 1999.

Scheffler, Wolfram: Besteuerung von Unternehmen I: Ertrag-, Substanz- und Verkehrsteuern, 4. Auflage, Heidelberg 2001.

Schiffers, Joachim: Steuersenkungsgesetz: Steuerliche Rechtsformwahl und Rechtsformoptimierung, in: GmbHR 20 / 2000, S. 1005 - 1014.

Schmid, Fritz: Die organische Bilanz im Rahmen der Wirtschaft, Leipzig 1921.

Schmidt, Reinhart / **Wilhelm**, Winfried: Was Firmen wirklich wert sind, in: manager magazin 11 / 87, S. 233 - 245.

Schmidt, Reinhart: Druckbericht, Inhaltsanalyse, in: Coenenberg, Adolf G.; v. Wysocki, Klaus (Hrsg.): Handwörterbuch der Revision, 2. Auflage, Stuttgart 1992, Sp. 368 - 376.

Schneeloch, Dieter: Steuerplanerische Überlegungen zur Unternehmenssteuerreform, in: DStR 38 / 2000, S. 1619 - 1628.

Schneider, Dieter: Erste Schritte zu einer Theorie der Bilanzanalyse, in: WPg 22 / 1989, S. 633 - 642.

Schoppen, Willi: Darstellung der Finanzlage mit Hilfe der Kapitalflußrechnung, Düsseldorf 1982.

Staehle, Wolfgang: Kennzahlen und Kennzahlensysteme als Mittel der Organisation und Führung von Unternehmen, Wiesbaden 1969.

Statistisches Bundesamt: Statistisches Jahrbuch 1991 für das vereinte Deutschland, Stuttgart 1991.

Statistisches Bundesamt: Klassifikation der Wirtschaftszweige mit Erläuterungen, Ausgabe 1993, Stuttgart 1994.

Statistisches Bundesamt: Statistisches Jahrbuch 2000 für die Bundesrepublik Deutschland, Stuttgart 2000.

STRATOS: Strategic Orientations of Small and Medium - sized Enterprises: A Summary of First Descriptive Results, European Institute for Advanced Studies, in: Managment, Institute Report 87 - 01. September 1987, Brüssel 1987, beschrieben in: Gabele, Eduard: Die Rolle der Werthaltungen von Führungskräften mittelständischer Unternehmen bei der Erringung strategischer Wettbewerbsvorteile, in: DBW 5 / 1989, S. 623 - 637.

Vogt, Fritz J.: Bilanztaktik, 6. Auflage, Heidelberg 1963.

Weber, Jürgen: Einführung in das Rechnungswesen, 5. Auflage, Stuttgart 1996.

Werner, Ute: Die Berücksichtigung nichtnumerischer Information im Rahmen der Bilanzanalyse, in: WPg 13 / 1990, S. 369 - 376.

von Wysocki, Klaus: Das Postulat der Fristenkongruenz als Spielregel, Veröffentlichungen der Wirtschaftshochschule Mannheim - Heft 9, Stuttgart 1962.

von Wysocki, Klaus / **Wohlgemuth**, Michael: Konzernrechnungslegung unter Berücksichtigung des Bilanzrichtlinien-Gesetzes, 3. Auflage, Düsseldorf 1986.

Wissenbach, Heinz: Betriebliche Kennzahlen und ihre Bedeutung im Rahmen der Unternehmerentscheidung, Berlin 1967.

Wollmert, Peter : Anforderungen und Ausgestaltung der Segmentberichterstattung nach § 297 HGB, in: Baetge, Jörg (Hrsg.): Zur Rechnungslegung nach International Accounting Standards (IAS), Düsseldorf 2000, S. 135 - 147.

Zdrowomyslaw, Norbert: Jahresabschluss und Jahresabschlussanalyse: Praxis und Theorie der Erstellung und Beurteilung von handels- und steuerrechtlichen Bilanzen sowie Erfolgsrechnungen unter Berücksichtigung des internationalen Bilanzrechts, München 2001.

Zentralverband der elektrotechnischen Industrie (Hrsg.): Zentralverband der Elektrotechnik und Elektronikindustrie - Kennzahlensystem, 4. Auflage, Mindelheim 1989.

Sonstige Quellen

http://www.baetge.de / Stand: 10 / 2001

http://www.daimlerchrysler.de / Stand: 10 / 2001

http://www.dgap.de / Stand: 10 / 2001

http://www.eon.de / Stand: 10 / 2001

http://www.iasb.org.uk / Stand: 10 / 2001

http://www.jenoptik.de / Stand: 10 / 2001

Siemens Geschäftsbericht 2000

Stichwortverzeichnis

ⓟ MLP REPETITORIUM

REPETITORIUM WIRTSCHAFTSWISSENSCHAFTEN

HERAUSGEBER: VOLKER DROSSE | ULRICH VOSSEBEIN

Das „Repetitorium Wirtschaftswissenschaften" führt theoretisch fundiert und anwendungs-
orientiert zugleich in alle wichtigen wirtschaftswissenschaftlichen Fachgebiete ein. Zahlreiche Beispiele, Übersichten und Aufgaben erleichtern die Aufnahme des Prüfungsstoffes
und festigen das erworbene Wissen. Lösungstips und ausführliche Musterlösungen ermöglichen eine laufende Kontrolle des Lernfortschrittes und eine gezielte Klausurvorbereitung.
Aufgrund des didaktisch überzeugenden Konzeptes eignet sich jeder einzelne Band ausge-
zeichnet zum Selbststudium.

Volker Drosse
Intensivtraining Kostenrechnung
1998. ISBN 3-409-12616-3

Volker Drosse/Ulrich Vossebein
Intensivtraining
Allgemeine Betriebswirtschaftslehre
2. Aufl. 1998.
ISBN 3-409-22611-7

Gabriele Hildmann
Intensivtraining Mikroökonomie
1998. ISBN 3-409-12620-1

Volker Drosse
Intensivtraining Investition
2. Aufl. 1999.
ISBN 3-409-22613-3

Heinrich Holland, Doris Holland
Intensivtraining
Wirtschaftsmathematik
1999. ISBN 3-409-12622-8

Fritz Unger, Jens-Uwe Stiehr
Intensivtraining Statistik
1999. ISBN 3-409-12621-X

Ulrich Vossebein
Intensivtraining Marketing
2. Aufl. 2000.
ISBN 3-409-22614-1

Volker Drosse, Bernd Stier
Intensivtraining Bilanzen
2001. ISBN 3-409-12619-8

Volker Drosse, Ulrich Vossebein
Intensivtraining Finanzierung
2001. ISBN 3-409-12618-X

Gabriele Hildmann
Intensivtraining Makroökonomie
2. Aufl. 2001. ISBN 3-409-22617-6

Lutz Krauss
Intensivtraining Privatrecht
2001. ISBN 3-409-12623-6

Ulrich Vossebein
Intensivtraining Materialwirtschaft
und Produktionstheorie
2. Aufl. 2001. ISBN 3-409-22612-5

Änderungen vorbehalten. Stand: März 2001.

Gabler Verlag · Abraham-Lincoln-Str. 46 · 65189 Wiesbaden · www.gabler.de

GABLER

Konzepte für das neue Jahrtausend

Bilanzwissen auf aktuellem Stand

In der 5. Auflage der erfolgreichen „Bilanzpolitik" von Prof. Hilke werden alle aktuellen Änderungen des Handels- und Steuerrechts, soweit sie für die Bilanzierung relevant sind, berücksichtigt. Das Buch spiegelt langjährige Lehrerfahrung wieder und ist für Studenten und Praktiker gleichermaßen interessant.

Wolfgang Hilke
Bilanzpolitik
Jahresabschluss nach Handels- und Steuerrecht
Mit Aufgaben und Lösungen
5., vollst. überarb. u. erw. Aufl.
1999. XII, 352 S. mit 16 Abb.,
Br., DM 68,00 / € 34,00
ISBN 3-409-56602-3

Basiswissen zum Performance Measurement

Das Lehrbuch bietet eine geschlossene Darstellung der Kennzahlensysteme. Dabei unterscheidet der Autor zwischen herkömmlichen Analyse-Kennzahlensystemen und modernen Steuerungs-Kennzahlensystemen. Ein Schwerpunkt liegt auf den neuesten Ansätzen des „Performance Measurement". Aktuelle Werkzeuge der computergestützten Berichtssysteme werden berücksichtigt.

Werner Gladen
Kennzahlen- und Berichtssysteme
Grundlagen zum Performance Measurement
2001. XIV, 243 S., Br.,
DM 48,00 / € 24,00
ISBN 3-409-11828-4

Klausurtraining Buchführung

Dieses Übungsbuch ermöglicht Studierenden der Wirtschaftswissenschaften an Universitäten, Fachhochschulen und Berufsakademien eine gezielte und effiziente Vorbereitung auf Klausurprüfungen zur doppelten Buchführung. Aufgrund seiner klar strukturierten und praxisorientierten Konzeption kann das Buch darüber hinaus parallel zu entsprechenden Lehrveranstaltungen genutzt werden und somit zur Erhöhung der Lerneffizienz beitragen

Hans-Jürgen Wurl,
Michael Greth
Klausuraufgaben zur doppelten Buchführung
Mit Lösungen und ausführlichen Erläuterungen
2., überarb. Aufl. 1999, VIII,
251 S., Br., DM 49.80 / € 24,90
ISBN 30409-23775-5

Änderungen vorbehalten. Stand: November 2001

Gabler Verlag · Abraham-Lincoln-Str. 46 · 65189 Wiesbaden · www.gabler.de

GABLER